이렇게만 공부하면 자격증딴다!

ITQ 정보기술자격
엑셀 2021

발 행 일 : 2025년 12월 01일(1판 1쇄)
개 정 일 : 2026년 01월 15일(1판 2쇄)
I S B N : 979-11-92695-78-5(13000)
정　　가 : 17,000원

집　　필 : KIE기획연구실
진　　행 : 김동주
본문디자인 : 앤미디어

발 행 처 : (주)아카데미소프트
발 행 인 : 유성천
주　　소 : 경기도 파주시 정문로 588번길 24
홈페이지 : www.aso.co.kr

CONTENTS

※ 부록 : 시험직전 모의고사 3회분 수록

시험직전 **모의고사 3회분!!!**

PART 01

ITQ 시험 안내 및 자료 사용 방법

ITQ 시험 안내

☑ 정보기술자격(ITQ) 시험의 응시 자격 및 시험 과목
☑ 합격 결정기준 및 시험 시간

1. 정보기술자격(ITQ) 시험이란?

정보화 시대의 기업, 기관, 단체 구성원들에 대한 정보기술능력 또는 정보기술 활용능력을 객관적으로 평가하는 시험입니다. 정보기술 관리 및 실무능력 수준을 지수화, 등급화하여 객관성을 높였으며, 과학기술정보통신부에서 공식 인증하는 국가공인자격 시험입니다.

2. 응시 자격 및 시험 과목

❶ 정보기술자격(ITQ) 시험은 정보기술실무능력을 평가하는 시험으로 국민 누구나 응시가 가능합니다.

❷ ITQ 시험은 동일 회차에 아래 한글/MS 워드, 한글 엑셀/한셀, 한글 액세스, 한글 파워포인트/한쇼, 인터넷의 5개 과목 중 최대 3과목까지 시험자가 선택하여 신청할 수 있습니다.

※ 단, 한글 엑셀/한셀, 한글 파워포인트/한쇼, 아래 한글/MS 워드는 동일 과목군으로 동일 회차에 응시 불가
　(자격증에는 "한글 엑셀(한셀)", "한글 파워포인트(한쇼)"로 표기되며 최상위 등급이 기재됨)

자격종목		등급	ITQ시험 프로그램 버전		시험방식
			시험 S/W	공식버전	
ITQ 정보기술자격	아래 한글	A/B/C 등급	한컴 오피스	한컴오피스 2022/2020 선택 응시	PBT
	한셀			한컴오피스 2022 단일 응시	
	한쇼				
	MS 워드		MS 오피스	MS 오피스 2021 단일 응시	
	한글 엑셀				
	한글 액세스				
	한글 파워포인트				
	인터넷			내장 브라우저 : IE8.0이상	

※ 한컴오피스 : 2022/2020 중 선택 응시(시험지 2022/2020 공용), 한쇼/한셀 : 2022 단일 응시

3. 합격 결정기준

❶ 합격 결정기준

ITQ 시험은 500점 만점을 기준으로 A등급부터 C등급까지 등급별 자격을 부여하며, 낮은 등급을 받은 수험생이 차기시험에 재응시하여 높은 등급을 받으면 등급을 업그레이드 해주는 방법으로 평가를 합니다.

A등급	B등급	C등급
400~500점	300~399점	200~299점

❷ 등급별 수준

등급	수준
A등급	주어진 과제의 80~100%를 정확히 해결할 수 있는 능력
B등급	주어진 과제의 60~79%를 정확히 해결할 수 있는 능력
C등급	주어진 과제의 40~59%를 정확히 해결할 수 있는 능력

4. 시험 배점 및 시험 시간

시험 배점	문항 및 시험방법	시험 시간
과목당 500점	5~10문항 실무작업형 실기시험	과목당 60분

5. 시험출제기준(한글 엑셀/한셀)

문항	배점	출제기준
❶ 표 작성	100점	출력형태의 표를 작성하고 조건에 따른 서식변환 및 함수 사용 능력 평가 • 데이터 입력 및 셀 편집 • 도형을 이용한 제목작성 및 편집 • 그림으로 복사, 이름정의, 유효성 검사 등
	140점	• 함수 (*함수 출제 범위 참조)를 이용한 수식작성 • 조건부 서식
❷ 필터, 목표값 찾기, 자동 서식	80점	[유형1] 필터 및 서식 기본 데이터를 이용한 데이터 필터 능력과 서식작성능력 평가 • 고급 필터 : 정확한 조건과 추출 위치 지정 • 자동 서식(표스타일) : 서식 적용 [유형2] 목표값 찾기 및 필터 원하는 결과값을 구하기 위해 변경되는 값을 구하는 능력과 데이터 필터 능력 평가 • 목표값 찾기 : 정확한 목표값 산출 • 고급 필터 : 정확한 조건과 추출위치 지정
❸ 부분합 / 피벗 테이블	80점	[유형1] 부분합 기본 데이터를 이용하여 특정 필드에 대한 합계, 평균 등을 구하는 능력을 평가 • 항목의 종류별 정렬/부분합 조건과 추출결과 [유형2] 피벗 테이블 데이터 자료 중에서 필요한 필드를 추출하여 보기 쉬운 결과물을 만드는 능력을 평가 • 항목의 종류별 정렬/부분합 조건과 추출 결과
❹ 차트	100점	기본 데이터를 이용하여 보기 쉽게 차트로 표현하는 능력을 평가 • 차트 종류 • 차트 위치 및 서식 • 차트 옵션 변경

※ 응시료 확인 : https://license.kpc.or.kr/ 홈페이지 접속 → [자격소개–정보기술자격(ITQ)]

6. ITQ 회원 가입 및 시험 접수 안내

❶ 아카데미소프트(https://aso.co.kr) 홈페이지 자료실에 **PDF**로 제공합니다.

❷ [자료실]–[공지]–'ITQ 회원 가입 PDF 및 시험 접수 안내' 파일을 클릭

ITQ 자료 사용 방법

☑ 자료 다운로드 방법   ☑ 온라인 답안 시스템
☑ 개인용 채점 프로그램

1. 자료 다운로드 방법

❶ 웹 브라우저를 실행하여 아카데미소프트(https://aso.co.kr) 홈페이지에 접속합니다. 이어서, [교재소개]-[ITQ 자격증]-[26 ITQ 엑셀 2021(좌)] 교재를 클릭합니다.

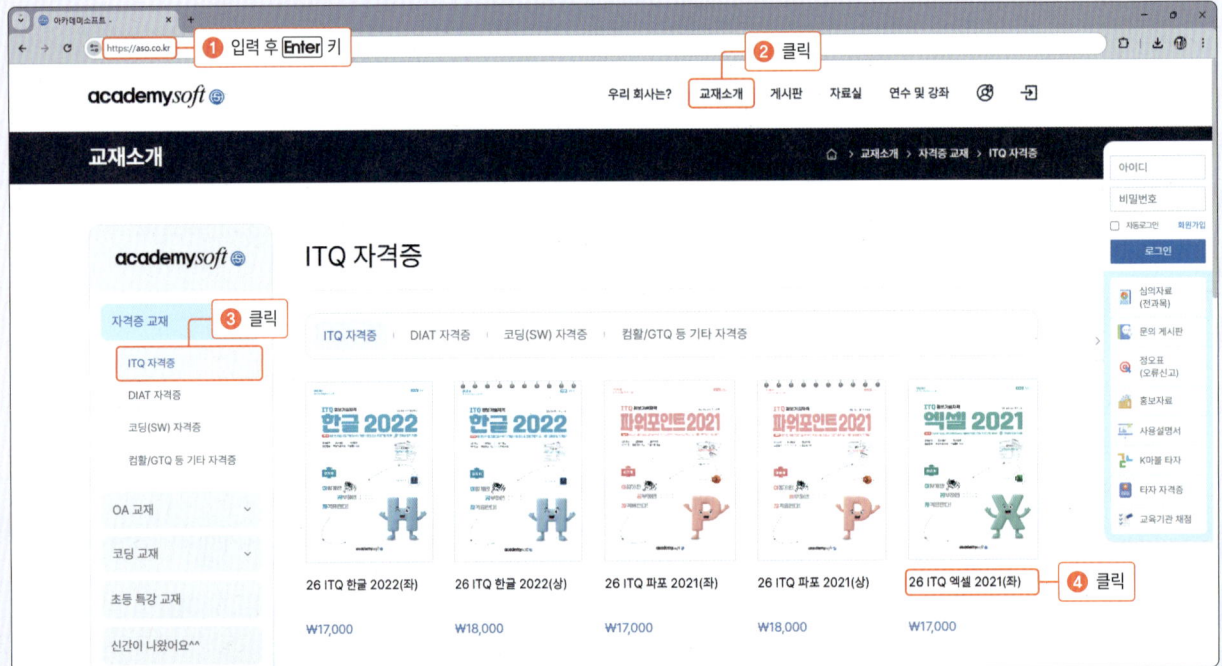

❷ 교재 이미지 오른쪽에 [교재 학습자료]를 클릭하면 [다운로드] 폴더에 저장됩니다.

2. 아카데미소프트와 코딩아지트에서 개발한 '온라인 답안 시스템'

❶ 웹 브라우저를 실행하여 MAG 채점프로그램(https://asolicense.com) 홈페이지에 접속합니다. 이어서, [자료실]을 클릭합니다.

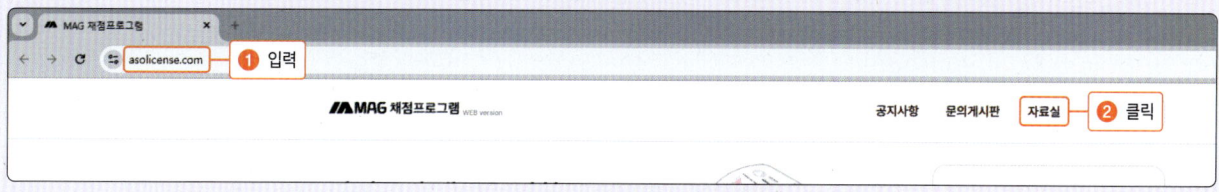

❷ [답안전송 프로그램(ITQ, DIAT 통합)]–〈다운로드〉 단추를 클릭합니다. 이어서, 압축을 해제한 후 [MAG–답안전송_프로그램] 폴더에서 'MAG–답안전송_프로그램.exe' 파일을 더블 클릭하여 실행합니다.

※ 해당 '온라인 답안 시스템'은 변경된 ITQ 시험 버전에 맞추어 수정된 최신 버전의 프로그램입니다.

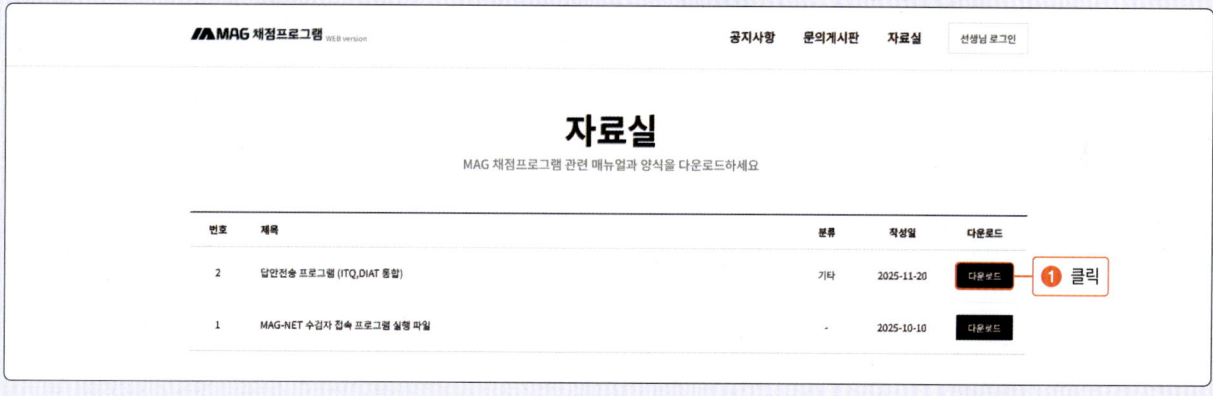

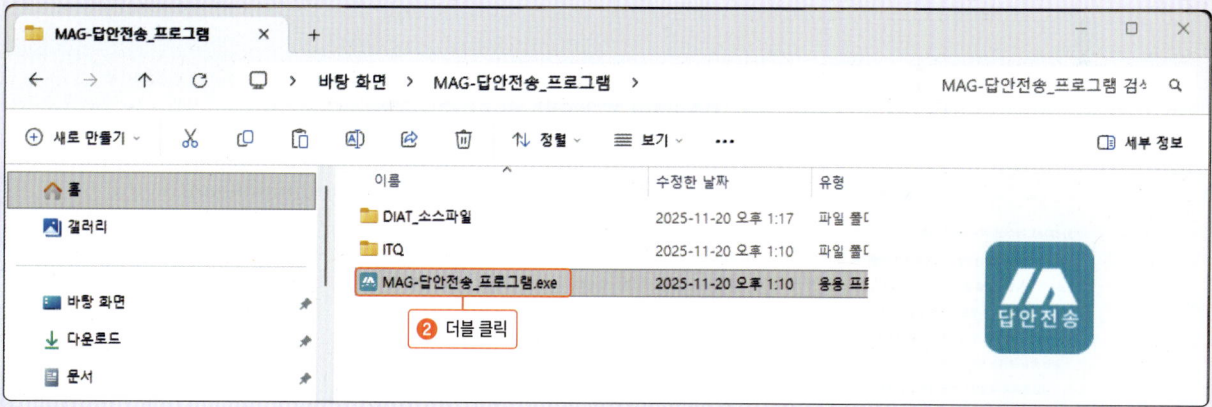

❸ 〈ITQ 답안 전송 프로그램〉 단추를 클릭합니다.

❹ **'수험번호'** 입력란에 임의대로 숫자 8자리로 입력한 후 〈조회〉 단추를 클릭합니다. 이어서, **'이 름'** 입력란에 본인 이름을 입력합니다.

　　※ 시험장에서는 수험번호만 입력한 후 〈조회〉 단추를 클릭하면 수험자의 이름, 수험과목, 좌석번호 등이 자동으로 표시됩니다.

❺ [수험과목]을 클릭한 다음 '아래한글'을 선택합니다. 이어서, 〈확인〉 단추를 클릭합니다.

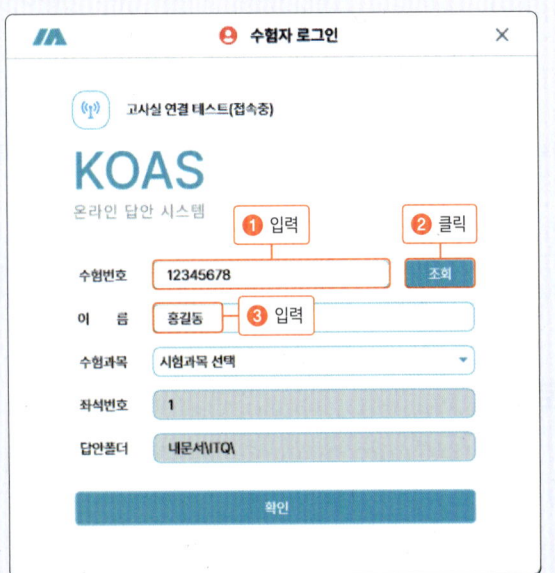 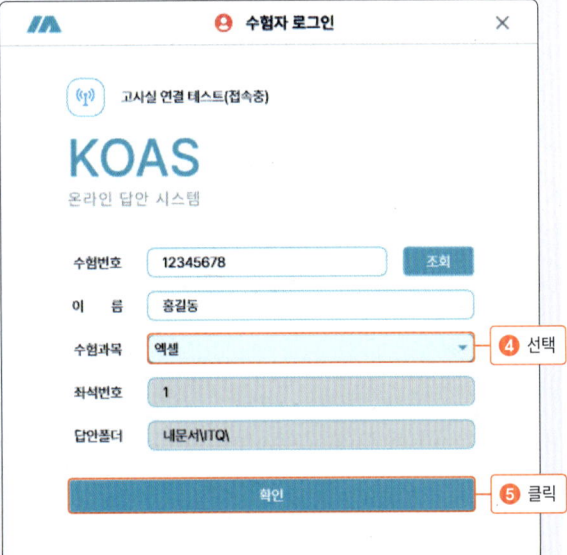

❻ [유의사항] 대화상자가 나오게 되면 유의사항을 숙지한 후 '동의합니다.'를 체크한 다음 〈확인〉 단추를 클릭합니다.

　　※ 시험장에서는 감독위원이 〈시험시작〉 단추를 누르게 되면 화면이 바탕 화면으로 바뀌면서 시험이 시작됩니다.

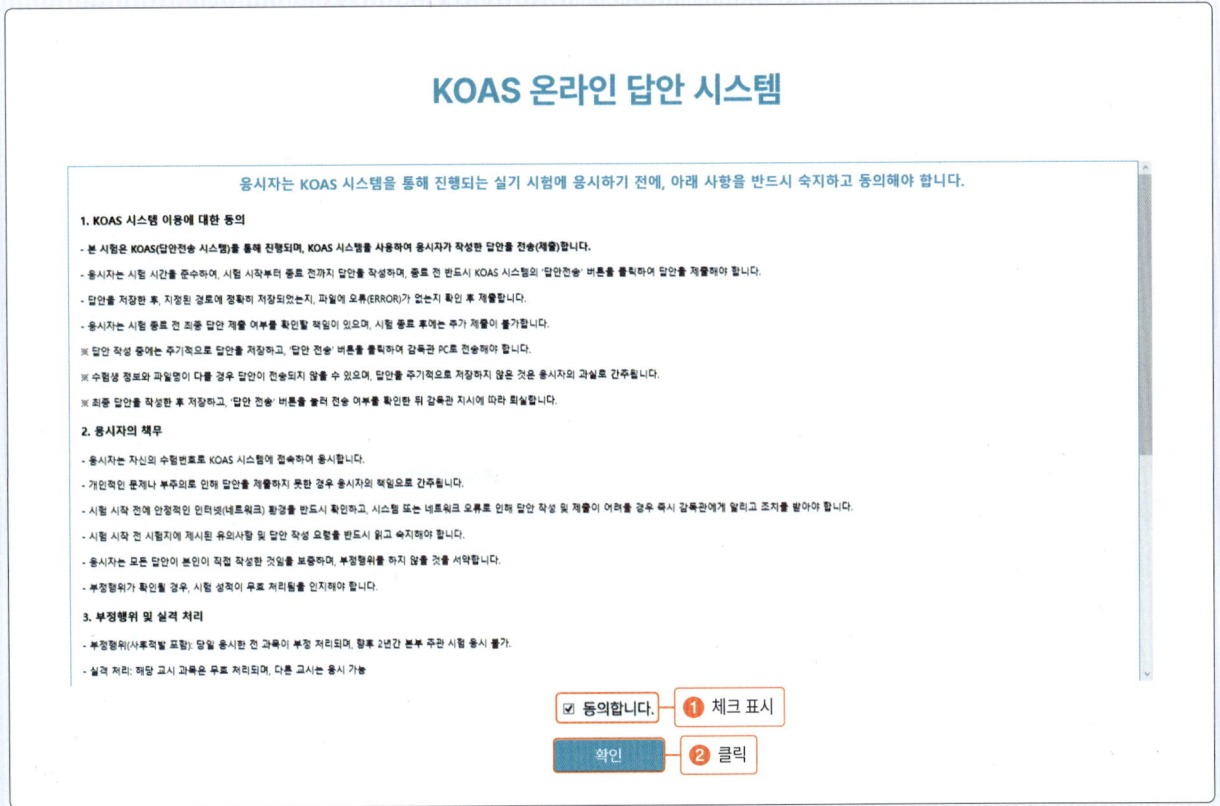

⑦ 온라인 답안 시스템이 실행되면 모니터 오른쪽 상단에 답안 전송 프로그램이 나타납니다.

① 남은 시험 시간

② 답안 저장 파일명으로 '수험번호-수험자명'으로 구성

③ 사용자가 선택한 수험 과목

④ 답안을 마지막에 전송한 시간

⑤ 수험자가 작성한 답안을 감독위원 PC로 전송

⑥ 답안 작성시 필요한 그림의 폴더 보기

⑦ 답안 작성시 필요한 그림 파일 등을 감독위원 PC에서 수험자 PC로 가져오기

⑧ 수험자가 전송한 답안을 다시 불러옴

⑨ 시험 종료(비밀번호 : 0000)

⑧ 답안 파일 이름은 수험자 자신의 '수험번호-성명(12345678-홍길동)' 형태로 「내 PC\문서\ITQ」 폴더에 저장합니다.

※ 간혹, 시험장에 따라 [내 PC] 폴더 안에 [문서] 폴더가 없을 수 있습니다. [문서] 폴더를 찾지 못할 때는 [라이브러리] 폴더 또는 [검색]-'문서'를 입력해서 찾는 방법도 있습니다.

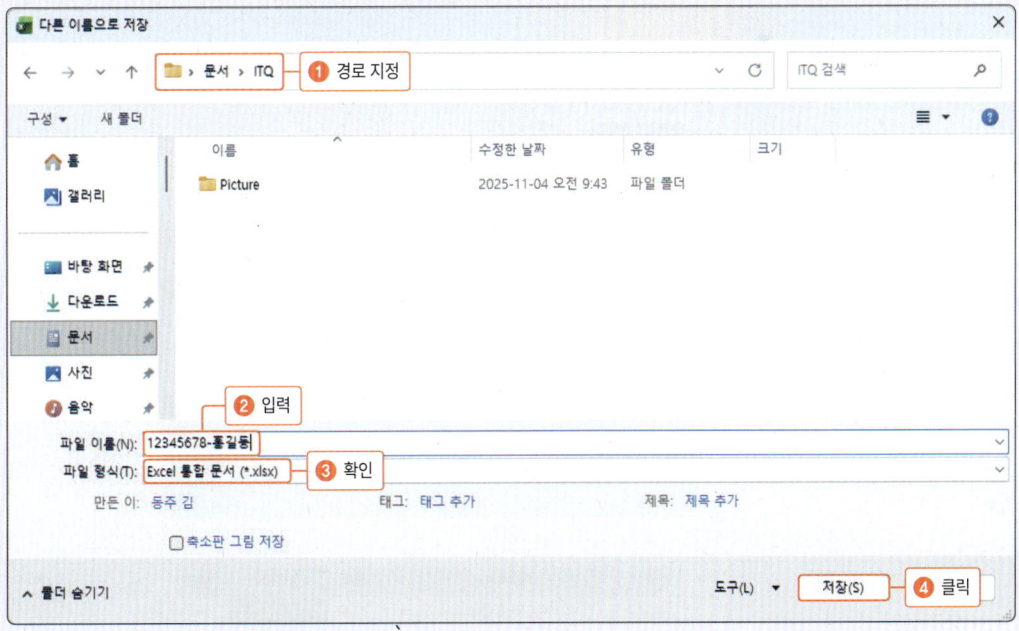

⑨ 답안 전송 프로그램에서 〈답안 전송〉 단추를 클릭합니다.

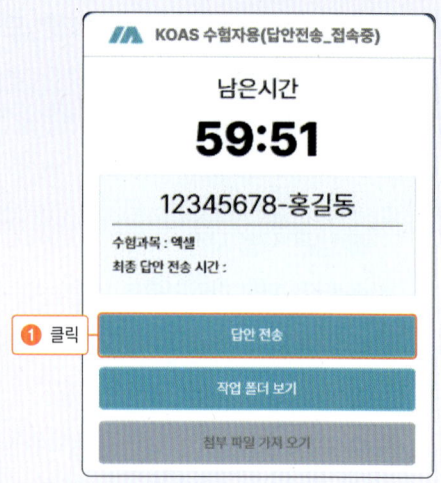

⑩ 전송할 답안 파일이 맞는지 확인(파일목록과 존재)한 후 〈답안전송〉 단추를 클릭합니다. 이어서, 메시지 창이 나오면 〈확인〉 단추를 클릭합니다.

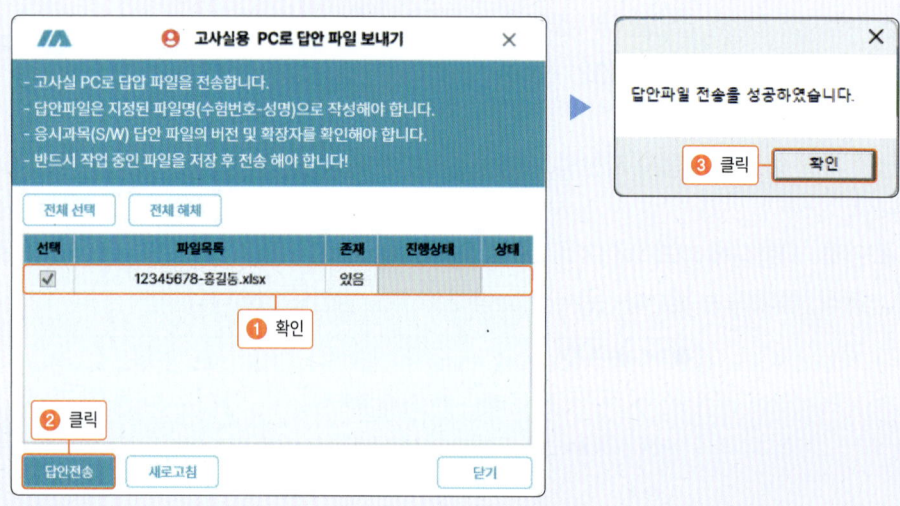

⑪ '상태' 항목이 '성공'인지 확인한 후 〈닫기〉 단추를 클릭합니다. 이어서, 감독위원의 지시를 따릅니다.

※ 해당 '온라인 답안 시스템'은 개인이 연습할 수 있도록 만들어진 프로그램으로 실제 답안 파일이 전송되지는 않습니다.

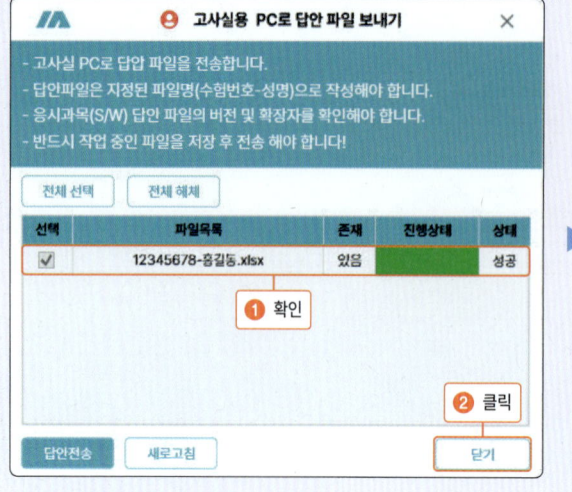

3. 아카데미소프트와 코딩아지트에서 개발한 '개인용 채점 프로그램(MAG_Personal)'

❶ 웹 브라우저를 실행하여 MAG 채점프로그램(https://www.asolicense.com/) 홈페이지에 접속합니다. 이어서, 화면 오른쪽에 [개인용 웹 채점프로그램]을 클릭합니다.

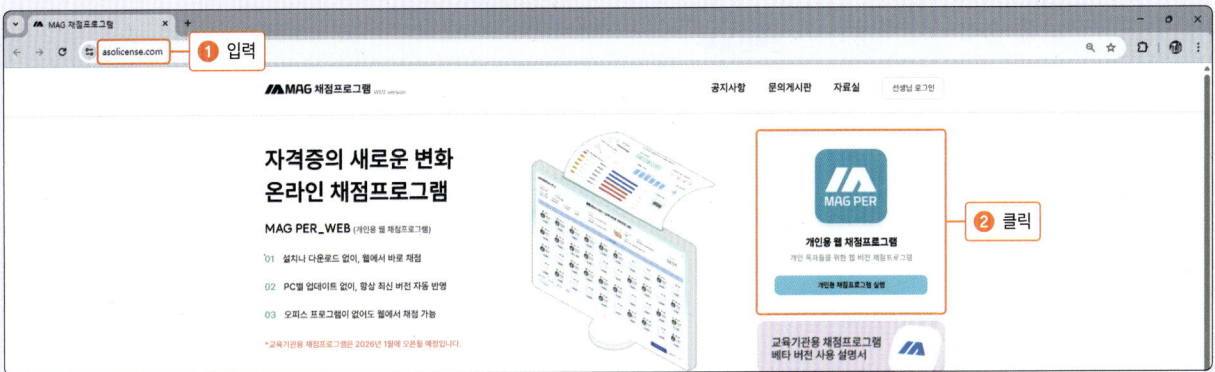

❷ [MAG PER 채점프로그램]이 실행되면 [DIAT 자격증]을 클릭한 후 채점하고자 하는 표지 아래 〈채점 시작〉 단추를 클릭합니다.

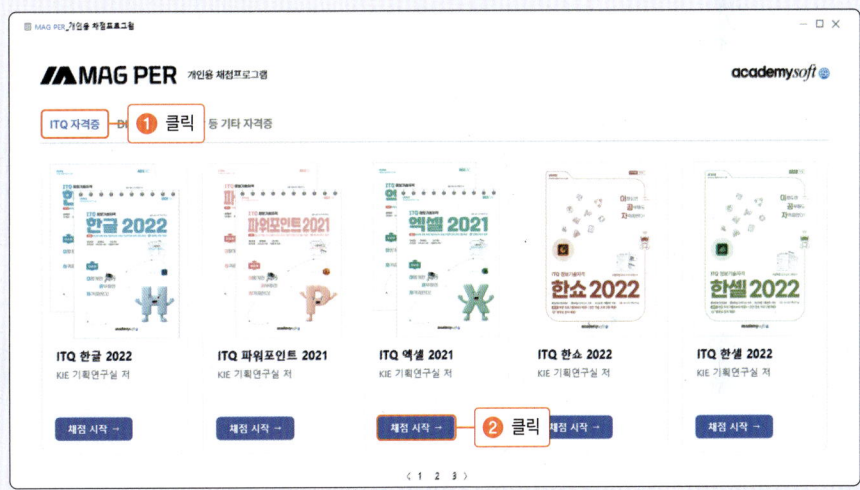

❸ [교재 정답 파일]에서 〈불러오기〉 단추를 클릭합니다. 이어서, [정답 파일 선택] 대화상자가 나오면 채점에 사용할 [모의고사 선택] 및 [정답 파일 선택]을 선택한 후 〈불러오기〉 단추를 클릭합니다.

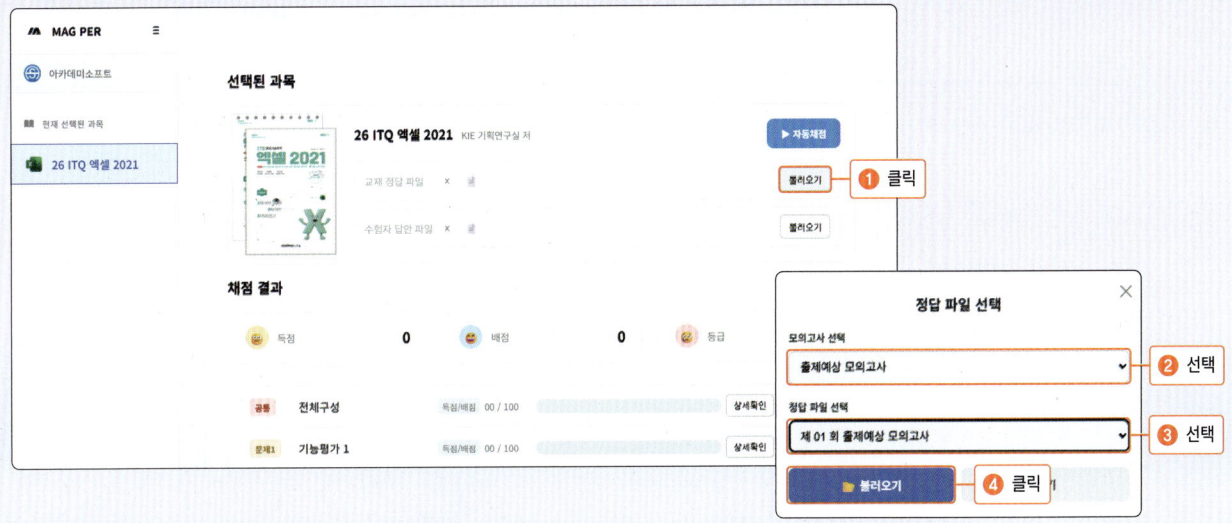

❹ 정답 파일이 열리면 [수험자 답안 파일]에서 〈불러오기〉 단추를 클릭합니다. 이어서, [열기] 대화상자가 나오면 정답 파일과 비교하여 채점할 학생 답안 파일을 선택한 후 〈열기〉 단추를 클릭한 다음 〈자동채점〉 단추를 클릭합니다.

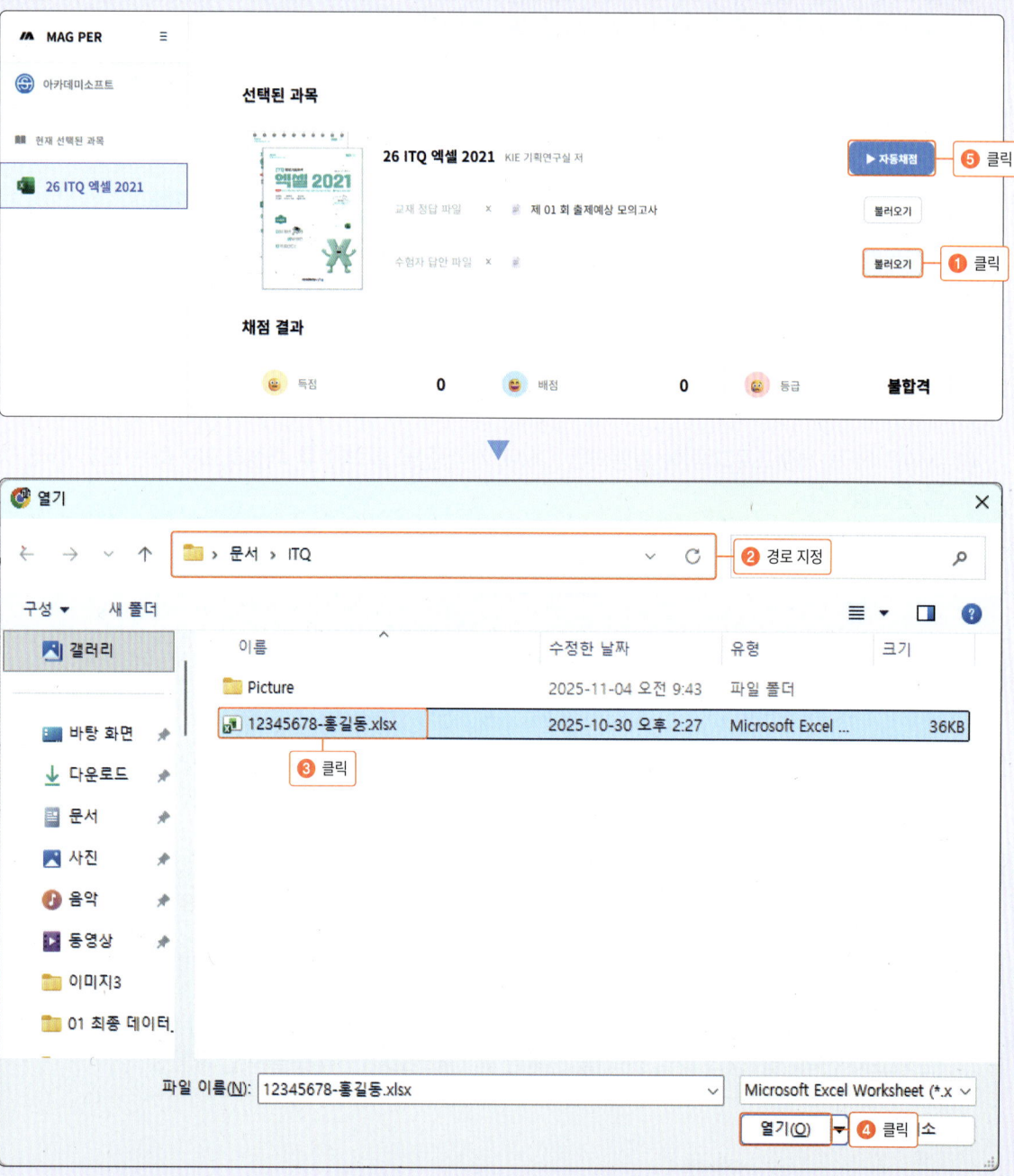

❺ 채점이 완료되면 문제별 전체 점수에서 맞은 점수를 확인하실 수 있습니다. 각 기능별로 자세하게 틀린 부분을 확인 할 때는 문제별 오른쪽에 〈상세분석〉 단추를 클릭하여 [정답] 항목과 비교하여 틀린 부분을 다시 확인합니다.

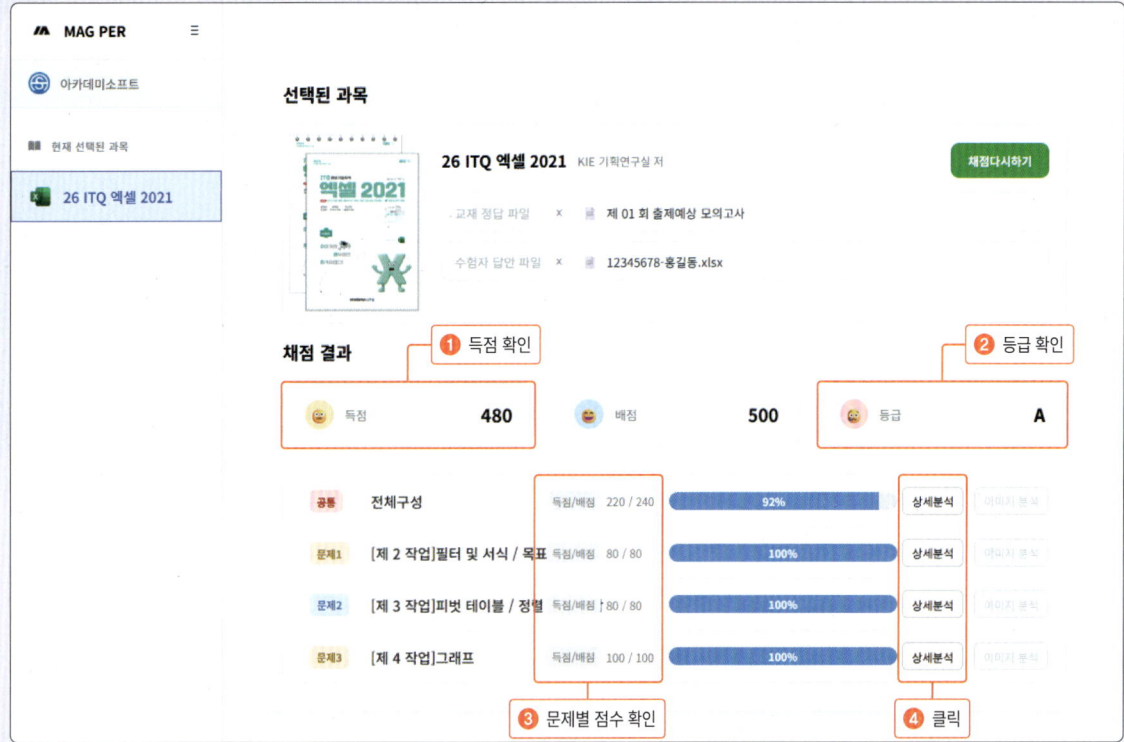

▲ 상세결과 페이지

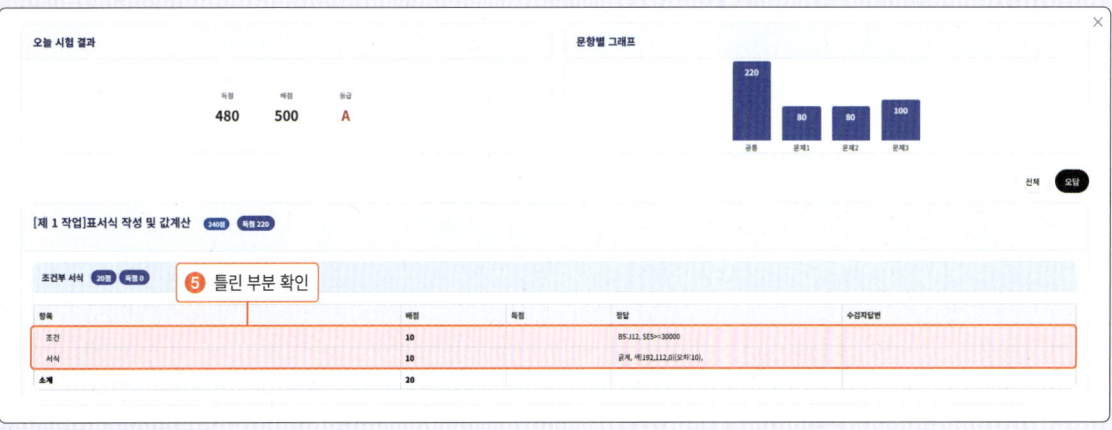

▲ 틀린 부분 확인

MEMO

PART 02
출제유형 완전정복

답안 작성요령에 맞추어 답안 파일 준비하기

☑ 시트 추가하기   ☑ 시트 이름 변경 및 파일 저장
☑ 시트 그룹화 및 열([A]) 너비 조절

문제 미리보기

소스 : 직접 입력   정답 : 유형01_정답.xlsx

≪출력형태≫

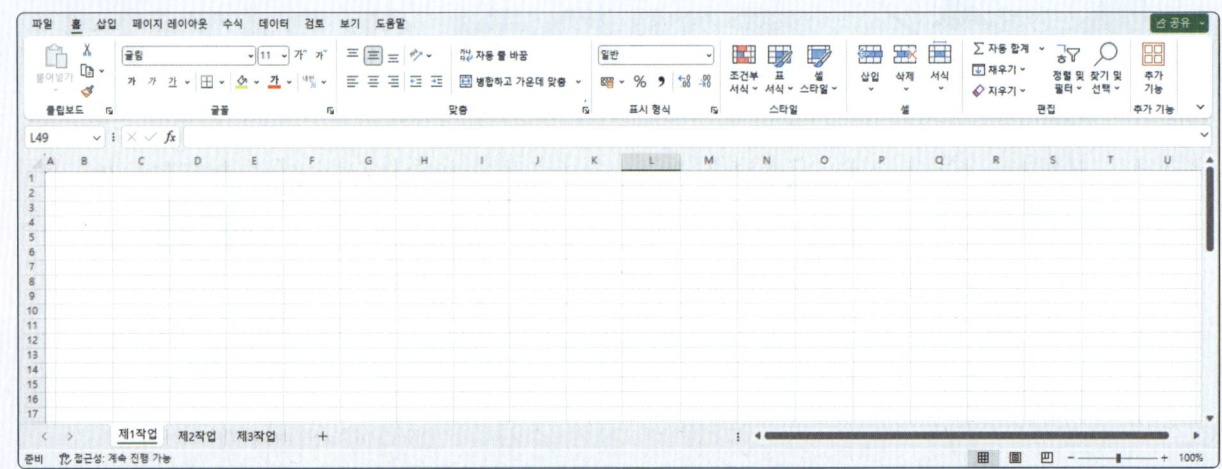

≪답안 작성 요령≫

답안 작성요령

● 온라인 답안 작성 절차
수험자 등록 ⇒ 시험 시작 ⇒ 답안파일 저장 ⇒ 답안 전송 ⇒ 시험 종료

● 문제는 총 4단계, 즉 제1작업부터 제4작업까지 구성되어 있으며 반드시 제1작업부터 순서대로 작성하고 조건대로 작업하시오.

● 모든 작업시트의 A열은 열 너비 '1'로, 나머지 열은 적당하게 조절하시오.

● 모든 작업시트의 테두리는 ≪출력형태≫와 같이 작업하시오.

● 해당 작업란에서는 각각 제시된 조건에 따라 ≪출력형태≫와 같이 작업하시오.

● 답안 시트 이름은 "제1작업", "제2작업", "제3작업", "제4작업"이어야 하며 답안 시트 이외의 것은 감점 처리됩니다.

● 각 시트를 파일로 나누어 작업해서 저장할 경우 실격 처리됩니다.

[제1작업] 서식 ≪조건≫

≪조건≫
○ 모든 데이터의 서식에는 글꼴(굴림, 11pt), 정렬은 숫자 및 회계 서식은 오른쪽 정렬, 나머지 서식은 가운데 정렬로 작성하며 예외적인 것은 ≪출력형태≫를 참조하시오.

Information Technology Qualification

시험 분석

난이도	권장 시간 / 시험 시간	유형 점수 / 시험 점수
★☆☆☆☆	5분 / 60분	240점 / 500점

➡ **출제 경향 : 출제 문제를 분석**

☑ 실제 시험에서는 감독위원의 지시에 따라 저장 위치([내 PC]–[문서]–[ITQ])를 선택하여 '수험번호–이름 (예 : 12345678–홍길동)'의 형식으로 저장한 후 감독관 PC로 답안 파일을 전송해야 합니다. 단, 저장 경로는 운영체제 및 시험 규정에 따라 달라질 수 있습니다.

➡ **주의 사항 : 실수가 많은 내용**

☑ 답안 시트 "제1작업", "제2작업", "제3작업"을 만든 다음 그룹화하여 데이터 서식을 변경합니다.

☑ "제2작업" 시트 또는 "제3작업" 시트를 클릭하여 그룹화를 해제하고 "제1작업" 시트를 선택합니다.

➡ **주요 단축키 : 작업 시간 단축에 도움**

☑ 저장 : Ctrl + S

Skill 01 **시트 추가 후 이름 변경 및 열 너비 조절하기**

❶ [시작(⊞)] 단추를 눌러 [모두]–[Excel 2021(📊)] 프로그램을 클릭하여 실행합니다. 이어서, Esc 키를 눌러 새 통합 문서를 만듭니다.

❷ 문서가 열리면 왼쪽 하단의 시트 탭에서 새 시트(+)를 두 번 클릭하여 새로운 시트 2개를 추가합니다. 이어서, [Sheet3]이 선택된 상태에서 Shift 키를 누른 채 [Sheet1]을 클릭하여 세 개의 시트를 모두 선택합니다.

❸ [A] 열 머리글 위에서 마우스 오른쪽 단추를 눌러 바로가기 메뉴가 나오면 [열 너비]를 클릭합니다. 이어서, [열 너비] 대화상자가 나오면 열 너비 입력 칸에 '1'을 입력한 후 〈확인〉 단추를 클릭합니다.

※ 세 개의 시트를 그룹으로 지정하였기 때문에 모든 시트의 [A] 열 너비가 '1'로 변경됩니다.

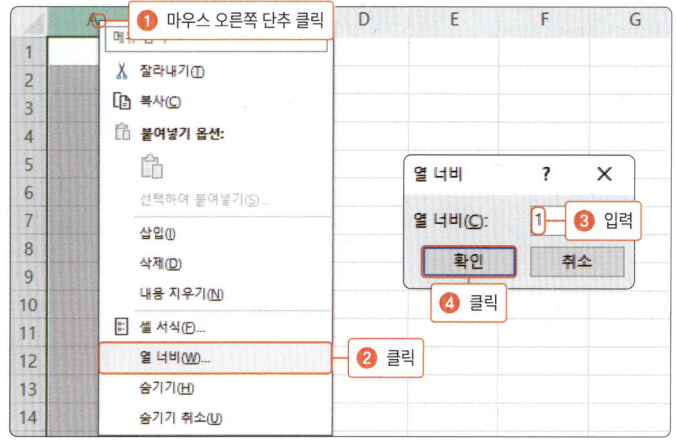

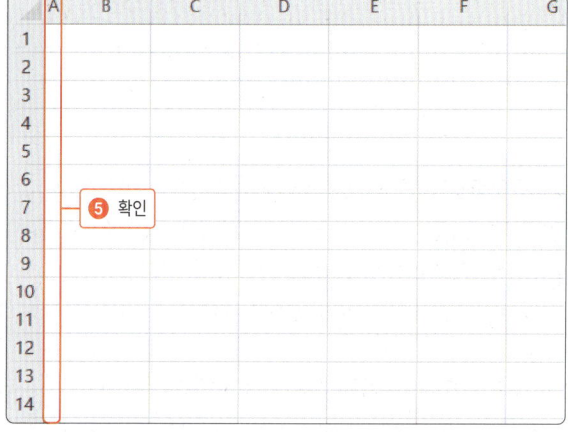

❹ [Sheet2]를 클릭하여 시트 그룹을 해제한 후 [Sheet1]을 더블 클릭합니다. 시트 이름이 블록으로 지정되면 '제1작업'을 입력한 후 Enter 키를 누릅니다.

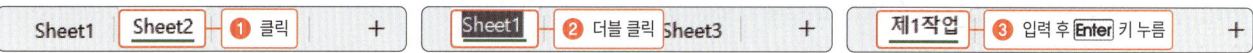

⑤ 똑같은 방법으로 [Sheet2]와 [Sheet3]의 이름을 변경('제2작업', '제3작업')합니다.

※ [제4작업] 시트는 차트를 작성할 때 추가합니다.

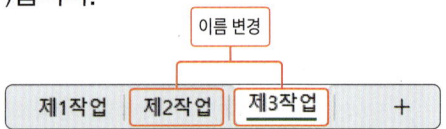

 시트 이름을 변경하는 다양한 방법

❶ 시트 탭(예 : [Sheet1])을 클릭한 후 [홈] 탭의 [셀] 그룹에서 [서식(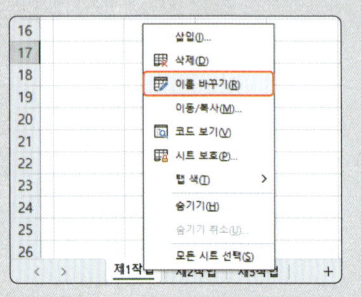)]-
[시트 이름 바꾸기]를 선택합니다.

❷ 시트 탭(예 : [Sheet1]) 위에서 마우스 오른쪽 단추를 눌러 바로가기 메뉴가
나오면 [이름 바꾸기]를 클릭합니다.

Skill 02 [제1작업] 시트의 기본 서식 지정 및 파일 저장하기

≪조건≫ : 모든 데이터의 서식에는 글꼴(굴림, 11pt), 정렬은 숫자 및 회계 서식은 오른쪽 정렬, 나머지 서식은 가운데 정렬로 작성하며 예외적인 것은 ≪출력형태≫를 참조하시오.

❶ [제1작업] 시트를 클릭한 후 ◢(전체 선택)(**Ctrl**+**A**)을 클릭합니다.

❷ [홈] 탭의 [글꼴] 그룹에서 '글꼴(굴림), 글꼴 크기(11pt)'를 지정한 후 [맞춤] 그룹에서 '가운데 맞춤(≡)'을 클릭합니다.

※ 데이터 정렬은 기본적으로 '가운데 맞춤'으로 지정한 후 숫자 및 회계 서식만 '오른쪽 맞춤'으로 변경합니다.

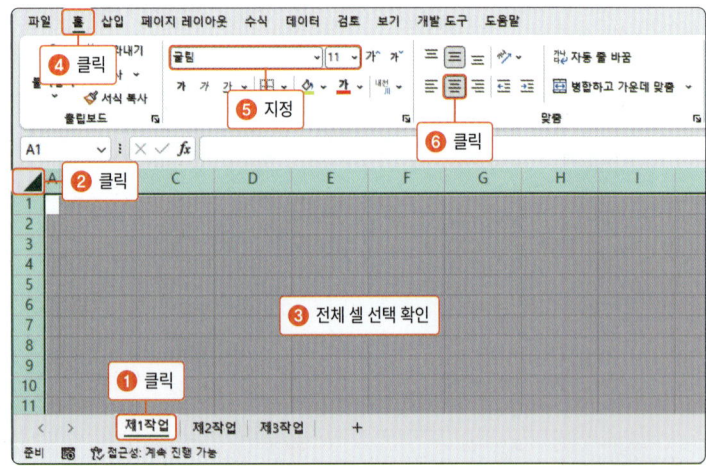

 [제1작업] 서식 지정

[제1작업]의 작성 조건은 변경될 수도 있기 때문에 반드시 문제지의 ≪조건≫을 확인하여 글꼴, 글꼴 크기, 맞춤 등을 설정합니다.

❸ [파일] 탭의 [저장] 또는 [빠른 실행 도구 모음]에서 '저장(💾)'을 클릭한 후 [찾아보기(📂)]를 선택합니다.

❹ [다른 이름으로 저장] 대화상자가 나오면 경로를 [내 PC]–[문서]–[ITQ] 폴더로 지정하고, 파일 이름에 '수험번호–성명'을 입력한 후 〈저장〉 단추를 클릭합니다.

※ 실제 시험을 볼 때 작업 도중에 수시로 (10분에 한 번 정도) 저장을 하는 것이 좋습니다.

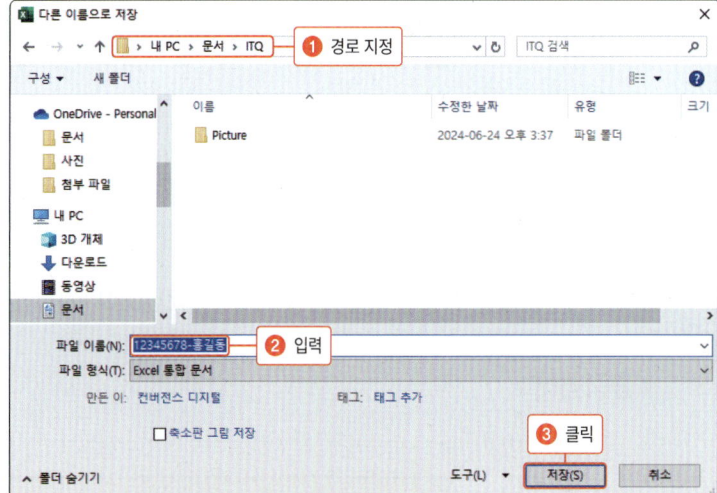

[제1작업] 데이터 입력 및 제목 작성

☑ 데이터 입력 후 셀 병합 ☑ 셀 테두리 지정
☑ 도형을 이용하여 제목을 작성한 후 그림자 스타일 지정

문제 미리보기

소스 : 유형02_문제.xlsx 정답 : 유형02_정답.xlsx

➔ 다음은 '**맛나앱 상황별 요리 현황**'에 대한 자료이다. 자료를 입력하고 조건에 맞도록 작업하시오.

≪출력형태≫ 〈240점〉

맛나앱 상황별 요리 현황

코드	요리명	분류	조리시간(분)	요리후기	공유 (건수)	칼로리 (100g당)	요리난이도	순위
D2091	두부덮밥	다이어트	30	24	986	84	(1)	(2)
B1041	명란마요주먹밥	도시락	20	5	94	170	(1)	(2)
D3062	시금치프리타타	다이어트	40	14	693	70	(1)	(2)
B3142	셀러드샌드위치	도시락	50	96	505	220	(1)	(2)
H6153	궁중잡채	명절	100	109	364	260	(1)	(2)
H3153	깻잎전	명절	60	29	760	215	(1)	(2)
B3092	삼색덮밥	도시락	40	63	1126	270	(1)	(2)
D1071	파프리카계란찜	다이어트	20	32	1482	55	(1)	(2)
다이어트 요리후기 합계			(3)		최대 공유(건수)			(5)
명절 요리 비율			(4)		코드		칼로리 (100g당)	(6)

≪조건≫

┌───┐
▶ 모든 데이터의 서식에는 글꼴(굴림, 11pt), 정렬은 숫자 및 회계 서식은 오른쪽 정렬, 나머지 서식은 가운데
정렬로 작성하며 예외적인 것은 ≪출력형태≫를 참조하시오.

▶ 제 목 ⇒ 도형(육각형)과 그림자(오프셋 오른쪽)를 이용하여 작성하고 "맛나앱 상황별 요리 현황"을 입력한
후 다음 서식을 적용하시오(글꼴-굴림, 24pt, 검정, 굵게, 채우기-노랑).
└───┘

▶ 임의의 셀에 결재란을 작성하여 그림으로 복사 기능을 이용하여 붙이기 하시오(단, 원본 삭제).

▶ 「B4:J4, G14, I14」 영역은 '주황'으로 채우기 하시오.

▶ 유효성 검사를 이용하여 「H14」 셀에 코드(「B5:B12」 영역)가 선택 표시되도록 하시오.

▶ 셀 서식 ⇒ 「F5:F12」 영역에 셀 서식을 이용하여 숫자 뒤에 '개'를 표시하시오(예 : 24개).

▶ 「D5:D12」 영역에 대해 '분류'로 이름정의를 하시오.

Information Technology Qualification

난이도	권장 시간 / 시험 시간	유형 점수 / 시험 점수
★★☆☆	10분 / 60분	240점 / 500점

시험 분석

➔ **출제 경향 : 출제 문제를 분석**

☑ 과년도 시험 문제를 분석한 결과 도형은 계속 바뀌어서 출제되지만 도형의 제목 글꼴(굴림, 24pt, 검정, 굵게), 채우기(노랑), 도형 효과(그림자)는 고정적으로 출제되고 있습니다.

☑ 도형 모양 : 한쪽 모서리가 잘린 사각형, 대각선 방향의 모서리가 잘린 사각형, 양쪽 모서리가 둥근 사각형, 모서리가 둥근 사각형, 갈매기형 수장, 위쪽 리본, 배지, 가로로 말린 두루마리, 육각형, 십자형, 순서도: 카드, 빗면 등이 출제되었습니다.

☑ 그림자 : 오프셋 오른쪽, 오프셋 위쪽, 오프셋 대각선 오른쪽 아래, 오프셋 대각선 왼쪽 아래 등이 자주 출제되었습니다.

➔ **주의 사항 : 실수가 많은 내용**

☑ 데이터를 정확히 입력한 다음 숫자는 오른쪽 정렬, 나머지는 가운데 정렬을 합니다.

➔ **주요 단축키 : 작업 시간 단축에 도움**

☑ 저장 : Ctrl + S   도형 서식 : Ctrl + 1

Skill 01 **데이터 입력 후 셀 병합하기**

❶ **유형02_문제.xlsx** 파일을 불러와 **[제1작업]** 시트를 클릭합니다. 이어서, ≪출력형태≫를 참고하여 아래와 같이 데이터를 입력합니다.

※ 파일 불러오기 : [파일]-[열기](Ctrl + O)-[찾아보기]를 클릭한 후 [열기] 대화상자에서 파일을 선택하여 불러옵니다.

	A	B	C	D	E	F	G	H	I	J
1										
2										
3										
4		코드	요리명	분류	조리시간(분)	요리후기	공유(건수)	칼로리(100g당)	요리난이도	순위
5		D2091	두부덮밥	다이어트	30	24	986	84		
6		B1041	란마요주먹	도시락	20	5	94	170		
7		D3062	금치프리티	다이어트	40	14	693	70		
8		B3142	러드샌드위	도시락	50	96	505	220		
9		H6153	궁중잡채	명절	100	109	364	260		
10		H3153	깻잎전	명절	60	29	760	215		
11		B3092	삼색덮밥	도시락	40	63	1126	270		
12		D1071	프리카계린	다이어트	20	32	1482	55		
13	어트 요리후기 합계					최대 공유(건수)				
14	명절 요리 비율						코드		칼로리(100g당)	

 TIP **만약 날짜 형식이 다르게 입력될 경우**

≪출력형태≫와 동일하게 입력했지만 다른 형식으로 표시될 경우(예 : May-20)에는 Ctrl + 1 키를 누른 다음 [셀 서식]-[표시 형식]-[날짜] 서식에서 맞는 서식으로 지정해 줍니다.

데이터 입력 방법(ITQ 엑셀 시험은 [제1작업] 데이터를 직접 입력해야 합니다.)

❶ 《출력형태》에서 '함수'를 이용하여 답을 작성하는 (1)~(6) 부분과 '유효성 검사'를 이용하는 [H14] 셀(D2091)의 데이터는 입력하지 않고 빈 셀로 남겨둡니다.

❷ [G4], [H4], [I14] 셀처럼 두 줄로 입력된 데이터는 첫 번째 줄의 내용을 입력한 후 `Alt` + `Enter` 키를 눌러 두 번째 줄의 내용을 입력합니다. 예) 공유 → `Alt` + `Enter` → (건수)

❸ 날짜 형식은 하이픈(−)을 이용하여 입력합니다.

❹ 데이터 입력 시 백분율(12%, 12.35%…)은 키보드의 '%'를 이용하여 입력합니다. 또한, 소수점은 키보드의 '.'을 이용하여 입력하며, [홈] 탭의 [표시 형식] 그룹에서 자릿수 늘림(🔢)과 자릿수 줄임(🔢)을 이용하여 소수 자리점을 맞춥니다.

❺ 다이어트 요리후기 합계는 [B13] 셀, 명절 요리 비율은 [B14] 셀, 최대 공유(건수)는 [G13] 셀에 각각 입력합니다.
   ※ 셀들을 먼저 병합한 후 병합된 셀에 데이터를 입력할 수도 있습니다.

❻ 셀에 입력된 데이터를 수정하기 위해서는 해당 셀을 선택한 후 `F2` 키 또는 더블 클릭하여 데이터를 수정합니다.

❼ [제1작업] 시트에 입력된 데이터를 이용하여 [제2작업], [제3작업], [제4작업] 시트를 작성하기 때문에 오타 및 누락된 내용이 없는지 반드시 《출력형태》와 비교하여 확인합니다.

❷ [B13:D13] 영역을 드래그한 후 `Ctrl` 키를 누른 상태에서 [B14:D14], [F13:F14], [G13:I13] 영역을 드래그 합니다. 이어서, [홈] 탭의 [맞춤] 그룹에서 '병합하고 가운데 맞춤(⊞)'을 클릭합니다.

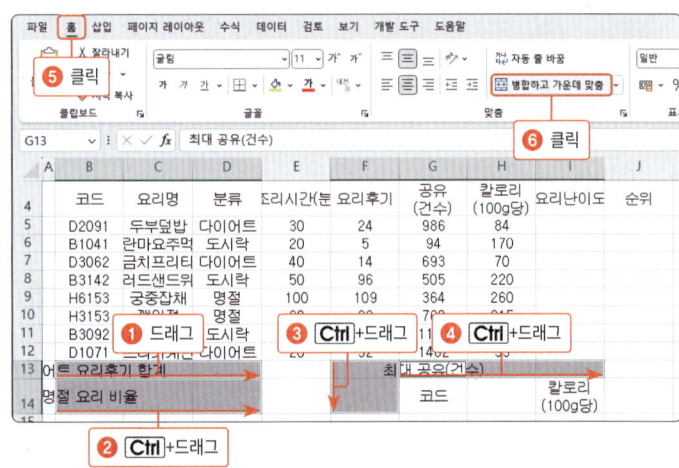

Skill 02 열 너비 및 행 높이 조절

❶ [C] 열의 열 너비를 조절하기 위해 [C] 열과 [D] 열 머리글 사이에 마우스 포인터를 위치시킨 후 **더블 클릭합니다.**

※ 열의 너비는 《출력형태》를 참고하여 조절합니다.

※ 머리글 사이를 더블 클릭하면 [C] 열에 입력된 데이터 중 가장 긴 데이터의 길이에 맞추어 열 너비가 자동으로 조절됩니다.

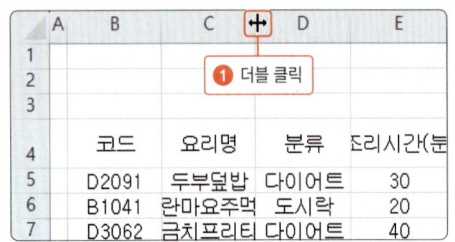 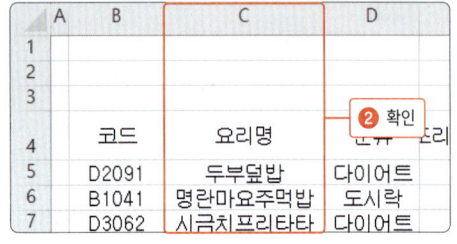

❷ 똑같은 방법으로 ≪출력형태≫를 참고하여 다른 열들의 열 너비를 조절합니다.

※ [D:H] 머리글을 드래그한 후 열 머리글 사이를 더블 클릭하면 한 번에 열의 너비를 조절할 수 있습니다.

열 너비 조절

열 너비를 조절한 후에도 병합된 셀의 데이터 내용이 모두 보이지 않을 경우에는 해당 열 머리글 사이를 마우스로 드래그하여 모든 데이터가 보이도록 합니다.

❸ 제목을 입력하기 위해 [1:3] 행의 머리글을 드래그한 후 행 머리글 위에서 마우스 오른쪽 단추를 눌러 바로가기 메뉴가 나오면 [행 높이]를 클릭합니다. 이어서, [행 높이] 대화상자가 나오면 '25'를 입력한 후 〈확인〉 단추를 클릭합니다.

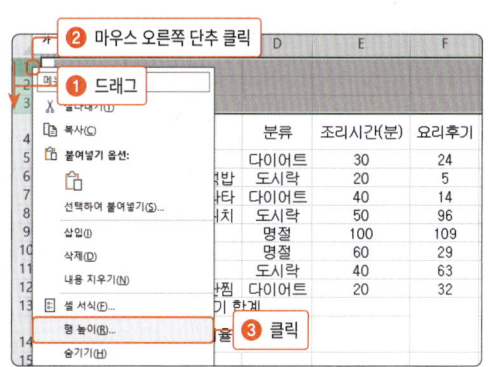
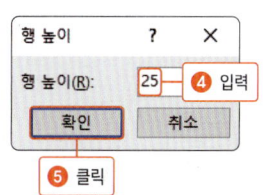

❹ 똑같은 방법으로 [4] 행(행 높이 : 32)과 [5:14] 행(행 높이 : 22)의 높이를 변경합니다.

※ 행의 높이는 별도의 조건이 없기 때문에 ≪출력형태≫를 참고하여 높이를 변경합니다.

[14] 행의 데이터가 두 줄인 경우

만약, [14] 행의 데이터가 두 줄인 경우에는 [14:15] 행의 머리글 사이를 마우스로 더블 클릭하여 행의 높이를 조절합니다.

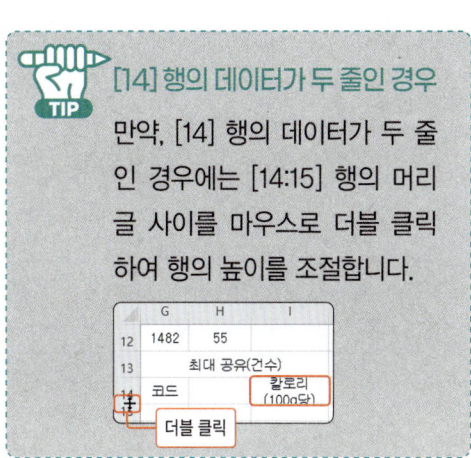

03 셀 테두리 지정

❶ [B4:J14] 영역을 드래그한 후 [홈] 탭의 [글꼴] 그룹에서 테두리(⊡)의 목록 단추(⌄)를 눌러 '**모든 테두리(⊞)**'
를 선택합니다. 이어서, 다시 테두리(⊞)의 목록 단추(⌄)를 눌러 '**굵은 바깥쪽 테두리(⊡)**'를 선택합니다.

※ 셀 테두리는 별도의 조건이 없기 때문에 ≪출력형태≫를 참고하여 작업합니다.

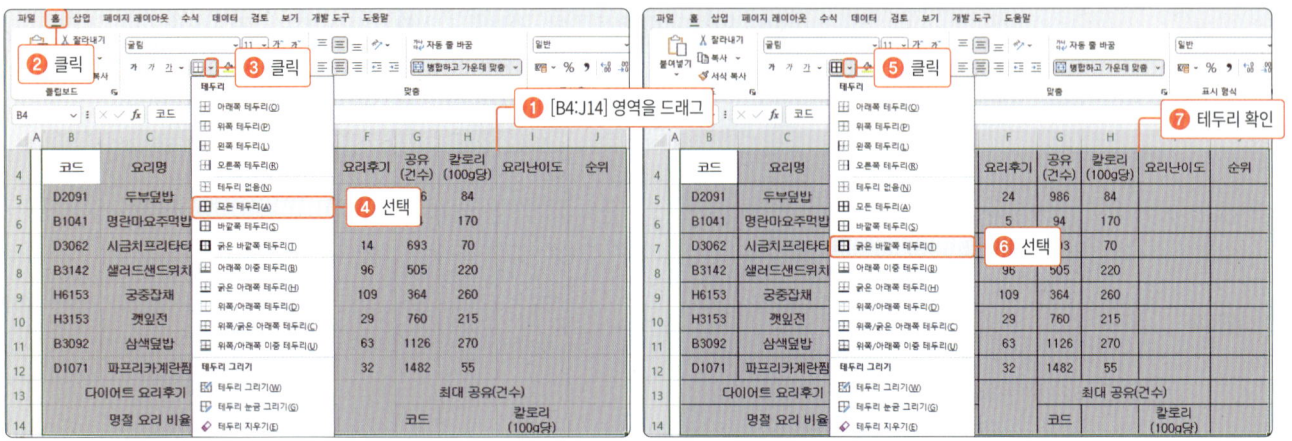

❷ [B4:J4] 영역을 드래그한 후 **Ctrl** 키를
누른 상태에서 [B13:J14] 영역도 드래그
합니다. 이어서, [홈] 탭의 [글꼴] 그룹에
서 '**굵은 바깥쪽 테두리(⊡)**'를 클릭합
니다.

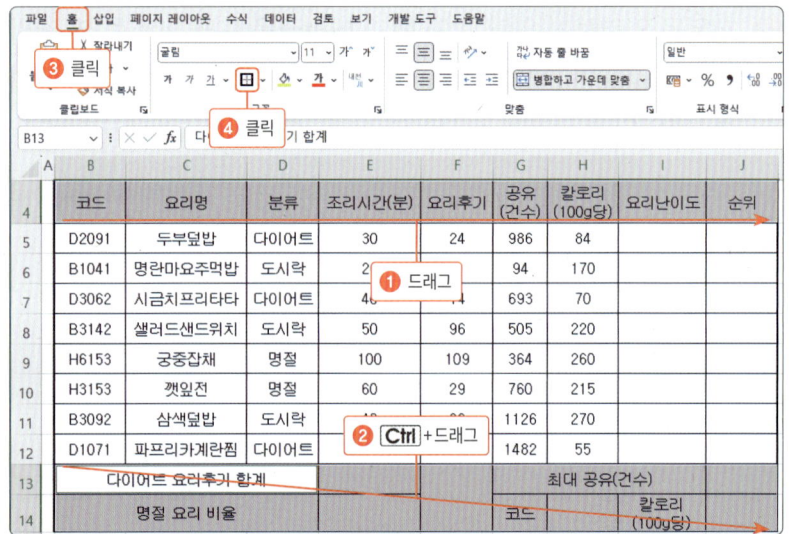

> 💪 **굵은 테두리 지정 시 주의할 점**
> **TIP**
> 굵은 테두리(⊡)를 지정하는 방법은 다양하지만 함수 계산 후 자동 채우기를 실행하면 굵은 선이 함께 적용되어 문
> 제가 발생할 수 있으니 위와 같은 방법으로 굵은 테두리를 지정하는 것이 좋습니다.

❸ [F13:F14] 셀 위에서 마우스 오른쪽 단추를 눌러 바로가기 메뉴가 나오면 [셀 서식(**Ctrl**+**1**)]을 클릭합니다.

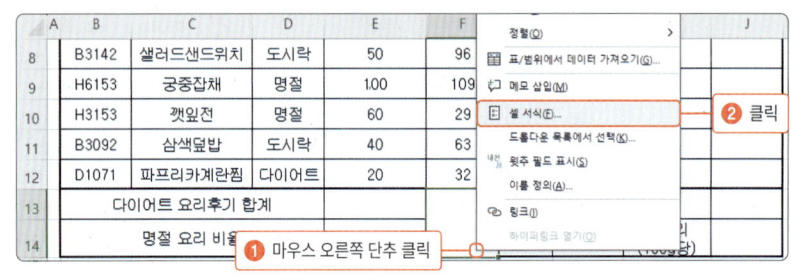

❹ [셀 서식] 대화상자가 나오면 [테두리] 탭을 클릭하여 [선]의 '스타일(────)'과 '테두리(▧, ▨)'를 지정한 후 〈확인〉 단추를 클릭합니다. 테두리 작업이 끝나면 ≪출력형태≫와 비교하여 확인합니다.

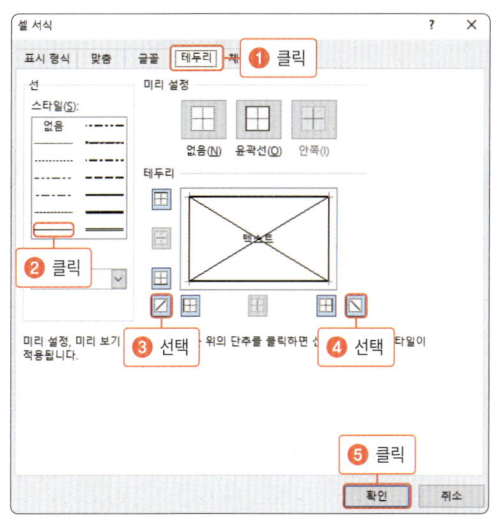

코드	요리명	분류	조리시간(분)	요리후기	공유(건수)	칼로리(100g당)	요리난이도	순위
D2091	두부덮밥	다이어트	30	24	986	84		
B1041	명란마요주먹밥	도시락	20	5	94	170		
D3062	시금치프리타타	다이어트	40	14	693	70		
B3142	샐러드샌드위치	도시락	50	96	505	220		
H6153	궁중잡채	명절	100	109	364	260		
H3153	깻잎전	명절	60	29	760	215		
B3092	삼색덮밥	도시락	40	63	1126	270		
D1071	파프리카계란찜	다이어트	20	32	1482	55		
다이어트 요리후기 합계					최대 공유(건수)			
명절 요리 비율					코드		칼로리(100g당)	

⑥ 확인

Skill 04

도형을 이용하여 제목 만들기

≪조건≫ : 제 목 ⇒ 도형(육각형)과 그림자(오프셋 오른쪽)를 이용하여 작성하고 "맛나앱 상황별 요리 현황"을 입력한 후 다음 서식을 적용하시오 (글꼴−굴림, 24pt, 검정, 굵게, 채우기−노랑).

❶ 도형을 삽입하기 위해 [삽입] 탭의 [일러스트레이션] 그룹에서 [도형(◌)]−기본 도형−'육각형(⬡)'을 선택합니다.

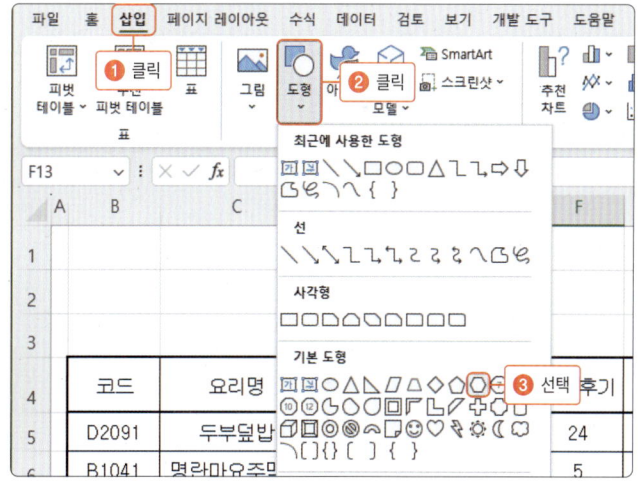

❷ 마우스 포인터가 ✛ 모양으로 변경되면 [B1] 셀에서 [G3] 셀의 중간까지 드래그하여 도형을 삽입합니다. 도형이 삽입되면 제목(맛나앱 상황별 요리 현황)을 입력한 후 도형의 텍스트가 없는 부분을 클릭합니다.

※ ≪출력형태≫를 참고하여 [B1:G3] 셀 범위 안에 도형이 위치되도록 테두리 조절점(◯)을 이용하여 크기를 조절한 후 위치를 변경합니다.

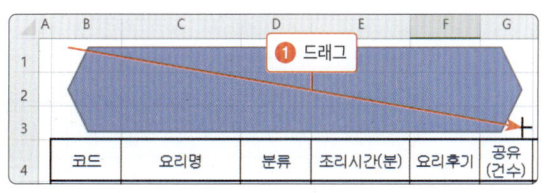
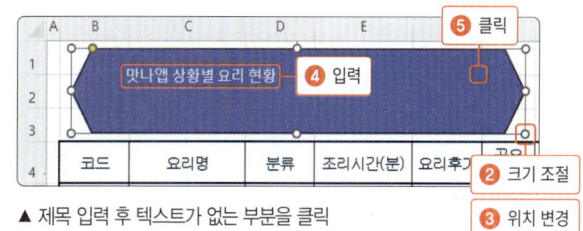

▲ 제목 입력 후 텍스트가 없는 부분을 클릭

❸ 글꼴 서식을 지정하기 위해 [홈] 탭의 [글꼴] 그룹에서 글꼴(굴림), 글꼴 크기(24), 굵게 (**가**), 글꼴 색(검정, 텍스트 1)을 각각 지정합니다.

> ※ 글꼴 색은 목록 단추(∨)를 눌러 테마 색에서 '검정, 텍스트 1'을 선택합니다.

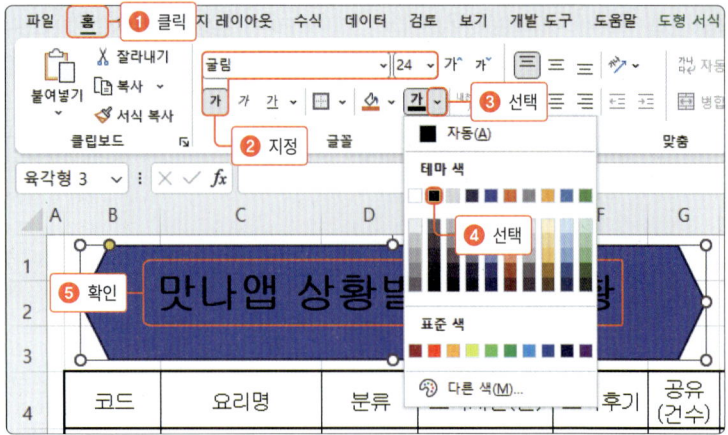

❹ [홈] 탭의 [글꼴] 그룹에서 채우기 색(🖊)의 목록 단추(∨)를 눌러 '**노랑**'으로 지정한 후 [맞춤] 그룹에서 '**세로 가운데 맞춤**(≡)'과 '**가로 가운데 맞춤**(≡)'을 클릭합니다.

> ※ 채우기 색은 목록 단추(∨)를 눌러 표준 색에서 '노랑'을 선택합니다.

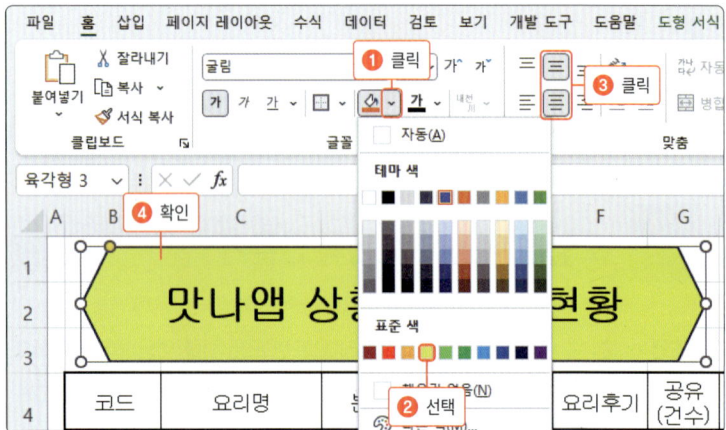

❺ 그림자 스타일을 지정하기 위해 [도형 서식] 탭의 [도형 스타일] 그룹에서 [도형 효과(🔲)]-[그림자]-바깥쪽-'**오프셋: 오른쪽**(🔲)'을 선택합니다.

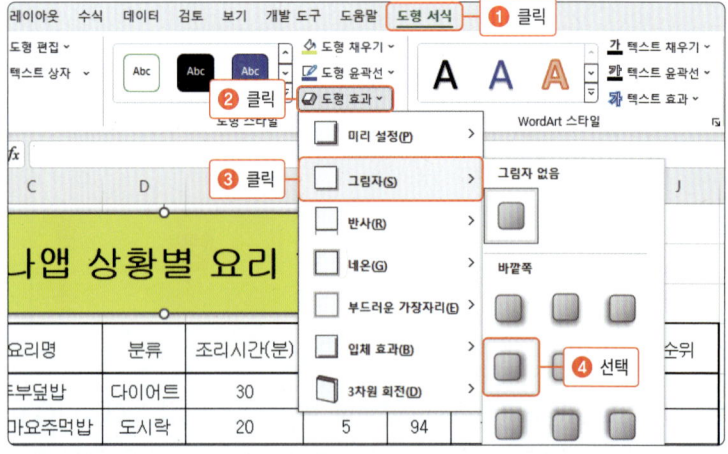

❻ 도형을 이용한 제목이 완성되면 [파일]-[저장](**Ctrl**+**S**) 또는 [빠른 실행 도구 모음]에서 '**저장**(🖫)'을 클릭합니다.

> ※ 실제 시험을 볼 때 작업 도중에 수시로(10분에 한 번 정도) 저장을 하는 것이 좋습니다.

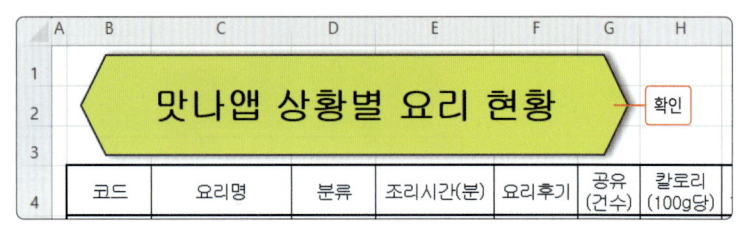

• 작성 시간 : 수험자가 문제를 해결하는데 걸린 시간을 기록
• 권장 시간 : 전체 시간을 배분하여 해당 문제를 해결하는데 필요한 권장 소요 시간

완전정복- 01 다음과 같이 《조건》 및 《출력형태》를 작성해 보세요.

작성 시간 / 권장 시간
분 / 10분

• 소스 : 정복02_문제01.xlsx   • 정답 : 정복02_정답01.xlsx

➡ 다음은 '**인기 복합기 판매 현황**'에 대한 자료이다. 자료를 입력하고 조건에 맞도록 작업하시오.

《출력형태》

제품코드	제품명	제조사	판매금액	인쇄속도(ppm)	판매수량(단위:대)	재고수량(단위:대)	판매순위	평가
K2949	루이	레온	149000	14	157	64	(1)	(2)
P3861	레옹	이지전자	150000	16	184	48	(1)	(2)
L3997	지니	레온	344000	15	154	101	(1)	(2)
K2789	퍼플	티파니	421000	19	201	65	(1)	(2)
K6955	밴티지	이지전자	175000	6	98	128	(1)	(2)
P3811	다큐프린터	레온	245000	17	217	87	(1)	(2)
L3711	로사프린터	티파니	182000	12	256	36	(1)	(2)
L4928	새롬레이저	이지전자	389000	18	94	117	(1)	(2)
티파니 제조사 재고수량(단위:대) 합계			(3)		티파니 제조사 비율			(5)
레온 제조사 최고 판매금액			(4)		제품코드	판매순위(단위:대)		(6)

《조건》

○ 모든 데이터의 서식에는 글꼴(굴림, 11pt), 정렬은 숫자 및 회계 서식은 오른쪽 정렬,
  나머지 서식은 가운데 정렬로 작성하며 예외적인 것은 《출력형태》를 참조하시오.

○ 제 목 ⇒ 도형(육각형)과 그림자(오프셋 오른쪽)를 이용하여 작성하고
    "인기 복합기 판매 현황"을 입력한 후 다음 서식을 적용하시오
    (글꼴-굴림, 24pt, 검정, 굵게, 채우기-노랑).

○ 임의의 셀에 결재란을 작성하여 그림으로 복사 기능을 이용하여 붙이기 하시오(단, 원본 삭제).

○ 「B4:J4, G14, I14」 영역은 '주황'으로 채우기 하시오.

○ 유효성 검사를 이용하여 「H14」 셀에 제품코드(「B5:B12」 영역)가 선택 표시되도록 하시오.

○ 셀 서식 ⇒ 「E5:E12」 영역에 셀 서식을 이용하여 숫자 뒤에 '원'을 표시하시오(예 : 149,000원).

○ 「G5:G12」 영역에 대해 '판매수량'으로 이름정의를 하시오.

➡ 다음은 '**우리마트 라면 판매 현황**'에 대한 자료이다. 자료를 입력하고 조건에 맞도록 작업하시오.

《출력형태》

우리마트 라면 판매 현황

제품코드	제품명	분류	가격	전월 판매량	당월 판매량	스코빌지수	판매순위	증감률(%)
A1545	새우 라면	봉지	1350	28200	29350	5013	(1)	(2)
Y1565	매운 라면	봉지	1400	57300	44700	4044	(1)	(2)
R1886	비빔 얼큰면	스티로폼(PS)	1800	10700	9030	2769	(1)	(2)
Y1314	앵그리 레드면	종이	1200	5300	5900	8557	(1)	(2)
E1363	국민 매콤라면	종이	1100	37300	45500	3960	(1)	(2)
A1599	콩나물 김치면	봉지	950	18700	13900	5930	(1)	(2)
T1436	홍합 짬뽕면	스티로폼(PS)	2500	12400	22500	4000	(1)	(2)
T1578	불맛 쫄면	종이	2450	10000	10900	3037	(1)	(2)
봉지 제품 최고 스코빌지수			(3)		봉지 제품 당월판매량 평균			(5)
스티로폼(PS) 제품 개수			(4)		제품코드		당월 판매량	(6)

《조건》

○ 모든 데이터의 서식에는 글꼴(굴림, 11pt), 정렬은 숫자 및 회계 서식은 오른쪽 정렬,
   나머지 서식은 가운데 정렬로 작성하며 예외적인 것은 《출력형태》를 참조하시오.

○ 제 목 ⇒ 도형(육각형)과 그림자(오프셋 오른쪽)를 이용하여 작성하고
      "우리마트 라면 판매 현황"을 입력한 후 다음 서식을 적용하시오
      (글꼴-굴림, 24pt, 검정, 굵게, 채우기-노랑).

○ 임의의 셀에 결재란을 작성하여 그림으로 복사 기능을 이용하여 붙이기 하시오(단, 원본 삭제).

○ 「B4:J4, G14, I14」 영역은 '주황'으로 채우기 하시오.

○ 유효성 검사를 이용하여 「H14」 셀에 제품코드(「B5:B12」 영역)가 선택 표시되도록 하시오.

○ 셀 서식 ⇒ 「E5:E12」 영역에 셀 서식을 이용하여 숫자 뒤에 '원'을 표시하시오(예 : 1,350원).

○ 「D5:D12」 영역에 대해 '분류'로 이름정의를 하시오.

• **소스** : 정복02_문제03.xlsx • **정답** : 정복02_정답03.xlsx

작성 시간 / 권장 시간

분 / 10분

➜ 다음은 **'찾아가는 작은 도서관 현황'**에 대한 자료이다. 자료를 입력하고 조건에 맞도록 작업하시오.

《출력형태》

찾아가는 작은 도서관 현황

관리코드	도서관명	관리자	주요 활동	도서 보유량 (단위:권)	대출 도서량 (단위:권)	이용자 수	개관일	순위
SB-101	풀이음	이미영	책 읽기	5500	550	3412		
BC-124	문고	김지은	체험 활동	1800	158	1300		
DB-210	작은 문학	박현우	책 읽기	4800	450	2850		
SM-312	한마음	장경미	영상 상영	2855	124	1200		
PC-211	책의 향기	손현준	체험 활동	2600	180	1850		
VB-132	도서의 정원	이현주	책 읽기	4500	458	1243		
SM-320	독서 공간	김수현	영상 상영	2850	285	1450		
PB-303	미니 문학	나영미	책 읽기	5200	650	3654		
도서 보유량(단위:권) 평균 이상 도서관 수					체험 활동 이용자 수 합계			
책 읽기 대출 도서량(단위:권) 평균					도서관명		이용자 수	

《조건》

○ 모든 데이터의 서식에는 글꼴(굴림, 11pt), 정렬은 숫자 및 회계 서식은 오른쪽 정렬,
   나머지 서식은 가운데 정렬로 작성하며 예외적인 것은 《출력형태》를 참조하시오.

○ 제 목 ⇒ 도형(배지)과 그림자(오프셋 오른쪽)를 이용하여 작성하고
      "찾아가는 작은 도서관 현황"을 입력한 후 다음 서식을 적용하시오
      (글꼴-굴림, 24pt, 검정, 굵게, 채우기-노랑).

○ 임의의 셀에 결재란을 작성하여 그림으로 복사 기능을 이용하여 붙이기 하시오(단, 원본 삭제).

○ 「B4:J4, G14, I14」 영역은 '주황'으로 채우기 하시오.

○ 유효성 검사를 이용하여 「H14」 셀에 도서관명(「C5:C12」 영역)이 선택 표시되도록 하시오.

○ 셀 서식 ⇒ 「H5:H12」 영역에 셀 서식을 이용하여 숫자 뒤에 '명'을 표시하시오(예 : 3,412명).

○ 「H5:H12」 영역에 대해 '이용자'로 이름정의를 하시오.

➡ 다음은 '**홈케어 제품 매출 현황**'에 대한 자료이다. 자료를 입력하고 조건에 맞도록 작업하시오.

《출력형태》

홈케어 제품 매출 현황

제품번호	제품명	분류	제조사	가격	3월매출 (천원)	4월매출 (천원)	순위	구분
SL1-01	리큐 제트	세탁세제	미래건강	28700	82570	92600		
FC1-01	주택세정제	청소세제	보리수	9800	18300	21800		
FK1-01	트로피칼	주방세제	해피그린	9700	21350	28960		
SL2-02	파워젤	세탁세제	해피그린	18500	42760	38470		
SK2-02	슈가버블	주방세제	미래건강	11000	50700	56590		
WC2-03	살균세정제	청소세제	미래건강	21300	31580	34600		
CC1-02	비타민베리	주방세제	해피그린	8500	19840	23770		
FL2-03	다우니 블루	세탁세제	보리수	15300	37960	35600		
가격이 평균 가격 이상인 제품수						청소세제 3월매출(천원) 합계		
세탁세재 3월매출(천원) 평균						제품명	가격	

《조건》

○ 모든 데이터의 서식에는 글꼴(굴림, 11pt), 정렬은 숫자 및 회계 서식은 오른쪽 정렬,
　나머지 서식은 가운데 정렬로 작성하며 예외적인 것은 《출력형태》를 참조하시오.

○ 제 목 ⇒ 도형(배지)과 그림자(오프셋 오른쪽)를 이용하여 작성하고
　　　　"홈케어 제품 매출 현황"을 입력한 후 다음 서식을 적용하시오
　　　　(글꼴-굴림, 24pt, 검정, 굵게, 채우기-노랑).

○ 임의의 셀에 결재란을 작성하여 그림으로 복사 기능을 이용하여 붙이기 하시오(단, 원본 삭제).

○ 「B4:J4, G14, I14」 영역은 '주황'으로 채우기 하시오.

○ 유효성 검사를 이용하여 「H14」 셀에 제품명(「C5:C12」 영역)이 선택 표시되도록 하시오.

○ 셀 서식 ⇒ 「F5:F12」 영역에 셀 서식을 이용하여 숫자 뒤에 '원'을 표시하시오(예 : 28,700원).

○ 「H5:H12」 영역에 대해 '매출4월'로 이름정의를 하시오.

MEMO

[제1작업] 결재란 및 셀 서식 작업하기

☑ 결재란을 작성하여 그림으로 복사한 후 붙여넣기
☑ 색 채우기 및 셀 서식 지정　　☑ 유효성 검사 및 이름정의

 **미리보기**

소스 : 유형03_문제.xlsx　　정답 : 유형03_정답.xlsx

➜ 다음은 '**맛나앱 상황별 요리 현황**'에 대한 자료이다. 자료를 입력하고 조건에 맞도록 작업하시오.

≪출력형태≫　　　　　　　　　　　　　　　　　　　　　　　　　　　　〈240점〉

코드	요리명	분류	조리시간(분)	요리후기	공유(건수)	칼로리(100g당)	요리난이도	순위
D2091	두부덮밥	다이어트	30	24	986	84	(1)	(2)
B1041	명란마요주먹밥	도시락	20	5	94	170	(1)	(2)
D3062	시금치프리타타	다이어트	40	14	693	70	(1)	(2)
B3142	셀러드샌드위치	도시락	50	96	505	220	(1)	(2)
H6153	궁중잡채	명절	100	109	364	260	(1)	(2)
H3153	깻잎전	명절	60	29	760	215	(1)	(2)
B3092	삼색덮밥	도시락	40	63	1,126	270	(1)	(2)
D1071	파프리카계란찜	다이어트	20	32	1,482	55	(1)	(2)
다이어트 요리후기 합계			(3)		최대 공유(건수)			(5)
명절 요리 비율			(4)		코드	D2091	칼로리(100g당)	(6)

확인란:
	담당	팀장	부장
확인			

제목: 맛나앱 상황별 요리 현황

≪조건≫

▶ 모든 데이터의 서식에는 글꼴(굴림, 11pt), 정렬은 숫자 및 회계 서식은 오른쪽 정렬, 나머지 서식은 가운데 정렬로 작성하며 예외적인 것은 ≪출력형태≫를 참조하시오.

▶ 제 목 ⇒ 도형(육각형)과 그림자(오프셋 오른쪽)를 이용하여 작성하고 "맛나앱 상황별 요리 현황"을 입력한 후 다음 서식을 적용하시오(글꼴-굴림, 24pt, 검정, 굵게, 채우기-노랑).

▶ 임의의 셀에 결재란을 작성하여 그림으로 복사 기능을 이용하여 붙이기 하시오(단, 원본 삭제).

▶ 「B4:J4, G14, I14」 영역은 '주황'으로 채우기 하시오.

▶ 유효성 검사를 이용하여 「H14」 셀에 코드(「B5:B12」 영역)가 선택 표시되도록 하시오.

▶ 셀 서식 ⇒ 「F5:F12」 영역에 셀 서식을 이용하여 숫자 뒤에 '개'를 표시하시오(예 : 24개).

▶ 「D5:D12」 영역에 대해 '분류'로 이름정의를 하시오.

Information Technology Qualification

시험 분석

➜ **주의 사항 : 실수가 많은 내용**

☑ 결재란 만들기는 만들어진 데이터의 행과 열의 크기 변경에 상관없는 [L19] 셀부터 만들기를 합니다.

☑ 결재란을 만든 다음 제목 도형 오른쪽에 ≪출력형태≫와 같게 배치합니다.

☑ 조건에 맞는 표시 형식을 지정하고 그 외의 데이터는 ≪출력형태≫를 참고하여 '회계' 또는 '숫자' 서식을 적용합니다.

☑ 이름 정의는 오타가 나지 않도록 입력합니다. 만약 오타가 났을 때 수정하는 방법은 [수식] 탭에서 [이름 관리자]를 클릭하여 정의된 이름을 수정하거나 삭제하고 다시 만들어줍니다.

➜ **주요 단축키 : 작업 시간 단축에 도움**

☑ 저장 : Ctrl + S   셀 서식 : Ctrl + 1

Skill 01 결재란 작성하기

■ 결재란 만들기

≪조건≫ : 임의의 셀에 결재란을 작성하여 그림으로 복사 기능을 이용하여 붙이기 하시오(단, 원본 삭제).

 유형03_문제.xlsx 파일을 불러와 [제1작업] 시트를 클릭합니다. 미리 작성한 데이터에 영향을 주지 않기 위해서 임의의 셀([M19:O19])에 데이터(담당, 팀장, 부장)를 차례대로 입력합니다. 이어서, [L19:L20] 영역을 드래그한 후 [홈] 탭의 [맞춤] 그룹에서 '**병합하고 가운데 맞춤**(▦)'을 클릭합니다.

※ 파일 불러오기 : [파일]-[열기](Ctrl + O)-[찾아보기]를 클릭한 후 [열기] 대화상자에서 파일을 선택하여 불러옵니다.

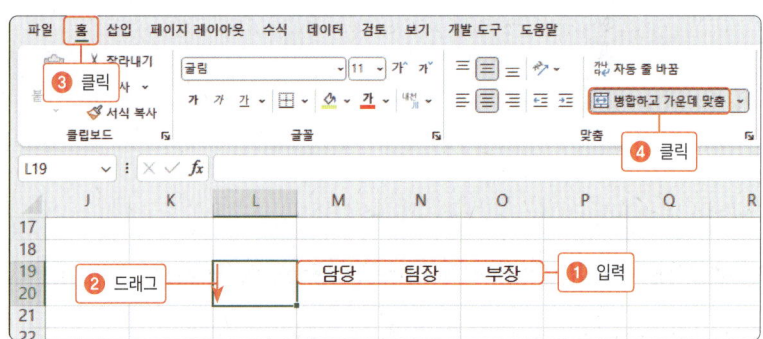

② 그림을 참고하여 병합된 셀에 '**확인**'을 입력합니다. 이어서, [L19:O20] 영역을 드래그한 후 [홈] 탭의 [글꼴] 그룹에서 테두리(▦)의 목록 단추(▾)를 눌러 '**모든 테두리**(⊞)'를 선택합니다.

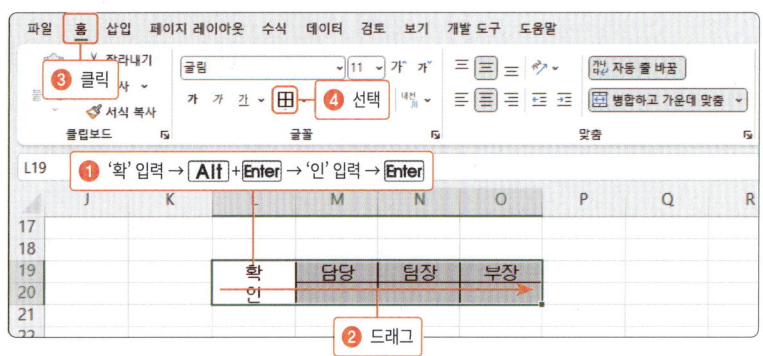

❸ 《출력형태》를 참고하여 행 머리글([19], [20])의 높이와 열 머리글([L], [M:O])의 너비는 마우스를 이용하여 조절합니다.

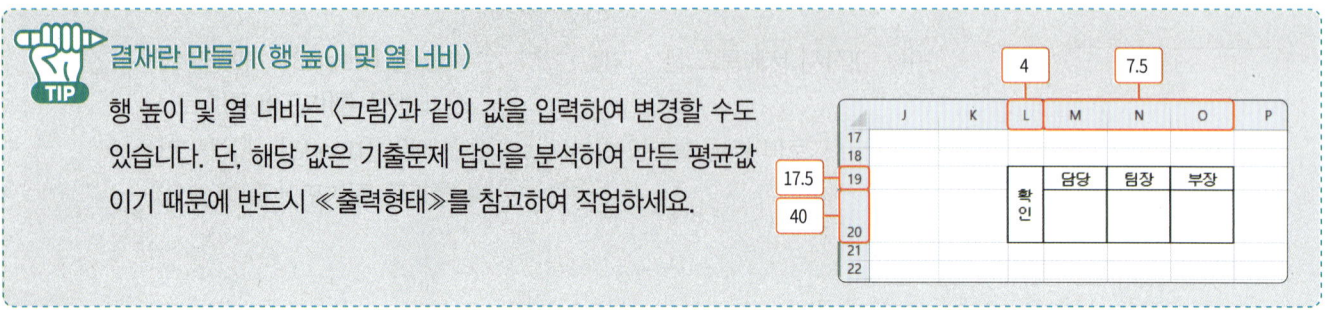

※ 출제유형 01에서 [제1작업] 시트의 모든 셀을 '가로 가운데 맞춤'으로 지정하였기 때문에 결재란을 만들면 텍스트가 '가로 가운데 맞춤'으로 정렬됩니다.

TIP 결재란 만들기(행 높이 및 열 너비)

행 높이 및 열 너비는 〈그림〉과 같이 값을 입력하여 변경할 수도 있습니다. 단, 해당 값은 기출문제 답안을 분석하여 만든 평균값이기 때문에 반드시 《출력형태》를 참고하여 작업하세요.

■ 결재란을 그림으로 복사하기(그림 복사)

❹ 완성된 결재란([L19:O20])을 드래그한 후 [홈] 탭의 [클립보드] 그룹에서 복사( )의 목록 단추( )를 눌러 '**그림으로 복사**'를 선택합니다. 이어서, [그림 복사] 대화상자가 나오면 **모양**(**화면에 표시된 대로**)과 **형식**(**그림**)을 확인한 후 〈확인〉 단추를 클릭합니다.

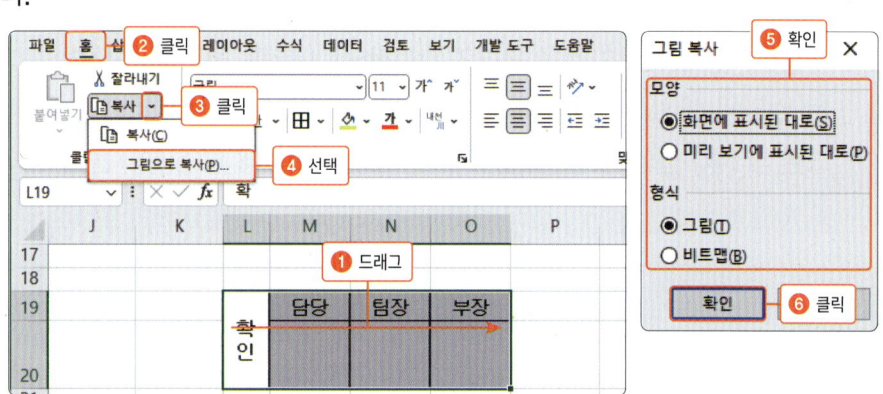

❺ [H1] 셀을 클릭한 후 [홈] 탭의 [클립보드] 그룹에서 '**붙여넣기( )**'(**Ctrl** + **V**)를 클릭합니다.

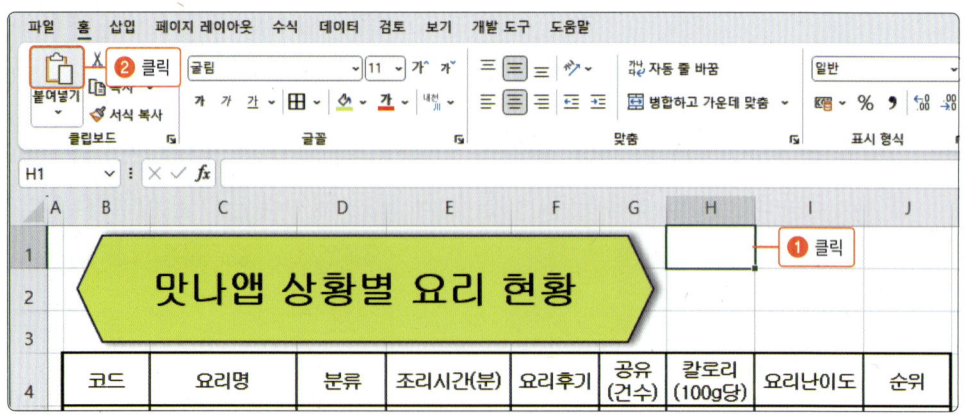

⑥ 삽입된 결재란은 ≪출력형태≫를 참고하여 크기를 조절한 후 방향키(←, →, ↑, ↓) 또는 마우스로 위치를 변경합니다.

　※ 결재란을 [H1:J3] 셀 범위 안에 들어가도록 테두리 조절점(ロ)을 이용하여 크기를 조절하고 위치를 변경합니다.

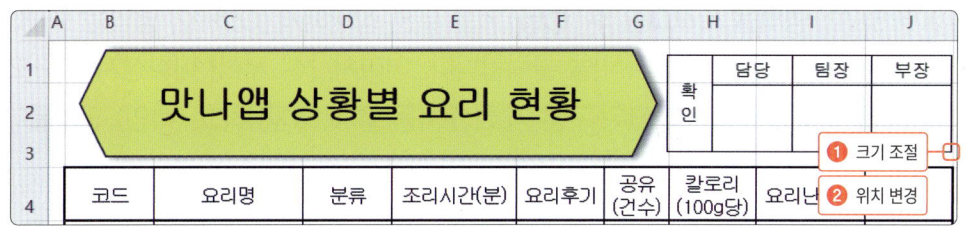

⑦ 원본 결재란을 삭제하기 위해 [L:O] 열 머리글을 드래그한 후 선택된 열 머리글 위에서 마우스 오른쪽 단추를 눌러 바로가기 메뉴가 나오면 [삭제]를 클릭합니다.

　※ [홈] 탭의 [셀] 그룹에서 '셀 삭제(⊞)'를 클릭해도 결과는 동일합니다.

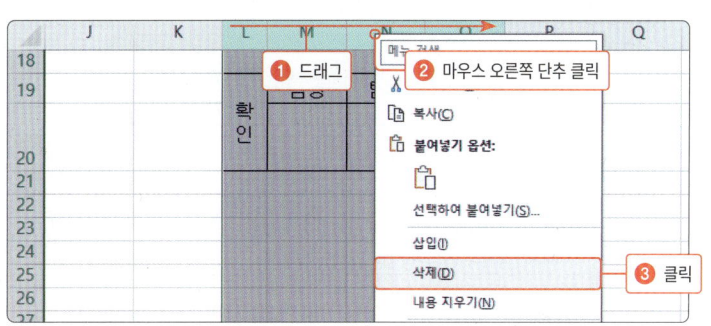

02 색 채우기 및 셀 서식 지정

■ 색 채우기(주황)

≪조건≫ : 「B4:J4, G14, I14」 영역은 '주황'으로 채우기 하시오.

❶ [B4:J4] 영역을 드래그한 후 Ctrl 키를 누른 상태에서 [G14], [I14] 셀을 클릭합니다.

❷ [홈] 탭의 [글꼴] 그룹에서 채우기 색(🪣)의 목록 단추(▾)를 눌러 '주황'을 선택합니다.

　※ 색 채우기의 색상은 '주황'으로 고정되어 출제되고 있으니 참고하시기 바랍니다.

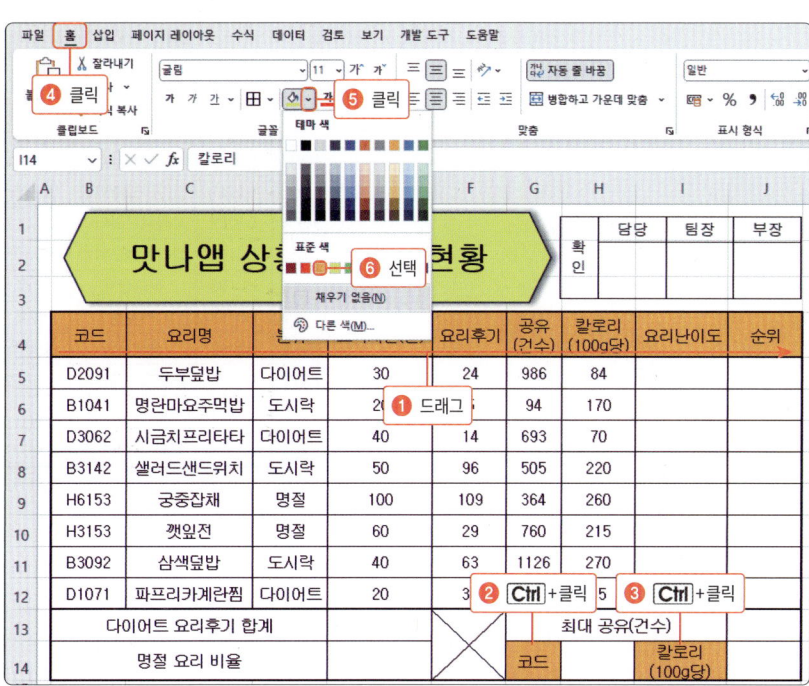

■ 셀 서식 지정

❸ [E5:E12] 영역을 드래그한 후 **Ctrl** 키를 누른 상태에서 [G5:H12] 영역을 드래그하고 셀 범위 위에서 마우스 오른쪽 단추를 눌러 [셀 서식]을 클릭합니다. 이어서, [셀 서식] 대화상자가 나오면 [표시 형식] 탭의 [범주]-'**숫자**'를 클릭한 후 '1000 단위 구분 기호(,) 사용'을 체크(☑)하고 〈확인〉 단추를 클릭합니다.

※ 해당 서식 지정은 별도의 ≪조건≫이 없기 때문에 [제4작업] 차트의 ≪출력형태≫에서 축의 최소값을 참고하여 '회계' 또는 '숫자' 서식을 적용합니다.

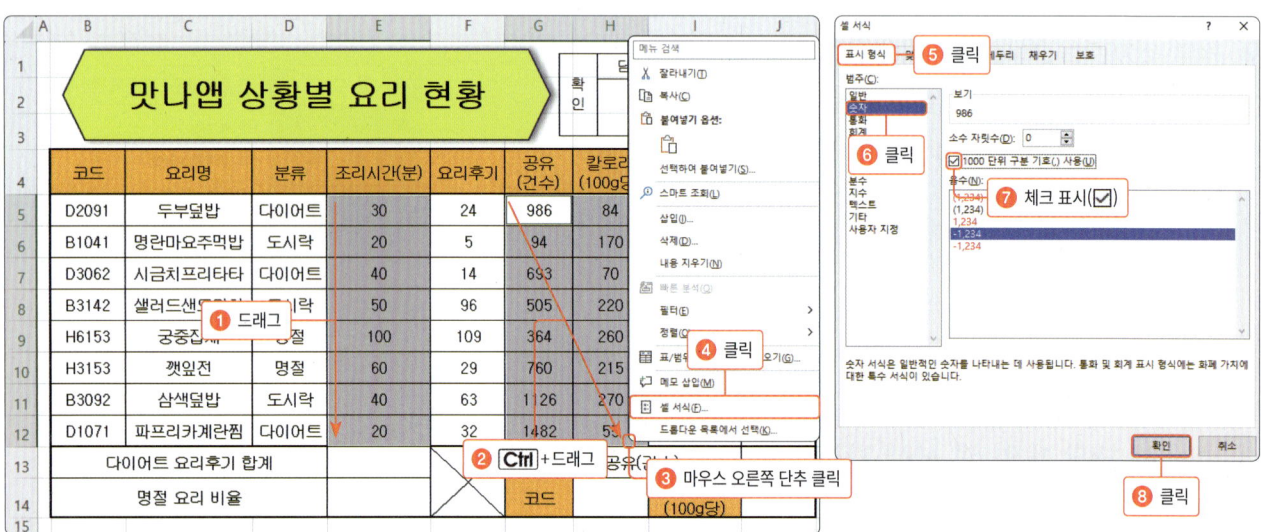

❹ [F5:F12] 영역을 드래그한 후 영역으로 지정된 셀 범위 위에서 마우스 오른쪽 단추를 눌러 바로가기 메뉴가 나오면 [셀 서식](**Ctrl**+**1**)을 클릭합니다.

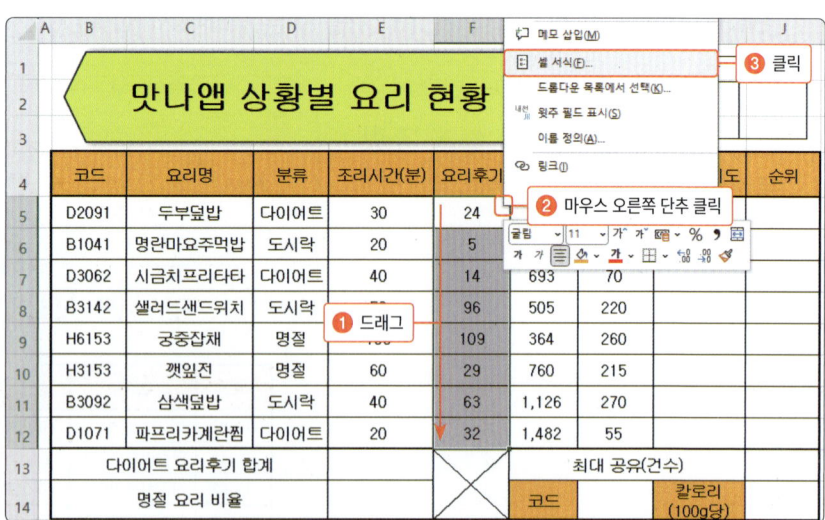

⑤ [셀 서식] 대화상자가 나오면 [표시 형식] 탭의 범주에서 '**사용자 지정**'을 클릭합니다. 이어서, 형식 입력 칸에 '**#,##0"개"**'를 입력한 후 〈확인〉 단추를 클릭합니다.

  ※ 형식에 #,###"개"를 입력해도 결과는 동일합니다.

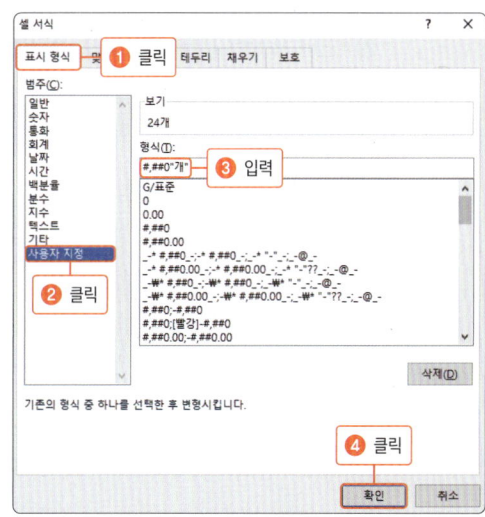

⑥ 숫자 데이터를 오른쪽으로 정렬하기 위해 [E5:H12] 영역을 드래그합니다. 이어서, [홈] 탭의 [맞춤] 그룹에서 '**오른쪽 맞춤(▤)**'을 클릭합니다.

  ※ [제1작업]의 ≪조건≫에 따라 숫자 및 회계 서식은 '오른쪽', 나머지 서식은 '가운데'로 정렬합니다.

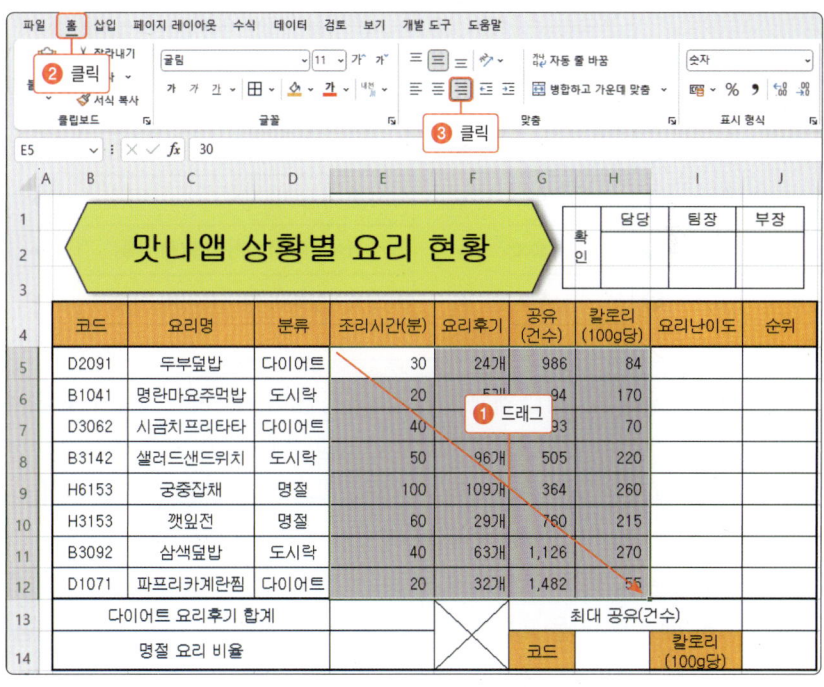

숫자 데이터 서식(숫자/회계) 확인

❶ 차트의 ≪출력형태≫를 참고하여 축의 최소값이 '0'이면 '숫자 서식'이고, '−'
이면 '회계 서식'이 적용된 것입니다.

❷ 숫자 서식은 [셀 서식] 대화상자에서 [표시 형식]−[범주]에서 '숫자'를 선택하
며, 회계 서식은 [홈] 탭의 [표시 형식] 그룹에서 '쉼표 스타일(🅹)'을 클릭합니다.

▲ 숫자 서식   ▲ 회계 서식

[표시 형식]을 이용한 사용자 지정 형식

• # : 숫자를 표시하는 기본 기호로 숫자가 없는(유효하지 않은) 빈자리를 공백으로 처리합니다.

• 0 : 숫자를 표시하는 기호로 숫자가 없는 빈자리를 0으로 채웁니다.
   – 입력(4.0) : #.# → 결과 : 4. / #.0 → 결과 : 4.0

• , : 천 단위 구분 기호를 표시합니다. 천 단위 구분 기호(#,) 이후에 다른 서식이 없을 경우 천 단위에서 반올림하여
   표시합니다. (예 : 123456 → 123 / 123567 → 124)

• " " : 사용자 지정 서식에 문자열을 추가하여 보여줄 경우 큰 따옴표(" ")로 묶어줍니다. (예 : "원")

	데이터(값)		서식 지정		서식 지정 결과
❶	5000	▶	#,##0"원"	▶	5,000원
❷	5000	▶	G/표준"원"	▶	5000원
❸	4.52	▶	#.00"점"	▶	4.52점
❹	A	▶	@"반"	▶	A반
❺	5000	▶	쉼표 스타일 🅹 적용	▶	5,000
❻	5000	▶	[표시 형식]-[숫자] 서식	▶	5,000
❼	5000	▶	[표시 형식]-[회계] 서식(기호(₩) 적용)	▶	₩ 5,000
❽	5000	▶	[표시 형식]-[통화] 서식(기호(₩) 적용)	▶	₩5,000

❶ **#,##0"원"** : ITQ 엑셀 시험에서 가장 많이 사용하는 사용자 지정 서식으로 특정 숫자에 천 단위 구분 기호와
   텍스트를 표시할 수 있습니다.

❷ **G/표준** : 특별한 서식을 지원하지 않고 일반적으로 입력한 데이터 그대로 표현해 주는 서식입니다.
   – 5,000 → 5000 / 54 → 54 / 0.1 → 0.1 / 1.15 → 1.15

❸ **소수점 서식 지정** : 소수 자릿수(4.52)에 맞추어 #.00 또는 0.00 또는 G/표준을 이용합니다.

❹ **@** : 문자열을 표시하는 기호로 특정 문자를 붙여서 표시할 때 사용합니다. 문자열 연결 시 한 칸을 띄어야 할
   경우에는 @ "반" 또는 @" 반"으로 입력합니다.

❺ **쉼표 스타일(🅹) 서식 지정** : [홈] 탭의 [표시 형식] 그룹에서 쉼표 스타일(🅹)을 클릭하여 서식을 지정합니다.
   특정 숫자에 쉼표 스타일이 적용되면 '회계' 서식으로 지정됩니다.

❻ **숫자 서식 지정** : [셀 서식] 대화상자의 [표시 형식] 탭에서 [범주]−'숫자'를 선택한 후 '1000단위 구분 기호(,) 사용'
   을 클릭하여 서식을 지정합니다.

❼ **기호가 적용된 회계 서식** : 숫자에 회계 서식과 함께 특정 기호를 지정하면 숫자와 기호 사이가 띄어져 표시됩니다.

❽ **기호가 적용된 통화 서식** : 숫자에 통화 서식과 함께 특정 기호를 지정하면 숫자와 기호가 붙어서 표시됩니다.

03 유효성 검사 및 이름 정의

■ 유효성 검사

≪조건≫ : 유효성 검사를 이용하여 「H14」 셀에 코드(「B5:B12」 영역)가 선택 표시되도록 하시오.

❶ [H14] 셀을 클릭한 후 [데이터] 탭의 [데이터 도구] 그룹에서 '**데이터 유효성 검사(□)**'를 클릭합니다.

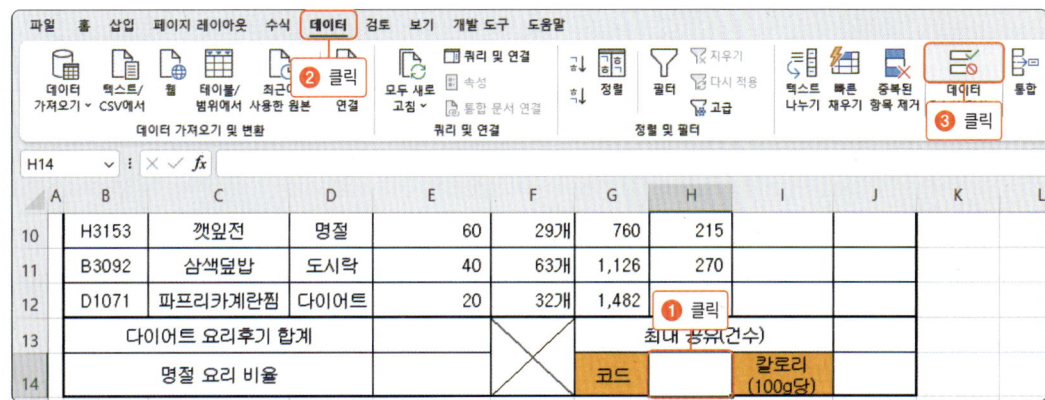

❷ [데이터 유효성] 대화상자가 나오면 [설정] 탭에서 **제한 대상(목록)**과 **원본([B5:B12])**을 지정한 후 〈확인〉 단추를 클릭합니다.

※ '원본'은 입력 칸을 클릭한 후 커서가 활성화되면 [B5:B12] 영역을 마우스로 드래그합니다.

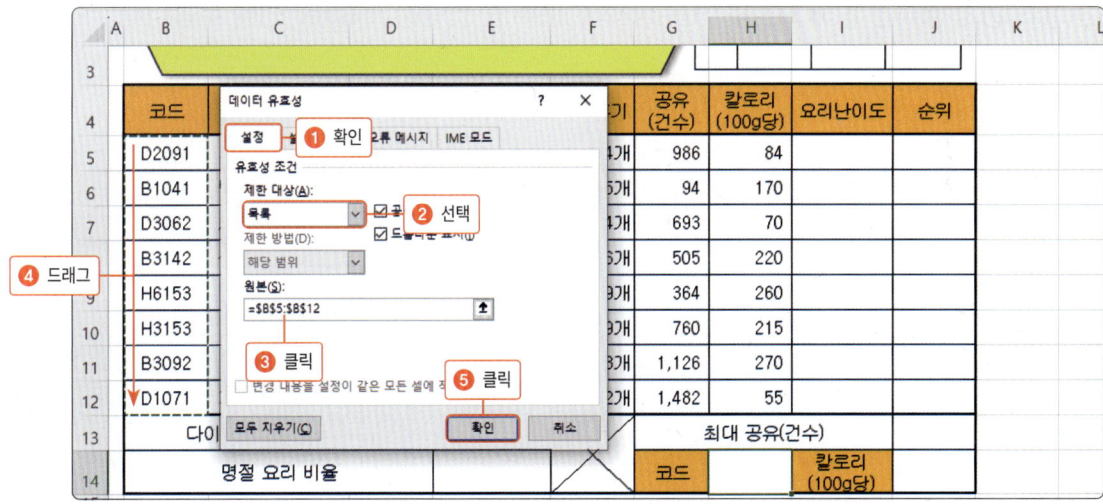

> **TIP** **원본 입력 칸에 연속된 데이터가 아닌 특정 데이터만 지정하기**
>
> 유효성 검사를 이용하여 요리명 중 두부덮밥, 샐러드샌드위치, 깻잎전, 파프리카계란찜만 선택되도록 하기 위해서는 원본 입력 칸에 직접 데이터를 입력합니다.

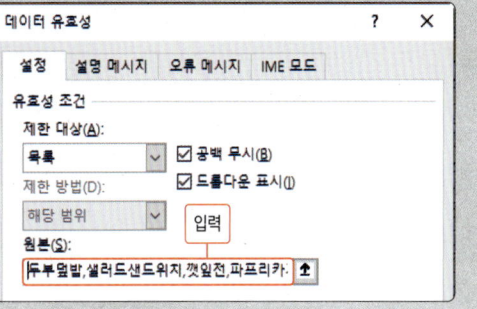

❸ [H14] 셀의 목록 단추(▾)를 눌러 ≪출력형태≫와 동일한 'D2091'을 선택합니다.

※ ≪출력형태≫를 참고하여 [H] 열의 너비를 조절한 후 결재란 이미지의 크기를 조절합니다.

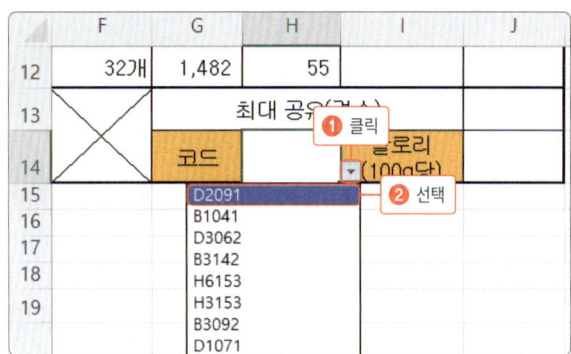
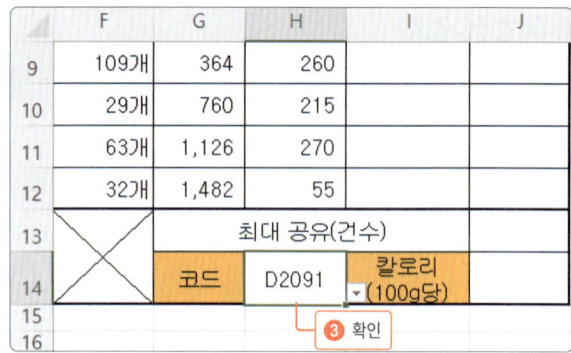

> **데이터 유효성 검사 삭제**
>
> 데이터 유효성 검사가 적용된 셀을 클릭한 후 [데이터] 탭의 [데이터 도구] 그룹에서 '데이터 유효성 검사(▦)'를 클릭합니다. 이어서, [데이터 유효성] 대화상자가 나오면 〈모두 지우기〉 단추를 클릭합니다.

■ 이름 정의

≪조건≫ : 「D5:D12」 영역에 대해 '분류'로 이름정의를 하시오.

❹ [D5:D12] 영역을 드래그한 후 이름 상자에 '**분류**'를 입력하고 [Enter] 키를 누릅니다.

※ 이름으로 정의된 셀이나 셀 범위를 참조할 때는 정의된 이름을 입력하여 쉽게 지정할 수 있습니다.
  예 : COUNTA(분류) → 분류 범위(D5:D12)의 개수를 계산합니다.

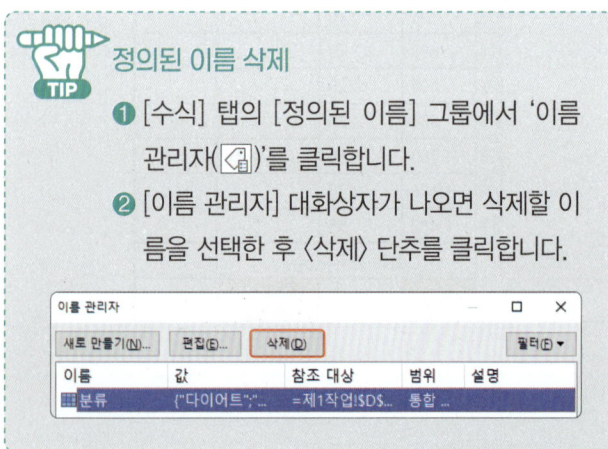

> **정의된 이름 삭제**
>
> ❶ [수식] 탭의 [정의된 이름] 그룹에서 '이름 관리자(▣)'를 클릭합니다.
> ❷ [이름 관리자] 대화상자가 나오면 삭제할 이름을 선택한 후 〈삭제〉 단추를 클릭합니다.

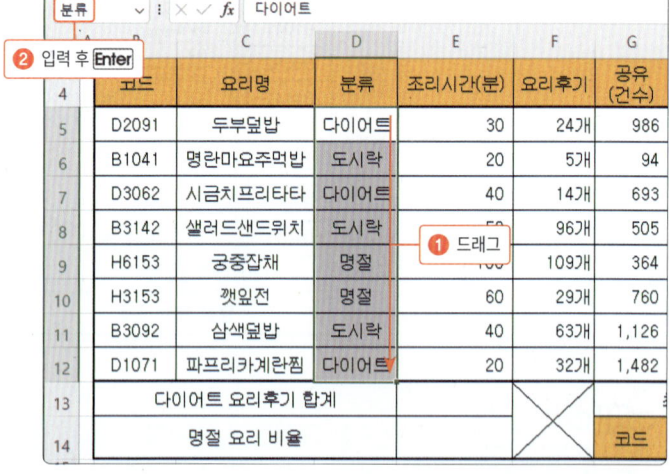

❺ 모든 작업이 끝나면 [파일]-[저장]([Ctrl]+[S]) 또는 [빠른 실행 도구 모음]에서 '**저장(▣)**'을 클릭합니다.

※ 실제 시험을 볼 때 작업 도중에 수시로(10분에 한 번 정도) 저장을 하는 것이 좋습니다.

완전정복-01 다음과 같이 《조건》 및 《출력형태》를 작성해 보세요.

작성 시간 / 권장 시간
분 / 5분

- **소스** : 정복03_문제01.xlsx
- **정답** : 정복03_정답01.xlsx

➡ 다음은 '**인기 복합기 판매 현황**'에 대한 자료이다. 자료를 입력하고 조건에 맞도록 작업하시오.

《출력형태》

	사원	팀장	이사
확인			

인기 복합기 판매 현황

제품코드	제품명	제조사	판매금액	인쇄속도(ppm)	판매수량 (단위:대)	재고수량 (단위:대)	판매순위	평가
K2949	루이	레온	149,000	14	157	64	(1)	(2)
P3861	레옹	이지전자	150,000	16	184	48	(1)	(2)
L3997	지니	레온	344,000	15	154	101	(1)	(2)
K2789	퍼플	티파니	421,000	19	201	65	(1)	(2)
K6955	밴티지	이지전자	175,000	6	98	128	(1)	(2)
P3811	다큐프린터	레온	245,000	17	217	87	(1)	(2)
L3711	로사프린터	티파니	182,000	12	256	36	(1)	(2)
L4928	새롬레이저	이지전자	389,000	18	94	117	(1)	(2)
티파니 제조사 재고수량(단위:대) 합계			(3)	✕	티파니 제조사 비율			(5)
레온 제조사 최고 판매금액			(4)		제품코드	K2949	판매순위 (단위:대)	(6)

《조건》

○ 모든 데이터의 서식에는 글꼴(굴림, 11pt), 정렬은 숫자 및 회계 서식은 오른쪽 정렬,
  나머지 서식은 가운데 정렬로 작성하며 예외적인 것은 《출력형태》를 참조하시오.

○ 제 목 ⇒ 도형(육각형)과 그림자(오프셋 오른쪽)를 이용하여 작성하고 "인기 복합기 판매 현황"을
  입력한 후 다음 서식을 적용하시오(글꼴-굴림, 24pt, 검정, 굵게, 채우기-노랑).

○ 임의의 셀에 결재란을 작성하여 그림으로 복사 기능을 이용하여 붙이기 하시오(단, 원본 삭제).

○ 「B4:J4, G14, I14」 영역은 '주황'으로 채우기 하시오.

○ 유효성 검사를 이용하여 「H14」 셀에 제품코드(「B5:B12」 영역)가 선택 표시되도록 하시오.

○ 셀 서식 ⇒ 「E5:E12」 영역에 셀 서식을 이용하여 숫자 뒤에 '원'을 표시하시오(예 : 149,000원).

○ 「G5:G12」 영역에 대해 '판매수량'으로 이름정의를 하시오.

셀 서식 지정

❶ p153 차트 《출력형태》에서 축의 최소값(0 또는 -)을 참고하여 '숫자' 또는 '회계' 서식을 지정합니다.
❷ 차트에 맞는 셀 서식(숫자 또는 회계)을 지정하지 않더라도 [제1작업]의 《출력형태》와 결과가 같으면
  셀 서식은 감점으로 처리되지 않습니다.

➡ 다음은 '**우리마트 라면 판매 현황**'에 대한 자료이다. 자료를 입력하고 조건에 맞도록 작업하시오.

《출력형태》

	확인	담당	팀장	이사

우리마트 라면 판매 현황

제품코드	제품명	분류	가격	전월판매량	당월판매량	스코빌지수	판매순위	증감률(%)
A1545	새우 라면	봉지	1,350	28,200	29,350	5,013	(1)	(2)
Y1565	매운 라면	봉지	1,400	57,300	44,700	4,044	(1)	(2)
R1886	비빔 얼큰면	스티로폼(PS)	1,800	10,700	9,030	2,769	(1)	(2)
Y1314	앵그리 레드면	종이	1,200	5,300	5,900	8,557	(1)	(2)
E1363	국민 매콤라면	종이	1,100	37,300	45,500	3,960	(1)	(2)
A1599	콩나물 김치면	봉지	950	18,700	13,900	5,930	(1)	(2)
T1436	홍합 짬뽕면	스티로폼(PS)	2,500	12,400	22,500	4,000	(1)	(2)
T1578	불맛 쫄면	종이	2,450	10,000	10,900	3,037	(1)	(2)
봉지 제품 최고 스코빌지수			(3)		봉지 제품 당월판매량 평균			(5)
스티로폼(PS) 제품 개수			(4)		제품코드	A1545	당월판매량	(6)

《조건》

○ 모든 데이터의 서식에는 글꼴(굴림, 11pt), 정렬은 숫자 및 회계 서식은 오른쪽 정렬,
  나머지 서식은 가운데 정렬로 작성하며 예외적인 것은 《출력형태》를 참조하시오.

○ 제 목 ⇒ 도형(육각형)과 그림자(오프셋 오른쪽)를 이용하여 작성하고 "우리마트 라면 판매 현황"을
  입력한 후 다음 서식을 적용하시오(글꼴-굴림, 24pt, 검정, 굵게, 채우기-노랑).

○ 임의의 셀에 결재란을 작성하여 그림으로 복사 기능을 이용하여 붙이기 하시오(단, 원본 삭제).

○ 「B4:J4, G14, I14」 영역은 '주황'으로 채우기 하시오.

○ 유효성 검사를 이용하여 「H14」 셀에 제품코드(「B5:B12」 영역)가 선택 표시되도록 하시오.

○ 셀 서식 ⇒ 「E5:E12」 영역에 셀 서식을 이용하여 숫자 뒤에 '원'을 표시하시오(예 : 1,350원).

○ 「D5:D12」 영역에 대해 '분류'로 이름정의를 하시오.

셀 서식 지정

p154 차트 《출력형태》에서 축의 최소값(0 또는 –)을 참고하여 '숫자' 또는 '회계' 서식을 지정합니다.

➜ 다음은 '**찾아가는 작은 도서관 현황**'에 대한 자료이다. 자료를 입력하고 조건에 맞도록 작업하시오.

《출력형태》

관리코드	도서관명	관리자	주요 활동	도서 보유량 (단위:권)	대출 도서량 (단위:권)	이용자 수	개관일	순위
SB-101	풀이음	이미영	책 읽기	5,500	550	3,412	(1)	(2)
BC-124	문고	김지은	체험 활동	1,800	158	1,300	(1)	(2)
DB-210	작은 문학	박현우	책 읽기	4,800	450	2,850	(1)	(2)
SM-312	한마음	장경미	영상 상영	2,855	124	1,200	(1)	(2)
PC-211	책의 향기	손현준	체험 활동	2,600	180	1,850	(1)	(2)
VB-132	도서의 정원	이현주	책 읽기	4,500	458	1,243	(1)	(2)
SM-320	독서 공간	김수현	영상 상영	2,850	285	1,450	(1)	(2)
PB-303	미니 문학	나영미	책 읽기	5,200	650	3,654	(1)	(2)
도서 보유량(단위:권) 평균 이상 도서관 수			(3)		체험 활동 이용자 수 합계			(5)
책 읽기 대출 도서량(단위:권) 평균			(4)	도서관명	풀이음	이용자 수		(6)

제목 영역: 찾아가는 작은 도서관 현황

확인: 담당 / 팀장 / 부장

《조건》

○ 모든 데이터의 서식에는 글꼴(굴림, 11pt), 정렬은 숫자 및 회계 서식은 오른쪽 정렬,
  나머지 서식은 가운데 정렬로 작성하며 예외적인 것은 《출력형태》를 참조하시오.

○ 제 목 ⇒ 도형(배지)과 그림자(오프셋 오른쪽)를 이용하여 작성하고 "찾아가는 작은 도서관 현황"을
  입력한 후 다음 서식을 적용하시오(글꼴-굴림, 24pt, 검정, 굵게, 채우기-노랑).

○ 임의의 셀에 결재란을 작성하여 그림으로 복사 기능을 이용하여 붙이기 하시오(단, 원본 삭제).
○ 「B4:J4, G14, I14」 영역은 '주황'으로 채우기 하시오.
○ 유효성 검사를 이용하여 「H14」 셀에 도서관명(「C5:C12」 영역)이 선택 표시되도록 하시오.
○ 셀 서식 ⇒ 「H5:H12」 영역에 셀 서식을 이용하여 숫자 뒤에 '명'을 표시하시오(예 : 3,412명).
○ 「H5:H12」 영역에 대해 '이용자'로 이름정의를 하시오.

셀 서식 지정
p155 차트 《출력형태》에서 축의 최소값(0 또는 -)을 참고하여 '숫자' 또는 '회계' 서식을 지정합니다.

➡ 다음은 '**홈케어 제품 매출 현황**'에 대한 자료이다. 자료를 입력하고 조건에 맞도록 작업하시오.

《출력형태》

제품번호	제품명	분류	제조사	가격	3월매출(천원)	4월매출(천원)	순위	구분
					홈케어 제품 매출 현황		확인 담당 대리 과장	
SL1-01	리큐 제트	세탁세제	미래건강	28,700	82,570	92,600	(1)	(2)
FC1-01	주택세정제	청소세제	보리수	9,800	18,300	21,800	(1)	(2)
FK1-01	트로피칼	주방세제	해피그린	9,700	21,350	28,960	(1)	(2)
SL2-02	파워젤	세탁세제	해피그린	18,500	42,760	38,470	(1)	(2)
SK2-02	슈가버블	주방세제	미래건강	11,000	50,700	56,590	(1)	(2)
WC2-03	살균세정제	청소세제	미래건강	21,300	31,580	34,600	(1)	(2)
CC1-02	비타민베리	주방세제	해피그린	8,500	19,840	23,770	(1)	(2)
FL2-03	다우니 블루	세탁세제	보리수	15,300	37,960	35,600	(1)	(2)
가격이 평균 가격 이상인 제품수		(3)				청소세제 3월매출(천원) 합계		(5)
세탁세재 3월매출(천원) 평균		(4)			제품명	리큐 제트	가격	(6)

《조건》

○ 모든 데이터의 서식에는 글꼴(굴림, 11pt), 정렬은 숫자 및 회계 서식은 오른쪽 정렬,
   나머지 서식은 가운데 정렬로 작성하며 예외적인 것은 《출력형태》를 참조하시오.

○ 제 목 ⇒ 도형(배지)과 그림자(오프셋 오른쪽)를 이용하여 작성하고 "홈케어 제품 매출 현황"을
   입력한 후 다음 서식을 적용하시오(글꼴-굴림, 24pt, 검정, 굵게, 채우기-노랑).

○ 임의의 셀에 결재란을 작성하여 그림으로 복사 기능을 이용하여 붙이기 하시오(단, 원본 삭제).

○ 「B4:J4, G14, I14」 영역은 '주황'으로 채우기 하시오.

○ 유효성 검사를 이용하여 「H14」 셀에 제품명(「C5:C12」 영역)이 선택 표시되도록 하시오.

○ 셀 서식 ⇒ 「F5:F12」 영역에 셀 서식을 이용하여 숫자 뒤에 '원'을 표시하시오(예 : 28,700원).

○ 「H5:H12」 영역에 대해 '매출4월'로 이름정의를 하시오.

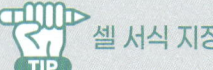
셀 서식 지정
p156 차트 《출력형태》에서 축의 최소값(0 또는 −)을 참고하여 '숫자' 또는 '회계' 서식을 지정합니다.

MEMO

[제1작업] 값 계산(함수) 및 조건부 서식

☑ 다양한 함수의 기능 및 사용 방법 익히기
☑ 조건부 서식을 이용하여 특정 셀에 서식을 지정하기

 **미리보기**

소스 : 유형04_문제.xlsx   정답 : 유형04_정답.xlsx

➡ 다음은 **'맛나앱 상황별 요리 현황'**에 대한 자료이다. 자료를 입력하고 조건에 맞도록 작업하시오.

≪출력형태≫   〈240점〉

맛나앱 상황별 요리 현황

| | | | | | 확인 | 담당 | 팀장 | 부장 |

코드	요리명	분류	조리시간(분)	요리후기	공유(건수)	칼로리(100g당)	요리난이도	순위
D2091	두부덮밥	다이어트	30	24	986	84	(1)	(2)
B1041	명란마요주먹밥	도시락	20	5	94	170	(1)	(2)
D3062	시금치프리타타	다이어트	40	14	693	70	(1)	(2)
B3142	샐러드샌드위치	도시락	50	96	505	220	(1)	(2)
H6153	궁중잡채	명절	100	109	364	260	(1)	(2)
H3153	깻잎전	명절	60	29	760	215	(1)	(2)
B3092	삼색덮밥	도시락	40	63	1,126	270	(1)	(2)
D1071	파프리카계란찜	다이어트	20	32	1,482	55	(1)	(2)
다이어트 요리후기 합계			(3)		최대 공유(건수)			(5)
명절 요리 비율			(4)		코드	D2091	칼로리(100g당)	(6)

≪조건≫

➡ (1)~(6) 셀은 반드시 **주어진 함수를 이용**하여 값을 구하시오(결과값을 직접 입력하면 해당 셀은 0점 처리됨).

(1) 요리난이도 ⇒ 코드의 마지막 글자가 1이면 '초급', 2이면 '중급', 3이면 '고급'으로 표시하시오
    (CHOOSE, RIGHT 함수).

(2) 순위 ⇒ 공유(건수)의 내림차순 순위를 구하시오(RANK.EQ 함수).

(3) 다이어트 요리후기 합계 ⇒ 결과값에 '개'를 붙이시오. 단, 조건은 입력데이터를 이용하시오
    (DSUM 함수, & 연산자)(예 : 10개).

(4) 명절 요리 비율 ⇒ 정의된 이름(분류)을 이용하여 구하고, 결과값은 백분율로 표시하시오
    (COUNTIF, COUNTA 함수).

(5) 최대 공유(건수) ⇒ (MAX 함수)

(6) 칼로리(100g당) ⇒ 「H14」 셀에서 선택한 코드에 대한 칼로리(100g당)를 구하시오(VLOOKUP 함수).

(7) 조건부 서식의 수식을 이용하여 요리후기가 '60' 이상인 행 전체에 다음의 서식을 적용하시오
    (글꼴 : 파랑, 굵게).

Information Technology Qualification

난이도	권장 시간 / 시험 시간	유형 점수 / 시험 점수
★★★★☆	10분 / 60분	240점 / 500점

시험 분석

➤ **출제 경향 : 출제 문제를 분석**

☑ 계산식 문제도 출제되므로 산술 연산자를 알아둡니다. (더하기(+), 빼기(−), 곱하기(*), 나누기(/))

☑ 조건부 서식은 과년도 시험 문제를 분석한 결과 수식을 이용하는 방법과 데이터 막대를 이용하는 방법으로 번갈아가며 출제되고 있습니다. 난이도는 데이터 막대를 이용하는 조건부 서식이 쉬운 편에 속합니다.

➤ **주의 사항 : 실수가 많은 내용**

☑ 함수 마법사를 사용하는 방법을 알아둡니다.

☑ IF 함수에 나오는 비교 연산자를 알아둡니다. (이상(>=), 이하(<=), 같다(=))

☑ 수식을 이용하여 조건부 서식을 작성할 때 비교 연산자 중에서 '~이상(>=)'과 '~이하(<=)'가 자주 출제되고 있기 때문에 학습이 필요합니다.(예 : =$F5>=60 / =$G5<=900 등)

➤ **주요 단축키 : 작업 시간 단축에 도움**

☑ 함수 삽입 : Shift + F3

Skill 01 함수 입력 방법

① 함수는 미리 정의되어 있는 수식으로 특정 값(인수)이 입력되면 정해진 규칙에 의해 그에 대응하는 값을 산출해 줍니다.

② 함수를 이용한 수식 계산은 '**등호, 함수 이름, 왼쪽 괄호, 인수, 오른쪽 괄호**' 순으로 작성됩니다.

예   =SUM(A1:A30)

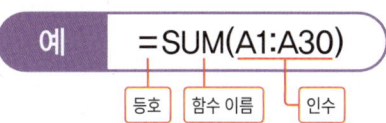

등호   함수 이름   인수

③ 각각의 인수는 **쉼표(,)**로 구분하고 인수의 범위를 나타낼 경우에는 **콜론(:)**을 이용합니다.

예   =RANK.EQ(A1,A1:A30,1)

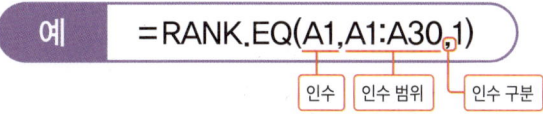

인수   인수 범위   인수 구분

④ 문자열을 인수로 사용할 경우에는 **큰 따옴표(" ")**로 묶어줍니다.

예   =IF(B2>=70,"합격","불합격")

⑤ 간단한 수식으로 처리가 가능한 함수는 **셀에 직접 입력**하고, 함수식을 정확하게 모를 경우에는 [수식] 탭의 [함수 라이브러리] 그룹에서 '**함수 삽입**(fx)'(**Shift**+**F3**)을 이용합니다.

※ 함수 마법사를 이용하면 함수(예 : SUM) 및 해당 함수에서 사용되는 인수(Number1, Number2, …)들에 대한 설명을 확인하면서 함수식을 작성할 수 있기 때문에 초보자도 쉽게 함수 문제를 해결할 수 있습니다.

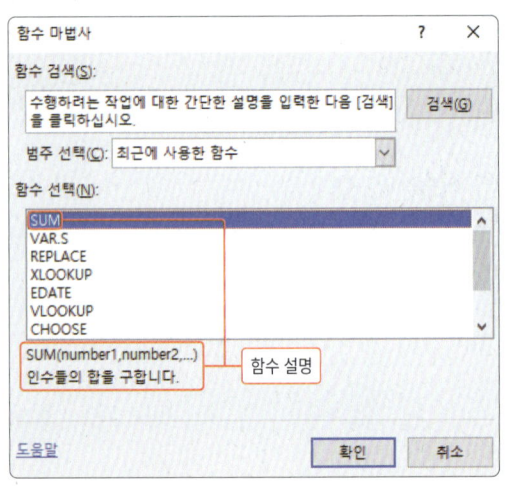

▲ 함수 마법사(함수 설명)

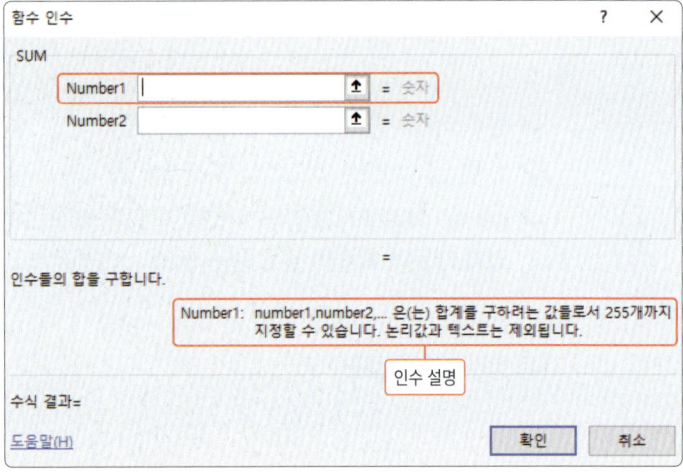

▲ 함수 인수(인수 설명)

인수 및 상수

❶ **인수** : 함수의 구성 요소로 수식, 배열, 범위, 상수, 함수 등 참조할 수 있는 값 또는 범위를 의미합니다.

　　예 : =SUM(A1:A4)

❷ **상수** : 사용자가 직접 입력하는 숫자, 문자, 날짜, 시간 데이터 등을 의미합니다.

　　예 : =SUM(874,954)

---

02 셀 참조

❶ 셀 참조란 셀 주소를 이용하여 값을 계산하는 것으로, 크게 상대 참조와 절대 참조로 구분됩니다.

❷ 상대 참조와 절대 참조를 지정하기 위해서는 해당 셀을 선택한 후 **F4** 키를 누릅니다.

❸ **상대 참조(=A1)**로 계산된 수식에 자동 채우기를 실행하면 셀 참조 위치가 계산식의 위치에 따라서 **자동으로 변경**됩니다.

❹ **절대 참조(=$A$1)**로 계산된 수식에 자동 채우기를 실행하면 셀 참조 위치가 **고정**되어 참조 위치가 변경되지 않습니다.

F4 키를 이용한 참조 변환

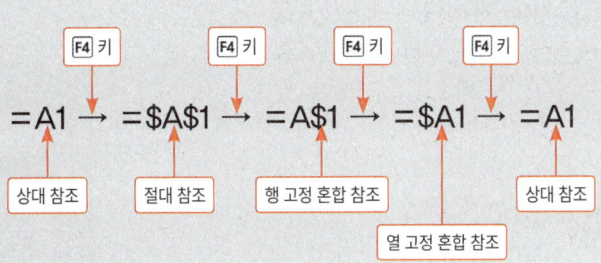

```
=A1  →  =$A$1  →  =A$1  →  =$A1  →  =A1
```

F4 키   F4 키   F4 키   F4 키

상대 참조   절대 참조   행 고정 혼합 참조   열 고정 혼합 참조   상대 참조

- 혼합 참조 : 행이나 열 중 하나는 상대 참조를 다른 하나는 절대 참조를 사용하여 수식에 사용하는 것을 '혼합 참조'라고 합니다.(예 : $A1, A$1)

■ 상대 참조

⑤ [파일]-[열기]-[찾아보기]를 클릭한 후 '유형04_상대참조_문제.xlsx' 파일을 불러옵니다.

⑥ 파일이 열리면 [E3] 셀에 함수식 '=SUM(B3:D3)'을 입력한 후 **Enter** 키를 누릅니다.

⑦ 함수식 계산이 완료되면 다시 [E3] 셀을 클릭합니다. 이어서, **채우기 핸들(╋)**을 [E5] 셀까지 드래그하여 자동 채우기를 실행한 후 합계 결과를 확인합니다.

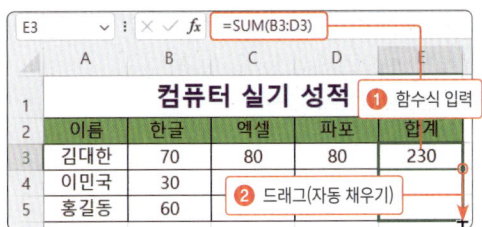
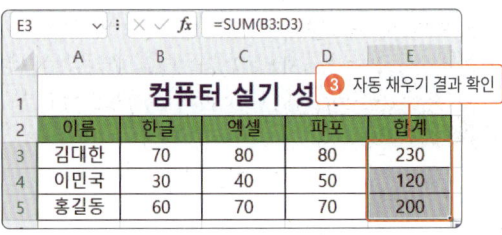

⑧ 합계 결과 확인이 끝나면 **Ctrl**+**~** 키를 눌러 **상대 참조**를 확인합니다.

※ **Ctrl**+**~** 키를 누를 때마다 '수식 보기'와 '기본 보기'로 전환됩니다.

	A	B	C	D	E	F
1	컴퓨터 실기 성적					
2	이름	한글	엑셀	파포	합계	
3	김대한	70	80	80	=SUM(B3:D3)	
4	이민국	30	40	50	=SUM(B4:D4)	
5	홍길동	60	70	70	=SUM(B5:D5)	

확인

■ 절대 참조

⑨ [파일]-[열기]-[찾아보기]를 클릭한 후 '유형04_절대참조_문제.xlsx' 파일을 불러옵니다.

⑩ 파일이 열리면 [E3] 셀에 함수식 '=SUM(B3:D3)+$B$7'을 입력한 후 **Enter** 키를 누릅니다.

※ 절대 참조($B$7) 지정 : [B7] 셀을 마우스로 클릭한 후 **F4** 키를 한 번 누릅니다.

⑪ 함수식 계산이 완료되면 다시 [E3] 셀을 클릭합니다. 이어서, **채우기 핸들**(➕)을 [E5] 셀까지 드래그하여 자동 채우기를 실행한 후 합계 결과를 확인합니다.

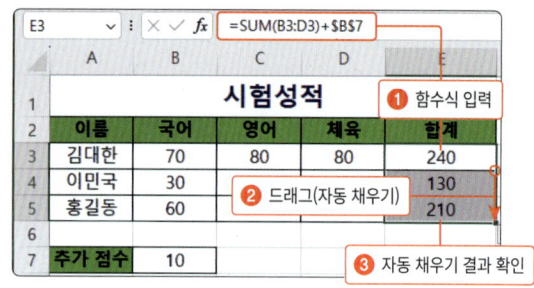

⑫ 합계 결과 확인이 끝나면 **Ctrl**+**~** 키를 눌러 **절대 참조**로 지정된 셀 주소([$B$7])를 확인합니다.

※ '상대 참조'와 '절대 참조'를 함께 사용하여 학생별 시험성적 합계(상대 참조)에 모두 동일하게 추가 점수 10점을 더한(절대 참조) 결과입니다.

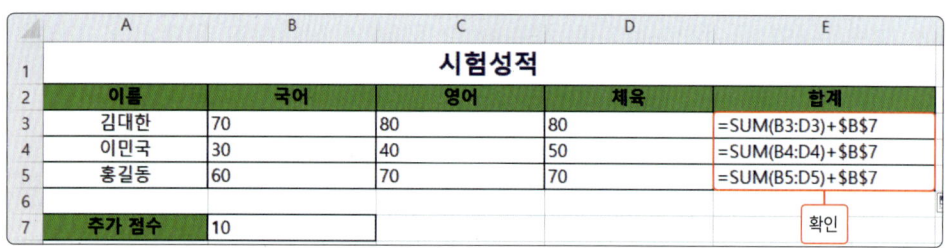

Skill 03 계산식과 연산자

■ 계산식

함수를 사용하지 않고 셀 주소 값을 이용하여 연산을 수행하는 방식으로 반드시 계산식 앞에 '='을 먼저 입력해야 하며, **사칙연산 기호**(+, -, ×, ÷)를 이용하여 계산합니다.

예 : =A1+B1+C1

■ 산술 연산자

더하기(+), **빼기**(-), **곱하기**(*), **나누기**(/) 등 가장 기본적인 연산을 실행하기 위해 필요한 연산자입니다.

예 : [A1] 셀에 입력된 값(50)

연산자	기능	사용 예	결과	연산자	기능	사용 예	결과
+	더하기	=A1+10	60	^	거듭제곱(지수)	=A1^2	2500
-	빼기	=A1-10	40	%	백분율	=A1%	0.5
*	곱하기	=A1*10	500				
/	나누기	=A1/10	5				

■ 비교 연산자

두 값을 비교하여 결과가 **참**이면 논리값 **TRUE**를 표시하고, **거짓**이면 논리값 **FALSE**를 표시합니다.

예 : [A1] 셀에 입력된 값(10)

연산자	기능	사용 예	결과	연산자	기능	사용 예	결과
=	같다	=A1=10	TRUE	>=	크거나 같다 (이상)	=A1>=10	TRUE
<>	다르다 (같지 않다)	=A1<>10	FALSE	<	작다 (미만)	=A1<10	FALSE
>	크다 (초과)	=A1>10	FALSE	<=	작거나 같다 (이하)	=A1<=10	TRUE

■ 텍스트 연결 연산자(&)

데이터를 연결해 주는 연산자로 **문자&문자, 숫자&숫자, 숫자&문자, 특정 셀&문자** 등 다양한 방법으로 활용됩니다.

※ &를 이용하여 연결한 경우 결과는 항상 텍스트로 인식됩니다.

예 : [A1] 셀에 입력된 값(100)

="대한"&"민국" → 대한민국 / =A1&"원" → 100원 / =A1&100 → 100100

---

 04 시험에 자주 출제되는 함수 정리

※ 함수에 대한 사용 방법을 모르는 경우에는 p65~p76을 먼저 학습한 후 최근에 자주 출제된 함수 목록을 확인하시기 바랍니다.

■ 시험에 자주 출제되는 함수

ITQ 엑셀 시험에서 가장 어렵고 중심이 되는 부분이 바로 함수 문제입니다. 최근에 출제된 함수를 분석한 결과 상당히 넓은 범위에서 함수 문제가 출제되고 있기 때문에 특정 부분만 학습하기에는 많은 어려움이 있습니다. 하지만 조금이라도 범위를 좁혀서 함수를 학습하고자 한다면 뒤에 내용들을 참고하여 학습하시기 바랍니다.

★ 최근에 자주 출제된 함수 목록 ★

과년도 기출문제를 분석한 결과 자주 출제되는 함수 목록은 ITQ 엑셀 시험을 준비할 때 반드시 학습이 필요한 함수입니다. 함수의 오른쪽 '☆'의 개수는 출제 빈도수에 따라 표시한 것으로 '☆'의 개수가 많은 함수일수록 사용 방법을 완벽하게 익혀야 합니다.

그 이유는 ITQ 엑셀의 함수 문제가 다른 함수와 함께(중첩) 사용하는 방식으로도 출제가 되기 때문에 각각의 함수 기능을 완벽하게 알지 못하면 중첩으로 출제된 함수 문제의 답을 찾아내기가 어렵습니다. 시험에 자주 출제되는 함수 목록 외에도 출제될 가능성이 높은 함수가 있기 때문에 함수 부록(p85)의 내용을 꼭 확인하시기 바랍니다.

구분	자주 출제되는 함수 목록
통계 함수	RANK.EQ(☆☆☆☆), COUNTIF(☆☆☆☆☆), AVERAGE(☆☆☆☆), MAX(☆☆☆), MIN(☆☆☆), LARGE(☆☆), COUNT(☆), COUNTA(☆), SMALL(☆), MEDIAN(☆)
수학/삼각 함수	ROUND(☆☆☆☆☆), SUMIF(☆☆☆☆), ROUNDDOWN(☆☆☆), ROUNDUP(☆☆), SUMPRODUCT(☆), INT(☆)
텍스트 함수	RIGHT(☆☆☆), LEFT(☆☆☆), MID(☆☆☆), REPT(☆☆)
날짜/시간 함수	YEAR(☆☆☆), DATE(☆☆), WEEKDAY(☆☆), MONTH(☆), TODAY(☆)
논리 함수	IF(☆☆☆☆☆), OR(☆), AND(☆)
찾기/참조 함수	VLOOKUP(☆☆☆☆☆), CHOOSE(☆☆☆☆☆)
데이터베이스 함수	DSUM(☆☆☆☆☆), DAVERAGE(☆☆☆☆☆), DMAX(☆☆), DCOUNTA(☆)

※ 함수 문제에서 텍스트 연결 연산자(&)가 자주 출제되기 때문에 반드시 숙지하시기 바랍니다.

■ 시험에 자주 출제되는 '통계 함수'

• 소스 : [함수]–유형04_통계 함수_문제.xlsx
• 정답 : [함수]–유형04_통계 함수_정답.xlsx

RANK.EQ	• 기능 : 수의 목록에 있는 어떤 수의 순위를 구하는 함수 • 형식 : =RANK.EQ(순위를 구하려는 수, 순위를 구하려는 범위, 순위를 결정할 방법) 　– 순위를 결정할 방법 : 0 또는 생략 시 '내림차순', 0이 아닌 숫자를 입력할 경우 '오름차순'으로 순위를 지정 • 사용 예 : 평균을 기준으로 순위(내림차순)를 표시 ▶ 함수식 : =RANK.EQ(E2,$E$2:$E$4)

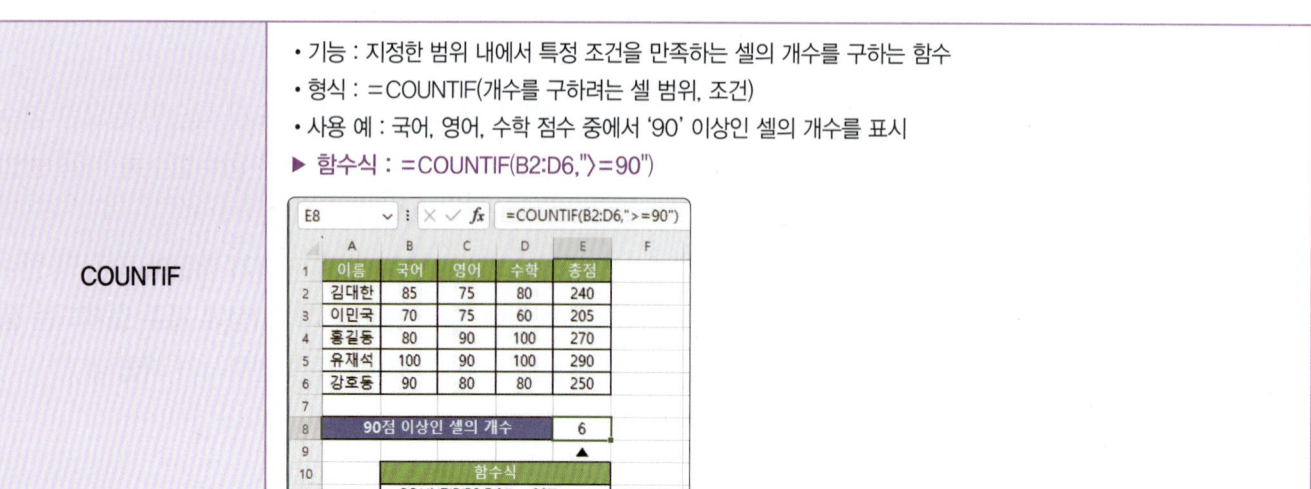

시험에 자주 출제되는 RANK.EQ 함수 중첩 예시	① 문제 : 서비스 순서 ⇒ 서비스 시작을 기준으로 오름차순 순위를 구한 결과값에 '위'를 붙이시오 　　(RANK.EQ 함수, & 연산자)(예 : 1위). ☞ =RANK.EQ(H5,$H$5:$H$12,1)&"위" → RANK.EQ+& 사용 ② 문제 : 판매 순위 ⇒ 판매수량(단위:EA)의 내림차순 순위를 1~3까지 구하고, 그 외에는 공백으로 나타내시오 　　(IF, RANK.EQ 함수). ☞ =IF(RANK.EQ(G5,$G$5:$G$12)<=3,RANK.EQ(G5,$G$5:$G$12),"") → IF+RANK.EQ 사용

※ '중첩 예시'는 해당 함수가 기출문제에서 어떤 형식으로 다른 함수와 중첩하여 출제되었는지를 보여주기 위한 것으로 '모의고사 및 기출문제'를 풀다가 이해가 되지 않을 경우 참고하시기 바랍니다.

COUNTIF	• 기능 : 지정한 범위 내에서 특정 조건을 만족하는 셀의 개수를 구하는 함수 • 형식 : =COUNTIF(개수를 구하려는 셀 범위, 조건) • 사용 예 : 국어, 영어, 수학 점수 중에서 '90' 이상인 셀의 개수를 표시 ▶ 함수식 : =COUNTIF(B2:D6,">=90")

시험에 자주 출제되는 COUNTIF 함수 중첩 예시	① 문제 : 현금 사용 개수 ⇒ 정의된 이름(거래방식)을 이용하여 구한 결과값에 '개'를 붙이시오 (COUNTIF, & 연산자)(예 : 2개). ☞ =COUNTIF(거래방식,"현금")&"개" → COUNTIF+& 사용 ※ 이름으로 정의된 범위를 COUNTIF 함수식에 사용하여 개수를 구함 ② 문제 : 예상 관객수가 평균 이상인 영화제 수 ⇒ 결과값 뒤에 '개'를 붙이시오 (COUNTIF, AVERAGE 함수, & 연산자)(예 : 2 → 2개). ☞ =COUNTIF(G5:G12,">="&AVERAGE(G5:G12))&"개" → COUNTIF+AVERAGE+& 사용

AVERAGE	• 기능 : 특정 범위(인수)의 평균을 구하는 함수 • 형식 : =AVERAGE(셀 범위) • 사용 예 : 국어, 영어, 수학 점수의 평균을 표시 ▶ 함수식 : =AVERAGE(B2:D2) 	이름	국어	영어	수학	평균		함수식	 |---|---|---|---|---|---|---| 	김대한	85	75	80	80	◀	=AVERAGE(B2:D2)	 	이민국	70	75	60	68.33333	◀	=AVERAGE(B3:D3)	 	홍길동	80	90	100	90	◀	=AVERAGE(B4:D4)	
시험에 자주 출제되는 AVERAGE 함수 중첩 예시	① 문제 : 비고 ⇒ 4월과 5월 판매수량의 평균이 80,000 이상이면 '판매우수', 그 외에는 공백으로 구하시오 (IF, AVERAGE 함수). ☞ =IF(AVERAGE(F5:G5)>=80000,"판매우수","") → IF+AVERAGE 사용 ② 문제 : 판매수량(단위:대)의 평균 ⇒ 반올림하여 정수로 구하시오(ROUND, AVERAGE 함수)(예 : 421.3 → 421). ☞ =ROUND(AVERAGE(G5:G12),0) → ROUND+AVERAGE 사용

MAX	• 기능 : 최대값을 구하는 함수 • 형식 : =MAX(셀 범위) • 사용 예 : 학생들의 총점 중에서 가장 높은 총점을 표시 ▶ 함수식 : =MAX(E2:E6) 	이름	국어	영어	수학	총점		가장 높은 총점	 |---|---|---|---|---|---|---| 	김대한	85	75	80	240		290	 	이민국	70	75	60	205		▲	 	홍길동	80	90	100	270		함수식	 	유재석	100	90	100	290		=MAX(E2:E6)	 	강호동	90	80	80	250			

MIN	• 기능 : 최소값을 구하는 함수 • 형식 : =MIN(셀 범위) • 사용 예 : 학생들 총점 중에서 가장 낮은 총점을 표시 ▶ 함수식 : =MIN(E2:E6) 	이름	국어	영어	수학	총점		가장 낮은 총점	 |---|---|---|---|---|---|---| 	김대한	85	75	80	240		205	 	이민국	70	75	60	205		▲	 	홍길동	80	90	100	270		함수식	 	유재석	100	90	100	290		=MIN(E2:E6)	 	강호동	90	80	80	250			
시험에 자주 출제되는 MAX / MIN 함수 예시	① 문제 : 최대/최소 판매량(단위:개)의 차이 ⇒ 「최대 판매량(단위:개)－최소 판매량(단위:개)」로 구하시오 (MAX, MIN 함수). ☞ =MAX(G5:G12)－MIN(G5:G12) → MAX+MIN 사용

COUNT	• 기능 : 지정된 셀 범위에서 숫자(날짜 포함)가 입력된 셀의 개수를 구하는 함수 • 형식 : =COUNT(셀 범위) • 사용 예 : [A2:E4] 영역에서 숫자가 입력된 셀의 개수를 표시 ▶ 함수식 : =COUNT(A2:E4)

COUNTA	• 기능 : 지정된 셀 범위에서 공백을 제외한 모든(문자, 숫자, 논리값 등) 셀의 개수를 구하는 함수 • 형식 : =COUNTA(셀 범위) • 사용 예 : [B2:E4] 영역에서 공백을 제외한 모든 셀의 개수를 표시 ▶ 함수식 : =COUNTA(B2:E4)

LARGE	• 기능 : 지정된 셀 범위에서 입력한 숫자 번째로 큰 값을 구하는 함수 • 형식 : =LARGE(셀 범위, 몇 번째로 큰 값을 구할 숫자) • 사용 예 : 학생들 총점 중에서 3번째로 높은 총점을 표시 ▶ 함수식 : =LARGE(E2:E6,3)

SMALL	• 기능 : 지정된 셀 범위에서 입력한 숫자 번째로 작은 값을 구하는 함수 • 형식 : =SMALL(셀 범위, 몇 번째로 작은 값을 구할 숫자) • 사용 예 : 학생들 총점 중에서 2번째로 낮은 총점을 표시 ▶ 함수식 : =SMALL(E2:E6,2)

MEDIAN	• 기능 : 특정 범위(인수)에서 중간값을 구하는 함수 • 형식 : =MEDIAN(셀 범위) • 사용 예 : 국어, 영어, 수학, 과제물 점수의 중간값을 표시 ▶ 함수식 : =MEDIAN(B2:E2) F2 ⌄ : × ✓ fx =MEDIAN(B2:E2) 		A	B	C	D	E	F	G	H
1	이름	국어	영어	수학	과제물	중간값		함수식
2	김대한	85	75	80	80	80	◀	=MEDIAN(B2:E2)
3	이민국	70	75	60	80	72.5	◀	=MEDIAN(B3:E3)
4	홍길동	80	90	100	60	85	◀	=MEDIAN(B4:E4)	
시험에 자주 출제되는 MEDIAN 함수 중첩 예시	① 문제 : 누적 판매량이 중간값 미만인 상품의 개수 ⇒ 결과값 뒤에 '개'를 붙이시오 　　(COUNTIF, MEDIAN 함수, & 연산자)(예 : 2개). ☞ =COUNTIF(H5:H12,"〈"&MEDIAN(H5:H12))&"개" → COUNTIF+MEDIAN+& 사용

■ 시험에 자주 출제되는 '수학/삼각 함수'

• 소스 : [함수]-유형04_수학 및 삼각 함수_문제.xlsx
• 정답 : [함수]-유형04_수학 및 삼각 함수_정답.xlsx

ROUND	• 기능 : 수를 지정한 자릿수로 반올림하는 함수 • 형식 : =ROUND(반올림할 수, 반올림할 자릿수) 	반올림할 자릿수	의미	함수식
1	소수 둘째 자리에서 반올림하여 소수 첫째 자리를 구함	=ROUND(12345.123,1) = 12345.1
2	소수 셋째 자리에서 반올림하여 소수 둘째 자리를 구함	=ROUND(12345.123,2) = 12345.12
3	소수 넷째 자리에서 반올림하여 소수 셋째 자리를 구함	=ROUND(12345.1234,3) =12345.123
0	소수 첫째 자리에서 반올림하여 일의 자리(정수)를 구함	=ROUND(12345.123,0) = 12345
-1	정수 첫째 자리에서 반올림하여 십의 자리를 구함	=ROUND(12345,-1) = 12350
-2	정수 둘째 자리에서 반올림하여 백의 자리를 구함	=ROUND(12345,-2) = 12300
-3	정수 셋째 자리에서 반올림하여 천의 자리를 구함	=ROUND(12345,-3) = 12000 | B2 ⌄ : × ✓ fx =ROUND(A2,3) |	A	B	C	D
1	데이터	결과		함수식
2	12345.6789	12345.679	◀	=ROUND(A2,3)
3	12345.6789	12345.7	◀	=ROUND(A3,1)
4	12345.6789	12346	◀	=ROUND(A4,0)
5	12345	12350	◀	=ROUND(A5,-1)	
---	---
시험에 자주 출제되는 ROUND 함수 중첩 예시	① 문제 : 상설전시 전시기간 평균 ⇒ 반올림하여 정수로 구하시오. 단, 조건은 입력데이터를 이용하시오 　　(ROUND, DAVERAGE 함수)(예 : 45.6 → 46). ☞ =ROUND(DAVERAGE(B4:H12,H4,D4:D5),0) → ROUND+DAVERAGE 사용 ② 문제 : 판매수량(단위:대)의 평균 ⇒ 반올림하여 정수로 구하시오(ROUND, AVERAGE 함수)(예 : 421.3 → 421). ☞ =ROUND(AVERAGE(G5:G12),0) → ROUND+AVERAGE 사용 ③ 문제 : 개설강좌 총 수강료(단위:원) ⇒ 「수강료(단위:원)×수강인원」으로 구하되 반올림하여 천 단위까지 구하시오 　　(ROUND, SUMPRODUCT 함수)(예 : 12,345,670 → 12,346,000). ☞ =ROUND(SUMPRODUCT(G5:G12,H5:H12),-3) → ROUND+SUMPRODUCT 사용

ROUNDDOWN	• 기능 : 0에 가까워지도록 수를 내림하는 함수 • 형식 : =ROUNDDOWN(내림할 수, 내림할 자릿수) 	B2	fx	=ROUNDDOWN(A2,3)
	A 데이터	B 결과	C	D 함수식
2	12345.6789	12345.678	◀	=ROUNDDOWN(A2,3)
3	12345.6789	12345.6	◀	=ROUNDDOWN(A3,1)
4	12345.6789	12345	◀	=ROUNDDOWN(A4,0)
5	12345	12340	◀	=ROUNDDOWN(A5,-1)	

시험에 자주 출제되는 ROUNDDOWN 함수 중첩 예시	① 문제 : 발라드 장르의 컬러링 다운로드 평균 ⇒ 내림하여 정수로 구하시오. 단, 조건은 입력데이터를 이용하시오 (ROUNDDOWN, DAVERAGE 함수)(예 : 4,123.6 → 4,123). ☞ =ROUNDDOWN(DAVERAGE(B4:H12,H4,E4:E5),0) → ROUNDDOWN+DAVERAGE 사용 ② 문제 : 연령 ⇒ 「2020−생년월일의 연도」로 계산하되 내림하여 십의 단위로 구한 결과값에 '대'를 붙이시오 (ROUNDDOWN, YEAR 함수, & 연산자)(예 : 42 → 40대). ☞ =ROUNDDOWN(2020−YEAR(D5),−1)&"대" → ROUNDDOWN+YEAR+& 사용 ③ 문제 : 총 판매금액 ⇒ 「판매량(단위:BOX)×판매금액」으로 구하되 내림하여 천만 단위까지 구하시오 (ROUNDDOWN, SUMPRODUCT 함수)(예 : 123,456,000 → 120,000,000). ☞ =ROUNDDOWN(SUMPRODUCT(F5:F12,G5:G12),−7) → ROUNDDOWN+SUMPRODUCT 사용

ROUNDUP	• 기능 : 0에서 멀어지도록 수를 올림하는 함수 • 형식 : =ROUNDUP(올림할 수, 올림할 자릿수) 	B2	fx	=ROUNDUP(A2,3)
	A 데이터	B 결과	C	D 함수식
2	12345.6789	12345.679	◀	=ROUNDUP(A2,3)
3	12345.6789	12345.7	◀	=ROUNDUP(A3,1)
4	12345.6789	12346	◀	=ROUNDUP(A4,0)
5	12345	12350	◀	=ROUNDUP(A5,-1)	

시험에 자주 출제되는 ROUNDUP 함수 중첩 예시	① 문제 : 네일 부문 고등부의 평균 ⇒ 올림하여 정수로 구하고, 조건은 입력데이터를 이용하시오 (ROUNDUP, DAVERAGE 함수)(예 : 212.3 → 213). ☞ =ROUNDUP(DAVERAGE(B4:H12,D4,B4:B5),0) → ROUNDUP+DAVERAGE 사용

SUMIF	• 기능 : 주어진 조건에 만족하는 데이터들의 합계를 구하는 함수 • 형식 : =SUMIF(조건에 맞는지 확인할 셀 범위, 조건, 합계를 구할 범위) • 사용 예 : 고학년 학생들의 '총점' 합계를 표시 ▶ 함수식 : =SUMIF(A2:A6,"고학년",F2:F6) 	F7	fx	=SUMIF(A2:A6,"고학년",F2:F6)
	A 학년	B 이름	C 국어	D 영어	E 수학	F 총점
2	고학년	김대한	85	75	80	240
3	저학년	이민국	70	75	60	205
4	고학년	홍길동	80	90	100	270
5	저학년	유재석	100	90	100	290
6	고학년	강호동	90	80	80	250
7	고학년 학생의 총점 합계					760
9	함수식
10	=SUMIF(A2:A6,"고학년",F2:F6)	

시험에 자주 출제되는 SUMIF 함수 중첩 예시	① 문제 : 대한항공 출발인원 평균 ⇒ (SUMIF, COUNTIF 함수) ☞ =SUMIF(D5:D12,"대한항공",F5:F12)/COUNTIF(D5:D12,"대한항공") → SUMIF+COUNTIF 사용 ② 문제 : 쌍둥이 판매수량 합계 ⇒ 쌍둥이 판매수량의 합계를 구한 결과값 뒤에 '대'를 붙이시오 (SUMIF 함수, & 연산자)(예 : 224대). ☞ =SUMIF(D5:D12,"쌍둥이",H5:H12)&"대" → SUMIF+& 사용

SUMPRODUCT	• 기능 : 배열의 해당 요소들을 모두 곱하고 그 곱의 합계를 표시하는 함수 • 형식 : =SUMPRODUCT(배열1, 배열2, …) • 사용 예 : 배열1과 배열2의 값을 모두 곱한 결과를 합계로 표시 ▶ **함수식** : =SUMPRODUCT(A2:A5,B2:B5) ※ [A2]×[B2], [A3]×[B3], [A4]×[B4], [A5]×[B5]를 곱한 결과의 합계를 표시 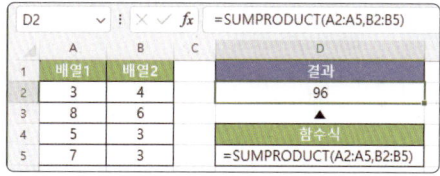
시험에 자주 출제되는 **SUMPRODUCT 함수** 중첩 예시	① 문제 : 총 판매금액 ⇒ 「판매량(단위:BOX)×판매금액」으로 구하되 내림하여 천만 단위까지 구하시오 　(ROUNDDOWN, SUMPRODUCT 함수)(예 : 123,456,000 → 120,000,000). ☞ =ROUNDDOWN(SUMPRODUCT(F5:F12,G5:G12),-7) → ROUNDDOWN+SUMPRODUCT 사용
INT	• 기능 : 소수점 아래를 버리고 가장 가까운 정수로 내림하는 함수 • 형식 : =INT(정수로 내림하려는 실수) • 사용 예 : 실수를 정수로 변환하여 값을 표시 ▶ **함수식** : =INT(5.5) 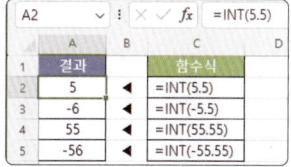
시험에 자주 출제되는 **INT 함수 중첩 예시**	① 문제 : 비고 ⇒ 업데이트 만족도의 소수점 이하 부분이 0.5 이상이면 '★'를 표시하고 그 외에는 공백으로 구하시오 　(IF, INT 함수). ☞ =IF(G5-INT(G5))>=0.5,"★","") → IF+INT 사용 ② 문제 : 초등학생 평균 교육비(단위:원) ⇒ 조건은 입력데이터를 이용하고, 버림하여 정수로 구하시오 　(INT, DAVERAGE 함수)(예 : 27,356.7 → 27,356). ☞ =INT(DAVERAGE(B4:H12,G4,D4:D5)) → INT+DAVERAGE 사용

■ 시험에 자주 출제되는 '텍스트 함수'

• 소스 : [함수]-유형04_텍스트 함수_문제.xlsx
• 정답 : [함수]-유형04_텍스트 함수_정답.xlsx

LEFT	• 기능 : 문자열의 왼쪽에서부터 원하는 수만큼의 문자를 표시해 주는 함수 • 형식 : =LEFT(문자열, 추출할 문자수) • 사용 예 : 왼쪽부터 원하는 문자의 개수를 입력하여 문자열을 추출하여 표시 ▶ **함수식** : =LEFT(A2,9) 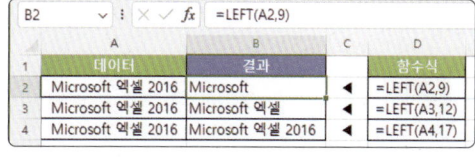
시험에 자주 출제되는 **LEFT 함수 중첩 예시**	① 문제 : 비고 ⇒ 제품코드의 첫 번째 글자가 K이면 '키즈제품', 그 외에는 공백으로 구하시오(IF, LEFT 함수). ☞ =IF(LEFT(B5,1)="K","키즈제품","") → IF+LEFT 사용 ② 문제 : 지역 ⇒ 관리번호의 첫 번째 글자가 1이면 '서울', 2이면 '경기', 3이면 '인천'으로 구하시오 　(CHOOSE, LEFT 함수). ☞ =CHOOSE(LEFT(B5,1),"서울","경기","인천") → CHOOSE+LEFT 사용

RIGHT	• 기능 : 문자열의 오른쪽에서부터 원하는 수만큼의 문자를 표시해 주는 함수 • 형식 : =RIGHT(문자열, 추출할 문자수) • 사용 예 : 오른쪽부터 원하는 문자의 개수를 입력하여 문자열을 추출하여 표시 ▶ 함수식 : =RIGHT(A2,4) B2 ⌄ : × ✓ fx =RIGHT(A2,4) A B C D 1 데이터 결과 함수식 2 Microsoft 엑셀 2016 2016 ◄ =RIGHT(A2,4) 3 Microsoft 엑셀 2016 엑셀 2016 ◄ =RIGHT(A3,7) 4 Microsoft 엑셀 2016 Microsoft 엑셀 2016 ◄ =RIGHT(A4,17)
시험에 자주 출제되는 RIGHT 함수 중첩 예시	① 문제 : 분류 ⇒ 제품코드의 마지막 글자가 M이면 '메이크업', 그 외에는 '스킨케어'로 구하시오(IF, RIGHT 함수). ☞ =IF(RIGHT(B5,1)="M","메이크업","스킨케어") → IF+RIGHT 사용 ② 문제 : 성별 ⇒ 사원코드의 마지막 글자가 1이면 '남자', 2이면 '여자'로 구하시오(CHOOSE, RIGHT 함수). ☞ =CHOOSE(RIGHT(D5,1),"남자","여자") → CHOOSE+RIGHT 사용 ③ 문제 : 광고시작일 ⇒ 광고번호의 마지막 두 자리 숫자를 월로, 일은 '10'으로 하는 2020년도 날짜를 구하시오 (DATE, RIGHT 함수)(예 : C3-07 → 2020-07-10). ☞ =DATE(2020,RIGHT(B5,2),10) → DATE+RIGHT 사용
MID	• 기능 : 문자열의 시작 위치와 추출할 문자의 수를 지정하여 문자를 표시해 주는 함수 • 형식 : =MID(문자열, 시작 위치, 추출할 문자의 수) • 사용 예 : 시작 위치와 추출할 문자의 개수를 입력하여 문자열을 추출하여 표시 ▶ 함수식 : =MID(A2,1,9) B2 ⌄ : × ✓ fx =MID(A2,1,9) A B C D 1 데이터 결과 함수식 2 Microsoft 엑셀 2016 Microsoft ◄ =MID(A2,1,9) 3 Microsoft 엑셀 2016 엑셀 ◄ =MID(A3,11,2) 4 Microsoft 엑셀 2016 2016 ◄ =MID(A4,14,4)

**시험에 자주 출제되는
MID 함수 중첩 예시**
	① 문제 : 그룹명 ⇒ 번호의 두 번째 글자가 A이면 'A그룹', 그 외에는 'B그룹'으로 구하시오(IF, MID 함수).
	☞ =IF(MID(B5,2,1)="A","A그룹","B그룹") → IF+MID 사용
	② 문제 : 저장소 ⇒ 상품코드의 다섯 번째 문자 값이 1이면 '냉장보관', 2이면 '건냉한 장소', 3이면 '냉동보관'으로
	    표시하시오(CHOOSE, MID 함수).
	☞ =CHOOSE(MID(B5,5,1),"냉장보관","건냉한 장소","냉동보관") → CHOOSE+MID 사용
	③ 문제 : 2차 검사일 ⇒ 최근 검사월의 여섯 개의 문자는 연도 네 자리와 월 두 자리를 표시한 것이다. 월에 3을 더
	    해 3개월 후의 1일 날짜로 표시하시오(DATE, MID 함수)(예 : 202009 → 2020-12-01).
	☞ =DATE(MID(H5,1,4),MID(H5,5,2)+3,1) → DATE+MID 사용

REPT	• 기능 : 텍스트를 지정한 횟수만큼 반복하여 표시하는 함수 • 형식 : =REPT(텍스트, 반복할 횟수) • 사용 예 : 반복할 횟수를 계산하여 입력한 텍스트를 셀에 반복하여 표시 ▶ 함수식 : =REPT("★",5) A2 ⌄ : × ✓ fx =REPT("★",5) A B C 1 결과 함수식 2 ★★★★★ ◄ =REPT("★",5) 3 ★★★★ ◄ =REPT("★",1*4) 4 ★★★ ◄ =REPT("★",9/3)

■ 시험에 자주 출제되는 '날짜/시간 함수'

- 소스 : [함수]-유형04_날짜와 시간 함수_문제.xlsx
- 정답 : [함수]-유형04_날짜와 시간 함수_정답.xlsx

DATE	• 기능 : 특정한 날짜를 표시하기 위한 함수 • 형식 : =DATE(년, 월, 일) • 사용 예 : 2020,12,25를 날짜로 표시 ▶ 함수식 : =DATE(2020,12,25) A2 : ✕ ✓ ƒx =DATE(2020,12,25) 　　　A　　　B　　　　C　　　　D 1　　결과　　　　　　　함수식 2　2020-12-25　◀　=DATE(2020,12,25)
시험에 자주 출제되는 DATE 함수 중첩 예시	① 문제 : 광고시작일 ⇒ 광고번호의 마지막 두 자리 숫자를 월로, 일은 '10'으로 하는 2020년도 날짜를 구하시오 (DATE, RIGHT 함수)(예 : C3-07 → 2020-07-10). ☞ =DATE(2020,RIGHT(B5,2),10) → DATE+RIGHT 사용 ② 문제 : 2차 검사일 ⇒ 최근 검사월의 여섯 개의 문자는 연도 네 자리와 월 두 자리를 표시한 것이다. 월에 3을 더해 3개월 후의 1일 날짜로 표시하시오(DATE, MID 함수)(예 : 202009 → 2020-12-01). ☞ =DATE(MID(H5,1,4),MID(H5,5,2)+3,1) → DATE+MID 사용
YEAR	• 기능 : '날짜'에서 '연도'를 구하는 함수 • 형식 : =YEAR(날짜 or 셀 주소) • 사용 예 : 2020-12-25에서 연도만 추출하여 표시 ▶ 함수식 : =YEAR("2020-12-25") A2 : ✕ ✓ ƒx =YEAR("2020-12-25") 　　　A　　　B　　　C　　　　D 1　　결과　　　　　함수식 2　　2020　◀　=YEAR("2020-12-25") 3　　2020　◀　　2020-12-25
시험에 자주 출제되는 YEAR 함수 중첩 예시	① 문제 : 출시연도 ⇒ 출시일의 연도를 추출하여 '년'을 붙이시오(YEAR 함수, & 연산자)(예 : 2020년). ☞ =YEAR(H5)&"년" → YEAR+& 사용 ② 문제 : 비고 ⇒ 출시일의 연도가 2020이면 '신상품', 그 외에는 공백으로 표시하시오(IF, YEAR 함수). ☞ =IF(YEAR(E5)=2020,"신상품","") → IF+YEAR 사용 ③ 문제 : 부르즈 할리파 건물 연수 ⇒ 「시스템 오늘의 연도-완공연도」로 구한 결과값에 '년'을 붙이시오 (YEAR, TODAY 함수, & 연산자)(예 : 2년). ☞ =YEAR(TODAY())-G9&"년" → YEAR+TODAY+& 사용
MONTH	• 기능 : '날짜'에서 '월'을 구하는 함수 • 형식 : =MONTH(날짜 or 셀 주소) • 사용 예 : 2020-12-25에서 월만 추출하여 표시 ▶ 함수식 : =MONTH("2020-12-25") A2 : ✕ ✓ ƒx =MONTH("2020-12-25") 　　　A　　　B　　　C　　　　D 1　　결과　　　　　함수식 2　　12　◀　=MONTH("2020-12-25") 3　　12　◀　　2020-12-25
시험에 자주 출제되는 MONTH 함수 중첩 예시	① 문제 : 시작월 ⇒ 시작일의 월을 추출하여 '월'을 붙이시오(MONTH 함수, & 연산자)(예 : 2020-09-05 → 9월). ☞ =MONTH(E5)&"월" → MONTH+& 사용 ② 비고 ⇒ 행사일의 월이 7이면 '7월', 그 외에는 공백으로 구하시오(IF, MONTH 함수). ☞ =IF(MONTH(F5)=7,"7월","") → IF+MONTH 사용

WEEKDAY	• 기능 : 날짜에서 해당하는 요일의 번호를 구하는 함수 • 형식 : =WEEKDAY(날짜,유형) | 유형	월	화	수	목	금	토	일
1(생략) : 1(일요일)~7(토요일)	2	3	4	5	6	7	1
2 : 1(월요일)~7(일요일)	1	2	3	4	5	6	7
3 : 0(월요일)~6(일요일)	0	1	2	3	4	5	6 | • 사용 예 : 유형에 따라 2020-12-31에 해당하는 요일의 번호를 표시 ▶ 함수식 : =WEEKDAY(A2,1) ※ 2020년 12월 31일의 요일은 '목요일'입니다. 
---	---
시험에 자주 출제되는 WEEKDAY 함수 중첩 예시	① 문제 : 전시 시작일 요일 ⇒ 전시 시작일의 요일을 구하시오(CHOOSE, WEEKDAY 함수)(예 : 월요일). ☞ =CHOOSE(WEEKDAY(F5,2),"월요일","화요일","수요일","목요일","금요일","토요일","일요일") → CHOOSE+WEEKDAY 사용 ② 문제 : 측정요일 ⇒ 측정날짜의 요일이 토요일과 일요일이면 '주말', 그 외에는 '평일'로 구하시오 (IF, WEEKDAY 함수)(예 : 월요일). ☞ =IF(WEEKDAY(B5,2)>=6,"주말","평일") → IF+WEEKDAY 사용
TODAY	• 기능 : 시스템의 현재 날짜를 표시하기 위한 함수 • 형식 : =TODAY() • 사용 예 : 현재 날짜를 표시 ▶ 함수식 : =TODAY() 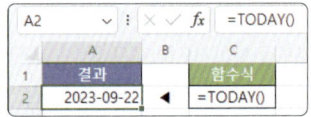 ※ 현재 날짜를 표시하기 때문에 날짜가 바뀔 때마다 결과도 달라집니다.
시험에 자주 출제되는 TODAY 함수 중첩 예시	① 문제 : 부르즈 할리파 건물 연수 ⇒ 「시스템 오늘의 연도-완공연도」로 구한 결과값에 '년'을 붙이시오 (YEAR, TODAY 함수, & 연산자)(예 : 2년). ☞ =YEAR(TODAY())-G9&"년" → YEAR+TODAY+& 사용

■ 시험에 자주 출제되는 '논리 함수'

• 소스 : [함수]-유형04_논리 함수_문제.xlsx
• 정답 : [함수]-유형04_논리 함수_정답.xlsx

IF	• 기능 : 특정 조건을 지정하여 해당 조건에 만족하면 '참(TRUE)'에 해당하는 값을, 그렇지 않으면 '거짓(FALSE)'에 해당하는 값을 표시하는 함수 • 형식 : =IF(조건, 참일 때 수행할 내용, 거짓일 때 수행할 내용) • 사용 예 : 평균이 80 이상이면 '합격' 그렇지 않으면 '불합격'을 표시 ▶ 함수식 : =IF(E2>=80,"합격","불합격") | 이름	국어	영어	수학	평균	결과		함수식
김대한	85	75	80	80	합격	◄	=IF(E2>=80,"합격","불합격")
이민국	70	75	60	68	불합격	◄	=IF(E3>=80,"합격","불합격")
홍길동	80	90	100	90	합격	◄	=IF(E4>=80,"합격","불합격")
유재석	100	90	100	97	합격	◄	=IF(E5>=80,"합격","불합격")
강호동	90	80	80	83	합격	◄	=IF(E6>=80,"합격","불합격")	
---	---

시험에 자주 출제되는 IF 함수 중첩 예시	① 문제 : 판매 순위 ⇒ 판매수량(단위:EA)의 내림차순 순위를 1~3까지 구하고, 그 외에는 공백으로 나타내시오 (IF, RANK.EQ 함수). ☞ =IF(RANK.EQ(G5,$G$5:$G$12)〈=3,RANK.EQ(G5,$G$5:$G$12),"") → IF+RANK.EQ 사용 ② 문제 : 비고 ⇒ 제품코드의 첫 번째 글자가 K이면 '키즈제품', 그 외에는 공백으로 구하시오(IF, LEFT 함수). ☞ =IF(LEFT(B5,1)="K","키즈제품","") → IF+LEFT 사용 ③ 문제 : 분류 ⇒ 제품코드의 마지막 글자가 M이면 '메이크업', 그 외에는 '스킨케어'로 구하시오(IF, RIGHT 함수). ☞ =IF(RIGHT(B5,1)="M","메이크업","스킨케어") → IF+RIGHT 사용 ④ 문제 : 그룹명 ⇒ 번호의 두 번째 글자가 A이면 'A그룹', 그 외에는 'B그룹'으로 구하시오(IF, MID 함수). ☞ =IF(MID(B5,2,1)="A","A그룹","B그룹") → IF+MID 사용 ⑤ 비고 ⇒ 행사일의 월이 7이면 '7월', 그 외에는 공백으로 구하시오(IF, MONTH 함수). ☞ =IF(MONTH(F5)=7,"7월","") → IF+MONTH 사용 ⑥ 추가적립금(원) ⇒ 전월구매액(원)이 300,000 이상이고 총구매건수가 15 이상이면 '2,000', 그 외에는 '500'으로 표시하시오(IF, AND 함수). ☞ =IF(AND(F5〉=300000,H5〉=15),2000,500) → IF+AND 사용 ⑦ 비고 ⇒ 품목이 '포유류'이거나 '조류'이면 '예방접종'으로 표시하고 그 외에는 공백으로 표시하시오(IF, OR 함수). ☞ =IF(OR(D5="포유류",D5="조류"),"예방접종","") → IF+OR 사용 ⑧ 문제 : 측정요일 ⇒ 측정날짜의 요일이 토요일과 일요일이면 '주말', 그 외에는 '평일'로 구하시오 (IF, WEEKDAY 함수)(예 : 월요일). ☞ =IF(WEEKDAY(B5,2)〉=6,"주말","평일") → IF+WEEKDAY 사용 ⑨ 문제 : 비고 ⇒ 출시일의 연도가 2020이면 '신상품', 그 외에는 공백으로 표시하시오(IF, YEAR 함수). ☞ =IF(YEAR(E5)=2020,"신상품","") → IF+YEAR 사용
중첩 IF	• 기능 : 조건이 2개 이상일 때 2개 이상의 IF 함수를 사용하여 '참(TRUE)'과 '거짓(FALSE)'의 값을 표시하는 함수 • 형식 : =IF(조건, 참일 때, IF(조건, 참일 때, 거짓일 때)) • 사용 예 : 평균이 90 이상이면 '최우수', 80 이상이면 '우수', 그렇지 않으면 '불합격'을 표시 ▶ 함수식 : =IF(E2〉=90,"최우수",IF(E2〉=80,"우수","노력")) F2 ✕ ✓ fx =IF(E2>=90,"최우수",IF(E2>=80,"우수","노력")) 	A 이름	B 국어	C 영어	D 수학	E 평균	F 결과	G	H 함수식	 1 김대한 85 75 80 80 우수 ◀ =IF(E2>=90,"최우수",IF(E2>=80,"우수","노력")) 이민국 70 75 60 68 노력 ◀ =IF(E3>=90,"최우수",IF(E3>=80,"우수","노력")) 홍길동 80 90 100 90 최우수 ◀ =IF(E4>=90,"최우수",IF(E4>=80,"우수","노력")) 유재석 100 90 100 97 최우수 ◀ =IF(E5>=90,"최우수",IF(E5>=80,"우수","노력")) 강호동 90 80 80 83 우수 ◀ =IF(E6>=90,"최우수",IF(E6>=80,"우수","노력"))
시험에 자주 출제되는 중첩 IF 함수 중첩 예시	① 문제 : 지역 ⇒ 건물코드의 마지막 글자가 1이면 '서아시아', 2이면 '동아시아', 그 외에는 '미주'로 구하시오 (IF, RIGHT 함수). ☞ =IF(RIGHT(B5,1)="1","서아시아",IF(RIGHT(B5,1)="2","동아시아","미주")) → 중첩 IF+RIGHT 사용 ② 문제 : 비고 ⇒ 재고율이 40% 미만이면 '히트상품', 월말재고량이 120 미만이거나 재고율이 70% 미만이면 '일반상품', 그 외에는 공백으로 구하시오(IF, OR 함수). ☞ =IF(G5〈40%,"히트상품",IF(OR(F5〈120,G5〈70%),"일반상품","")) → 중첩 IF+OR 사용

AND	• 기능 : 모든 조건을 만족하면 '참'을 그렇지 않으면 '거짓'을 표시하는 함수 • 형식 : =AND(조건1, 조건2, … 조건30) • 사용 예 : 국어, 영어, 수학 점수가 모두 80 이상일 경우 '우수', 그렇지 않으면 '노력'으로 표시 ▶ 함수식 : =IF(AND(B2>=80, C2>=80, D2>=80),"우수","노력") ※ ITQ 엑셀 시험에서는 대부분 IF 함수와 함께 사용합니다. F2 ⌄ ⋮ × ✓ *fx* =IF(AND(B2>=80, C2>=80, D2>=80),"우수","노력") |	A	B	C	D	E	F	G	H
---	---	---	---	---	---	---	---	---
1	이름	국어	영어	수학	평균	결과		함수식
2	김대한	85	75	80	80	노력	◀	=IF(AND(B2>=80, C2>=80, D2>=80),"우수","노력")
3	이민국	70	75	60	68	노력		=IF(AND(B3>=80, C3>=80, D3>=80),"우수","노력")
4	홍길동	80	90	100	90	우수		=IF(AND(B4>=80, C4>=80, D4>=80),"우수","노력")
5	유재석	100	90	100	97	우수		=IF(AND(B5>=80, C5>=80, D5>=80),"우수","노력")
6	강호동	80	80	80	80	우수		=IF(AND(B6>=80, C6>=80, D6>=80),"우수","노력")	
OR	• 기능 : 한 개의 조건이라도 만족하면 '참'을 그렇지 않으면 '거짓'을 표시하는 함수 • 형식 : =OR(조건1, 조건2, … 조건30) • 사용 예 : 국어, 영어, 수학 점수 중 한 과목이라도 90 이상일 경우 '우수', 그렇지 않으면 '노력'으로 표시 ▶ 함수식 : =IF(OR(B2>=90, C2>=90, D2>=90),"우수","노력") ※ ITQ 엑셀 시험에서는 대부분 IF 함수와 함께 사용합니다. F2 ⌄ ⋮ × ✓ *fx* =IF(OR(B2>=90, C2>=90, D2>=90),"우수","노력") |	A	B	C	D	E	F	G	H
---	---	---	---	---	---	---	---	---
1	이름	국어	영어	수학	평균	결과		함수식
2	김대한	85	75	80	80	노력	◀	=IF(OR(B2>=90, C2>=90, D2>=90),"우수","노력")
3	이민국	70	75	60	68	노력		=IF(OR(B3>=90, C3>=90, D3>=90),"우수","노력")
4	홍길동	80	90	100	90	우수		=IF(OR(B4>=90, C4>=90, D4>=90),"우수","노력")
5	유재석	100	90	100	97	우수		=IF(OR(B5>=90, C5>=90, D5>=90),"우수","노력")
6	강호동	80	80	80	80	노력		=IF(OR(B6>=90, C6>=90, D6>=90),"우수","노력")	

■ 시험에 자주 출제되는 '찾기/참조 함수'

• 소스 : [함수]-유형04_찾기 및 참조 함수_문제.xlsx
• 정답 : [함수]-유형04_찾기 및 참조 함수_정답.xlsx

VLOOKUP	• 기능 : 지정된 셀 범위의 왼쪽 첫 번째 열에서 특정 값을 찾아 지정한 열과 같은 행에 위치한 값을 표시하는 함수
	• 형식 : =VLOOKUP(찾을 값, 셀 범위, 열 번호, 찾을 방법)
	  – 찾을 값 : 셀 범위(첫 번째 열)에서 찾을 값(참조 영역, 문자열 등)
	  – 셀 범위 : 찾을 값을 검색할 범위(범위 지정 시 찾을 값이 있는 열이 첫 번째 열로 지정되어야 함)
	  – 열 번호 : 셀 범위 내의 열 번호로 값을 추출할 열을 지정(셀 범위 중 첫 번째 열의 값이 1로 기준이 됨)
	  – 찾을 방법 : FALSE(또는 0) : 정확하게 일치하는 값을 찾음
	                TRUE(생략 또는 1) : 비슷하게 일치하는 근삿값을 찾음
	• 사용 예 : 이름이 홍길동인 학생의 수학 점수를 표시
	▶ 함수식 : =VLOOKUP(B4,B2:F6,4,0)
	※ VLOOKUP 함수는 매회 출제되는 함수이기 때문에 완벽하게 학습해야 합니다.
	
	F7 ⌄ ⋮ × ✓ *fx* =VLOOKUP(B4,B2:F6,4,0)
	
	|
		A	B	C	D	E	F	G	H	I

---	---	---	---	---	---	---	---	---	---
1	번호	이름	국어	영어	수학	평균			
2	1	김대한	85	75	80	80			
3	2	이민국	70	75	60	68			
4	3	홍길동	80	90	100	90			
5	4	유재석	100	90	100	97			
6	5	강호동	90	80	80	83			
7	이름이 '홍길동'인 학생의 수학 점수					100	◀	함수식	=VLOOKUP(B4,B2:F6,4,0)	
시험에 자주 출제되는 VLOOKUP 함수 중첩 예시	① 매출금액(원) ⇒ 「H14」 셀에서 선택한 제품명에 대한 「가격×판매수량(단위:EA)」으로 구하시오 (VLOOKUP 함수). ☞ =VLOOKUP(H14,C5:H12,4,0)*VLOOKUP(H14,C5:H12,5,0) → VLOOKUP×VLOOKUP 사용

CHOOSE	• 기능 : 인수 목록에서 번호에 해당하는 값을 찾아주는 함수 • 형식 : =CHOOSE(값을 골라낼 위치 또는 번호, 값1, 값2, …) • 사용 예 : 체력 등급(1~3)에 따라 지정된 값을 표시 ▶ 함수식 : =CHOOSE(B2,"우수체력","기본체력","체력보강") C2 ✓ : × ✓ fx =CHOOSE(B2,"우수체력","기본체력","체력보강") |	A	B	C	D	E
---	---	---	---	---	---
1	이름	체력 등급	구분		함수식
2	김대한	3	체력보강	◀	=CHOOSE(B2,"우수체력","기본체력","체력보강")
3	이민국	1	우수체력	◀	=CHOOSE(B3,"우수체력","기본체력","체력보강")
4	홍길동	2	기본체력	◀	=CHOOSE(B4,"우수체력","기본체력","체력보강")	
시험에 자주 출제되는 CHOOSE 함수 중첩 예시	① 문제 : 지역 ⇒ 관리번호의 첫 번째 글자가 1이면 '서울', 2이면 '경기', 3이면 '인천'으로 구하시오 (CHOOSE, LEFT 함수). ☞ =CHOOSE(LEFT(B5,1),"서울","경기","인천") → CHOOSE+LEFT 사용 ② 문제 : 성별 ⇒ 사원코드의 마지막 글자가 1이면 '남자', 2이면 '여자'로 구하시오(CHOOSE, RIGHT 함수). ☞ =CHOOSE(RIGHT(D5,1),"남자","여자") → CHOOSE+RIGHT 사용 ③ 문제 : 저장소 ⇒ 상품코드의 다섯 번째 문자 값이 1이면 '냉장보관', 2이면 '건냉한 장소', 3이면 '냉동보관'으로 표시하시오(CHOOSE, MID 함수). ☞ =CHOOSE(MID(B5,5,1),"냉장보관","건냉한 장소","냉동보관") → CHOOSE+MID 사용 ④ 문제 : 전시 시작일 요일 ⇒ 전시 시작일의 요일을 구하시오(CHOOSE, WEEKDAY 함수)(예 : 월요일). ☞ =CHOOSE(WEEKDAY(F5,2),"월요일","화요일","수요일","목요일","금요일","토요일","일요일") → CHOOSE+WEEKDAY 사용

■ **시험에 자주 출제되는 '데이터베이스 함수'**

• 소스 : [함수]-유형04_데이터베이스 함수_문제.xlsx
• 정답 : [함수]-유형04_데이터베이스 함수_정답.xlsx

DSUM	• 기능 : 지정한 조건에 맞는 데이터베이스에서 필드(열) 값들의 합계를 구하는 함수 • 형식 : =DSUM(데이터베이스, 필드(열) 위치, 조건범위) • 사용 예 : 학년이 '저학년'인 학생들의 '총점' 합계를 계산 ▶ 함수식 : =DSUM(A1:F6,F1,A1:A2) ※ [F1] 셀 주소 대신 열 번호인 '6'을 입력해도 결과는 같습니다. F7 ✓ : × ✓ fx =DSUM(A1:F6,F1,A1:A2) |	A	B	C	D	E	F
---	---	---	---	---	---	---
1	학년	이름	국어	영어	수학	총점
2	저학년	김대한	85	75	80	240
3	고학년	이민국	70	75	60	205
4	고학년	홍길동	80	90	100	270
5	저학년	유재석	100	90	100	290
6	저학년	강호동	90	80	80	250
7		저학년 학생의 총점 합계				780
8						▲
9			함수식			
10			=DSUM(A1:F6,F1,A1:A2)				
시험에 자주 출제되는 DSUM 함수 중첩 예시	① 문제 : 스테인리스 재질의 판매금액(단위:원) 합계 ⇒ 반올림하여 천원 단위까지 구하시오. 단, 조건은 입력데이터를 이용하시오(ROUND, DSUM 함수)(예 : 53,340 → 53,000). ☞ =ROUND(DSUM(B4:H12,G4,E4:E5),-3) → ROUND+DSUM 사용

DAVERAGE	• 기능 : 지정한 조건에 맞는 데이터베이스에서 필드(열) 값들의 평균을 구하는 함수 • 형식 : =DAVERAGE(데이터베이스, 필드(열) 위치, 조건범위) • 사용 예 : 학년이 '저학년'인 학생들의 '총점' 평균을 계산 ▶ 함수식 : =DAVERAGE(A1:F6,F1,A1:A2) ※ [F1] 셀 주소 대신 열 번호인 '6'을 입력해도 결과는 같습니다. F7 ✓ : × ✓ fx =DAVERAGE(A1:F6,F1,A1:A2) 		A	B	C	D	E	F
---	---	---	---	---	---	---
1	학년	이름	국어	영어	수학	총점
2	저학년	김대한	85	75	80	240
3	고학년	이민국	70	75	60	205
4	고학년	홍길동	80	90	100	270
5	저학년	유재석	100	90	100	290
6	저학년	강호동	90	80	80	250
7	저학년 학생의 총점 평균					260
8						▲
9	함수식					
10	=DAVERAGE(A1:F6,F1,A1:A2)						

**시험에 자주 출제되는
DAVERAGE 함수 중첩
예시**
	① 문제 : 상설전시 전시기간 평균 ⇒ 반올림하여 정수로 구하시오. 단, 조건은 입력데이터를 이용하시오
	  (ROUND, DAVERAGE 함수)(예 : 45.6 → 46).
	☞ =ROUND(DAVERAGE(B4:H12,H4,D4:D5),0) → ROUND+DAVERAGE 사용
	② 문제 : 발라드 장르의 컬러링 다운로드 평균 ⇒ 내림하여 정수로 구하시오. 단, 조건은 입력데이터를 이용하시오
	  (ROUNDDOWN, DAVERAGE 함수)(예 : 4,123.6 → 4,123).
	☞ =ROUNDDOWN(DAVERAGE(B4:H12,H4,E4:E5),0) → ROUNDDOWN+DAVERAGE 사용

DMAX	• 기능 : 지정한 조건에 맞는 데이터베이스의 필드(열) 값들 중에서 가장 높은 값을 구하는 함수 • 형식 : =DMAX(데이터베이스, 필드(열) 위치, 조건범위) • 사용 예 : 학년이 '저학년'인 학생들의 '총점' 중 가장 높은 점수 ▶ 함수식 : =DMAX(A1:F6,F1,A1:A2) ※ [F1] 셀 주소 대신 열 번호인 '6'을 입력해도 결과는 같습니다. F7 ✓ : × ✓ fx =DMAX(A1:F6,F1,A1:A2) 		A	B	C	D	E	F
---	---	---	---	---	---	---
1	학년	이름	국어	영어	수학	총점
2	저학년	김대한	85	75	80	240
3	고학년	이민국	70	75	60	205
4	고학년	홍길동	80	90	100	270
5	저학년	유재석	100	90	100	290
6	저학년	강호동	90	80	80	250
7	저학년 학생의 총점 중 가장 높은 점수					290
8						▲
9	함수식					
10	=DMAX(A1:F6,F1,A1:A2)						
DCOUNTA	• 기능 : 지정한 조건에 맞는 데이터베이스의 필드(열) 값들 중에서 비어있지 않은 셀의 개수를 구하는 함수 • 형식 : =DCOUNTA(데이터베이스, 필드(열) 위치, 조건범위) • 사용 예 : 학년이 '저학년'인 학생들 중에서 평가가 '우수'인 학생의 인원수 ▶ 함수식 : =DCOUNTA(A1:G6,G1,A1:A2) ※ [G1] 셀 주소 대신 열 번호인 '7'을 입력해도 결과는 같습니다. G7 ✓ : × ✓ fx =DCOUNTA(A1:G6,G1,A1:A2) |	A	B	C	D	E	F	G
---	---	---	---	---	---	---	---
1	학년	이름	국어	영어	수학	총점	평가
2	저학년	김대한	85	75	80	240	
3	고학년	이민국	70	75	60	205	
4	고학년	홍길동	80	90	100	270	우수
5	저학년	유재석	100	90	100	290	우수
6	저학년	강호동	90	80	80	250	우수
7	저학년 학생 중에서 평가가 우수인 학생의 인원수						2
8							▲
9	함수식						
10	=DCOUNTA(A1:G6,G1,A1:A2)							

데이터베이스 함수

데이터베이스 함수는 대부분 사용 방법(형식)이 비슷하기 때문에 어떤 기능의 함수인지만 알면 나머지 데이터베이스 함수들도 큰 어려움 없이 문제를 해결할 수 있습니다.

❶ DCOUNT : 데이터베이스 필드(열)에서 조건에 만족하는 숫자가 들어있는 셀의 개수를 구하는 함수

❷ DMIN : 데이터베이스 필드(열)에서 조건에 만족하는 값 중 최소값을 구하는 함수

❸ DGET : 데이터베이스 필드(열)에서 조건에 만족하는 하나의 값을 추출하는 함수

❹ DPRODUCT : 데이터베이스 필드(열)에서 조건에 만족하는 값을 곱해주는 함수

Skill 05 요리난이도 구하기(CHOOSE, RIGHT 함수)

≪조건≫ : (1) 요리난이도 ⇒ 코드의 마지막 글자가 1이면 '초급', 2이면 '중급', 3이면 '고급'으로 표시하시오(CHOOSE, RIGHT 함수).

■ RIGHT 함수

RIGHT 함수 : 문자열의 오른쪽에서부터 원하는 수만큼의 문자를 표시해 주는 함수

❶ 유형04_문제.xlsx 파일을 불러와 [제1작업] 시트를 클릭합니다. [I5] 셀을 클릭한 후 수식 입력줄의 '함수 삽입(f_x)'(Shift+F3)을 클릭합니다.

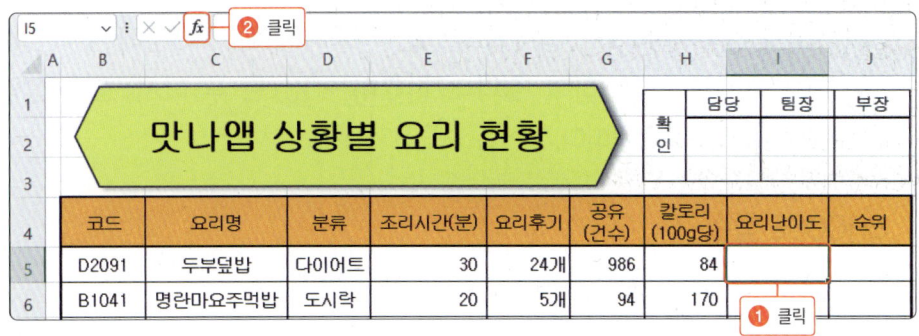

❷ [함수 마법사] 대화상자가 나오면 함수 검색 입력 칸에 사용할 **함수명(RIGHT)**을 입력한 후 〈검색〉 단추를 클릭합니다. 이어서, 해당 함수가 검색되어 나오면 〈확인〉 단추를 클릭합니다.

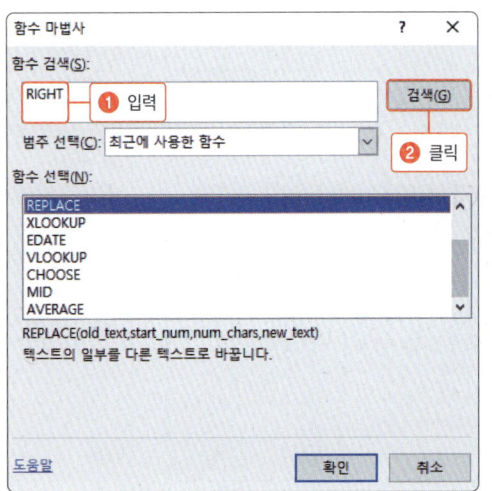
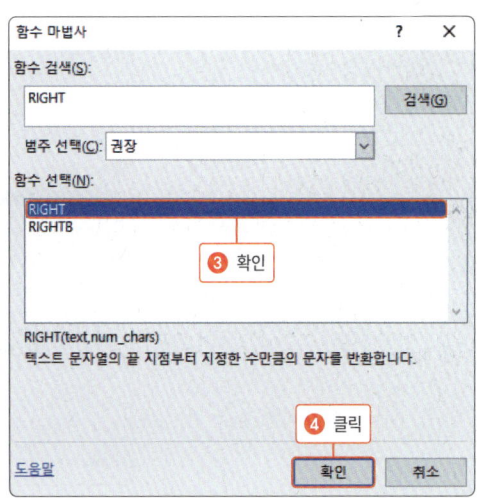

❸ [함수 인수] 대화상자가 나오면 아래와 같이 각각의 인수 값을 입력한 후 〈확인〉 단추를 클릭합니다.
- Text 입력 칸을 클릭한 후 추출할 값인 [B5] 셀을 클릭합니다.
- Num_chars 입력 칸을 클릭한 후 추출할 문자 수 '1'을 입력합니다.
※ Num_chart는 오른쪽 위치에서 추출할 문자 수를 표시합니다.
(예) '코드'의 마지막 글자라고 했기 때문에 글자 개수는 '1'을 입력합니다.

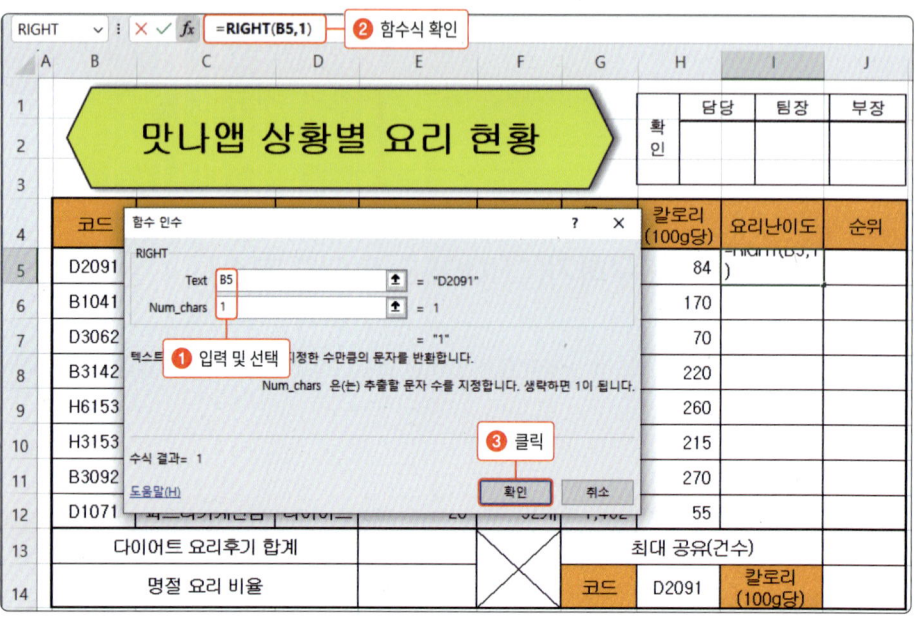

❹ CHOOSE 함수에 RIGHT 함수의 결과를 사용해야 하기 때문에 수식 입력줄의 RIGHT(B5,1)을 드래그하여 '**잘라내기(Ctrl+X)**'한 후 다시 '**함수 삽입(fx)**'(**Shift+F3**)을 클릭합니다.

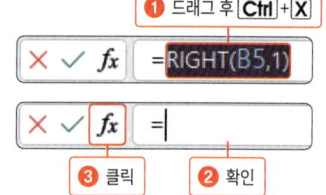

■ CHOOSE 함수

CHOOSE 함수 : 인수 목록에서 번호에 해당하는 값을 찾아주는 함수

❺ [함수 마법사] 대화상자가 나오면 함수 검색 입력 칸에 사용할 **함수명(CHOOSE)**을 입력한 후 〈검색〉 단추를 클릭합니다. 이어서, 해당 함수가 검색되어 나오면 〈확인〉 단추를 클릭합니다.

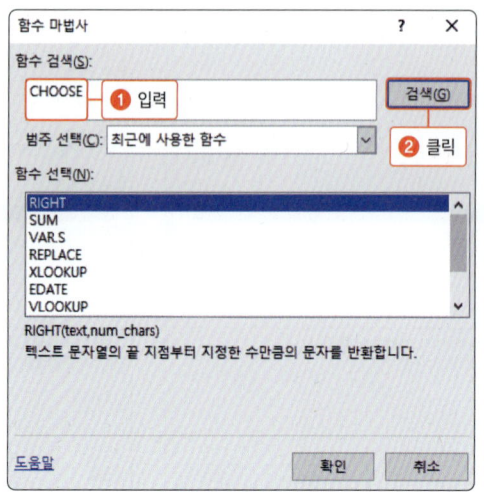 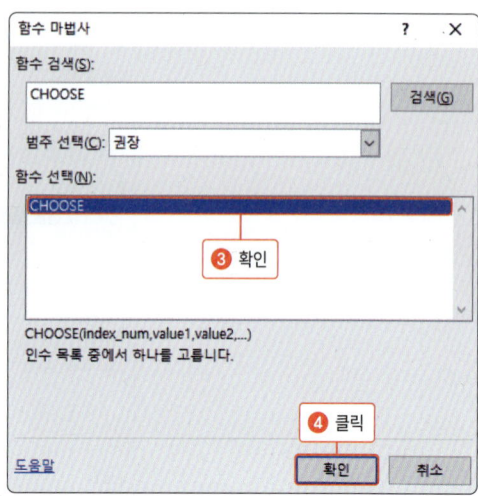

⑥ [함수 인수] 대화상자가 나오면 아래와 같이 각각의 인수 값을 입력한 후 〈확인〉 단추를 클릭합니다.

　– Index_num 입력 칸을 클릭하여 '**붙여넣기**([Ctrl]+[V])'를 합니다. 붙여넣기로 입력된 데이터는 이전에 잘라
낸 RIGHT(B5,1) 함수식입니다.

　　※ Index_num 인수는 값을 골라낼 위치 또는 번호를 입력합니다. 'RIGHT(B5,1)' 함수식을 풀어보면 코드 셀[B5]에서
　　마지막 글자 한 개의 숫자를 가지고 옵니다.

　– Value1, Value2,… 입력 칸은 표시하고자 하는 값을 차례대로 입력합니다.

　　※ Index_num 값이 '1'이면 Value1, '2'이면 Value2, '3'이면 Value3을 표시합니다.

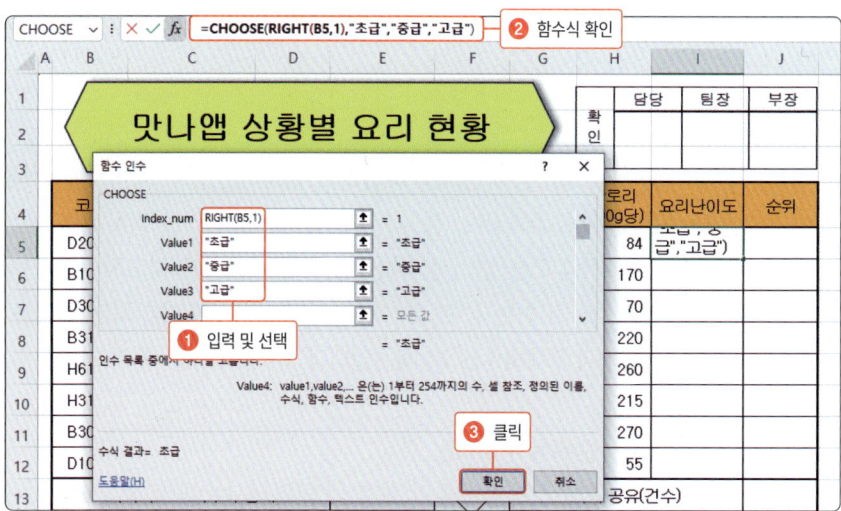

⑦ 함수가 계산되면 [I5] 셀의 **채우기 핸들**([+])을 [I12] 셀까지 드래그합니다.

---

06 **순위 구하기(RANK.EQ 함수)**

≪조건≫ : ⑵ 순위 ⇒ 공유(건수)의 내림차순 순위를 구하시오(RANK.EQ 함수).

■ RANK.EQ 함수

RANK.EQ 함수 : 수의 목록에 있는 어떤 수의 순위를 구하는 함수

① [J5] 셀을 클릭한 후 수식 입력 줄의 '함수 삽입(*fx*)'(**Shift**+**F3**)을 클릭합니다.

코드	요리명	분류	조리시간(분)	요리후기	공유(건수)	칼로리(100g당)	요리난이도	순위
D2091	두부덮밥	다이어트	30	24개	986	84	초급	
B1041	명란마요주먹밥	도시락	20	5개	94	170	초급	
D3062	시금치프리타타	다이어트	40	14개	693	70	중급	
B3142	샐러드샌드위치	도시락	50	96개	505	220	중급	
H6153	궁중잡채	명절	100	109개	364	260	고급	
H3153	깻잎전	명절	60	29개	760	215	고급	

함수 마법사(*fx*)

ITQ 엑셀 시험에서 함수 문제를 해결하기 위해서는 함수 마법사를 이용하거나 셀에 직접 함수식을 입력하는 방법이 있습니다. 함수에 대해 어느 정도 사용 방법을 알고 있을 경우에는 직접 셀에 함수식을 입력해도 되지만, 함수에 대해서 잘 모르거나 오류 없이 정확하게 함수 문제를 해결하고자 한다면 함수 마법사를 이용하는 것이 편리합니다. 그 이유는 사용하고자 하는 함수(예 : RANK.EQ)에 대한 세부적인 설명과 함께 각각의 인수(Number, Ref, Order)들에 대한 설명이 자세히 나오기 때문입니다. 아래 내용은 함수 마법사를 이용하여 RANK.EQ 함수의 인수를 확인한 것입니다.

- Number : 순위를 구하려는 수
- Ref : 순위를 구하려는 목록의 배열(셀 범위) 또는 셀 주소
- Order : 순위를 정할 방법을 지정하는 수. 오름차순(0이 아닌 다른 값) 또는 내림차순(0 또는 생략)을 지정

※ 오름차순 정렬 순서(내림차순은 반대) : 숫자(1,2,3, …) → 특수문자 → 영문(A→Z) → 한글(ㄱ→ㅎ) → 논리값 → 오류값 → 공백 셀(빈 셀)

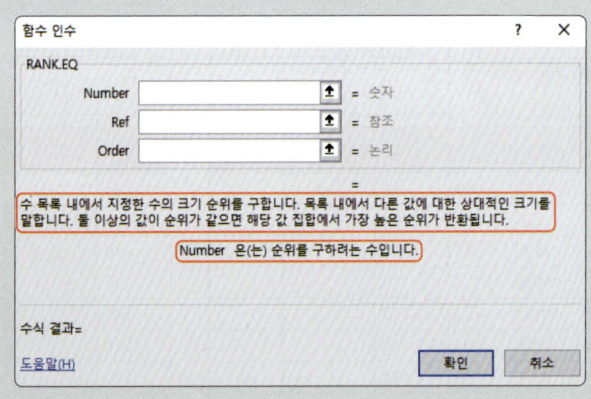

▲ 함수 및 Number 인수에 대한 설명

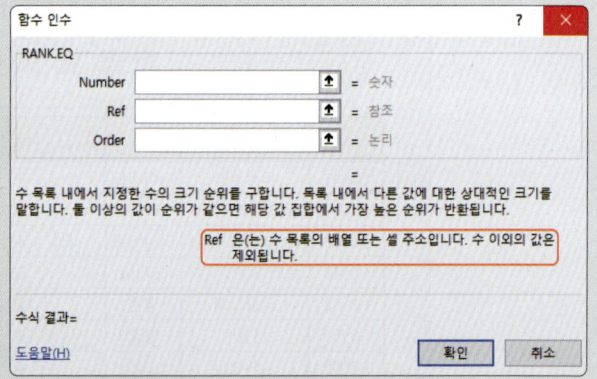

▲ Ref 인수에 대한 설명

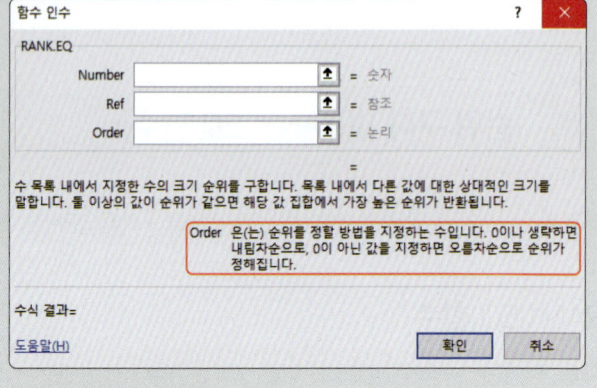

▲ Order 인수에 대한 설명

❷ [함수 마법사] 대화상자가 나오면 함수 검색 입력 칸에 사용할 '**함수명(RANK.EQ)**'을 입력한 후 〈검색〉 단추를 클릭합니다. 이어서, 해당 함수가 검색되어 나오면 〈확인〉 단추를 클릭합니다.

※ IF 함수와 함께 다른 함수(예 : IF, INT / IF, RANK.EQ / IF, LEFT / IF, AND 등)를 사용하는 경우에는 뒤에 있는 함수를 먼저 실행하여 결과를 추출한 후 IF 함수를 실행합니다.

※ '함수 선택'에서 보이는 함수들은 '범주 선택(권장, 최근에 사용한 함수, 모두 등)'에서 선택한 목록의 함수들을 보여줍니다. '최근에 사용한 함수' 범주가 선택되었을 경우에는 시스템 환경에 따라 함수의 목록이 다르게 나타납니다.

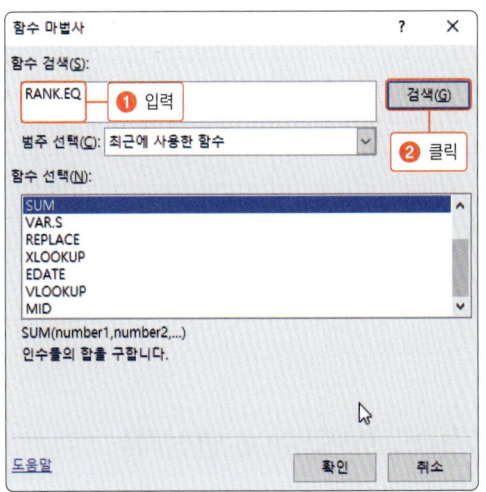 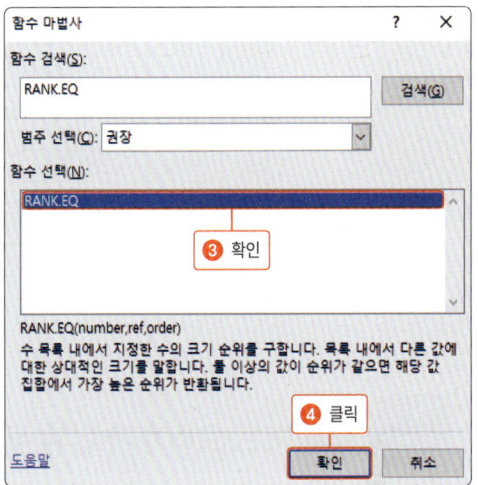

❸ [함수 인수] 대화상자가 나오면 아래와 같이 각각의 인수 값을 입력한 후 〈확인〉 단추를 클릭합니다.

– Number 입력 칸을 클릭한 후 순위를 구할 기준 값인 [G5] 셀을 클릭합니다.

– Ref 입력 칸을 클릭한 후 순위를 구할 셀 범위([G5:G12])의 영역을 드래그하고, F4 키를 누릅니다.

※ 채우기 핸들(➕)을 이용하여 순위를 구할 때는 정해진 셀 범위(공유(건수))가 고정되어 있어야 하기 때문에 F4 키를 눌러 '절대 참조($G$5:$G$12)'로 지정해야 합니다.

– Order 입력 칸은 내림차순으로 지정하기 위해 아무것도 입력하지 않습니다.

※ 'Order' 입력 칸에 '0'이 아닌 값을 입력하면 오름차순, 아무것도 입력하지 않거나 '0'을 입력하면 내림차순으로 정렬됩니다.

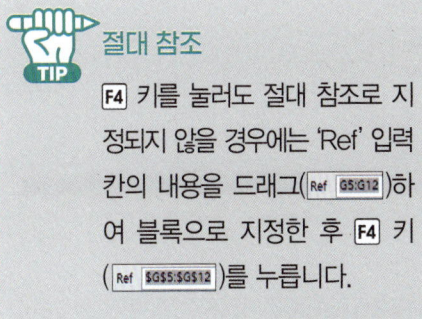

절대 참조

F4 키를 눌러도 절대 참조로 지정되지 않을 경우에는 'Ref' 입력 칸의 내용을 드래그(Ref G5:G12)하여 블록으로 지정한 후 F4 키(Ref $G$5:$G$12)를 누릅니다.

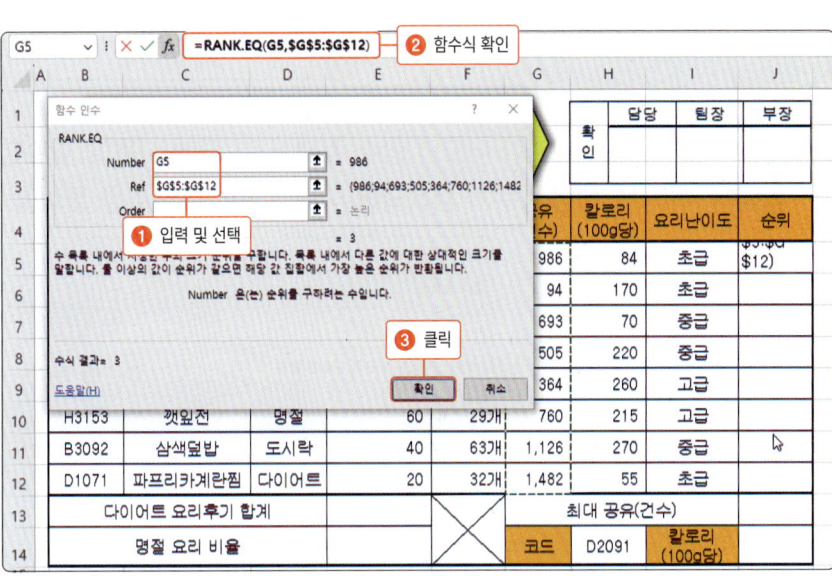

④ 함수가 계산되면 [J5] 셀의 **채우기 핸들(╋)**을 [J12] 셀까지 드래그합니다.

≪**조건**≫ : (3) 다이어트 요리후기 합계 ⇒ 결과값에 '개'를 붙이시오. 단, 조건은 입력데이터를 이용하시오(DSUM 함수, & 연산자)(예 : 10개).

■ **DSUM 함수**

> **DSUM 함수** : 지정한 조건에 맞는 데이터베이스에서 필드(열) 값들의 합계를 구하는 함수

① [E13] 셀을 클릭한 후 수식 입력줄의 '**함수 삽입(fx)**'(**Shift**+**F3**)을 클릭합니다.

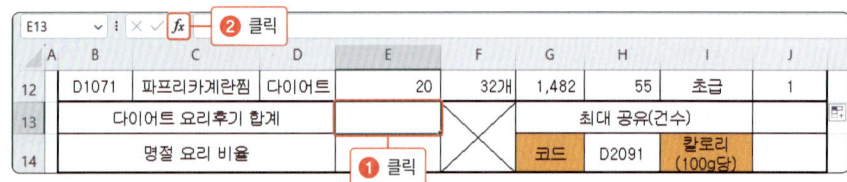

② [함수 마법사] 대화상자가 나오면 함수 검색 입력 칸에 사용할 '**함수명(DSUM)**'을 입력한 후 〈검색〉 단추를 클릭합니다. 이어서, 해당 함수가 검색되어 나오면 〈확인〉 단추를 클릭합니다.

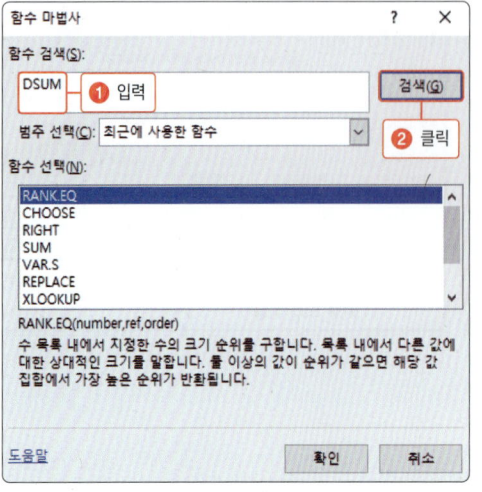
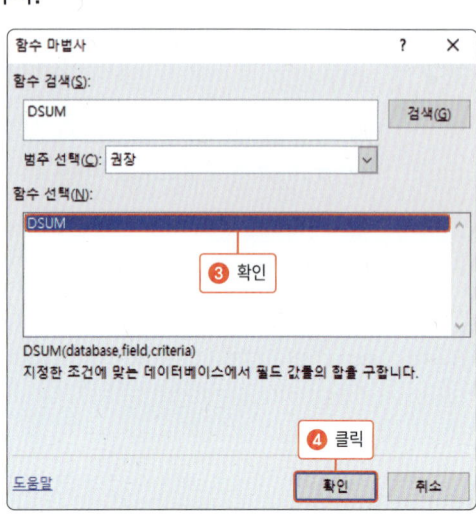

③ [함수 인수] 대화상자가 나오면 아래와 같이 각각의 인수 값을 입력한 후 〈확인〉 단추를 클릭합니다.

- **Database** 입력 칸을 클릭한 후 **[B4:H12]** 영역을 드래그합니다.

  ※ Database 인수는 데이터베이스나 목록으로 지정할 셀 범위입니다.

- **Field** 입력 칸을 클릭한 후 요리후기 합계를 계산하기 위해 **[F4]** 셀을 클릭하거나 **5**를 입력합니다.

  ※ Field 인수는 목록(데이터베이스)에서 조건(Criteria 인수에서 조건 지정)에 맞는 합계를 구할 열의 위치를 선택하거나 입력합니다.

- **Criteria** 입력 칸을 클릭한 후 분류가 다이어트인 조건을 지정하기 위해 **[D4:D5]** 영역을 드래그합니다.

  ※ Criteria 인수는 찾을 조건이 있는 셀 범위로 열 레이블과 조건 레이블이 포함되어야 합니다.

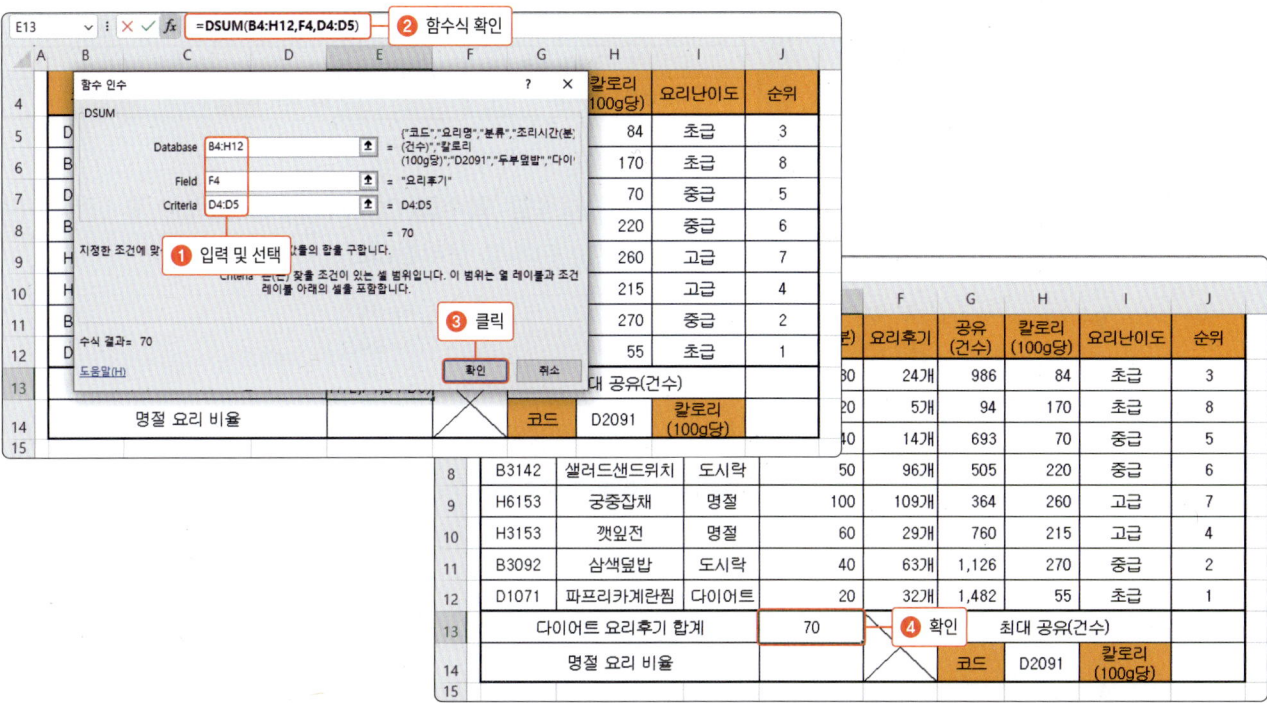

④ 수식 입력줄에서 함수 끝나는 부분을 클릭합니다. 이어서, &"개"를 입력하고 **Enter** 키를 누릅니다.

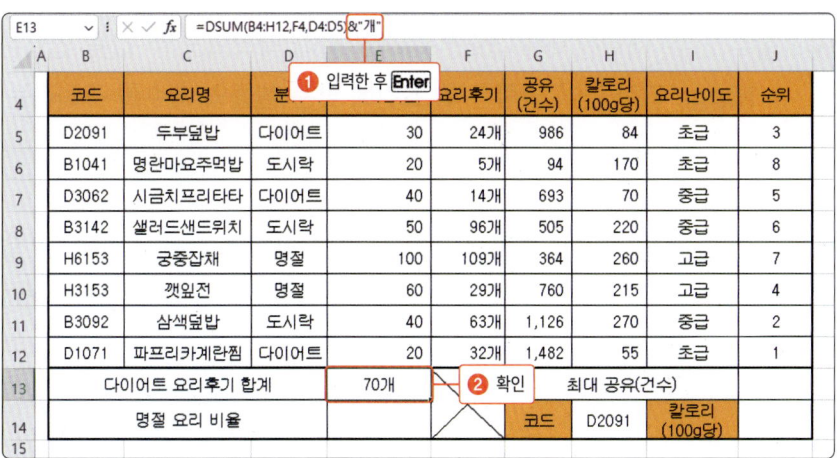

명절 요리 비율 구하기(COUNTIF 함수, COUNTA 함수)

≪조건≫ : ⑷ 명절 요리 비율 ⇒ 정의된 이름(분류)을 이용하여 구하고, 결과값은 백분율로 표시하시오(COUNTIF, COUNTA 함수).

■ COUNTIF 함수

COUNTIF 함수 : 특정 조건을 만족하는 셀의 개수를 구하는 함수

❶ [E14] 셀을 클릭한 후 수식 입력줄의 '함수 삽입(fx)'(Shift+F3)을 클릭합니다.

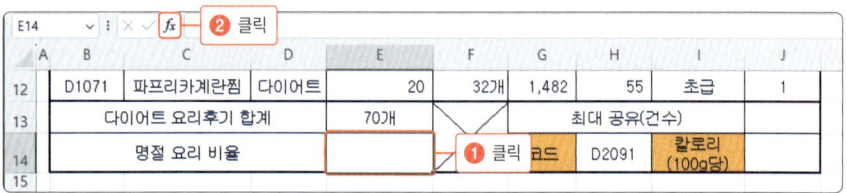

❷ [함수 마법사] 대화상자가 나오면 함수 검색 입력 칸에 사용할 **함수명(COUNTIF)**을 입력한 후 〈검색〉 단추를 클릭합니다. 이어서, 해당 함수가 검색되어 나오면 〈확인〉 단추를 클릭합니다.

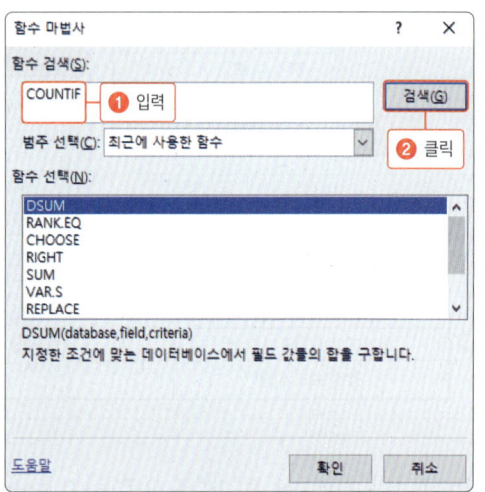
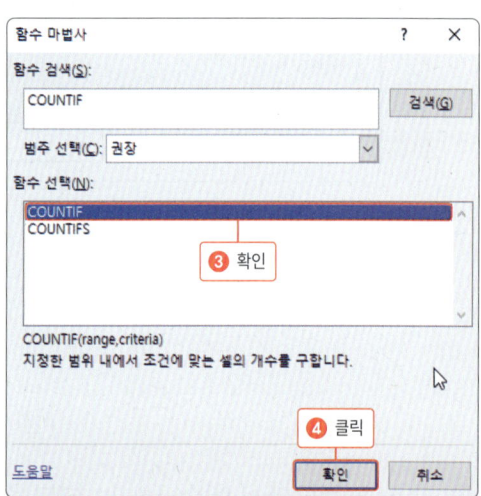

❸ [함수 인수] 대화상자가 나오면 아래와 같이 각각의 인수 값을 입력한 후 〈확인〉 단추를 클릭합니다.
- Range 입력 칸을 클릭한 후 조건에 맞는 셀들의 개수를 구하려는 영역([D5:D12])을 드래그합니다.

  ※ Range 인수는 조건(Criteria에 입력한 값을 기준)에 맞는 셀의 개수를 구하려는 셀 범위입니다.

  ※ [D5:D12] 영역은 앞에서 이름으로 정의 했기 때문에, Range 인수에 '분류'라고 입력됩니다.

- Criteria 입력 칸을 클릭한 후 명절 요리 비율을 구하기 위해 "명절"을 입력합니다.

  ※ Criteria 인수는 셀의 개수를 구할 조건을 지정하는 곳으로 '숫자, 식, 텍스트' 형태로 입력합니다.

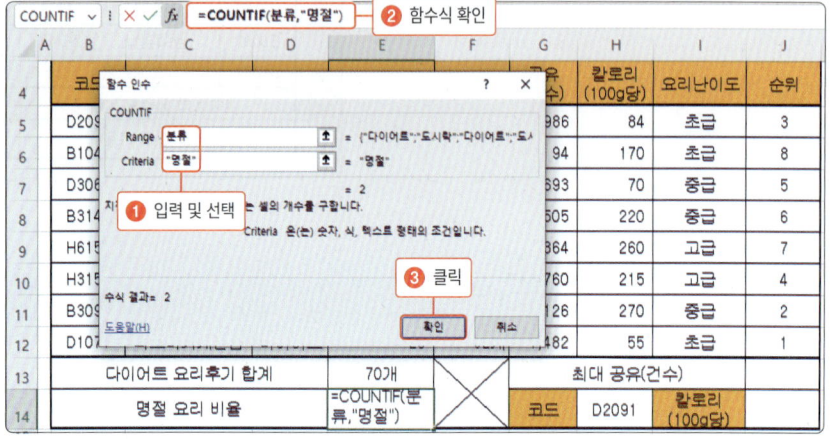

❹ COUNTIF 함수식이 입력된 수식 입력줄을 클릭한 후 함수식 맨 뒤에 '나누기 기호(/)'를 입력합니다. 이어서, 수식 입력 줄의 '함수 삽입(ƒx)'(**Shift**+**F3**)을 클릭합니다.

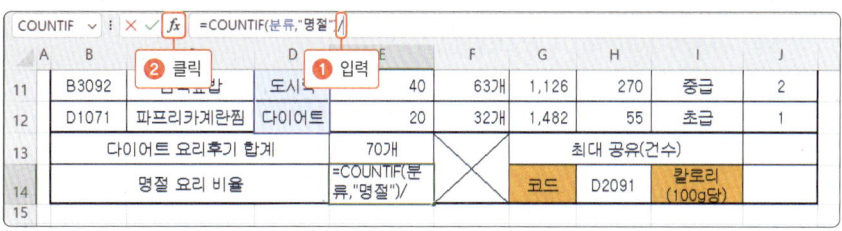

■ COUNTA 함수

> **COUNTA 함수** : 지정된 셀 범위에서 공백을 제외한 모든(문자, 숫자, 논리값 등) 셀의 개수를 구하는 함수

❺ [함수 마법사] 대화상자가 나오면 함수 검색 입력 칸에 사용할 '**함수명(COUNTA)**'을 입력한 후 〈검색〉 단추를 클릭합니다. 이어서, 해당 함수가 검색되어 나오면 〈확인〉 단추를 클릭합니다.

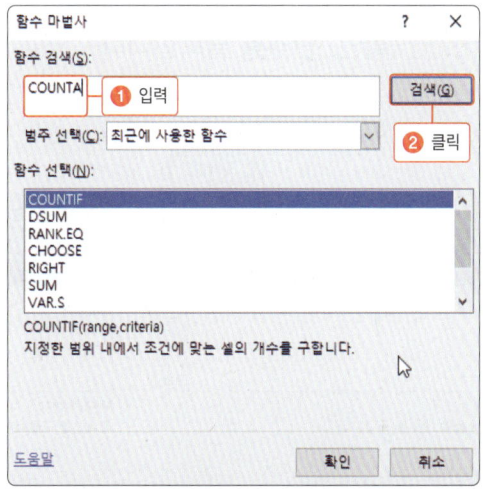
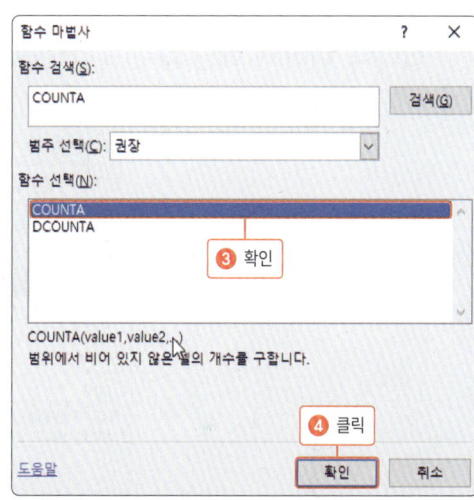

❻ [함수 인수] 대화상자가 나오면 아래와 같이 인수 값을 입력한 후 〈확인〉 단추를 클릭합니다. 이어서, [홈]– [표시 형식] 그룹에서 '백분율(%)'을 클릭합니다.

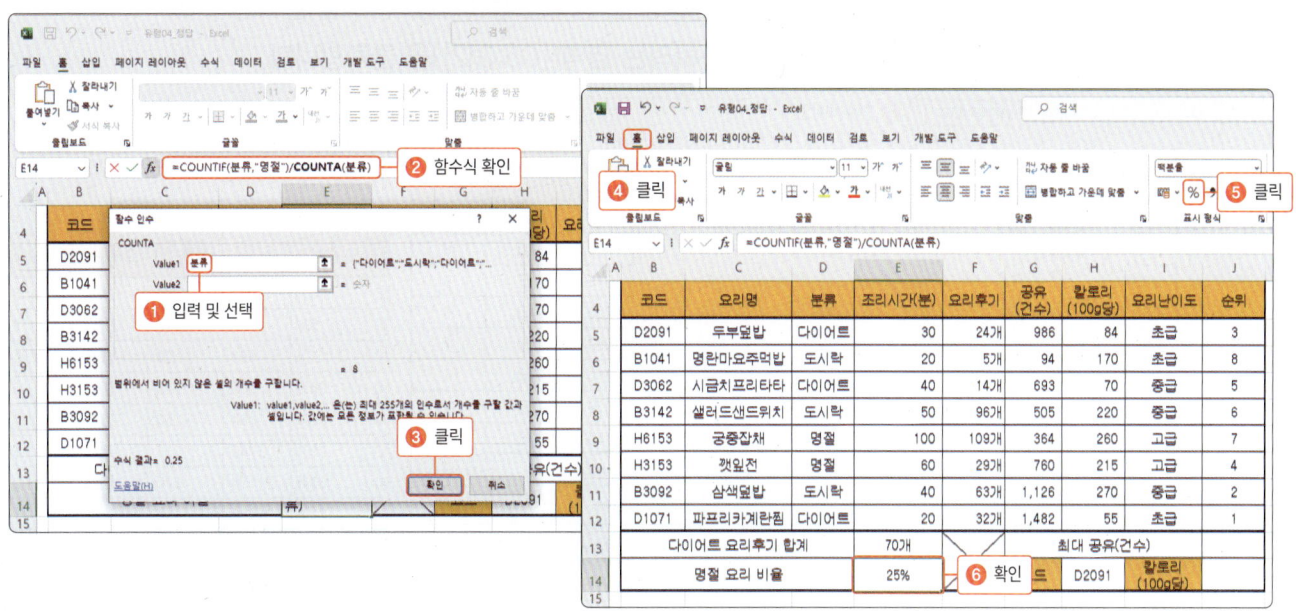

최대 공유(건수) 구하기(MAX 함수)

≪조건≫ : ⑸ 최대 공유(건수) ⇒ (MAX 함수)

■ MAX 함수

MAX 함수 : 최대값을 구하는 함수

❶ [J13] 셀을 클릭한 후 수식 입력줄의 '**함수 삽입**(*fx*)'(**Shift**+**F3**)을 클릭합니다.

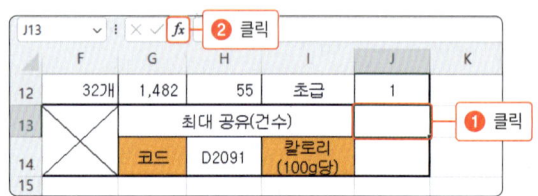

❷ [함수 마법사] 대화상자가 나오면 함수 검색 입력 칸에 사용할 **함수명(MAX)**'을 입력한 후 〈검색〉 단추를 클릭합니다. 이어서, 해당 함수가 검색되어 나오면 〈확인〉 단추를 클릭합니다.

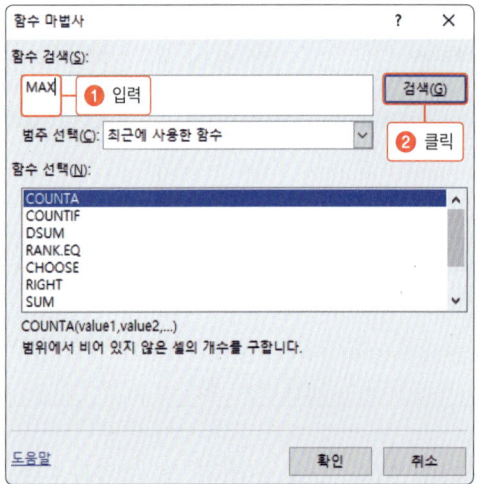

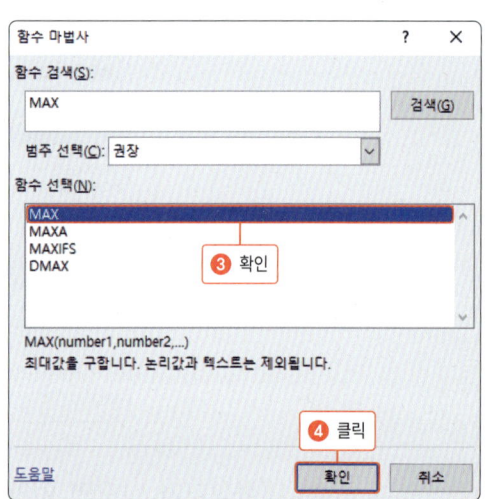

❸ [함수 인수] 대화상자가 나오면 아래와 같이 인수 값을 입력한 후 〈확인〉 단추를 클릭합니다.
  – Number1 입력 칸을 클릭한 후 최대값을 구하려는 영역([G5:G12])을 클릭합니다.

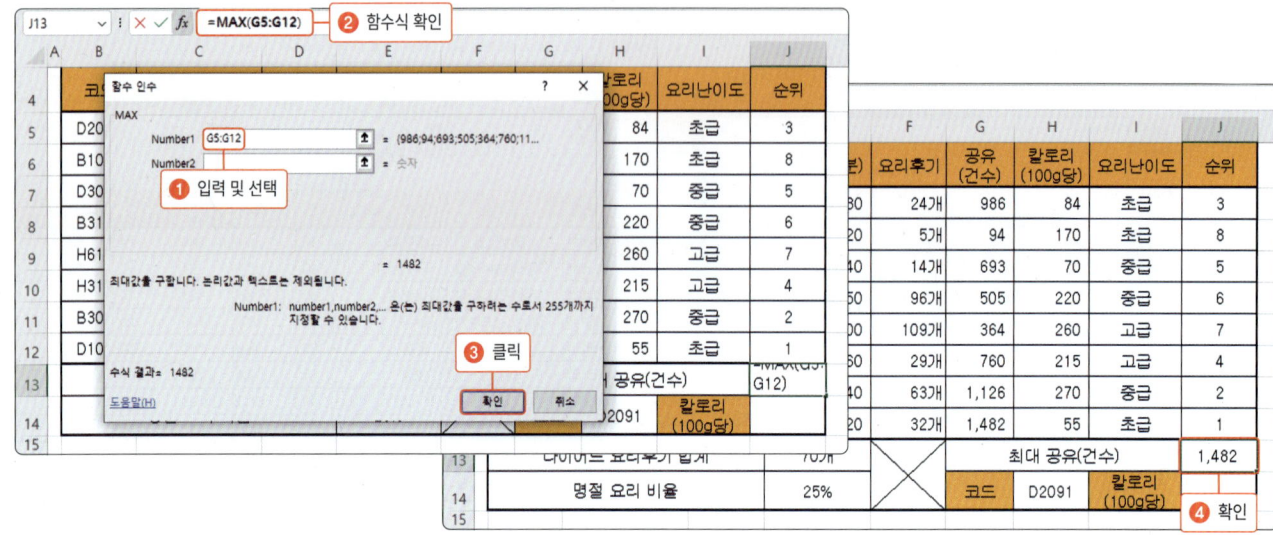

칼로리(100g당) 구하기(VLOOKUP 함수)

≪조건≫ : ⑹ 칼로리(100g당) ⇒ 「H14」 셀에서 선택한 코드에 대한 칼로리(100g당)를 구하시오(VLOOKUP 함수).

■ VLOOKUP 함수

VLOOKUP 함수 : 지정된 셀 범위의 왼쪽 첫 번째 열에서 특정 값을 찾아 지정한 열과 같은 행에 위치한 값을 표시하는 함수

❶ [J14] 셀을 클릭한 후 수식 입력줄의 '함수 삽입(fx)'(**Shift**+**F3**)을 클릭합니다.

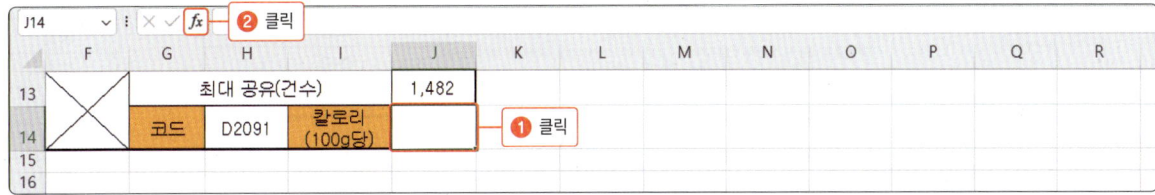

❷ [함수 마법사] 대화상자가 나오면 함수 검색 입력 칸에 사용할 '**함수명(VLOOKUP)**'을 입력한 후 〈검색〉 단추를 클릭합니다. 이어서, 해당 함수가 검색되어 나오면 〈확인〉 단추를 클릭합니다.

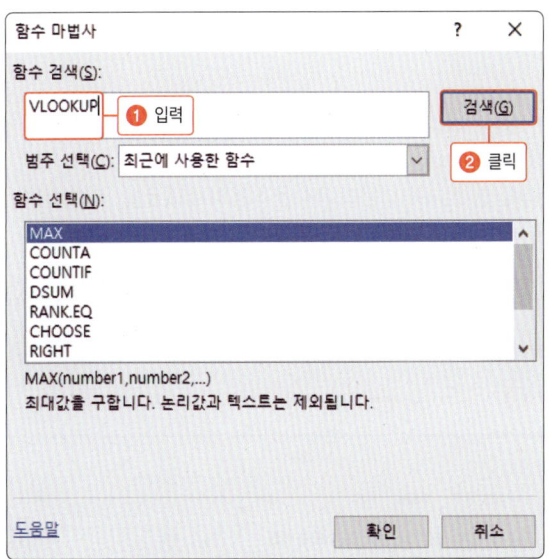
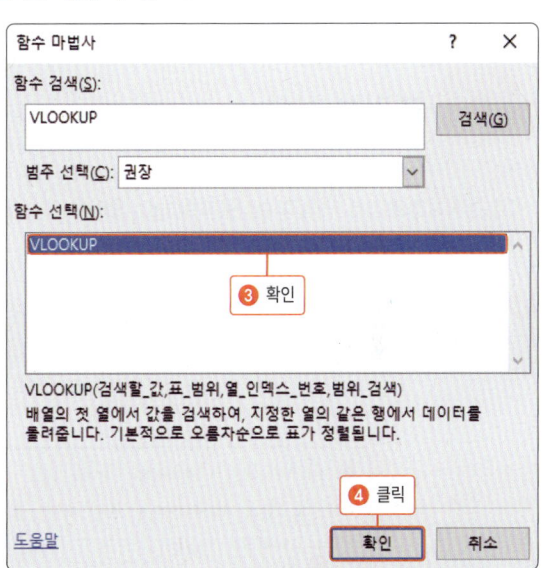

❸ [함수 인수] 대화상자가 나오면 아래와 같이 각각의 인수 값을 입력한 후 〈확인〉 단추를 클릭합니다.

– **검색할_값** 입력 칸을 클릭한 후 코드에 대한 칼로리(100g당)를 찾기 위해 데이터 유효성 검사가 적용된 [H14] 셀을 클릭합니다.

※ 검색할_값 인수는 찾으려는 값을 지정합니다.

– **표_범위** 입력 칸을 클릭한 후 [B5:H12] 영역을 드래그 합니다. 단, 범위 지정 시 찾을 값이 있는 열(코드)이 첫 번째 열로 지정되어야 합니다.

※ 표_범위 인수는 찾을 값이 포함된 범위를 지정합니다.

– **열_인덱스_번호** 입력 칸을 클릭한 후 칼로리(100g당) 필등의 위치 값인 7을 입력합니다.

※ [B5:H12] 범위를 기준으로 첫 번째 열(코드)이 '1'이기 때문에 칼로리(100g당) 필드의 위치 값은 '7'이 됩니다.

※ 열_인덱스_번호 인수는 '표_범위' 내의 열 번호 중 값을 추출할 열을 지정합니다. 단, 표_범위에서 지정한 셀 범위 중 첫 번째 열의 값이 '1'로 기준이 됩니다.

- **범위_검색** 입력 칸을 클릭한 후 정확하게 일치하는 값을 찾기 위해 0 또는 FALSE를 입력합니다.

  ※ 범위_검색 인수는 셀 범위에서 정확하게 일치하는 값을 찾으려면 FALSE(또는 0)를 입력하고, 비슷하게 일치하는 근삿값을 찾으려면 TRUE(생략 또는 1)를 입력합니다.

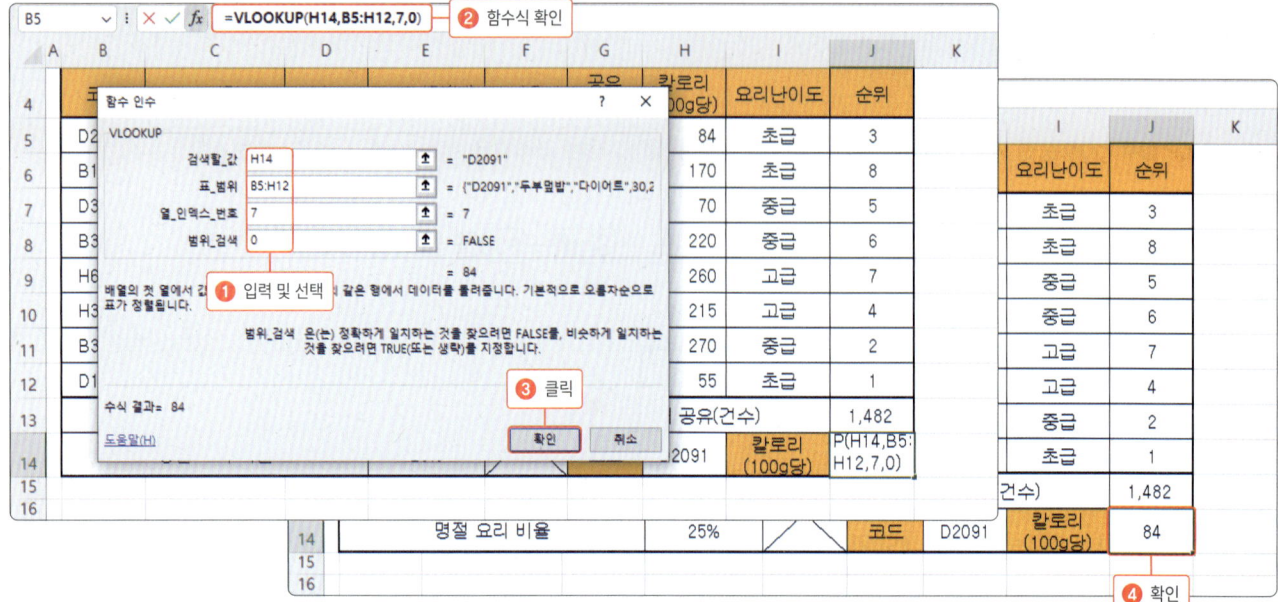

조건부 서식

≪조건≫ : (7) 조건부 서식의 수식을 이용하여 요리후기가 '60' 이상인 행 전체에 다음의 서식을 적용하시오(글꼴 : 파랑, 굵게).

① 조건부 서식을 지정할 [B5:J12] 영역을 드래그한 후 [홈] 탭의 [스타일] 그룹에서 [조건부 서식(▥)]-'새 규칙(▦)'을 선택합니다.

  ※ 조건부 서식을 적용할 범위를 영역으로 지정할 때는 필드명(4행)이 포함되지 않도록 주의합니다.

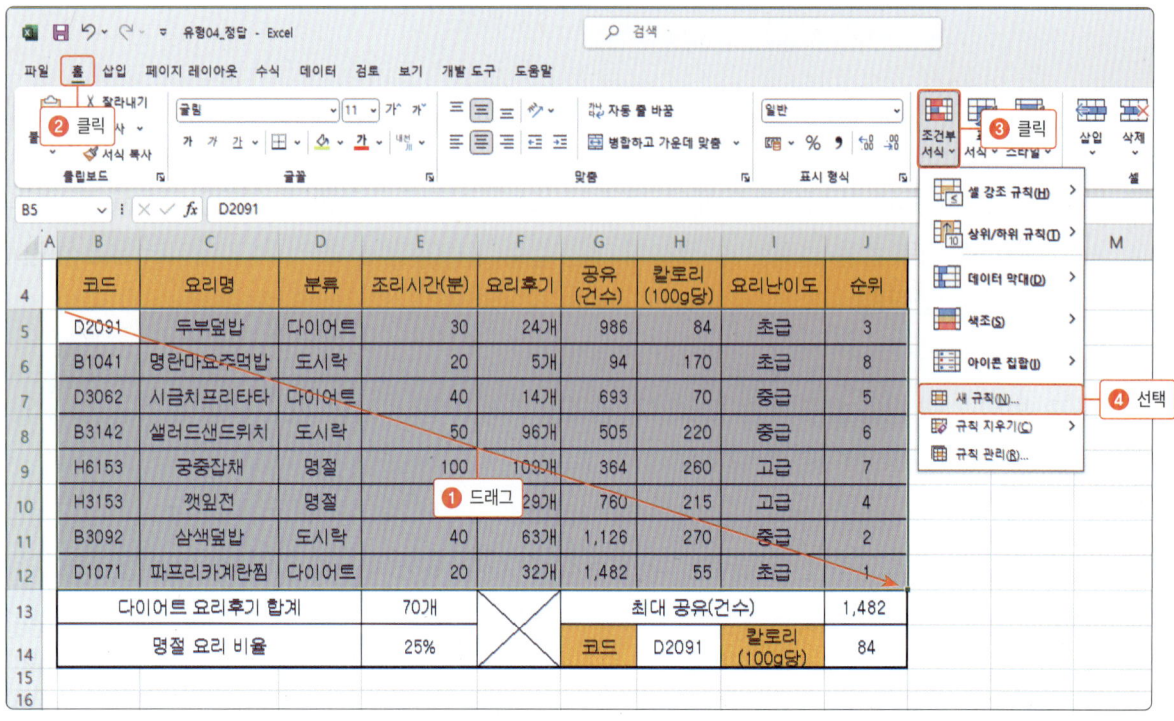

❷ [새 서식 규칙] 대화상자가 나오면 '▶수식을 사용하여 서식을 지정할 셀 결정'을 선택합니다. 이어서, '다음 수식이 참인 값의 서식 지정' 입력 칸에 '=$F5>=60'을 입력한 후 〈서식〉 단추를 클릭합니다.

※ 수식을 입력할 때 [F5] 셀을 클릭한 후 F4 키를 2번 누르면 열 고정 혼합 참조($F5)로 변경됩니다.

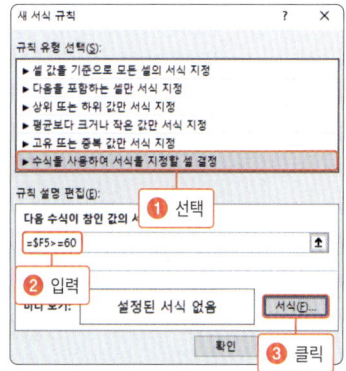

 수식을 이용하여 행 전체에 서식 지정하기

수식(=$F5>=60)을 이용하여 행 전체에 서식을 지정할 때 참조할 셀([F5])은 반드시 열 고정 혼합 참조(예 : $F5)로 지정되어야 합니다. 열 고정 혼합 참조로 지정되면 [F] 열을 고정한 채 행([5:12])만 차례대로 확인하여 요리후기가 '60' 이상이면 해당 행에 설정된 서식을 적용합니다.

---

❸ [셀 서식] 대화상자가 나오면 [글꼴] 탭을 클릭한 후 '글꼴 스타일(굵게), 색(파랑)'을 지정한 후 〈확인〉 단추를 클릭합니다.

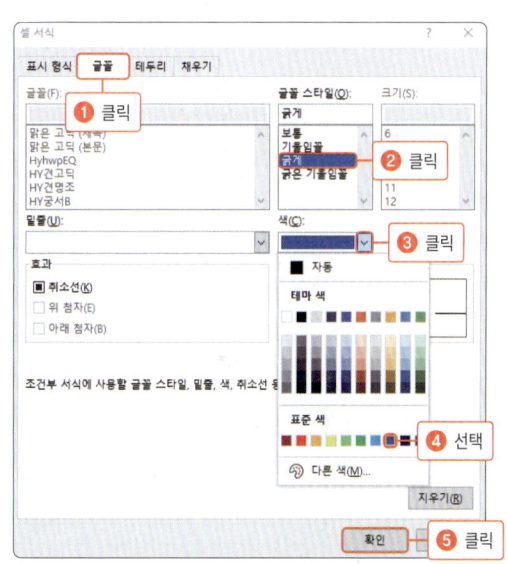

---

❹ 다시 [새 서식 규칙] 대화상자가 나오면 입력한 수식(=$F5>=60)과 글꼴 서식(파랑, 굵게)을 확인한 후 〈확인〉 단추를 클릭합니다.

※ 조건부 서식을 지정한 후 특정 열이 '###'으로 표시되거나, 열 간격이 너무 좁다고 판단되면 열의 너비를 조절합니다.

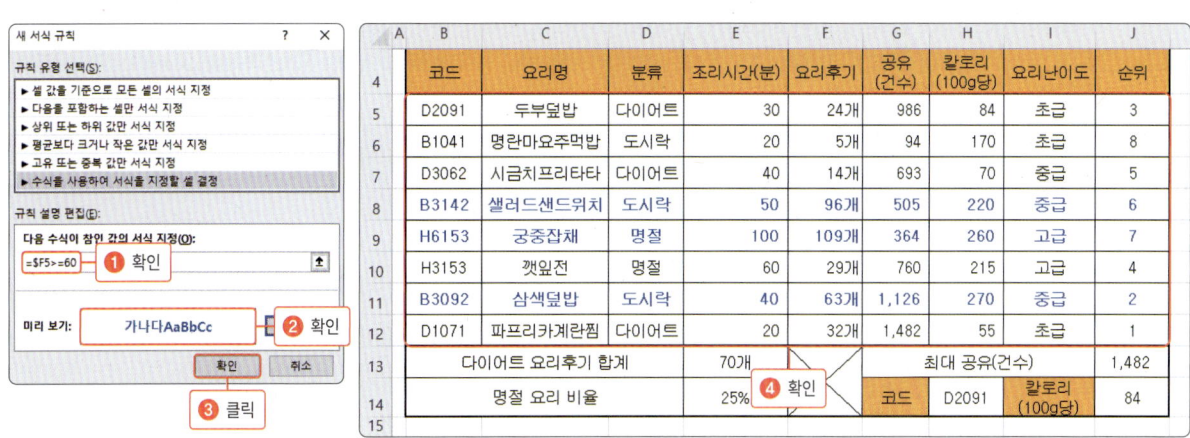

❺ 모든 작업이 끝나면 [파일]-[저장]($Ctrl$+S) 또는 [빠른 실행 도구 모음]에서 '저장(🔲)'을 클릭합니다.

※ 실제 시험을 볼 때 작업 도중에 수시로(10분에 한 번 정도) 저장을 하는 것이 좋습니다.

🖐️ TIP 조건부 서식의 편집 및 삭제

❶ 조건부 서식이 지정된 셀을 범위로 지정합니다.

❷ [홈] 탭의 [스타일] 그룹에서 [조건부 서식(▦)]-'규칙 관리'를 선택하면 지정된 조건부 서식의 내용을 수정하거나 삭제할 수 있습니다.

❸ 조건부 서식 편집 : [조건부 서식 규칙 관리자] 대화상자에서 〈규칙 편집〉 단추를 클릭합니다.

❹ 조건부 서식 삭제 : [조건부 서식 규칙 관리자] 대화상자에서 〈규칙 삭제〉 단추를 클릭합니다.

※ 만약 조건부 서식이 지정된 셀의 범위를 모르거나, 범위를 선택하지 않았다면 서식 규칙 표시에 '현재 선택 영역'을 '현재 워크 시트'로 변경하면 규칙을 확인할 수 있습니다.

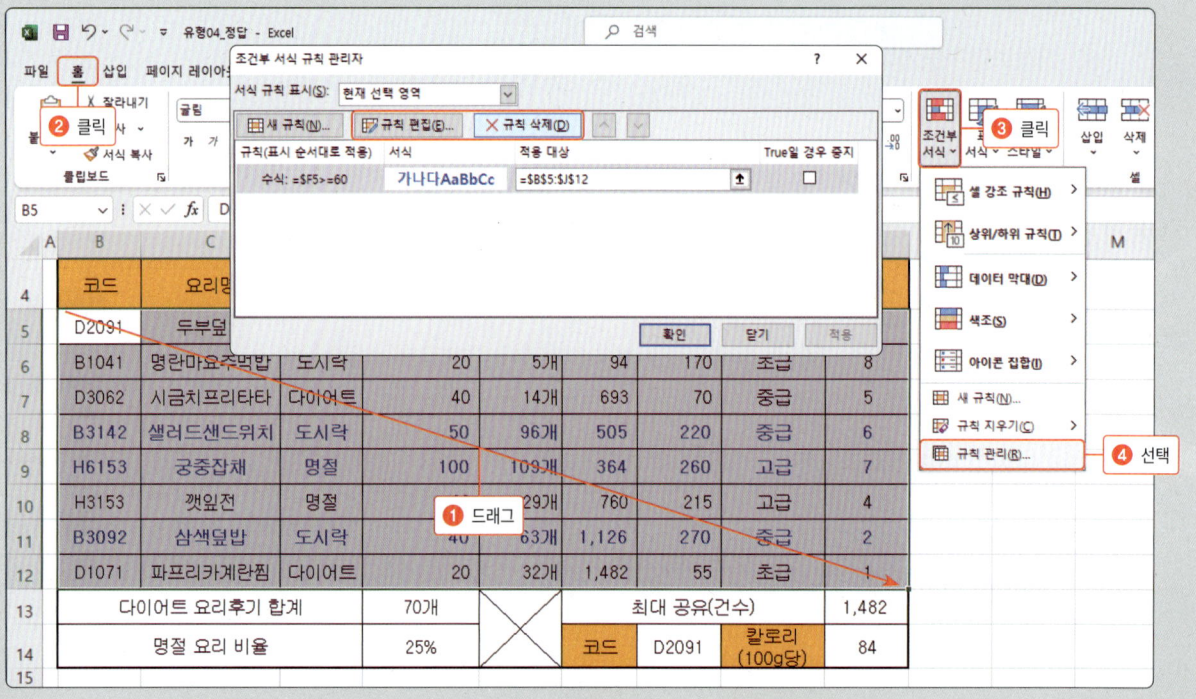

🖐️ TIP 함수 정렬

함수로 지정된 범위 내에서 문자는 '가운데 정렬', 숫자는 '오른쪽 정렬'로 정답 파일에 지정되어 있으나, 실제 시험 환경에서는 기본 정렬 설정이 적용되더라도 점수에는 영향을 미치지 않습니다.

데이터 막대를 이용한 조건부 서식 지정하기

• **소스** : 유형04_데이터 막대_문제.xlsx • **정답** : 유형04_데이터 막대_정답.xlsx

≪조건≫ : (7) 조건부 서식의 수식을 이용하여 판매금액(단위:원) 셀에 데이터 막대 스타일(녹색)을 최소값 및 최대값으로 적용하시오

❶ [F5:F12] 영역을 드래그 한 후 [홈] 탭의 [스타일] 그룹에서 [조건부 서식(▦)]–[데이터 막대(▦)]–단색 채우기–'녹색 데이터 막대(▦)'를 클릭합니다.

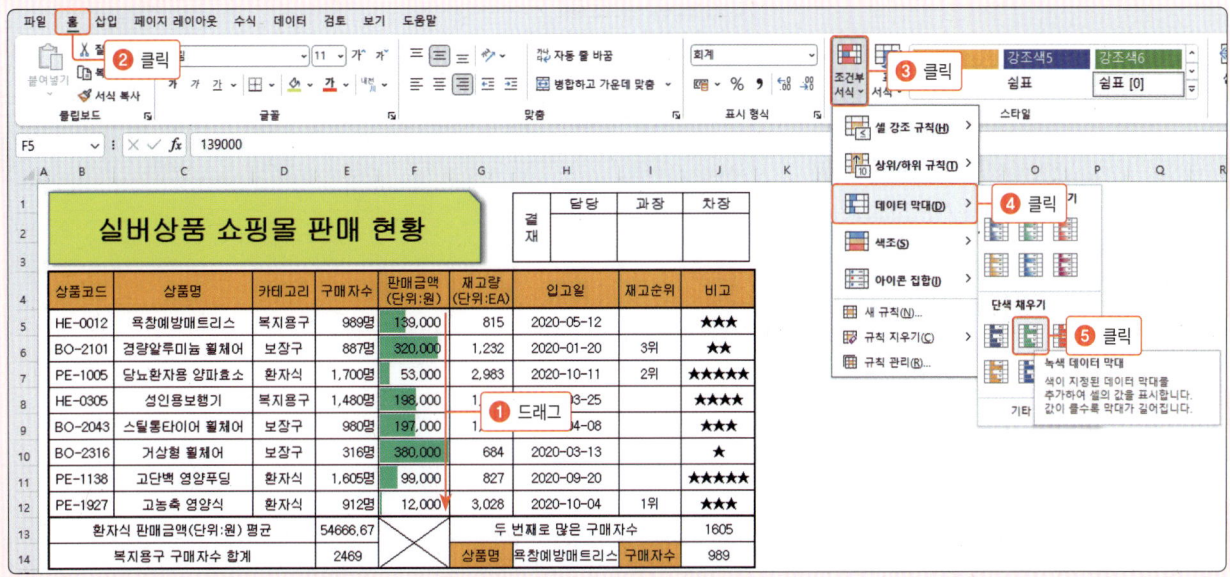

❷ 막대 스타일이 적용되면 다시 [조건부 서식(▦)]–'규칙 관리'를 클릭합니다.

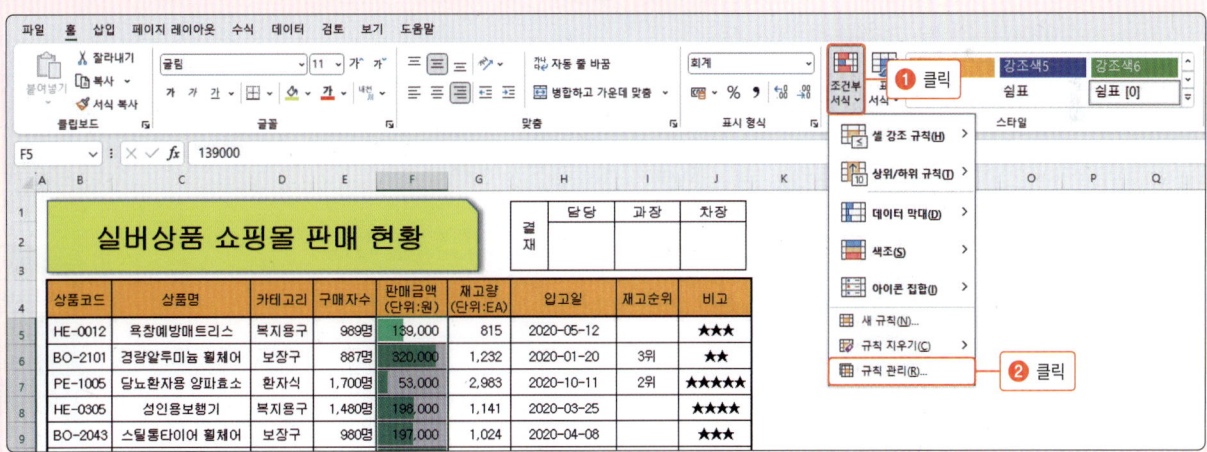

❸ [조건부 서식 규칙 관리자] 대화상자가 나오면 〈규칙 편집〉 단추를 클릭합니다.

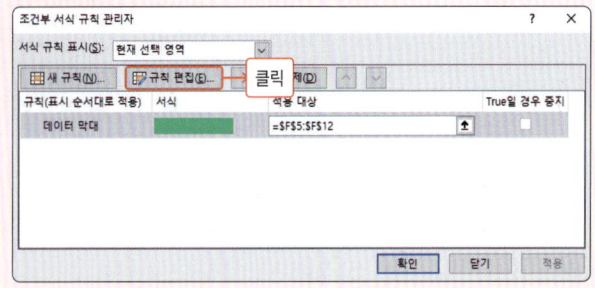

❹ [서식 규칙 편집] 대화상자가 나오면 '종류' 항목에서 최소값(최소값)과 최대값(최대값)을 변경한 후 〈확인〉 단추를 클릭합니다.

❺ [조건부 서식 규칙 관리자] 대화상자가 다시 나오면 〈확인〉 단추를 클릭한 후 데이터 막대 스타일을 확인합니다.

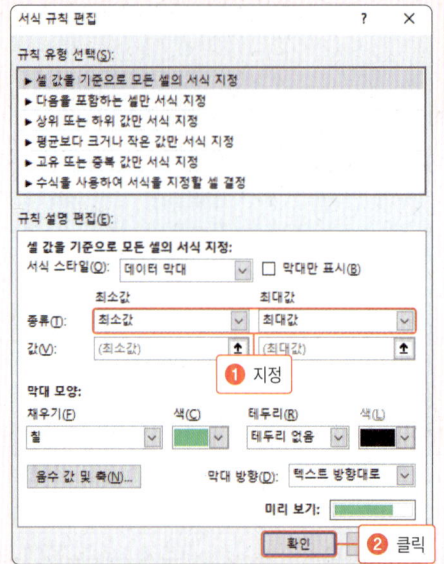

카테고리	구매자수	판매금액 (단위:원)	재고량 (단위:EA)
복지용구	989명	139,000	815
보장구	887명	320,000	1,232
환자식	1,700명	53,000	2,983
복지용구	1,480명	198,000	
보장구	980명	197,000	
보장구	316명	380,000	684
환자식	1,605명	99,000	827
환자식	912명	12,000	3,028

TIP

데이터 막대 조건부 서식을 한 번에 지정하기

❶ 데이터 막대를 이용하여 조건부 서식을 지정하기 위해 [F5:F12] 영역을 드래그 합니다.

❷ [홈] 탭의 [스타일] 그룹에서 [조건부 서식(🔳)]–[데이터 막대(🔳)]–'기타 규칙'을 클릭합니다.

❸ [새 서식 규칙] 대화상자가 나오면 종류를 최소값 및 최대값으로 지정한 후 색을 녹색으로 선택합니다. 이어서, 〈확인〉 단추를 클릭합니다.

※ [새 서식 규칙] 대화상자를 이용하여 데이터 막대를 지정하면 색(예 : 녹색)이 녹색 데이터 막대보다 진하게 나오지만 채점과는 무관합니다.

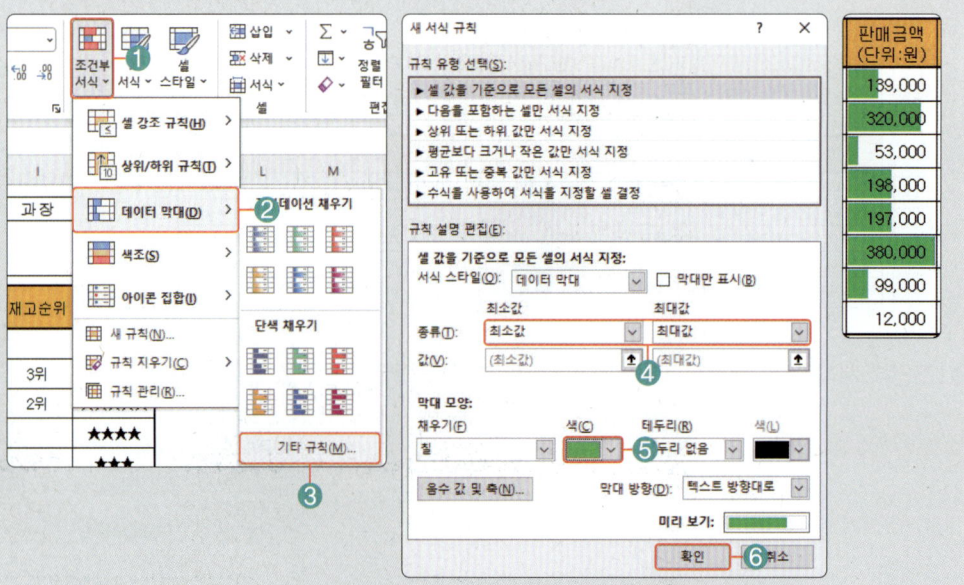

완전정복- **01** 다음과 같이 《조건》 및 《출력형태》를 작성해 보세요.

· 소스 : 정복04_문제01.xlsx · 정답 : 정복04_정답01.xlsx

작성 시간 / 권장 시간

분 / 10분

➡ 다음은 '**인기 복합기 판매 현황**'에 대한 자료이다. 자료를 입력하고 조건에 맞도록 작업하시오.

《출력형태》

						확인	사원	팀장	이사

인기 복합기 판매 현황

제품코드	제품명	제조사	판매금액	인쇄속도(ppm)	판매수량 (단위:대)	재고수량 (단위:대)	판매순위	평가
K2949	루이	레온	149,000	14	157	64	(1)	(2)
P3861	레옹	이지전자	150,000	16	184	48	(1)	(2)
L3997	지니	레온	344,000	15	154	101	(1)	(2)
K2789	퍼플	티파니	421,000	19	201	65	(1)	(2)
K6955	밴티지	이지전자	175,000	6	98	128	(1)	(2)
P3811	다큐프린터	레온	245,000	17	217	87	(1)	(2)
L3711	로사프린터	티파니	182,000	12	256	36	(1)	(2)
L4928	새롬레이저	이지전자	389,000	18	94	117	(1)	(2)
티파니 제조사 재고수량(단위:대) 합계			(3)		티파니 제조사 비율			(5)
레온 제조사 최고 판매금액			(4)		제품코드	K2949	판매순위 (단위:대)	(6)

《조건》

☞ (1)～(6) 셀은 반드시 **주어진 함수를 이용**하여 값을 구하시오(결과값을 직접 입력하면 해당 셀은 0점 처리됨).

(1) 판매 순위 ⇒ 정의된 이름(판매수량)을 이용하여 내림차순 순위를 구한 결과값에 '위'를 붙이시오
　　　　(RANK.EQ 함수, & 연산자)(예 : 1위).

(2) 평가 ⇒ 인쇄속도(ppm)가 전체 인쇄속도(ppm)에서 세 번째로 큰 값 이상이면 '우수',
　　　　그 외에는 공백으로 표시하시오(IF, LARGE 함수).

(3) 티파니 제조사 재고수량(단위:대) 합계 ⇒ (SUMIF 함수)

(4) 레온 제조사 최고 판매금액 ⇒ 조건은 입력데이터를 이용하시오(DMAX 함수).

(5) 티파니 제조사 비율 ⇒ 결과값을 백분율로 표시하시오(COUNTIF, COUNTA 함수).

(6) 판매수량(단위:대) ⇒ 「H14」 셀에서 선택한 제품코드에 대한 판매수량(단위:대)을 구하시오(VLOOKUP 함수).

(7) 조건부 서식의 수식을 이용하여 재고수량(단위:대)이 '100' 이상인 행 전체에 다음의 서식을 적용하시오
　　(글꼴 : 파랑, 굵게).

➡ 다음은 '**우리마트 라면 판매 현황**'에 대한 자료이다. 자료를 입력하고 조건에 맞도록 작업하시오.

《출력형태》

		우리마트 라면 판매 현황						**확인**	담당 / 팀장 / 이사
제품코드	**제품명**	**분류**	**가격**	**전월판매량**	**당월판매량**	**스코빌지수**	**판매순위**	**증감률(%)**	
A1545	새우 라면	봉지	1,350	28,200	29,350	5,013	(1)	(2)	
Y1565	매운 라면	봉지	1,400	57,300	44,700	4,044	(1)	(2)	
R1886	비빔 얼큰면	스티로폼(PS)	1,800	10,700	9,030	2,769	(1)	(2)	
Y1314	앵그리 레드면	종이	1,200	5,300	5,900	8,557	(1)	(2)	
E1363	국민 매콤라면	종이	1,100	37,300	45,500	3,960	(1)	(2)	
A1599	콩나물 김치면	봉지	950	18,700	13,900	5,930	(1)	(2)	
T1436	홍합 짬뽕면	스티로폼(PS)	2,500	12,400	22,500	4,000	(1)	(2)	
T1578	불맛 쫄면	종이	2,450	10,000	10,900	3,037	(1)	(2)	
봉지 제품 최고 스코빌지수			(3)		봉지 제품 당월판매량 평균			(5)	
스티로폼(PS) 제품 개수			(4)		제품코드	A1545	당월판매량	(6)	

《조건》

☞ (1)~(6) 셀은 반드시 **주어진 함수를 이용**하여 값을 구하시오(결과값을 직접 입력하면 해당 셀은 0점 처리됨).

(1) 판매순위 ⇒ 당월판매량의 내림차순 순위를 1~3까지 구하고, 그 외에는 공백으로 구하시오 (IF, RANK.EQ 함수).

(2) 증감률(%) ⇒ 「(당월판매량÷전월판매량)×100」으로 계산하되, 소수점 아래는 버리고 정수로 구하시오 (INT 함수)(예 : 126.54 → 126).

(3) 봉지 제품 최고 스코빌지수 ⇒ 조건은 입력데이터를 이용하여 구하시오(DMAX 함수).

(4) 스티로폼(PS) 제품 개수 ⇒ 정의된 이름(분류)을 이용하여 구한 결과값 뒤에 '개'를 붙이시오 (COUNTIF 함수, & 연산자)(예 : 2개).

(5) 봉지 제품 당월판매량 평균 ⇒ 반올림하여 정수로 구하시오. 단, 조건은 입력데이터를 이용하시오 (ROUND, DAVERAGE 함수)(예 : 30,528.64 → 30,529).

(6) 당월판매량 ⇒ 「H14」 셀에서 선택한 제품코드에 대한 당월판매량을 구하시오(VLOOKUP 함수).

(7) 조건부 서식의 수식을 이용하여 당월판매량이 '40,000' 이상인 행 전체에 다음의 서식을 적용하시오 (글꼴 : 파랑, 굵게).

◆ 다음은 '**찾아가는 작은 도서관 현황**'에 대한 자료이다. 자료를 입력하고 조건에 맞도록 작업하시오.

《출력형태》

					확인	담당	팀장	부장

찾아가는 작은 도서관 현황

관리코드	도서관명	관리자	주요 활동	도서 보유량 (단위:권)	대출 도서량 (단위:권)	이용자 수	개관일	순위
SB-101	풀이음	이미영	책 읽기	5,500	550	3,412	(1)	(2)
BC-124	문고	김지은	체험 활동	1,800	158	1,300	(1)	(2)
DB-210	작은 문학	박현우	책 읽기	4,800	450	2,850	(1)	(2)
SM-312	한마음	장경미	영상 상영	2,855	124	1,200	(1)	(2)
PC-211	책의 향기	손현준	체험 활동	2,600	180	1,850	(1)	(2)
VB-132	도서의 정원	이현주	책 읽기	4,500	458	1,243	(1)	(2)
SM-320	독서 공간	김수현	영상 상영	2,850	285	1,450	(1)	(2)
PB-303	미니 문학	나영미	책 읽기	5,200	650	3,654	(1)	(2)
도서 보유량(단위:권) 평균 이상 도서관 수			(3)	╳	체험 활동 이용자 수 합계			(5)
책 읽기 대출 도서량(단위:권) 평균			(4)		도서관명	풀이음	이용자 수	(6)

《조건》

☞ (1)~(6) 셀은 반드시 **주어진 함수를 이용**하여 값을 구하시오(결과값을 직접 입력하면 해당 셀은 0점 처리됨).

(1) 개관일 ⇒ 관리코드 네 번째 글자가 1이면 '화~토', 그 외에는 '월~금'으로 구하시오(IF, MID 함수).

(2) 순위 ⇒ 대출 도서량(단위:권)의 내림차순 순위를 구하시오(RANK.EQ 함수).

(3) 도서 보유량(단위:권) 평균 이상 도서관 수 ⇒ 결과값에 '개'를 붙이시오
(COUNTIF, AVERAGE 함수, & 연산자)(예 : 1개).

(4) 책 읽기 대출 도서량(단위:권) 평균 ⇒ 단, 조건은 입력데이터를 이용하시오(DAVERAGE 함수).

(5) 체험 활동 이용자 수 합계 ⇒ 정의된 이름(이용자)을 이용하여 구하시오(SUMIF 함수).

(6) 이용자 수 ⇒ 「H14」 셀에서 선택한 도서관명에 대한 이용자 수를 구하시오(VLOOKUP 함수).

(7) 조건부 서식의 수식을 이용하여 대출 도서량(단위:권)이 '200' 이하인 행 전체에 다음의 서식을 적용하시오
(글꼴 : 파랑, 굵게).

➜ 다음은 '**홈케어 제품 매출 현황**'에 대한 자료이다. 자료를 입력하고 조건에 맞도록 작업하시오.

《출력형태》

홈케어 제품 매출 현황							확인	담당	대리	과장
제품번호	제품명	분류	제조사	가격	3월매출(천원)	4월매출(천원)		순위	구분	
SL1-01	리큐 제트	세탁세제	미래건강	28,700	82,570	92,600		(1)	(2)	
FC1-01	주택세정제	청소세제	보리수	9,800	18,300	21,800		(1)	(2)	
FK1-01	트로피칼	주방세제	해피그린	9,700	21,350	28,960		(1)	(2)	
SL2-02	파워젤	세탁세제	해피그린	18,500	42,760	38,470		(1)	(2)	
SK2-02	슈가버블	주방세제	미래건강	11,000	50,700	56,590		(1)	(2)	
WC2-03	살균세정제	청소세제	미래건강	21,300	31,580	34,600		(1)	(2)	
CC1-02	비타민베리	주방세제	해피그린	8,500	19,840	23,770		(1)	(2)	
FL2-03	다우니 블루	세탁세제	보리수	15,300	37,960	35,600		(1)	(2)	
가격이 평균 가격 이상인 제품수		(3)		╳		청소세제 3월매출(천원) 합계			(5)	
세탁세재 3월매출(천원) 평균		(4)				제품명	리큐 제트	가격	(6)	

《조건》

☞ (1)~(6) 셀은 반드시 **주어진 함수를 이용**하여 값을 구하시오(결과값을 직접 입력하면 해당 셀은 0점 처리됨).

(1) 순위 ⇒ 정의된 이름(매출4월)을 이용하여 4월매출(천원)의 내림차순 순위를 구하시오(RANK.EQ 함수).

(2) 구분 ⇒ 제품번호의 세 번째 글자가 1이면 '농축', 그 외에는 '일반'으로 표시하시오(IF, MID 함수).

(3) 가격이 평균 가격 이상인 제품수 ⇒ 결과값에 '개'를 붙이시오

(COUNTIF, AVERAGE 함수, & 연산자)(예 : 1개).

(4) 세탁세제 3월매출(천원) 평균 ⇒ 조건은 입력데이터를 이용하시오(DAVERAGE 함수).

(5) 청소세제 3월매출(천원) 합계 ⇒ (SUMIF 함수)

(6) 가격 ⇒ 「H14」 셀에서 선택한 제품명에 대한 가격을 구하시오(VLOOKUP 함수).

(7) 조건부 서식의 수식을 이용하여 4월매출(천원)이 '30,000' 이하인 행 전체에 다음의 서식을 적용하시오
(글꼴 : 파랑, 굵게).

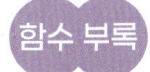

· **소스** : [함수]–유형04_함수 부록_문제.xlsx
· **정답** : [함수]–유형04_함수 부록_정답.xlsx

■ 날짜와 시간 함수

DAY	· 기능 : 특정 날짜에서 일 단위(1~31)의 숫자만 추출하는 함수 · 형식 : =DAY(날짜 or 셀 주소) fx =DAY(C3) A / 결과 / B / C / 함수식 2 / 25 / ◄ / =DAY("2024-12-25") 3 / 25 / ◄ / 2024-12-25
TIME	· 기능 : 특정한 시간을 표시하기 위한 함수 · 형식 : =TIME(시, 분, 초) fx =TIME(20,10,15) A / 결과 / B / C / 함수식 2 / 8:15 AM / ◄ / =TIME(8,15,15) 3 / 8:10 PM / ◄ / =TIME(20,10,15)
HOUR	· 기능 : '시간(시/분/초)'에서 '시'에 해당하는 값을 구하는 함수 · 형식 : =HOUR(시간 or 셀 주소) fx =HOUR(C3) A / 결과 / B / C / 함수식 2 / 8 / ◄ / =HOUR("8:25:30") 3 / 20 / ◄ / 20:45:20
MINUTE	· 기능 : '시간(시/분/초)'에서 '분'에 해당하는 값을 구하는 함수 · 형식 : =MINUTE(시간 or 셀 주소) fx =MINUTE(C3) A / 결과 / B / C / 함수식 2 / 25 / ◄ / =MINUTE("8:25:30") 3 / 45 / ◄ / 20:45:20
SECOND	· 기능 : '시간(시/분/초)'에서 '초'에 해당하는 값을 구하는 함수 · 형식 : =SECOND(시간 or 셀 주소) fx =SECOND(C3) A / 결과 / B / C / 함수식 2 / 30 / ◄ / =SECOND("8:25:30") 3 / 20 / ◄ / 20:45:20

NOW	• 기능 : 현재 날짜와 시간을 표시해 주는 함수 • 형식 : =NOW() **A2** : × ✓ fx =NOW() |	A	B	C
---	---	---	---
1	결과		함수식
2	2023-09-25 10:31 ◀		=NOW()	

■ 수학/삼각 함수

SUM	• 기능 : 특정 범위(인수)의 합계를 구하는 함수 • 형식 : =SUM(셀 범위) • 사용 예 : 국어, 영어, 수학 점수의 합계를 표시 **E2** : × ✓ fx =SUM(B2:D2) 		A	B	C	D	E	F	G
---	---	---	---	---	---	---	---
1	이름	국어	영어	수학	합계		함수식
2	김대한	85	75	80	240	◀	=SUM(B2:D2)
3	이민국	70	75	60	205	◀	=SUM(B3:D3)
4	홍길동	80	90	100	270	◀	=SUM(B4:D4)	
PRODUCT	• 기능 : 인수를 모두 곱한 결과를 표시하는 함수 • 형식 : =PRODUCT(인수1, 인수2, …) • 사용 예 : 값1, 값2, 값3을 곱하여 결과를 표시 **D2** : × ✓ fx =PRODUCT(A2:C2) 		A	B	C	D	E	F
---	---	---	---	---	---	---
1	값1	값2	값3	결과		함수식
2	1	2	3	6	◀	=PRODUCT(A2:C2)
3	4	5	6	120	◀	=PRODUCT(A3:C3)
4	7	8	9	504	◀	=PRODUCT(A4:C4)	
MOD	• 기능 : 나머지 값을 구하는 함수 • 형식 : =MOD(나머지를 구하려는 수, 나누는 수) • 사용 예 : 합계를 과목수(3)로 나누어 나머지를 표시 **F2** : × ✓ fx =MOD(E2,3) |	A	B	C	D	E	F	G	H
---	---	---	---	---	---	---	---	---
1	이름	국어	영어	수학	합계	나머지		함수식
2	김대한	85	75	80	240	0	◀	=MOD(E2,3)
3	이민국	70	75	60	205	1	◀	=MOD(E3,3)
4	홍길동	80	90	100	270	0	◀	=MOD(E4,3)	
ABS	• 기능 : 주어진 인수의 절대값을 구하는 함수 • 형식 : =ABS(인수) **B2** : × ✓ fx =ABS(A2) 		A	B	C	D
---	---	---	---	---
1	데이터	결과		함수식
2	-555	555	◀	=ABS(A2)
3	-777	777	◀	=ABS(A3)	

TRUNC	• 기능 : 숫자를 지정한 소수점 이하로 버리고 결과를 표시해 주는 함수 • 형식 : =TRUNC(지정한 자릿수 아래를 잘라 낼 숫자, 소수점 이하 자릿수 지정) 　– 소수점 이하 자릿수를 지정하지 않으면 0으로 처리 　– TRUNC 함수와 INT 함수의 차이점은 처리할 숫자가 양수일 때는 결과가 동일하지만 음수일 때는 다르게 결과가 나타남 **A2** ⋮ ✕ ✓ *fx* =TRUNC(12345.789,2) 		A	B	C
---	---	---	---
1	결과		함수식
2	12345.78	◀	=TRUNC(12345.789,2)
3	12345.7	◀	=TRUNC(12345.789,1)
4	12345	◀	=TRUNC(12345.789,0)
5	12340	◀	=TRUNC(12345.789,-1)
6	12300	◀	=TRUNC(12345.789,-2)	
COUNTBLANK	• 기능 : 공백 셀의 개수를 구하는 함수 • 형식 : =COUNTBLANK(셀 범위) • 사용 예 : [B2:D6] 범위에서 점수가 없는 비어있는 셀의 개수를 표시 **D7** ⋮ ✕ ✓ *fx* =COUNTBLANK(B2:D6) 		A	B	C	D	E
---	---	---	---	---	---
1	이름	국어	영어	수학	
2	김대한	85		80	
3	이민국	70	75	60	
4	홍길동		90	100	
5	유재석	100		100	
6	강호동	90	80		
7	점수가 없는 공백 셀의 개수			4	
8				▲	
9			함수식		
10		=COUNTBLANK(B2:D6)				
MODE	• 기능 : 가장 많이 나오는(빈도수가 높은) 값을 구하는 함수 • 형식 : =MODE(셀 범위) • 사용 예 : 국어, 영어, 수학, 과제물 점수 중 빈도수가 가장 높은 점수를 표시 **F2** ⋮ ✕ ✓ *fx* =MODE(B2:E2) |	A	B	C	D	E	F	G	H
---	---	---	---	---	---	---	---	---
1	이름	국어	영어	수학	과제물	최빈값		함수식
2	김대한	85	75	80	80	80	◀	=MODE(B2:E2)
3	이민국	60	75	60	80	60	◀	=MODE(B3:E3)
4	홍길동	100	90	100	100	100	◀	=MODE(B4:E4)	

■ 찾기/참조 함수

HLOOKUP	• 표의 첫 번째 행(찾을 값 포함)에서 특정 값을 찾은 후 지정한 행에서 같은 열에 있는 값을 표시하는 함수 • 형식 : =HLOOKUP(찾을 값, 셀 범위, 행 번호, 찾을 방법) 　– 찾을 값 : 셀 범위의 첫 번째 행에서 찾을 값(참조 영역, 문자열 등) 　– 셀 범위 : 찾을 값을 검색할 범위(범위 지정 시 찾을 값이 있는 행이 첫 번째 행으로 지정되어야 함) 　– 행 번호 : 셀 범위 내의 행 번호로 값을 추출할 행을 지정(셀 범위 중 첫 번째 행의 값이 1로 기준이 됨) 　– 찾을 방법 : FALSE(또는 0) : 정확하게 일치하는 값을 찾음 　　　　　　　　 TRUE(또는 1) : 비슷하게 일치하는 근삿값을 찾음 • 사용 예 : 학생별 과제물 개수에 따른 추가 점수를 표시

G2			fx	=HLOOKUP(C2,$B$7:$D$8,2,0)				
	A	B	C	D	E	F	G	H	I
1	번호	이름	과제물	국어	영어	수학	추가 점수		함수식
2	1	김대한	1개	85	75	80	10	▶	=HLOOKUP(C2,$B$7:$D$8,2,0)
3	2	이민국	3개	70	75	60	30	▶	=HLOOKUP(C3,$B$7:$D$8,2,0)
4	3	홍길동	2개	80	90	100	20	▶	=HLOOKUP(C4,$B$7:$D$8,2,0)
5									
6		과제물 제출에 따른 추가 점수							
7	과제물	1개	2개	3개					
8	점수	10	20	30					

MATCH	• 기능 : 배열에서 지정된 값과 일치하는 항목의 상대 위치를 표시하는 함수 • 형식 : =MATCH(찾을 값, 찾을 범위, 찾을 방법) 　– 찾을 값 : 셀 범위에서 찾을 대상이 되는 값 　– 찾을 범위 : 찾을 값을 기준으로 추출할 값이 있는 범위 　– 찾을 방법 : FALSE(또는 0) : 정확하게 일치하는 값을 찾음 　　　　　　　　 TRUE(또는 1) : 비슷하게 일치하는 근삿값을 찾음 • 사용 예 : 점수를 기준으로 상대 위치를 표시

D2			fx	=MATCH(C2,$B$9:$B$11,0)		
	A	B	C	D	E	F
1	이름	봉사횟수	점수	위치		함수식
2	김대한	1	10점	3	◀	=MATCH(C2,$B$9:$B$11,0)
3	이민국	2	20점	2	◀	=MATCH(C3,$B$9:$B$11,0)
4	홍길동	3	30점	1	◀	=MATCH(C4,$B$9:$B$11,0)
5	유재석	1	10점	3	◀	=MATCH(C5,$B$9:$B$11,0)
6						
7		가산점				
8	구분	점수				
9	3회	30점				
10	2회	20점				
11	1회	10점				

INDEX	• 기능 : 셀 범위에서 행 번호와 열 번호가 교차하는 값을 구해주는 함수 • 형식 : =INDEX(셀 범위, 행 번호, 열 번호) • 사용 예 : 학년과 봉사횟수에 따른 가산점을 표시

D2			fx	=INDEX($B$10:$D$12,B2,C2)		
	A	B	C	D	E	F
1	이름	학년	봉사횟수	가산점		함수식
2	김대한	1	2	2점	◀	=INDEX($B$10:$D$12,B2,C2)
3	이민국	2	3	4점	◀	=INDEX($B$10:$D$12,B3,C3)
4	홍길동	3	3	5점	◀	=INDEX($B$10:$D$12,B4,C4)
5	유재석	2	2	3점	◀	=INDEX($B$10:$D$12,B5,C5)
6	강호동	1	1	1점	◀	=INDEX($B$10:$D$12,B6,C6)
7						
8		가산점				
9	구분	1회	2회	3회		
10	1학년	1점	2점	3점		
11	2학년	2점	3점	4점		
12	3학년	3점	4점	5점		

■ 텍스트 함수

VALUE	• 기능 : 텍스트 문자열 인수를 숫자로 표시해 주는 함수 • 형식 : =VALUE(텍스트) **B2** fx =VALUE(LEFT(A2,4)) |	A	B	C	D
1	데이터	결과		함수식
2	2020 ITQ 경진대회	2020	◀	=VALUE(LEFT(A2,4))
3	2021 ITQ 경진대회	2021	◀	=VALUE(LEFT(A3,4))	
LEN	• 기능 : 공백을 포함하여 문자의 개수를 표시하는 함수 • 형식 : =LEN(문자열) **B2** fx =LEN(A2) |	A	B	C	D
1	데이터	결과		함수식
2	ABC 초콜릿	7	◀	=LEN(A2)
3	2020 ITQ 경진대회	13	◀	=LEN(A3)
4	아카데미소프트	7	◀	=LEN(A4)	

■ 논리 함수

NOT	• 기능 : 조건식의 결과값을 반대로 표시하는 함수 • 형식 : =NOT(조건) • 사용 예 : 평균이 80 이상이면 '합격' 그렇지 않으면 '불합격'으로 표시 **F2** fx =IF(NOT(E2>=80),"불합격","합격")

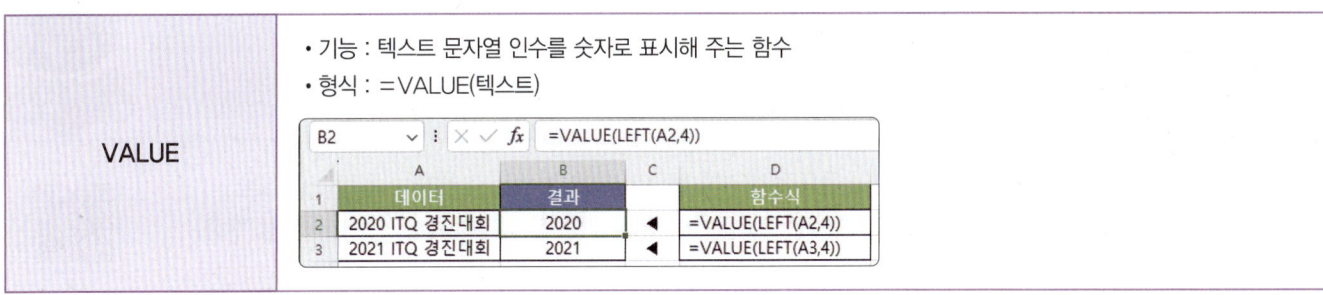

	A	B	C	D	E	F	G	H
1	이름	국어	영어	수학	평균	결과		함수식
2	김대한	85	75	80	80	합격	◀	=IF(NOT(E2>=80),"불합격","합격")
3	이민국	70	75	60	68	불합격	◀	=IF(NOT(E3>=80),"불합격","합격")
4	홍길동	80	90	100	90	합격	◀	=IF(NOT(E4>=80),"불합격","합격")
5	유재석	90	90	80	87	합격	◀	=IF(NOT(E5>=80),"불합격","합격")

[제2작업] 목표값 찾기 및 필터

☑ 함수를 이용하여 목표값 찾기에 필요한 값을 계산한 후 원하는 목표값을 찾음
☑ 고급 필터(논리 연산자 및 비교 연산자를 이용)를 이용하여 원하는 데이터를 추출

문제 미리보기

소스 : 유형05-1_문제.xlsx   정답 : 유형05-1_정답.xlsx

➡ **"제1작업"** 시트의 「B4:H12」 영역을 복사하여 **"제2작업"** 시트의 「B2」 셀부터 모두 붙여넣기를 한 후 다음의 조건과 같이 작업하시오.

≪조건≫   ⟨80점⟩

(1) 목표값 찾기 – 「B11:G11」 셀을 병합하고, 가운데 맞춤한 후 "공유(건수) 전체 평균"을 입력하고 「H11」 셀에 공유(건수)의 전체 평균을 구하시오(AVERAGE 함수, 테두리).

– '공유(건수) 전체 평균'이 '760'이 되려면 두부덮밥의 공유(건수)가 얼마가 되어야 하는지 목표값을 구하시오.

(2) 고급 필터 – 분류가 '명절'이 아니면서 요리후기가 '30' 이상인 자료의 데이터만 추출하시오.

– 조건 범위 : 「B14」 셀부터 입력하시오.

– 복사 위치 : 「B18」 셀부터 나타나도록 하시오.

난이도	권장 시간 / 시험 시간	유형 점수 / 시험 점수
★★★☆☆	10분 / 60분	80점 / 500점

시험 분석

➡ **출제 경향 : 출제 문제를 분석**

☑ 고급 필터를 이용하여 데이터를 추출할 때 조건에 맞는 모든 데이터를 추출하는 형태와 특정 데이터만 추출하는 형태로 구분되어 출제되고 있습니다.

– 모든 데이터를 추출하는 문제 예시 : 분류가 '잡곡'이거나, 누적 판매량이 '500' 이상인 자료의 데이터만 추출하시오.

– 특정 데이터만 추출하는 문제 예시 : 분류가 '잡곡'이거나, 누적 판매량이 '500' 이상인 자료의 상품명, 분류, 생산지만 추출하시오.

☑ 과년도 기출문제를 분석해 보면 조건을 입력할 때 비교 연산자는 '〈〉(같지 않다), 〉=(~이상), 〈=(~이하)'가, 와일드 문자로는 별표(*)가 자주 출제되었습니다.

➡ **주의 사항 : 실수가 많은 내용**

☑ 조건을 입력할 때 AND는 한 줄에 입력한 것이며, OR은 두 줄로 구분하여 입력한 것입니다.

☑ [제2작업]에서 목표값 찾기 문제가 출제된 경우, 고급 필터의 데이터 목록 범위는 전체 영역 지정이 아닌 목표값을 구한 행을 제외하고 영역 지정을 해야합니다.

➡ **주요 단축키 : 작업 시간 단축에 도움**

☑ 저장 : Ctrl + S

Skill 01   데이터 복사하여 붙여넣기

《조건》 : "**제1작업**" 시트의 「B4:H12」 영역을 복사하여 "**제2작업**" 시트의 「B2」 셀부터 모두 붙여넣기를 한 후 다음의 조건과 같이 작업하시오.

❶ 유형05-1_문제.xlsx 파일을 불러와 [제1작업] 시트를 클릭합니다. 이어서, [B4:H12] 영역을 드래그한 후 [홈] 탭의 [클립보드] 그룹에서 '복사()'(Ctrl + C)를 클릭합니다.

※ 파일 불러오기 : [파일]–[열기](Ctrl + O)–[찾아보기]를 클릭한 후 [열기] 대화상자에서 파일을 선택하여 불러옵니다.

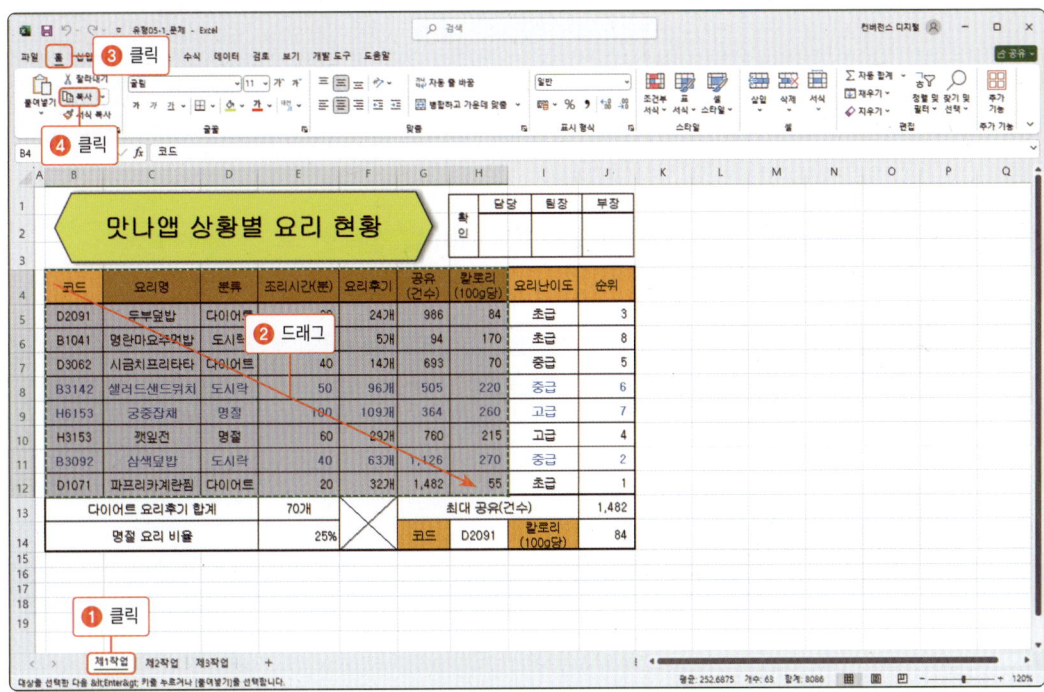

② **[제2작업]** 시트를 클릭한 후 **[B2]** 셀을 클릭합니다. 이어서, [홈] 탭의 [클립보드] 그룹에서 '**붙여넣기(**🗂️**)**' (**Ctrl**+**V**)를 클릭합니다.

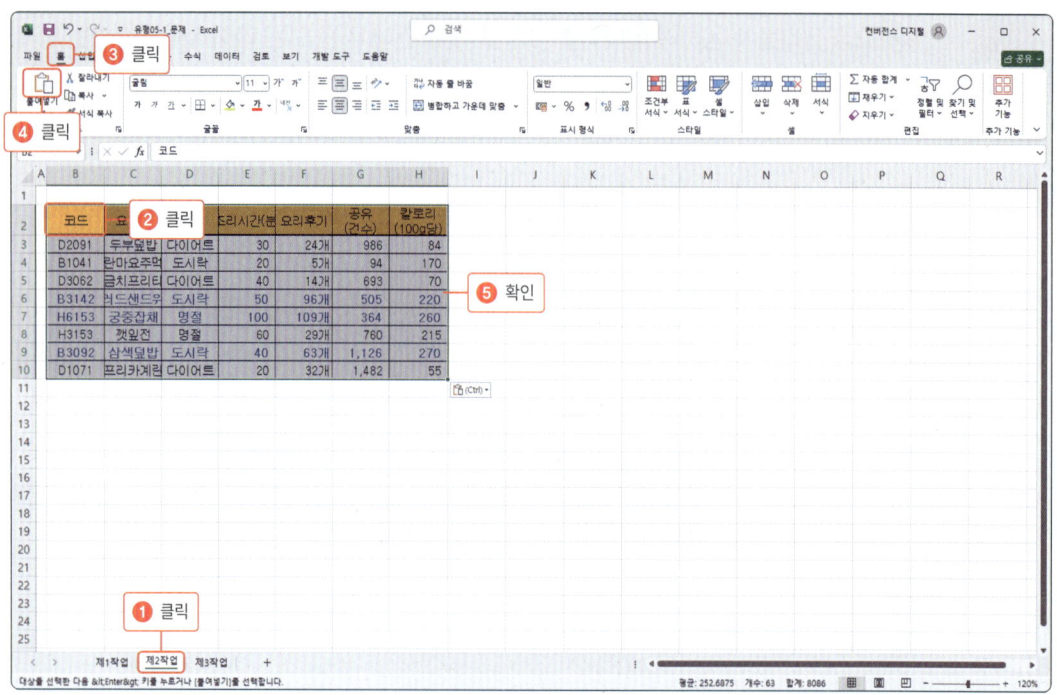

③ 데이터가 복사되면 [홈] 탭의 [클립보드] 그룹에서 붙여넣기(🗂️)의 목록 단추(붙여넣기)를 눌러 '**선택하여 붙여넣기**'를 클릭합니다.

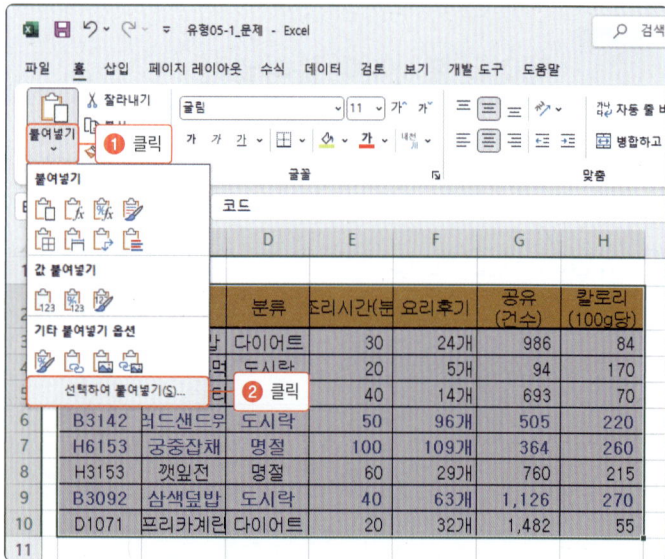

④ [선택하여 붙여넣기] 대화상자가 나오면 '**열 너비**'를 선택한 후 〈확인〉 단추를 클릭합니다.

※ 만약, 열의 너비가 조절된 후 [2행]의 행 높이가 좁다고 판단되면 [2행]과 [3행] 머리글 사이를 마우스로 더블 클릭하여 행의 높이를 조절합니다.

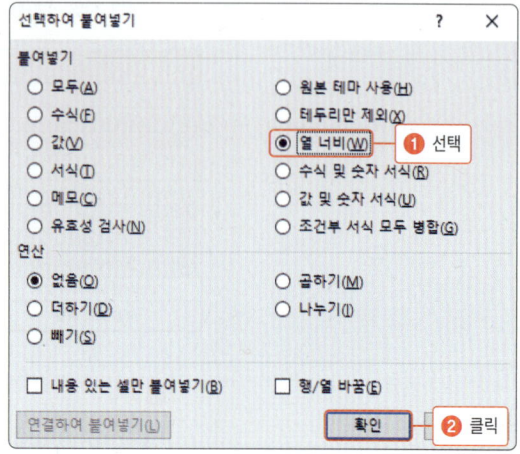

열 너비 조절

[B:H] 머리글을 드래그한 후 열 머리글 사이를 더블 클릭하여 한 번에 모든 열의 너비를 조절하는 방법도 있습니다.

	코드	요리명	분류	조리시간(분)	요리후기	공유 (건수)	칼로리 (100g당)
	D2091	두부덮밥	다이어트	30	24개	986	84
	B1041	란마요주먹	도시락	20	5개	94	170
	D3062	김치프리타	다이어트	40	14개	693	70
	B3142	떡드샌드위	도시락	50	96개	505	220
	H6153	궁중잡채	명절	100	109개	364	260
	H3153	깻잎전	명절	60	29개	760	215
	B3092	삼색덮밥	도시락	40	63개	1,126	270
	D1071	프리카계란	다이어트	20	32개	1,482	55

Skill 02 목표값 찾기

■ 평균 계산 및 서식 지정하기

≪조건≫ : 「B11:G11」 셀을 병합하고, 가운데 맞춤한 후 "공유(건수) 전체 평균"을 입력하고 「H11」 셀에 공유(건수)의 전체 평균을 구하시오.
(AVERAGE 함수, 테두리).

❶ [B11:G11] 영역을 드래그한 후 [홈] 탭의 [맞춤] 그룹에서 '병합하고 가운데 맞춤(⬌)'을 클릭합니다. 셀이 병합되면 '공유(건수) 전체 평균'을 입력합니다.

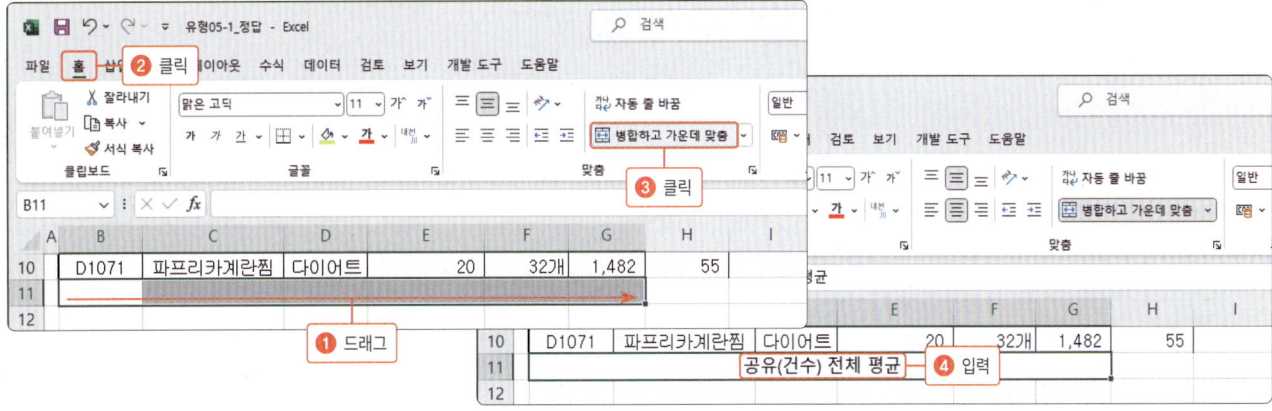

❷ 목표값 찾기에 필요한 평균을 계산하기 위해 [H11] 셀을 클릭한 후 수식 입력줄의 '함수 삽입(*fx*)'(**Shift**+**F3**)을 클릭합니다.

※ 목표값 찾기에서는 'AVERAGE'와 'DAVERAGE' 함수가 번갈아가며 출제되고 있습니다.

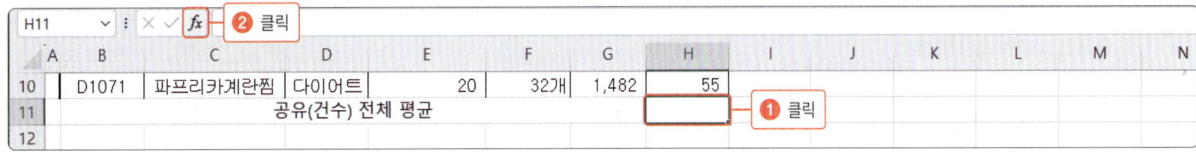

❸ [함수 마법사] 대화상자가 나오면 **AVERAGE** 함수를 찾습니다. [함수 인수] 대화상자의 Number1 입력 칸을 클릭하여 [G3:G10] 영역을 드래그한 후 〈확인〉 단추를 클릭합니다.

※ 목표값 찾기를 실행하기 위해서는 [H11] 셀이 반드시 수식으로 계산되어야 합니다.

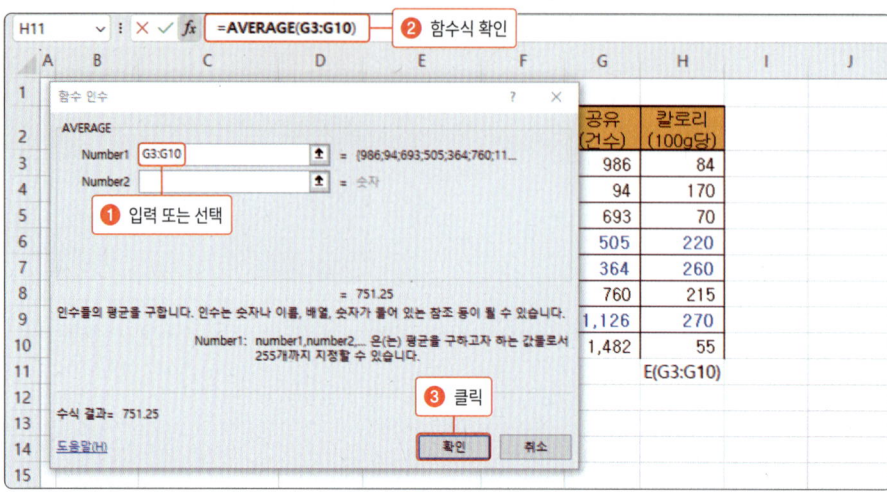

❹ 평균이 계산되면 [H11] 셀이 선택된 상태에서 [홈] 탭의 [맞춤] 그룹에서 '**가운데 맞춤(**≡**)**'을 클릭합니다.

※ [H11] 셀은 기본 정렬 설정이 적용되더라도 점수에는 영향을 미치지 않습니다.

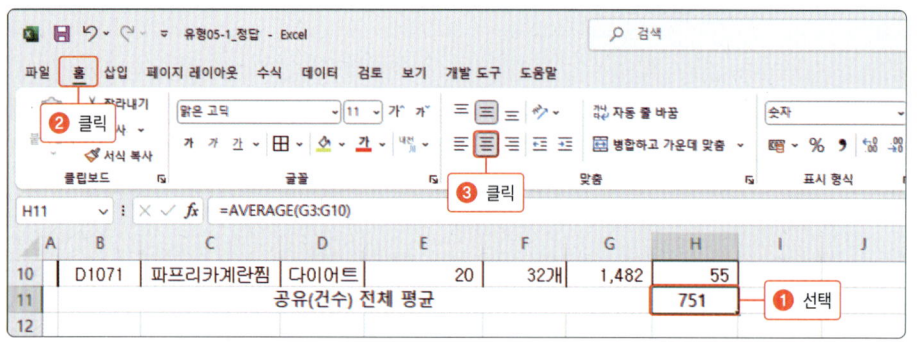

❺ [B11:H11] 영역을 드래그한 후 [홈] 탭의 [글꼴] 그룹에서 테두리(⊞)의 목록 단추(⌄)를 눌러 '**모든 테두리(**⊞**)**'를 선택합니다.

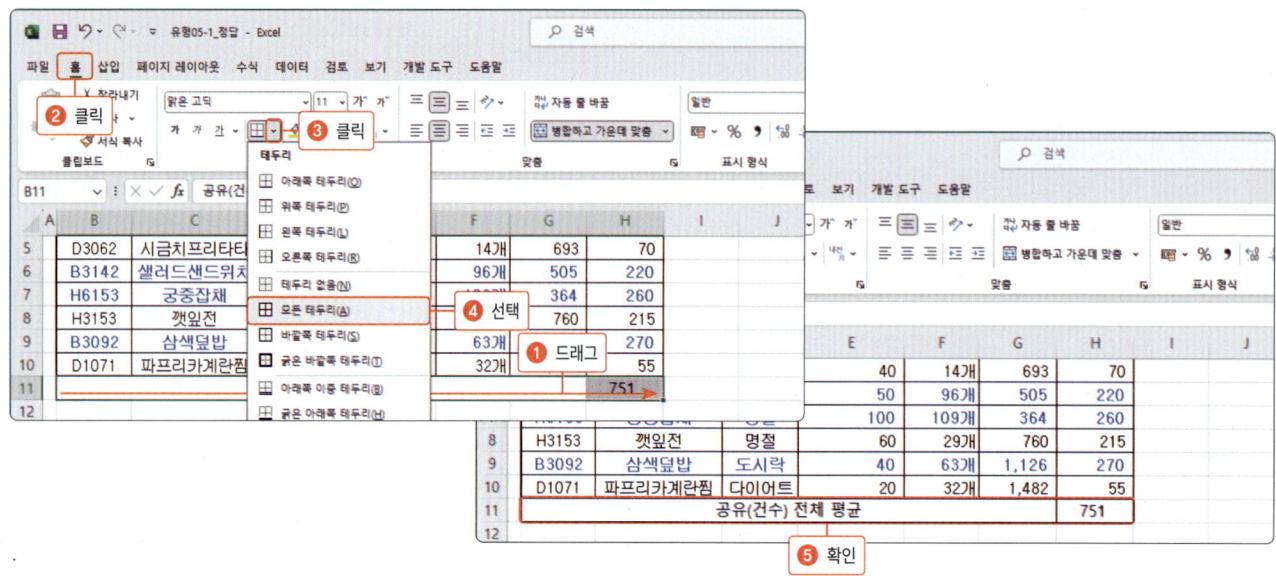

■ 목표값 찾기

《조건》: '공유(건수) 전체 평균'이 '760'이 되려면 두부덮밥의 공유(건수)가 얼마가 되어야 하는지 목표값을 구하시오.

⑥ 수식이 입력된 [H11] 셀을 클릭한 후 [데이터] 탭의 [예측] 그룹에서 [가상 분석(📊)]-'**목표값 찾기**'를 선택합니다.

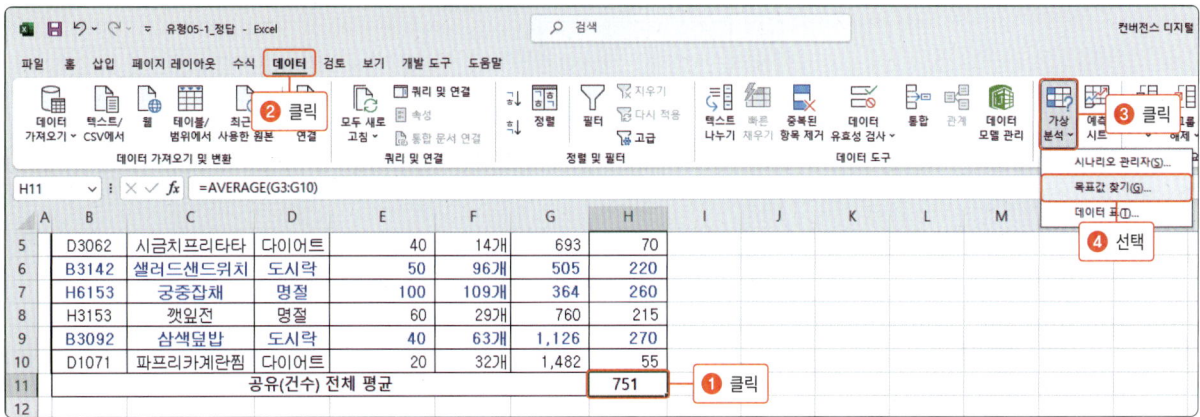

⑦ [목표값 찾기] 대화상자가 나오면 '**수식 셀([H11]), 찾는 값(760), 값을 바꿀 셀([G3])**'을 각각 입력 및 선택한 후 〈확인〉 단추를 클릭합니다.

※ 값을 바꿀 셀은 원하는 목표값을 찾기 위해서 '두부덮밥의 공유(건수)'가 얼마가 되어야 하는지 알아야 하기 때문에 [G3] 셀을 클릭합니다.

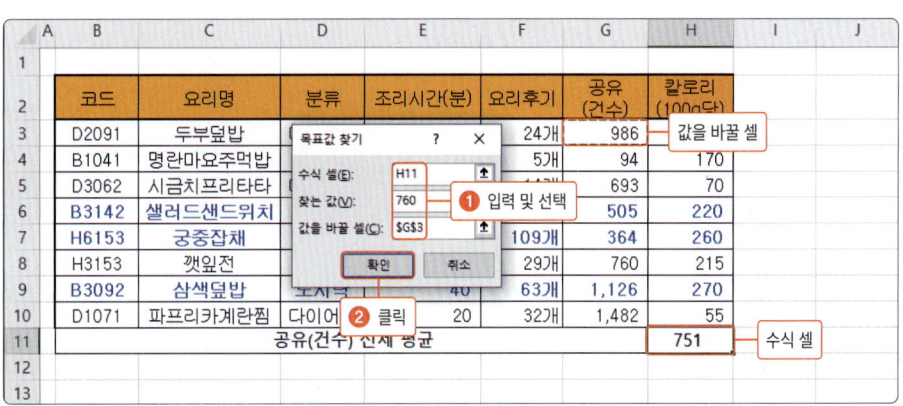

👆 [목표값 찾기] 대화상자
TIP

❶ 수식 셀 : 목표값을 적용시켜 찾고자 하는 결과값을 반환해 주는 셀로 반드시 수식(=AVERAGE(G3:G10)) 형태로 입력되어 있어야 합니다.

❷ 찾는 값 : 원하는 목표값을 입력합니다.

❸ 값을 바꿀 셀 : 목표값을 찾기 위해 값이 변경되어야 할 셀을 선택 또는 입력합니다.

❽ [목표값 찾기 상태] 대화상자가 나오면 목표값 결과를 확인한 후 〈확인〉 단추를 클릭합니다.

※ 목표값(760)을 찾기 위해 [G3] 셀의 값이 '986'에서 '1,056'으로 변경된 것을 확인할 수 있습니다.

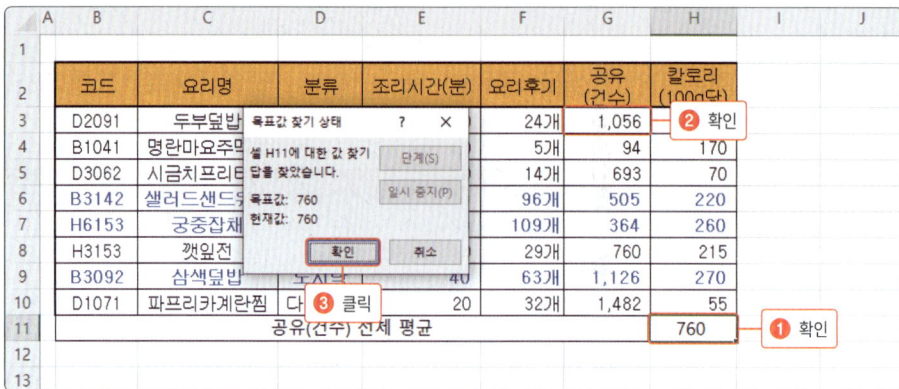

Skill 03 고급 필터

≪조건≫ : – 분류가 '명절'이 아니면서 요리후기가 '30' 이상인 자료의 데이터만 추출하시오.
– 조건 범위 : 「B14」 셀부터 입력하시오.
– 복사 위치 : 「B18」 셀부터 나타나도록 하시오.

❶ 조건에 사용할 '분류([D2])'를 클릭한 후, Ctrl 키를 누른 채 '요리후기([F2])' 셀을 클릭합니다. 이어서, [홈] 탭의 [클립보드] 그룹에서 '복사(📋)'(Ctrl+C)를 클릭합니다.

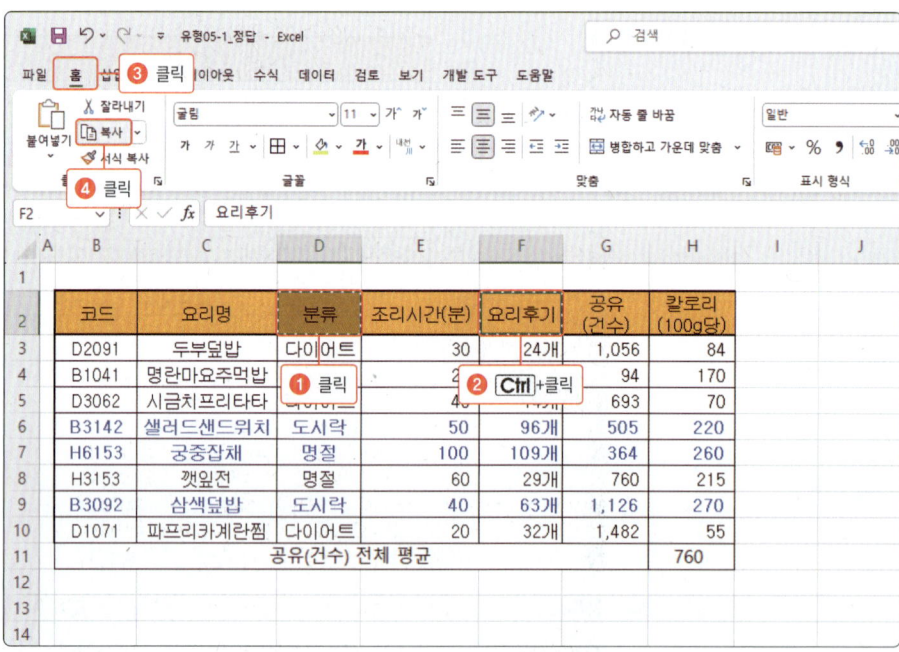

❷ 조건 범위인 [B14] 셀을 클릭한 후 [홈] 탭의 [클립보드] 그룹에서 '**붙여넣기**(📋)'(**Ctrl**+**V**)를 클릭합니다.

❸ 필드명이 복사되면 [B15] 셀과 [C15] 셀에 다음과 같이 조건을 입력합니다.

   ※ 분류가 '명절'이 아니면서 요리후기가 '30' 이상인 데이터를 검색하기 위한 조건(AND)

   ※ 고급 필터의 복사 위치는 모든 데이터를 추출하는 것이 아닌 특정 필드만 추출하는 문제도 출제되고 있으니 참고하시기 바랍니다.

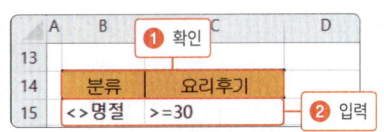

🖐 고급 필터 조건 지정
TIP

❶ 비교 연산자 : = (같다), < > (같지 않다), >= (~이상), <= (~이하), >(~초과), <(~미만)

❷ 별표(*) : 특정 문자의 앞 또는 뒤에 붙여 특정 문자가 포함된 문자열을 찾을 수 있습니다.
   – 가* : 가로 시작하는 문자열 / *가 : 가로 끝나는 문자열 / *가* : 가를 포함하는 문자열

❸ 물음표(?) : 특정 문자의 앞 또는 뒤에 붙여 특정 문자가 포함된 문자를 글자 수에 맞춰서 찾을 수 있습니다.
   – 가? : 가로 시작하는 두 글자 / 가?? : 가로 시작하는 세 글자 / ?가 : 가로 끝나는 두 글자 / ??가 : 가로 끝나는 세 글자

❹ 논리 연산자(AND, OR)

※ 아래 내용은 ITQ 엑셀 시험에서 자주 출제되고 있는 고급 필터 조건이므로 반드시 숙지하시기 바랍니다.

AND 조건(~이면서, ~이고) : 한 줄에 조건 입력	OR 조건(~이거나, ~또는) : 두 줄에 조건 입력

	A	B	C
13			
14		구분	가격
15		비즈	>=5000

▲ 구분이 '비즈'이면서 가격이 '5000' 이상인 데이터

	A	B	C
13			
14		제품명	출시연도
15		<>완구	
16			>=2020-12-25

▲ 제품명이 '완구'가 아니거나, 출시연도가 '2020-12-25' 이후 (해당일 포함)인 데이터

	A	B	C
13			
14		코드	가격
15		A*	<=5000

▲ 코드가 'A'로 시작하면서 가격이 '5000' 이하인 데이터

	A	B	C
13			
14		제품명	출시연도
15		*인형*	
16			<=2020-12-25

▲ 제품명에 '인형'이 포함되거나, 출시연도가 '2020-12-25' 이전 (해당일 포함)인 데이터

AND+OR 조건 : 2개의 조건을 모두 입력

	A	B	C
13			
14		분류	판매수량 (단위:개)
15		육류	<=200
16		기타	

◀ 분류가 '육류'이면서 판매수량(단위:개)이 '200' 이하이거나, 분류가 '기타'인 데이터

❹ [B2:H10] 영역을 드래그한 후 [데이터] 탭의 [정렬 및 필터] 그룹에서 '고급(고급)'을 클릭합니다.

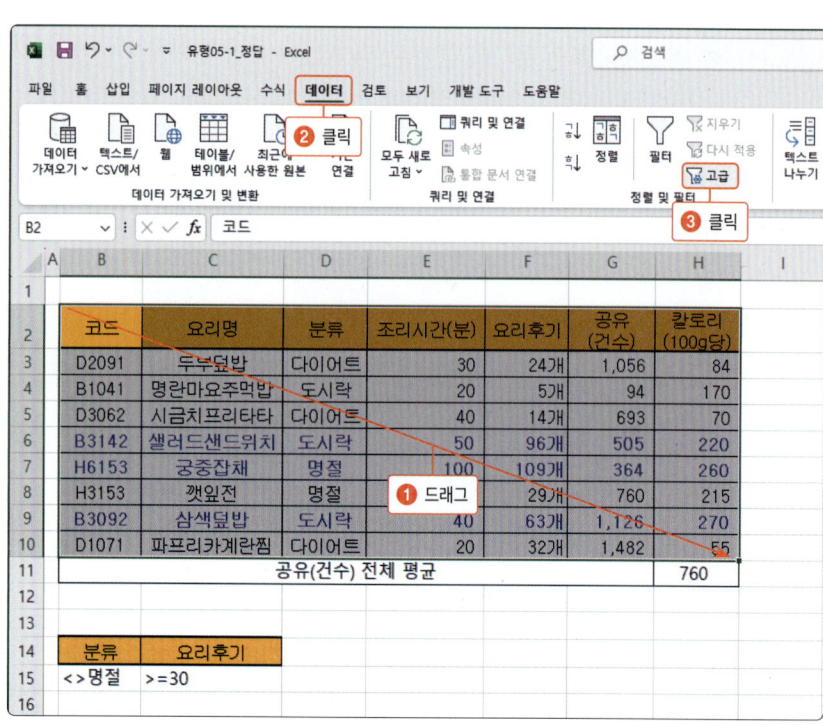

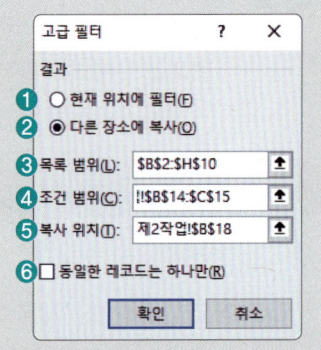
❺ [고급 필터] 대화상자가 나오면 다음과 같이 각각의 범위를 지정한 후 〈확인〉 단추를 클릭합니다.

 – 결과를 '**다른 장소에 복사**'로 선택
 – 자동으로 지정된 목록 범위(**$B$2:$H$10**)를 확인
 – 조건 범위 입력 칸을 클릭한 후 [**B14:C15**]를 영역으로 지정
 – 복사 위치 입력 칸을 클릭한 후 [**B18**] 셀을 클릭

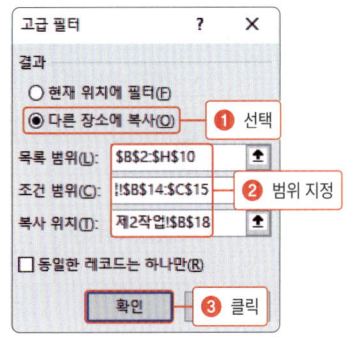

❻ AND 조건(분류, 요리후기)에 맞게 데이터가 추출되었는지 확인합니다.

※ 필터링 된 결과셀이 '###'으로 표시된 경우 열 머리글 사이를 마우스로 더블 클릭하여 열의 너비를 조절합니다.

코드	요리명	분류	조리시간(분)	요리후기	공유(건수)	칼로리(100g당)
D2091	두부덮밥	다이어트	30	24개	1,056	84
B1041	명란마요주먹밥	도시락	20	5개	94	170
D3062	시금치프리타타	다이어트	40	14개	693	70
B3142	샐러드샌드위치	도시락	50	96개	505	220
H6153	궁중잡채	명절	100	109개	364	260
H3153	깻잎전	명절	60	29개	760	215
B3092	삼색덮밥	도시락	40	63개	1,126	270
D1071	파프리카계란찜	다이어트	20	32개	1,482	55
공유(건수) 전체 평균						760

분류	요리후기
<>명절	>=30

코드	요리명	분류	조리시간(분)	요리후기	공유(건수)	칼로리(100g당)
B3142	샐러드샌드위치	도시락	50	96개	505	220
B3092	삼색덮밥	도시락	40	63개	1,126	270
D1071	파프리카계란찜	다이어트	20	32개	1,482	55

결과 확인

 고급 필터

- 고급 필터를 이용하여 데이터를 추출할 때 조건에 맞는 모든 데이터를 추출하는 형태와 특정 데이터만 추출하는 형태로 구분되어 출제되고 있습니다.
  - 모든 데이터를 추출하는 문제 예시 : 분류가 '잡곡'이거나, 누적 판매량이 '500' 이상인 자료의 데이터만 추출하시오.
  - 특정 데이터만 추출하는 문제 예시 : 분류가 '잡곡'이거나, 누적 판매량이 '500' 이상인 자료의 상품명, 분류, 생산지만 추출하시오.

▶ 과년도 기출문제를 분석해 보면 조건을 입력할 때 비교 연산자는 '<>(같지 않다), >=(~이상), <=(~이하)'가, 와일드 문자로는 **별표(*)**가 자주 출제되었습니다. 아래 내용은 과년도에 출제되었던 고급 필터의 조건이니 어떤 조건으로 자주 출제되었는지 확인하시기 바랍니다.

※ 조건을 입력할 때 AND는 한 줄에 입력한 것이며, OR은 두 줄로 구분하여 입력한 것입니다.

AND 조건					
M*	>=4.5	비즈	>=5000	*호텔*	>=2024
>=2025-01-01	<>북	<=6	<>빨강		

OR 조건					
>=60000		M*		잡곡	
	<=3000		>=70		>=500
>=2025-01-01		<>2층			
	북미		<=6000		

❼ [파일]-[저장]([Ctrl]+[S]) 또는 [빠른 실행 도구 모음]에서 '**저장(💾)**'을 클릭합니다.

※ 실제 시험을 볼 때 작업 도중에 수시로(10분에 한 번 정도) 저장을 하는 것이 좋습니다.

완전정복- 01 다음과 같이 《조건》 및 《출력형태》를 작성해 보세요.
· **소스** : 정복05-1_문제01.xlsx · **정답** : 정복05-1_정답01.xlsx

작성 시간 / 권장 시간
분 / 10분

➡ **"제1작업"** 시트의 「B4:H12」 영역을 복사하여 **"제2작업"** 시트의 「B2」 셀부터 모두 붙여넣기를 한 후 다음의
   조건과 같이 작업하시오.

《조건》

(1) 목표값 찾기 – 「B11:G11」 셀을 병합하고, 가운데 맞춤한 후 "판매수량(단위:대) 전체 평균"을 입력하고 「H11」 셀에
　　　　　　　판매수량(단위:대)의 전체 평균을 구하시오(AVERAGE 함수, 테두리).
　　　　　　– '판매수량(단위:대) 전체 평균'이 '175'가 되려면 K2949의 판매수량(단위:대)이 얼마가 되어야
　　　　　　　하는지 목표값을 구하시오.

(2) 고급 필터 – 제조사가 '레온'이 아니면서 재고수량(단위:대)이 '100' 이상인 자료의 데이터만 추출하시오.
　　　　　– 조건 범위 : 「B14」 셀부터 입력하시오.
　　　　　– 복사 위치 : 「B18」 셀부터 나타나도록 하시오.

완전정복- 02 다음과 같이 《조건》 및 《출력형태》를 작성해 보세요.
· **소스** : 정복05-1_문제02.xlsx · **정답** : 정복05-1_정답02.xlsx

작성 시간 / 권장 시간
분 / 10분

➡ **"제1작업"** 시트의 「B4:H12」 영역을 복사하여 **"제2작업"** 시트의 「B2」 셀부터 모두 붙여넣기를 한 후 다음의
   조건과 같이 작업하시오.

《조건》

(1) 목표값 찾기 – 「B11:G11」 셀을 병합하고, 가운데 맞춤한 후 "스코빌지수 전체 평균"을 입력하고 「H11」 셀에
　　　　　　　스코빌지수의 전체 평균을 구하시오(AVERAGE 함수, 테두리).
　　　　　　– '스코빌지수 전체 평균'이 '4,670'이 되려면 새우 라면의 스코빌지수가 얼마가 되어야 하는지
　　　　　　　목표값을 구하시오.

(2) 고급 필터 – 분류가 '종이'가 아니면서 가격이 '1,400' 이하인 자료의 데이터만 추출하시오.
　　　　　– 조건 범위 : 「B14」 셀부터 입력하시오.
　　　　　– 복사 위치 : 「B18」 셀부터 나타나도록 하시오.

➜ **"제1작업"** 시트의 「B4:H12」 영역을 복사하여 **"제2작업"** 시트의 「B2」 셀부터 모두 붙여넣기를 한 후 다음의 조건과 같이 작업하시오.

《조건》

(1) 목표값 찾기 – 「B11:G11」 셀을 병합하고, 가운데 맞춤한 후 "책 읽기 이용자 수 전체 합계"를 입력하고, 「H11」 셀에 책 읽기 이용자 수 전체 합계를 구하시오. 단, 조건은 입력데이터를 이용하시오 (DSUM 함수, 테두리).

　　　　　　 – '책 읽기 이용자 수 전체 합계'가 '12,000'이 되려면 풀이음의 이용자 수가 얼마가 되어야 하는지 목표값을 구하시오.

(2) 고급 필터 – 주요 활동이 '체험 활동'이거나, 대출 도서량(단위:권)이 '600' 이상인 자료의 도서관명, 관리자, 도서 보유량(단위:권), 대출 도서량(단위:권) 데이터만 추출하시오.

　　　　　　 – 조건 범위 : 「B14」 셀부터 입력하시오.

　　　　　　 – 복사 위치 : 「B18」 셀부터 나타나도록 하시오.

➜ **"제1작업"** 시트의 「B4:H12」 영역을 복사하여 **"제2작업"** 시트의 「B2」 셀부터 모두 붙여넣기를 한 후 다음의 조건과 같이 작업하시오.

《조건》

(1) 목표값 찾기 – 「B11:G11」 셀을 병합하고, 가운데 맞춤한 후 "세탁세제 4월매출(천원) 전체 합계"를 입력하고 「H11」 셀에 세탁세제 4월매출(천원) 전체 합계를 구하시오. 단, 조건은 입력데이터를 이용하시오 (DSUM 함수, 테두리).

　　　　　　 – '세탁세제 4월매출(천원) 전체 합계'가 '166,700'이 되려면 리큐 제트의 4월매출(천원)이 얼마가 되어야 하는지 목표값을 구하시오.

(2) 고급 필터 – 제조사가 '보리수'이거나, 3월매출(천원)이 '20,000' 이하인 자료의 제품명, 제조사, 3월매출(천원), 4월매출(천원) 데이터만 추출하시오.

　　　　　　 – 조건 범위 : 「B14」 셀부터 입력하시오.

　　　　　　 – 복사 위치 : 「B18」 셀부터 나타나도록 하시오.

MEMO

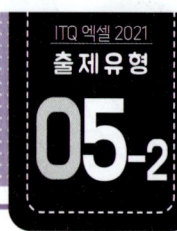

PART 02 출제유형 완전정복

[제2작업] 필터 및 서식

☑ 고급 필터(논리 연산자 및 비교 연산자를 이용)를 이용하여 원하는 데이터를 추출
☑ 표 스타일을 이용하여 표에 서식을 지정

 **미리보기**

소스 : 유형05-2_문제.xlsx   정답 : 유형05-2_정답.xlsx

➡ **"제1작업"** 시트의 「B4:H12」 영역을 복사하여 **"제2작업"** 시트의 「B2」 셀부터 모두 붙여넣기를 한 후 다음의 조건과 같이 작업하시오.

≪조건≫   〈80점〉

(1) 고급 필터 – 코드가 'H'로 시작하거나 칼로리(100g당)가 '80' 이하인 자료의 코드, 요리명, 조리시간(분), 칼로리(100g당) 데이터만 추출하시오.
　　　　　　– 조건 범위 : 「B14」 셀부터 입력하시오.
　　　　　　– 복사 위치 : 「B18」 셀부터 나타나도록 하시오.

(2) 표 서식 – 고급 필터의 결과셀을 채우기 없음으로 설정한 후 '표 스타일 보통 6'의 서식을 적용하시오.
　　　　　– 머리글 행, 줄무늬 행을 적용하시오.

> **TIP**
>
> **[제2작업]**
> • [제2작업]은 '**목표값 찾기 및 필터**'와 '**필터 및 서식**' 두 가지 유형의 문제가 번갈아가며 출제되고 있습니다. [제2작업]의 필터(고급 필터) 부분은 둘 다 동일한 형태로 출제되지만 '목표값 찾기(출제유형 05-1)'와 '표 서식(출제유형 05-2)'은 전혀 다른 기능을 사용하기 때문에 두 가지 유형에 대한 학습이 반드시 필요합니다.

시험 분석

난이도	권장 시간 / 시험 시간	유형 점수 / 시험 점수
★★☆☆☆	10분 / 60분	80점 / 500점

➡ 출제 경향 : 출제 문제를 분석

☑ [제2작업]은 '목표값 찾기 및 필터'와 '필터 및 서식' 두 가지 유형의 문제가 번갈아가며 출제되고 있습니다. [제2작업]의 필터(고급 필터) 부분은 둘 다 동일한 형태로 출제되지만 '목표값 찾기(출제유형 05-1)'와 '표 서식 (출제유형 05-2)'은 전혀 다른 기능을 사용하기 때문에 두 가지 유형에 대한 학습이 반드시 필요합니다.

➡ 주요 단축키 : 작업 시간 단축에 도움

☑ 저장 : Ctrl + S

Skill 01 데이터 복사하여 붙여넣기

≪조건≫ : **"제1작업"** 시트의 「B4:H12」 영역을 복사하여 **"제2작업"** 시트의 「B2」 셀부터 모두 붙여넣기를 한 후 다음의 조건과 같이 작업하시오.

❶ 유형05-2_문제.xlsx 파일을 불러와 [제1작업] 시트를 클릭합니다. 이어서, [B4:H12] 영역을 드래그한 후 [홈] 탭의 [클립보드] 그룹에서 '복사( )'(Ctrl + C)를 클릭합니다.

※ 파일 불러오기 : [파일]–[열기](Ctrl + O)–[찾아보기]를 클릭한 후 [열기] 대화상자에서 파일을 선택하여 불러옵니다.

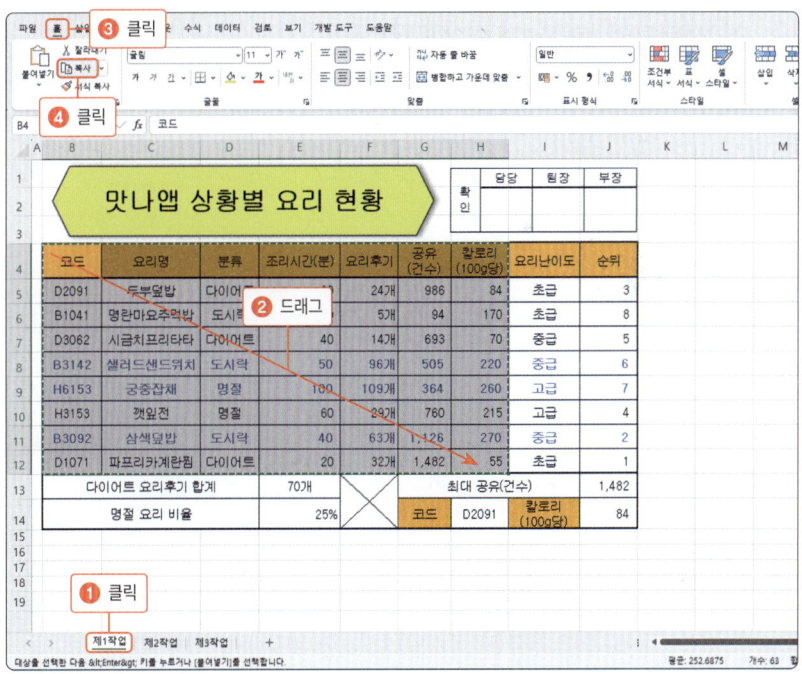

❷ **[제2작업]** 시트를 클릭한 후 [B2] 셀을 클릭합니다. 이어서, [홈] 탭의 [클립보드] 그룹에서 '붙여넣기(📋)'(**Ctrl**＋**V**)를 클릭합니다.

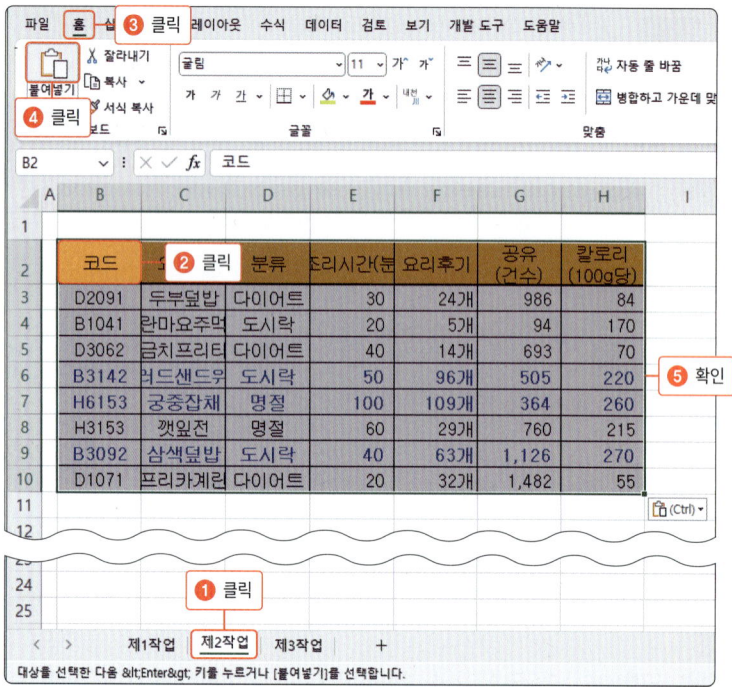

❸ 데이터가 복사되면 [홈] 탭의 [클립보드] 그룹에서 붙여넣기(📋)의 목록 단추(붙여넣기▾)를 눌러 '**선택하여 붙여넣기**'를 선택합니다.

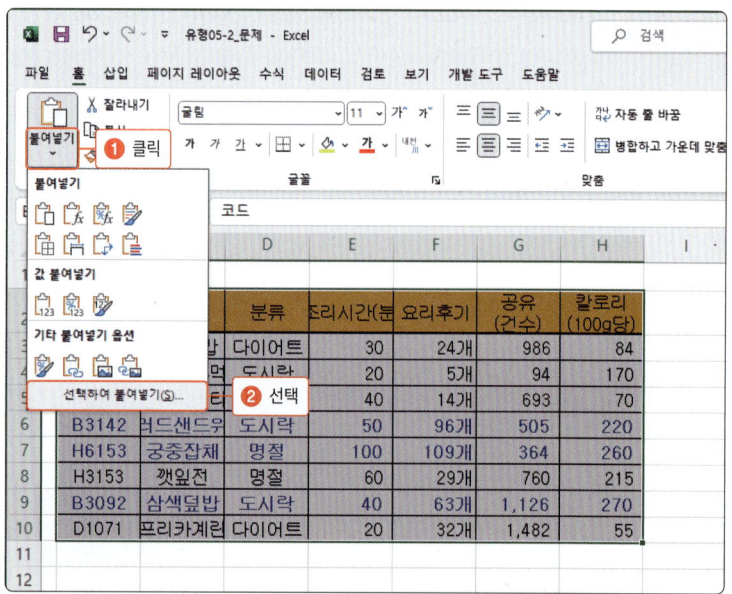

❹ [선택하여 붙여넣기] 대화상자가 나오면 '**열 너비**'를 선택한 후 〈확인〉 단추를 클릭합니다.

※ 만약, 열의 너비가 조절된 후 [2행]의 행 높이가 좁다고 판단되면 [2행]과 [3행] 머리글 사이를 마우스로 더블 클릭하여 행의 높이를 조절합니다.

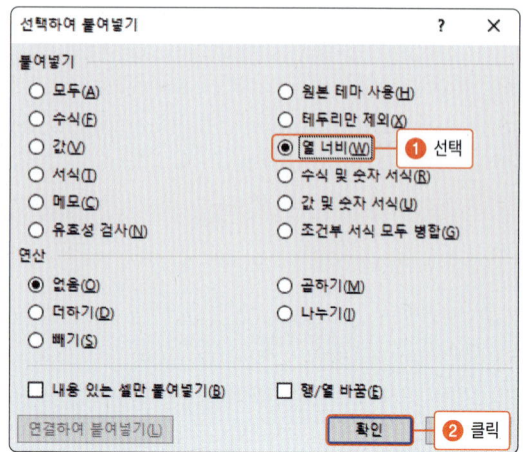

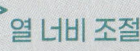
Skill 02 고급 필터

≪조건≫ : 고급 필터 – 코드가 'H'로 시작하거나 칼로리(100g당)가 '80' 이하인 자료의 코드, 요리명, 조리시간(분), 칼로리(100g당) 데이터만 추출하시오.
　　　　　 – 조건 범위 : 「B14」 셀부터 입력하시오.
　　　　　 – 복사 위치 : 「B18」 셀부터 나타나도록 하시오.

❶ 조건에 사용할 **코드**([B2])와 **칼로리**(100g당)([H2]) 필드 제목을 클릭한 후 [홈] 탭의 [클립보드] 그룹에서 '**복사**()'(**Ctrl**+**C**)를 클릭합니다.

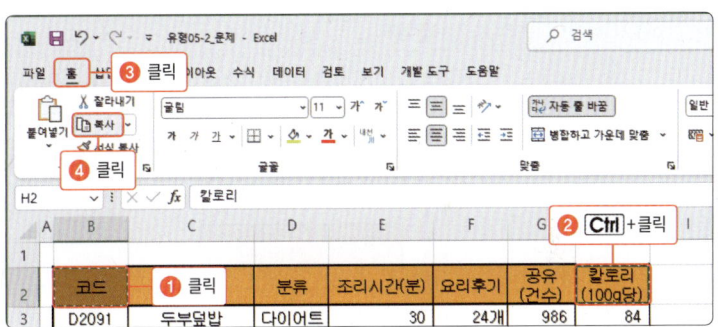

❷ 조건 범위인 [B14] 셀을 클릭한 후 [홈] 탭의 [클립보드] 그룹에서 '**붙여넣기**()'(**Ctrl**+**V**)를 클릭합니다. 필드명이 복사되면 [15:16] 행에 다음과 같이 조건을 입력합니다.

※ 코드가 'H'로 시작하거나 칼로리(100g당)가 '80' 이하인 데이터 검색(OR 조건)

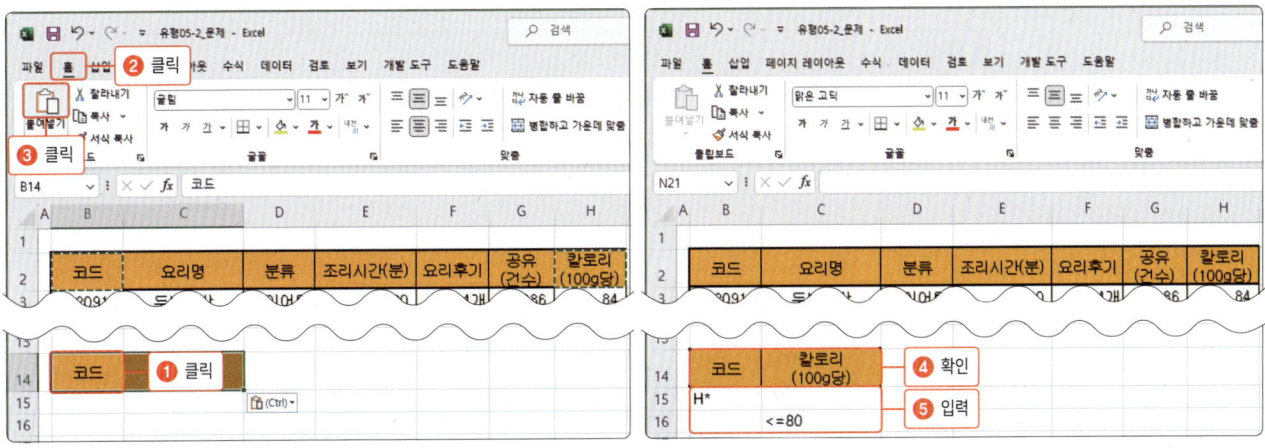

❸ 복사 위치로 추출할 데이터 '코드([B2]), 요리명([C2]), 조리시간(분)([E2]), 칼로리(100g당)([H2])'의 필드 제목을 클릭한 후 [홈] 탭의 [클립보드] 그룹에서 '복사(📋)'(**Ctrl**+**C**)를 클릭합니다.

※ 떨어져 있는 셀을 선택할 때는 **Ctrl** 키를 누른 상태에서 선택합니다.

※ 고급 필터의 복사 위치는 특정 필드만 추출하는 것이 아닌 모든 데이터를 추출하는 문제도 출제되고 있으니 참고하시기 바랍니다.

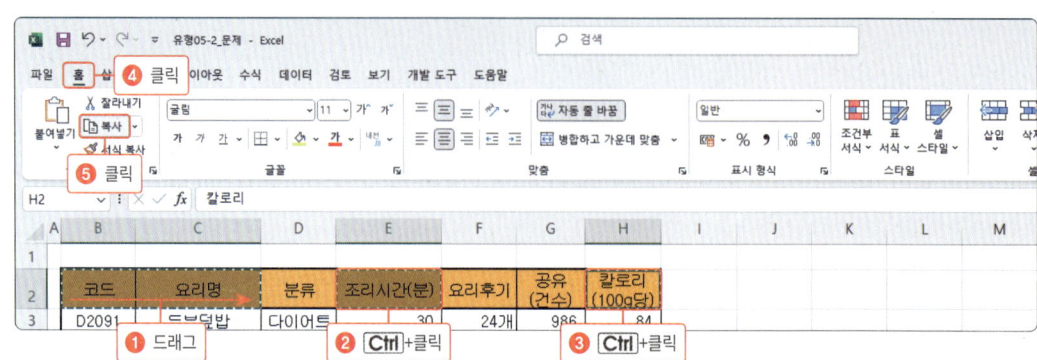

❹ 복사 위치인 [B18] 셀을 클릭한 후 [홈] 탭의 [클립보드] 그룹에서 '붙여넣기(📋)'(**Ctrl**+**V**)를 클릭합니다.

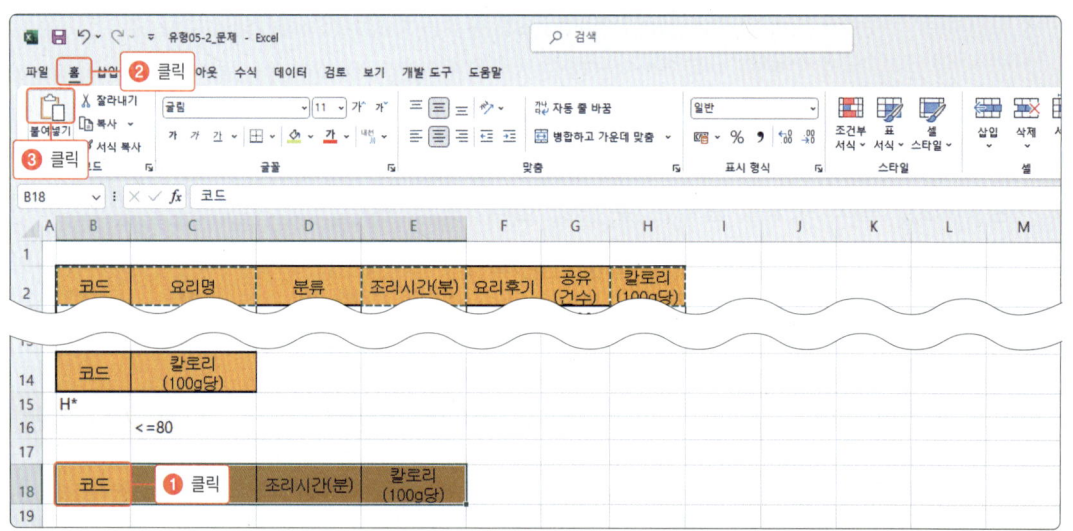

❺ [B2] 셀을 클릭한 후 [데이터] 탭의 [정렬 및 필터] 그룹에서 '고급(🔽고급)'을 클릭합니다.

※ [B2:H10] 영역을 드래그해도 결과는 동일합니다.

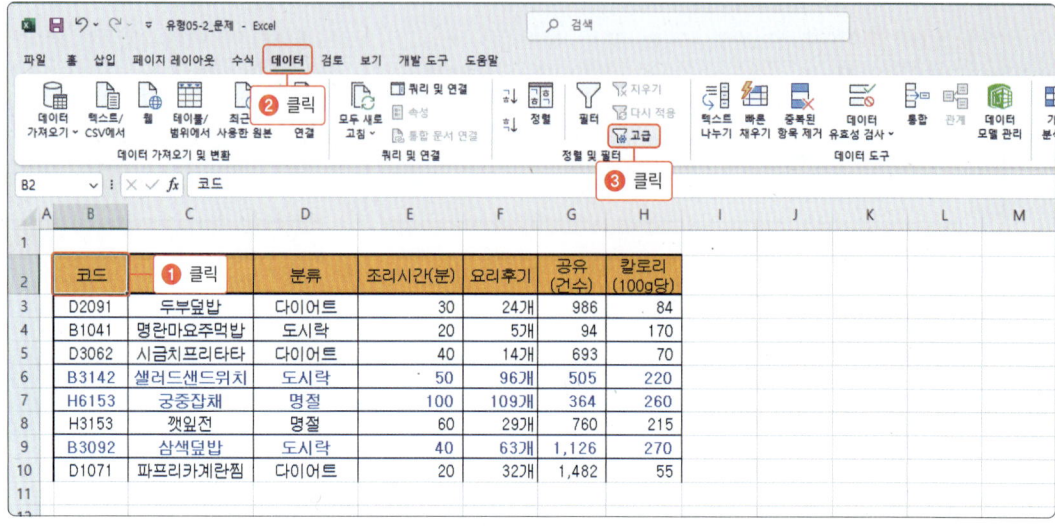

⑥ [고급 필터] 대화상자가 나오면 다음과 같이 각각의 범위를 지정한 후 〈확인〉 단추를 클릭합니다.

– 결과를 '**다른 장소에 복사**'로 선택

– 자동으로 지정된 목록 범위($B$2:$H$10)를 확인

– 조건 범위 입력 칸을 클릭한 후 [B14:C16]을 영역으로 지정

– 복사 위치 입력 칸을 클릭한 후 [B18:E18]을 영역으로 지정

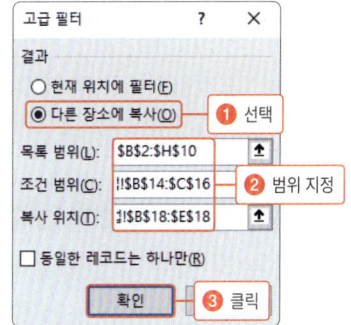

⑦ OR 조건(코드, 칼로리(100g당))에 맞게 데이터가 추출되었는지 확인합니다.

코드	요리명	분류	조리시간(분)	요리후기	공유(건수)	칼로리(100g당)
D2091	두부덮밥	다이어트	30	24개	986	84
B1041	명란마요주먹밥	도시락	20	5개	94	170
D3062	시금치프리타타	다이어트	40	14개	693	70
B3142	샐러드샌드위치	도시락	50	96개	505	220
H6153	궁중잡채	명절	100	109개	364	260
H3153	깻잎전	명절	60	29개	760	215
B3092	삼색덮밥	도시락	40	63개	1,126	270
D1071	파프리카계란찜	다이어트	20	32개	1,482	55

코드	칼로리(100g당)
H*	
	<=80

코드	요리명	조리시간(분)	칼로리(100g당)
D3062	시금치프리타타	40	70
H6153	궁중잡채	100	260
H3153	깻잎전	60	215
D1071	파프리카계란찜	20	55

확인

TIP 모든 데이터 추출(복사 위치)

고급 필터를 이용하여 모든 데이터를 추출할 때는 별도의 필드명 복사 작업 없이 조건에 맞는 모든 데이터를 한 번에 추출할 수 있습니다. 모든 데이터 추출 시 복사 위치는 기준 셀([B18])만 지정합니다.

≪조건≫ : 표 서식 – 고급 필터의 결과셀을 채우기 없음으로 설정한 후 '표 스타일 보통 6'의 서식을 적용하시오.
- 머리글 행, 줄무늬 행을 적용하시오.

❶ 고급 필터로 추출된 [B18:E22] 영역을 드래그한 후 [홈] 탭의 [글꼴] 그룹에서 채우기 색(🪣)의 목록 단추(▾)를 눌러 '**채우기 없음**'을 선택합니다.

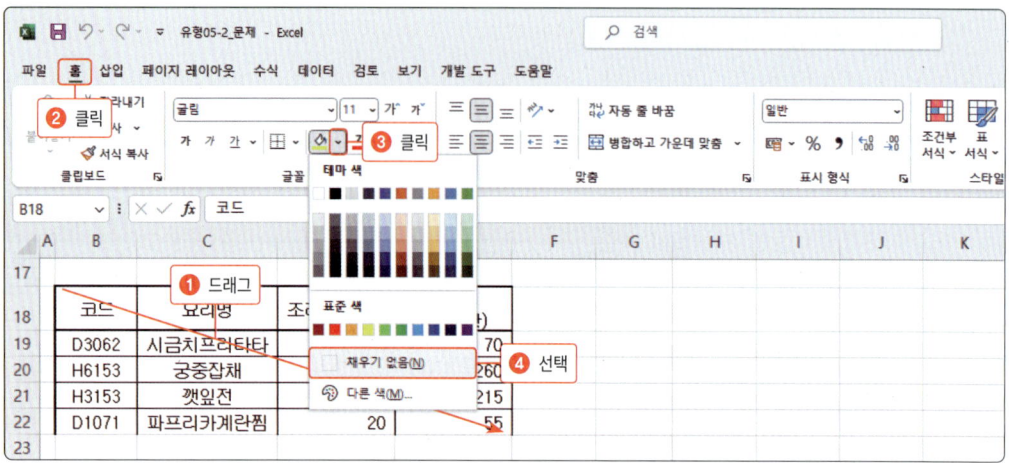

❷ 표 스타일을 적용하기 위해 [홈] 탭의 [스타일] 그룹에서 [표 서식(🔲)]–[중간]–'**파랑, 표 스타일 보통 6**'을 선택합니다.

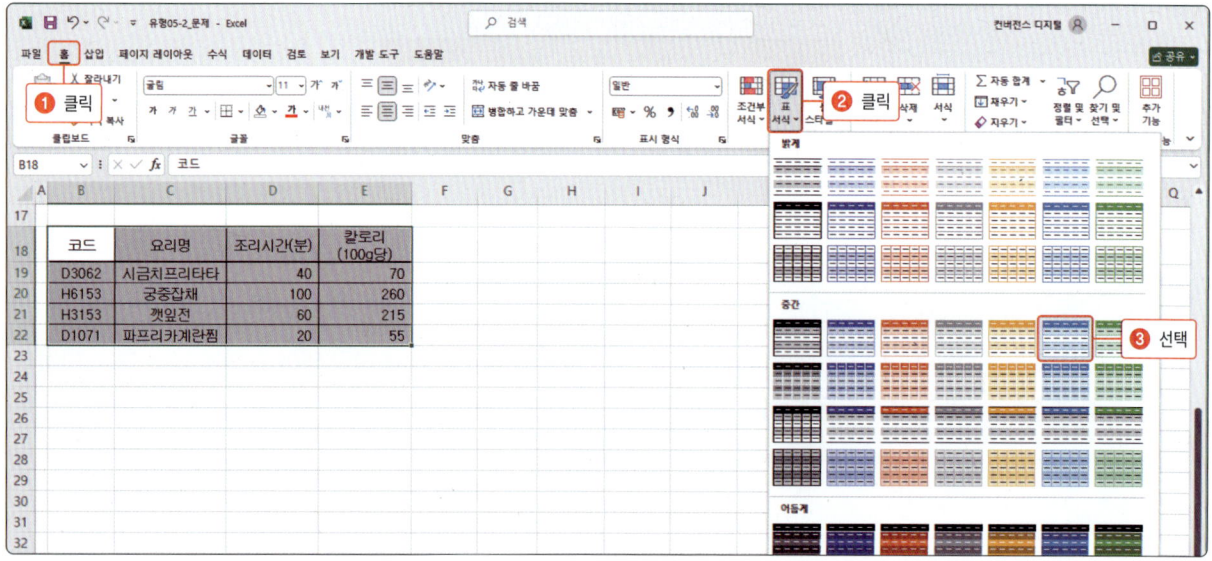

❸ [표 서식] 대화상자가 나오면 **표에 사용할 데이터 범위($B$18:$E$22)**를 확인한 후 〈확인〉 단추를 클릭합니다.

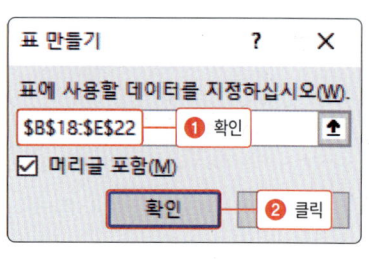

❹ [B18:E22] 영역에 '파랑, 표 스타일 보통 6' 서식이 적용된 것을 확인한 후 [테이블 디자인] 탭의 [표 스타일 옵션] 그룹에서 '**머리글 행**'과 '**줄무늬 행**'이 체크(☑)되어 있는지 확인합니다.

※ 표 서식을 적용한 후 특정 열이 '###'으로 표시되거나, 열 간격이 너무 좁다고 판단되면 열의 너비를 조절합니다.

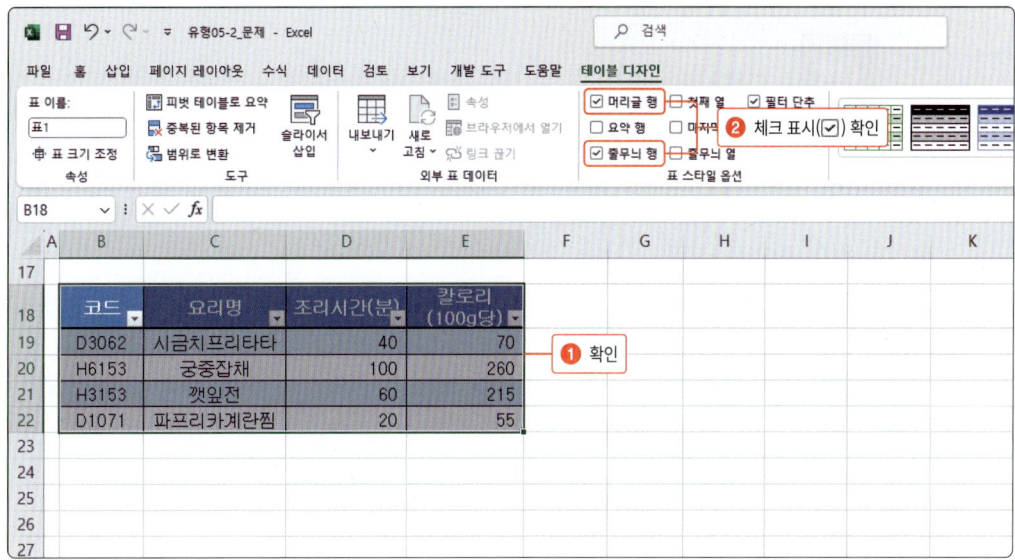

❺ 모든 작업이 끝나면 [파일]-[저장]([Ctrl]+[S]) 또는 [빠른 실행 도구 모음]에서 '**저장(日)**'을 클릭합니다.

※ 실제 시험을 볼 때 작업 도중에 수시로(10분에 한 번 정도) 저장을 하는 것이 좋습니다.

완전정복- 01

다음과 같이 《조건》 및 《출력형태》를 작성해 보세요.
- **소스** : 정복05-2_문제01.xlsx   • **정답** : 정복05-2_정답01.xlsx

작성 시간 / 권장 시간
분 / 10분

➜ **"제1작업"** 시트의 「B4:H12」 영역을 복사하여 **"제2작업"** 시트의 「B2」 셀부터 모두 붙여넣기를 한 후 다음의 조건과 같이 작업하시오.

《조건》

(1) 고급 필터 – 제품코드가 'L'로 시작하거나 판매수량(단위:대)이 '100' 이하인 자료의 제품코드, 제품명, 판매수량(단위:대), 재고수량(단위:대) 데이터만 추출하시오.
- 조건 범위 : 「B14」 셀부터 입력하시오.
- 복사 위치 : 「B18」 셀부터 나타나도록 하시오.

(2) 표 서식 – 고급 필터의 결과셀을 채우기 없음으로 설정한 후 '표 스타일 보통 6'의 서식을 적용하시오.
- 머리글 행, 줄무늬 행을 적용하시오.

완전정복- 02

다음과 같이 《조건》 및 《출력형태》를 작성해 보세요.
- **소스** : 정복05-2_문제02.xlsx   • **정답** : 정복05-2_정답02.xlsx

작성 시간 / 권장 시간
분 / 10분

➜ **"제1작업"** 시트의 「B4:H12」 영역을 복사하여 **"제2작업"** 시트의 「B2」 셀부터 모두 붙여넣기를 한 후 다음의 조건과 같이 작업하시오.

《조건》

(1) 고급 필터 – 제품코드가 'A'로 시작하거나 가격이 '2,000' 이상인 자료의 제품코드, 제품명, 전월판매량, 당월판매량 데이터만 추출하시오.
- 조건 범위 : 「B14」 셀부터 입력하시오.
- 복사 위치 : 「B18」 셀부터 나타나도록 하시오.

(2) 표 서식 – 고급 필터의 결과셀을 채우기 없음으로 설정한 후 '표 스타일 보통 6'의 서식을 적용하시오.
- 머리글 행, 줄무늬 행을 적용하시오.

• **소스** : 정복05-2_문제03.xlsx   • **정답** : 정복05-2_정답03.xlsx

작성 시간 / 권장 시간
분 / 10분

➡️ **"제1작업"** 시트의 「B4:H12」 영역을 복사하여 **"제2작업"** 시트의 「B2」 셀부터 모두 붙여넣기를 한 후 다음의 조건과 같이 작업하시오.

《조건》

(1) 고급 필터 − 관리코드가 'S'로 시작하거나 이용자 수가 '3,000' 이상인 자료의 관리코드, 도서관명, 관리자, 이용자 수 데이터만 추출하시오.
  − 조건 범위 : 「B14」 셀부터 입력하시오.
  − 복사 위치 : 「B18」 셀부터 나타나도록 하시오.

(2) 표 서식 − 고급 필터의 결과셀을 채우기 없음으로 설정한 후 '표 스타일 보통 6'의 서식을 적용하시오.
  − 머리글 행, 줄무늬 행을 적용하시오.

• **소스** : 정복05-2_문제04.xlsx   • **정답** : 정복05-2_정답04.xlsx

작성 시간 / 권장 시간
분 / 10분

➡️ **"제1작업"** 시트의 「B4:H12」 영역을 복사하여 **"제2작업"** 시트의 「B2」 셀부터 모두 붙여넣기를 한 후 다음의 조건과 같이 작업하시오.

《조건》

(1) 고급 필터 − 제품번호가 'F'로 시작하거나 가격이 '20,000' 이상인 자료의 제품번호, 제품명, 가격, 3월매출(천원) 데이터만 추출하시오.
  − 조건 범위 : 「B14」 셀부터 입력하시오.
  − 복사 위치 : 「B18」 셀부터 나타나도록 하시오.

(2) 표 서식 − 고급 필터의 결과셀을 채우기 없음으로 설정한 후 '표 스타일 보통 6'의 서식을 적용하시오.
  − 머리글 행, 줄무늬 행을 적용하시오.

ITQ 엑셀 2021
출제유형
06-1 [제3작업] 정렬 및 부분합

☑ 출력형태를 참고하여 데이터 정렬
☑ 부분합 작성 및 개요 지우기

 문제 미리보기

소스 : 유형06-1_문제.xlsx   정답 : 유형06-1_정답.xlsx

➡ **"제1작업"** 시트의 「B4:H12」 영역을 복사하여 **"제3작업"** 시트의 「B2」 셀부터 모두 붙여넣기를 한 후 다음의 조건과 같이 작업하시오.

≪출력형태≫   ⟨80점⟩

	B	C	D	E	F	G	H
2	코드	요리명	분류	조리시간(분)	요리후기	공유(건수)	칼로리(100g당)
3	H6153	궁중잡채	명절	100	109개	364	260
4	H3153	깻잎전	명절	60	29개	760	215
5			명절 평균				238
6		2	명절 개수				
7	B1041	명란마요주먹밥	도시락	20	5개	94	170
8	B3142	셀러드샌드위치	도시락	50	96개	505	220
9	B3092	삼색덮밥	도시락	40	63개	1,126	270
10			도시락 평균				220
11		3	도시락 개수				
12	D2091	두부덮밥	다이어트	30	24개	986	84
13	D3062	시금치프리타타	다이어트	40	14개	693	70
14	D1071	파프리카계란찜	다이어트	20	32개	1,482	55
15			다이어트 평균				70
16		3	다이어트 개수				
17			전체 평균				168
18		8	전체 개수				

≪조건≫

⑴ 부분합 – ≪출력형태≫처럼 정렬하고, 요리명의 개수와 칼로리(100g당)의 평균을 구하시오.

⑵ 개요 – 지우시오.

⑶ 나머지 사항은 ≪출력형태≫에 맞게 작성하시오.(글꼴 : 파랑, 굵게).

난이도	권장 시간 / 시험 시간	유형 점수 / 시험 점수
★★☆☆☆	10분 / 60분	80점 / 500점

시험 분석

➔ **출제 경향 : 출제 문제를 분석**

　☑ **부분합 정렬 :** 과년도 기출문제를 분석한 결과 정렬 작업은 대부분 기본 정렬(내림차순)로 출제되었지만 가끔씩 2개 이상을 정렬(중첩 정렬)하는 문제도 출제가 되었기 때문에 2가지 모두 사용 방법을 알고 있어야 합니다.

　☑ **부분합 :** 과년도 기출문제를 분석한 결과 부분합에서 출제되는 함수는 평균과 개수가 반복적으로 출제되고 있으니 참고하시기 바랍니다.

➔ **주의 사항 : 실수가 많은 내용**

　☑ 부분합 실행전 반드시 정렬을 먼저 실행합니다.

　☑ 해당 필드로 정렬하면 부분합 그룹화도 같은 필드 이름으로 지정합니다.

　☑ 부분합이 ≪출력 형태≫와 다르면 [데이터] 탭–[부분합]–〈모두 제거〉를 실행하고 다시 부분합을 만들어줍니다.

➔ **주요 단축키 : 작업 시간 단축에 도움**

　☑ 저장 : Ctrl + S

Skill 01 **데이터 복사하여 붙여넣기**

≪조건≫ : "제1작업" 시트의 「B4:H12」 영역을 복사하여 "제3작업" 시트의 「B2」 셀부터 모두 붙여넣기를 한 후 다음의 조건과 같이 작업하시오.

❶ 유형06-1_문제.xlsx 파일을 불러와 [제1작업] 시트를 클릭합니다. 이어서 [B4:H12] 영역을 드래그한 후 [홈] 탭의 [클립보드] 그룹에서 '복사()'(Ctrl + C)를 클릭합니다.

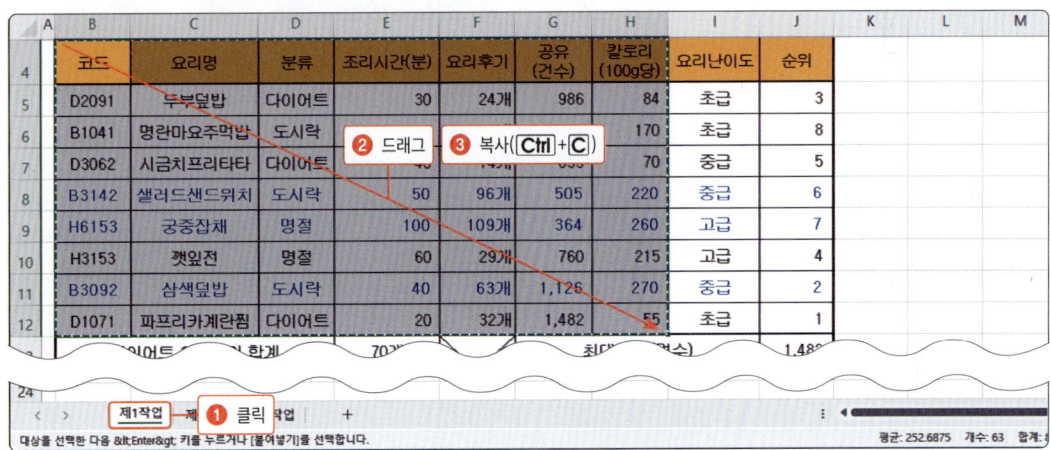

② [제3작업] 시트를 클릭한 후 [B2] 셀을 클릭합니다. 이어서, [홈] 탭의 [클립보드] 그룹에서 '**붙여넣기(**📋**)**'
([**Ctrl**]+[**V**])를 클릭합니다.

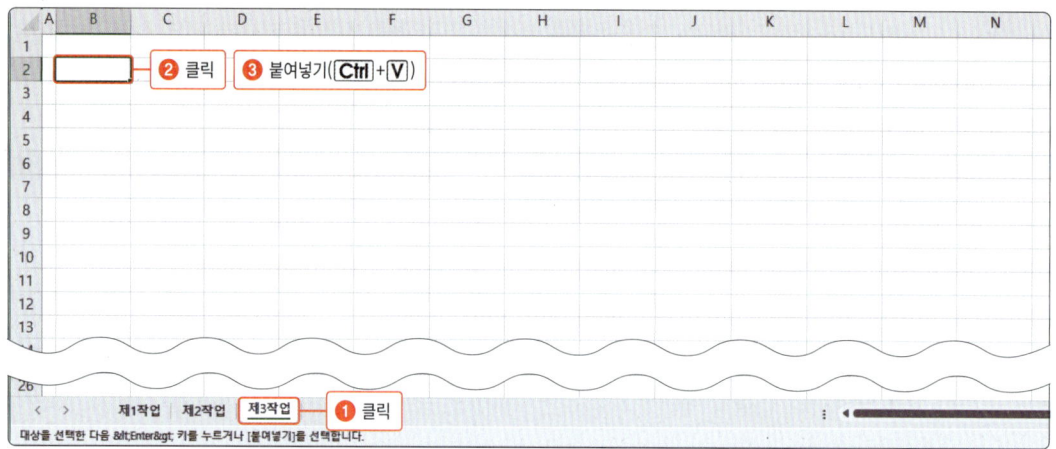

③ 데이터가 복사되면 [홈] 탭의 [클립보드] 그룹에서 붙여넣기(📋)의 목록 단추(붙여넣기₊)를 눌러 '**선택하여 붙여넣**
기'를 선택합니다. [선택하여 붙여넣기] 대화상자가 나오면 '**열 너비**'를 선택한 후 〈확인〉 단추를 클릭합니다.

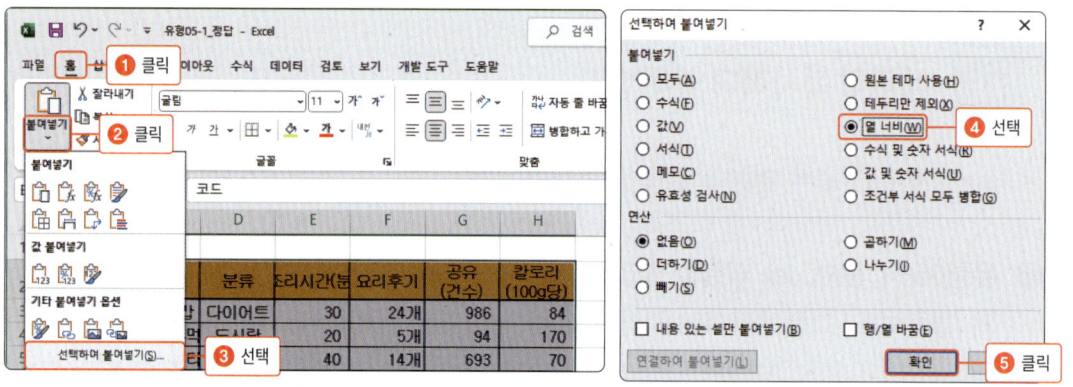

Skill 02 데이터 정렬

≪조건≫ : 부분합 – ≪출력형태≫처럼 정렬하고, 요리명의 개수와 칼로리(100g당)의 평균을 구하시오.

❶ [D2] 셀을 클릭한 후 [데이터] 탭의 [정렬 및 필터] 그룹에서 '텍스트 내림차순 정렬(힉↓)'을 클릭합니다.

    ※ 데이터 정렬은 ≪출력형태≫에서 부분합으로 그룹화된 항목(현재는 '분류') 부분을 참고하여 '내림차순'인지 아니면 '오름차순'인지 판단합니다.

코드	요리명	분류	조리시간(분)	요리후기	공유(건수)	칼로리(100g당)
D2091	두부덮밥	다이어트	30	24개	986	84
B1041	명란마요주먹밥	도시락	20	5개	94	170
D3062	시금치프리타타	다이어트	40	14개	693	70
B3142	샐러드샌드위치	도시락	50	96개	505	220
H6153	궁중잡채	명절	100	109개	364	260
H3153	깻잎전	명절	60	29개	760	215
B3092	삼색덮밥	도시락	40	63개	1,126	270
D1071	파프리카계란찜	다이어트	20	32개	1,482	55

❷ 데이터가 정렬되면 ≪출력형태≫와 비교하여 결과가 같은지 반드시 확인합니다.

    ※ 중첩 정렬 확인 : ≪출력형태≫와 비교할 때 '분류' 필드를 기준으로 앞쪽 필드(요리명) 또는 뒤쪽 필드(조리시간(분))에도 정렬(중첩 정렬)이 적용되어 있는지 반드시 확인합니다.

코드	요리명	분류	조리시간(분)	요리후기	공유(건수)	칼로리(100g당)
H6153	궁중잡채	명절	100	109개	364	260
H3153	깻잎전	명절	60	29개	760	215
B1041	명란마요주먹밥	도시락	20	5개	94	170
B3142	샐러드샌드위치	도시락	50	96개	505	220
B3092	삼색덮밥	도시락	40	63개	1,126	270
D2091	두부덮밥	다이어트	30	24개	986	84
D3062	시금치프리타타	다이어트	40	14개	693	70
D1071	파프리카계란찜	다이어트	20	32개	1,482	55

TIP 기본 데이터 정렬 방법

❶ 오름차순 정렬 순서(내림차순은 반대) : 숫자(1,2,3, …) → 특수문자 → 영문(A→Z) → 한글(ㄱ→ㅎ) → 논리값 → 오류값 → 공백 셀(빈 셀)

❷ 정렬 기준이 하나인 경우 : 정렬 기준이 하나인 경우에는 셀 포인터를 정렬하고자 하는 셀에 위치시킨 후 [데이터] 탭의 [정렬 및 필터] 그룹에서 텍스트 오름차순 정렬(긱↓) 또는 텍스트 내림차순 정렬(힉↓)을 클릭합니다.

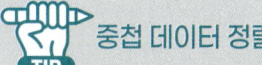 **중첩 데이터 정렬**

❶ 정렬 기준이 하나 이상(중첩)인 경우에는 [데이터] 탭의 [정렬 및 필터] 그룹에서 정렬(▦)을 이용합니다.

❷ 부분합의 그룹화된 항목을 내림차순 또는 오름차순으로 정렬한 후 결과가 《출력형태》와 다를 경우에는 정렬 취소(↺)(**Ctrl**+**Z**)를 클릭합니다.

❷ 정렬이 취소되면 [데이터] 탭의 [정렬 및 필터] 그룹에서 정렬(▦)을 클릭합니다. 이어서, 《출력형태》를 참고하여 정렬 기준(분류)을 지정한 후 〈기준 추가〉 단추를 클릭하여 다음 기준(요리명)을 지정합니다.

※ 정렬 기준을 부분합 그룹 항목(분류)으로 지정한 후 앞쪽과 뒤쪽 필드를 확인하여 다음 기준 정렬을 지정합니다.

《출력형태》

코드	요리명	분류	조리시간(분)
H6153	궁중잡채	명절	100
H3153	깻잎전	명절	60
B1041	명란마요주먹밥	도시락	20
B3092	삼색덮밥	도시락	40
B3142	샐러드샌드위치	도시락	50
D2091	두부덮밥	다이어트	30
D3062	시금치프리타타	다이어트	40
D1071	파프리카계란찜	다이어트	20

중첩 정렬

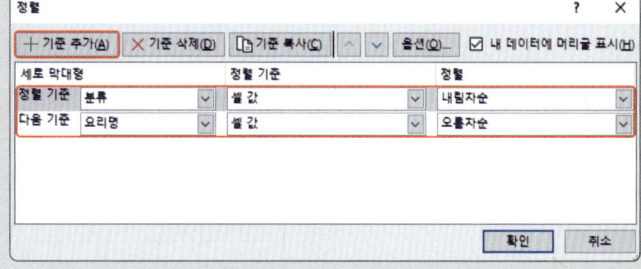

Skill 03 부분합

《조건》 : 부분합 – 《출력형태》처럼 정렬하고, 요리명의 개수와 칼로리(100g당)의 평균을 구하시오.

❶ [B2] 셀을 클릭한 후 [데이터] 탭의 [윤곽선] 그룹에서 '**부분합(▦)**'을 클릭합니다.

※ 부분합 작성 시 데이터 범위([B2:H10])를 드래그하거나, [B2:H10] 영역 안에서 한 개의 셀만 선택한 후 작업합니다.

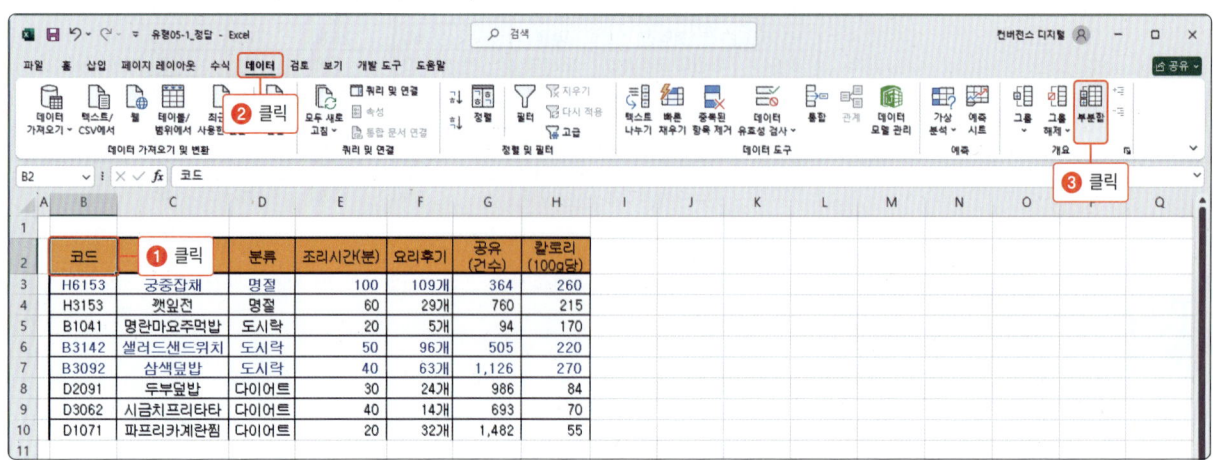

❷ [부분합] 대화상자가 나오면 ≪조건≫ 및 ≪출력형태≫를 참고하여 그룹화할 항목에 '**분류**', 사용할 함수에 '**개수**', 부분합 계산 항목에 '**요리명**'만 지정한 후 〈확인〉 단추를 클릭합니다.

※ 2차 부분합(중첩 부분합)을 작성할 때는 문제의 ≪조건≫ 순서(요리명의 개수 → 칼로리(100g당)의 평균)에 맞추어 작성해야 합니다.

※ '부분합 계산 항목'에서 미리 선택된 계산 항목(예 : 칼로리(100g당))이 있을 경우 부분합 작성 조건을 확인하여 불필요하다면 반드시 체크(✓) 표시를 해제합니다.

코드	요리명	분류	조리시간(분)	요리후기	공유(건수)	칼로리(100g당)
H6153	궁중잡채	명절	100	109개	364	260
H3153	깻잎전	명절	60	29개	760	215
	2	명절 개수				
B1041	명란마요주먹밥	도시락	20	5개	94	170
B3142	샐러드샌드위치	도시락	50	96개	505	220
B3092	삼색덮밥	도시락	40	63개	1,126	270
	3	도시락 개수				
D2091	두부덮밥	다이어트	30	24개	986	84
D3062	시금치프리타타	다이어트	40	14개	693	70
D1071	파프리카계란찜	다이어트	20	32개	1,482	55
	3	다이어트 개수				
	8	전체 개수				

[부분합] 대화상자

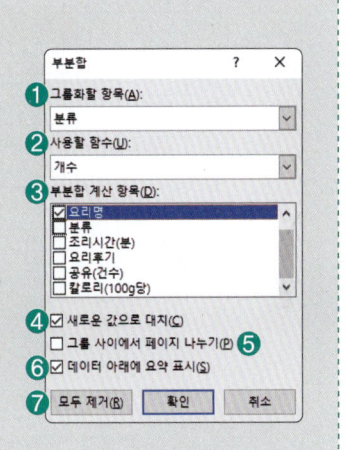

❶ 그룹화할 항목 : 데이터를 그룹화할 항목을 선택

❷ 사용할 함수 : 그룹화된 데이터의 계산 방법을 선택

❸ 부분합 계산 항목 : 그룹화된 데이터에서 계산할 항목(필드)을 선택

❹ 새로운 값으로 대치 : 이전 부분합 결과는 없어지고 새롭게 계산된 부분합 결과로 변경하여 표시

❺ 그룹 사이에서 페이지 나누기 : 부분합으로 계산된 그룹을 각 페이지별로 분리

❻ 데이터 아래에 요약 표시 : 부분합 결과값이 해당 그룹 아래에 표시

❼ 〈모두 제거〉 단추 : 부분합 결과를 모두 제거

❸ 이어서, 2차 부분합을 생성하기 위해 다시 [데이터] 탭의 [윤곽선] 그룹에서 '**부분합(▦)**'을 클릭합니다.

❹ [부분합] 대화상자가 나오면 그룹화할 항목에 '**분류**', 사용할 함수에 '**평균**', 부분합 계산 항목에 '**칼로리(100g당)**'만 지정합니다. 이어서, '**새로운 값으로 대치**' 항목의 **체크 표시(✓)를 반드시 해제**한 후 〈확인〉 단추를 클릭합니다.

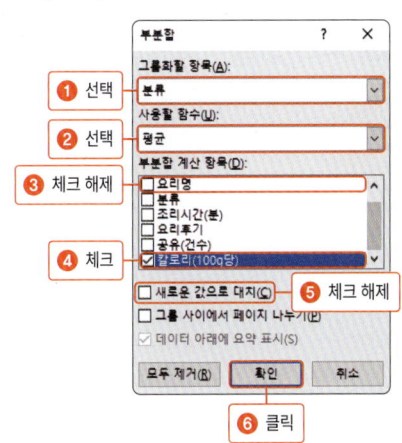

2차 부분합 작업 시 주의사항

2차 부분합(중첩 부분합)을 생성하기 위해서는 1차 부분합 범위 내에서 임의의 셀(예 : [B2])을 하나만 선택한 후 작업해야 하며, 반드시 '새로운 값으로 대치' 항목의 체크 표시(✓)를 해제해 주어야 합니다. 만일, 해제하지 않을 경우 1차 부분합 결과는 없어지고 2차 부분합 결과만 표시됩니다.

04 개요 지우기

《조건》: 개요 – 지우시오.

① 완성된 부분합을 《출력형태》와 비교하여 결과가 같은지 확인합니다. 이어서, [데이터] 탭의 [개요] 그룹에서 그룹 해제(📋)의 목록 단추(그룹해제▾)를 눌러 '**개요 지우기**'를 선택합니다.

※ 완성된 부분합의 특정 열이 '###'으로 표시되거나, 열 간격이 너무 좁다고 판단되면 《출력형태》를 참고하여 열의 너비를 조절합니다.

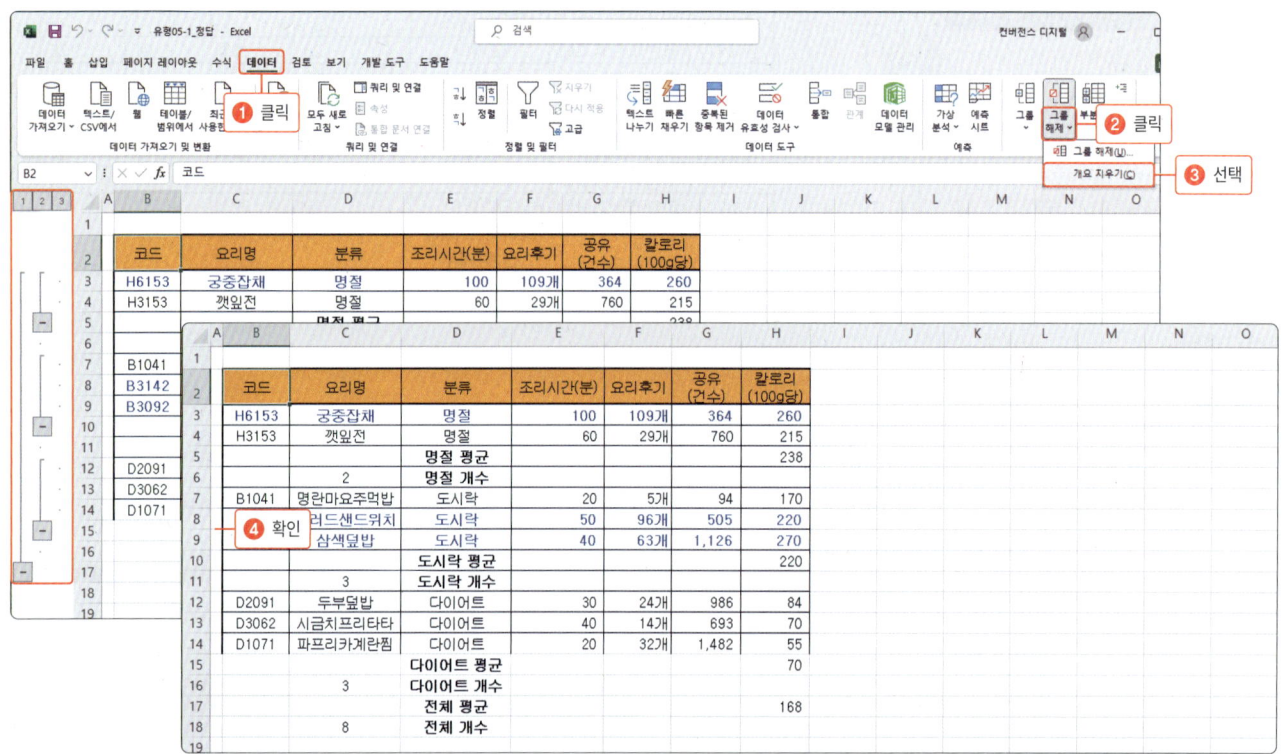

> **부분합 제거**
>
> 부분합을 잘 못 만들었을 경우 [부분합] 대화상자의 〈모두 제거〉 단추를 클릭한 후 처음부터 다시 작업합니다.
> 부분합을 처음부터 다시 만들 때는 정렬 확인 → 1차 부분합 → 2차 부분합 순서로 작업합니다.

② 모든 작업이 끝나면 [파일]-[저장](**Ctrl**+**S**) 또는 [빠른 실행 도구 모음]에서 '**저장(💾)**'을 클릭합니다.

※ 실제 시험을 볼 때 작업 도중에 수시로(10분에 한 번 정도) 저장을 하는 것이 좋습니다.

완전정복- **01**

다음과 같이 《조건》 및 《출력형태》를 작성해 보세요.

• **소스** : 정복06-1_문제01.xlsx   • **정답** : 정복06-1_정답01.xlsx

작성 시간 / 권장 시간
분 / 10분

➡ **"제1작업"** 시트의 「B4:H12」 영역을 복사하여 **"제3작업"** 시트의 「B2」 셀부터 모두 붙여넣기를 한 후 다음의 조건과 같이 작업하시오.

《출력형태》

	제품코드	제품명	제조사	판매금액	인쇄속도(ppm)	판매수량 (단위:대)	재고수량 (단위:대)
	K2949	루이	레온	149,000원	14	157	64
	L3997	지니	레온	344,000원	15	154	101
	P3811	다큐프린터	레온	245,000원	17	217	87
			레온 평균			176	
	3		레온 개수				
	P3861	레옹	이지전자	150,000원	16	184	48
	K6955	밴티지	이지전자	175,000원	6	98	128
	L4928	새롬레이저	이지전자	389,000원	18	94	117
			이지전자 평균			125	
	3		이지전자 개수				
	K2789	퍼플	티파니	421,000원	19	201	65
	L3711	로사프린터	티파니	182,000원	12	256	36
			티파니 평균			229	
	2		티파니 개수				
			전체 평균			170	
	8		전체 개수				

《조건》

(1) 부분합 – 《출력형태》처럼 정렬하고, 제품코드의 개수와 판매수량(단위:대)의 평균을 구하시오.

(2) 개요 – 지우시오.

(3) 나머지 사항은 《출력형태》에 맞게 작성하시오.

➡ **"제1작업"** 시트의 「B4:H12」 영역을 복사하여 **"제3작업"** 시트의 「B2」 셀부터 모두 붙여넣기를 한 후 다음의 조건과 같이 작업하시오.

《출력형태》

	제품코드	제품명	분류	가격	전월 판매량	당월 판매량	스코빌지수
	A1545	새우 라면	봉지	1,350원	28,200	29,350	5,013
	Y1565	매운 라면	봉지	1,400원	57,300	44,700	4,044
	A1599	콩나물 김치면	봉지	950원	18,700	13,900	5,930
			봉지 평균			29,317	
		3	봉지 개수				
	R1886	비빔 얼큰면	스티로폼(PS)	1,800원	10,700	9,030	2,769
	T1436	홍합 짬뽕면	스티로폼(PS)	2,500원	12,400	22,500	4,000
			스티로폼(PS) 평균			15,765	
		2	스티로폼(PS) 개수				
	Y1314	앵그리 레드면	종이	1,200원	5,300	5,900	8,557
	E1363	국민 매콤라면	종이	1,100원	37,300	45,500	3,960
	T1578	불맛 쫄면	종이	2,450원	10,000	10,900	3,037
			종이 평균			20,767	
		3	종이 개수				
			전체 평균			22,723	
		8	전체 개수				

《조건》

(1) 부분합 – 《출력형태》처럼 정렬하고, 제품명의 개수와 당월판매량의 평균을 구하시오.

(2) 개요 – 지우시오.

(3) 나머지 사항은 《출력형태》에 맞게 작성하시오.

→ **"제1작업"** 시트의 「B4:H12」 영역을 복사하여 **"제3작업"** 시트의 「B2」 셀부터 모두 붙여넣기를 한 후 다음의 조건과 같이 작업하시오.

《출력형태》

	관리코드	도서관명	관리자	주요 활동	도서 보유량 (단위:권)	대출 도서량 (단위:권)	이용자 수
	BC-124	문고	김지은	체험 활동	1,800	158	1,300명
	PC-211	책의 향기	손현준	체험 활동	2,600	180	1,850명
				체험 활동 평균			1,575명
		2		체험 활동 개수			
	SB-101	풀이음	이미영	책 읽기	5,500	550	3,412명
	DB-210	작은 문학	박현우	책 읽기	4,800	450	2,850명
	VB-132	도서의 정원	이현주	책 읽기	4,500	458	1,243명
	PB-303	미니 문학	나영미	책 읽기	5,200	650	3,654명
				책 읽기 평균			2,790명
		4		책 읽기 개수			
	SM-312	한마음	장경미	영상 상영	2,855	124	1,200명
	SM-320	독서 공간	김수현	영상 상영	2,850	285	1,450명
				영상 상영 평균			1,325명
		2		영상 상영 개수			
				전체 평균			2,120명
		8		전체 개수			

《조건》

(1) 부분합 - 《출력형태》처럼 정렬하고, 도서관명의 개수와 이용자 수의 평균을 구하시오.

(2) 개요 - 지우시오.

(3) 나머지 사항은 《출력형태》에 맞게 작성하시오.

➡ **"제1작업"** 시트의 「B4:H12」 영역을 복사하여 **"제3작업"** 시트의 「B2」 셀부터 모두 붙여넣기를 한 후 다음의 조건과 같이 작업하시오.

《출력형태》

제품번호	제품명	분류	제조사	가격	3월매출 (천원)	4월매출 (천원)
FC1-01	주택세정제	청소세제	보리수	9,800원	18,300	21,800
WC2-03	살균세정제	청소세제	미래건강	21,300원	31,580	34,600
		청소세제 평균				28,200
	2	청소세제 개수				
FK1-01	트로피칼	주방세제	해피그린	9,700원	21,350	28,960
SK2-02	슈가버블	주방세제	미래건강	11,000원	50,700	56,590
CC1-02	비타민베리	주방세제	해피그린	8,500원	19,840	23,770
		주방세제 평균				36,440
	3	주방세제 개수				
SL1-01	리큐 제트	세탁세제	미래건강	28,700원	82,570	92,600
SL2-02	파워젤	세탁세제	해피그린	18,500원	42,760	38,470
FL2-03	다우니 블루	세탁세제	보리수	15,300원	37,960	35,600
		세탁세제 평균				55,557
	3	세탁세제 개수				
		전체 평균				41,549
	8	전체 개수				

《조건》

(1) 부분합 – 《출력형태》처럼 정렬하고, 제품명의 개수와 4월매출(천원)의 평균을 구하시오.

(2) 개요 – 지우시오.

(3) 나머지 사항은 《출력형태》에 맞게 작성하시오.

MEMO

[제3작업] 피벗 테이블

- ☑ 피벗 테이블 작성하기
- ☑ 피벗 테이블 옵션 지정하기
- ☑ 필드 함수 지정하기

문제 미리보기

소스 : 유형06-2_문제.xlsx   정답 : 유형06-2_정답.xlsx

➔ **"제1작업"** 시트를 이용하여 **"제3작업"** 시트에 조건에 따라 ≪출력형태≫와 같이 작업하시오.

≪출력형태≫   〈80점〉

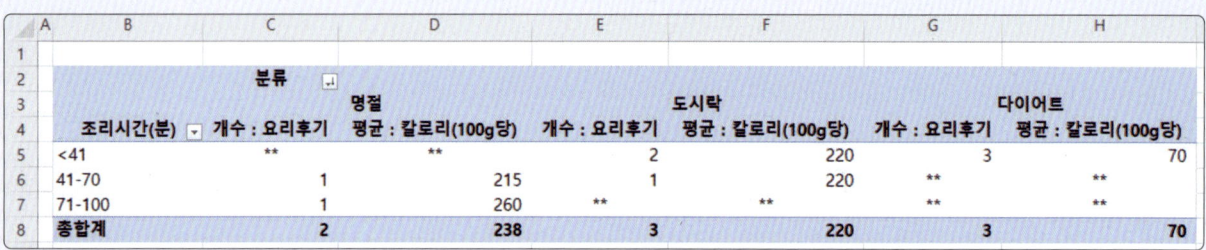

조리시간(분)	분류							
	명절		도시락		다이어트		
	개수 : 요리후기	평균 : 칼로리(100g당)	개수 : 요리후기	평균 : 칼로리(100g당)	개수 : 요리후기	평균 : 칼로리(100g당)
<41	**	**	2	220	3	70
41-70	1	215	1	220	**	**
71-100	1	260	**	**	**	**
총합계	2	238	3	220	3	70

≪조건≫

(1) 조리시간(분) 및 분류별 요리후기의 개수와 칼로리(100g당)의 평균을 구하시오.

(2) 조리시간(분)을 그룹화하고, 분류를 ≪출력형태≫와 같이 정렬하시오.

(3) 레이블이 있는 셀 병합 및 가운데 맞춤 적용 및 빈 셀은 '**'로 표시하시오.

(4) 행의 총합계는 지우고, 나머지 사항은 ≪출력형태≫에 맞게 작성하시오.

제3작업

- [제3작업]은 '**정렬 및 부분합**'과 '**피벗 테이블**' 두 가지 유형의 문제가 번갈아가며 출제되고 있습니다. '정렬 및 부분합'과 '피벗 테이블'은 전혀 다른 기능을 사용하기 때문에 두 가지 유형에 대한 학습이 반드시 필요합니다.

난이도	권장 시간 / 시험 시간	유형 점수 / 시험 점수
★★☆☆☆	10분 / 60분	80점 / 500점

➡ **출제 경향** : 출제 문제를 분석

☑ [제3작업]은 '정렬 및 부분합'과 '피벗 테이블' 두 가지 유형의 문제가 번갈아가며 출제되고 있습니다. '정렬 및 부분합'과 '피벗 테이블'은 전혀 다른 기능을 사용하기 때문에 두 가지 유형에 대한 학습이 반드시 필요합니다.

☑ 피벗 테이블 그룹 지정은 다양한 형태로 출제되고 있는데 최근에 출제된 문제들의 그룹을 보면 '작품 제출일 (월)', '가격(시작 : 20001, 끝 : 80000, 단위 : 20000)', '완공연도(시작 : 2004, 끝 : 2017, 단위 : 4)', '판매 가(시작 : 10001, 끝 : 55000, 단위 : 15000)' '가입일(연)' 등으로 출제되고 있습니다. 그룹 지정은 주로 '시 작, 끝, 단위'를 직접 입력하는 문제가 많이 출제되기 때문에 해당 기능에 대한 학습이 필요합니다.

➡ **주의 사항** : 실수가 많은 내용

☑ 피벗 테이블을 ≪조건≫ 순서로 필드를 드래그합니다.

☑ 잘못 옮겨진 필드는 워크시트 쪽으로 드래그하거나 필드를 클릭 후 [필드 제거]를 선택합니다.

☑ 값에 들어갈 필드의 함수를 정확히 선택합니다. (예) 평균, 합계, 개수

➡ **주요 단축키** : 작업 시간 단축에 도움

☑ 저장 : Ctrl + S

---

 01 분석할 데이터 범위 선택 및 필드 목록 지정

≪조건≫ : **"제1작업"** 시트를 이용하여 **"제3작업"** 시트에 조건에 따라 ≪출력형태≫와 같이 작업하시오.

❶ 유형06-2_문제.xlsx 파일을 불러와 [제1작업] 시트를 클릭합니다. 이어서, [B4:H12] 영역을 드래그한 후 [삽입] 탭의 [표] 그룹에서 '피벗 테이블( )'을 클릭합니다.

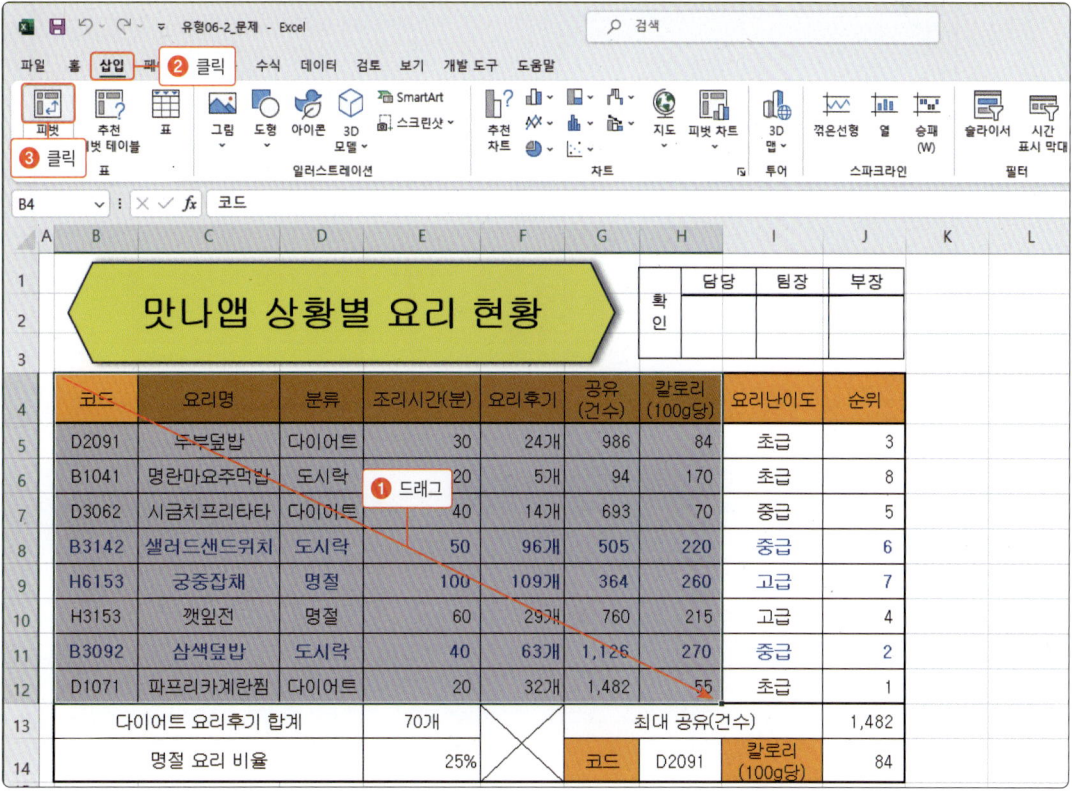

❷ [표 또는 범위의 피벗 테이블] 대화상자가 나오면 **표/범위**(**제1작업!$B$4:$H$12**)를 확인합니다. 이어서, 피벗 테이블을 배치할 위치를 '**기존 워크시트**'로 클릭하고, [**제3작업**] 시트의 [B2] 셀을 클릭한 후 〈확인〉 단추를 클릭합니다.

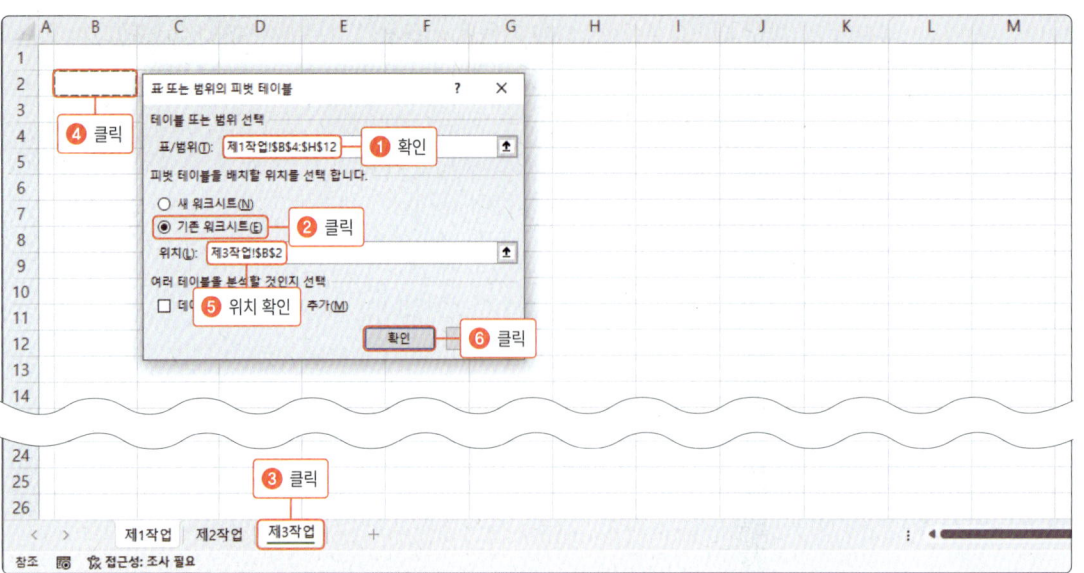

❸ [제3작업] 시트에 빈 피벗 테이블이 만들어지면 화면 오른쪽의 [피벗 테이블 필드] 작업 창에서 '보고서에 추가할 필드 선택:' 항목 중 '**조리시간(분)**' 필드를 '**행**' 레이블 위치로 드래그 합니다.

※ '조리시간(분)' 필드 위에서 마우스 오른쪽 단추를 눌러 [행 레이블에 추가]를 클릭해도 됩니다.

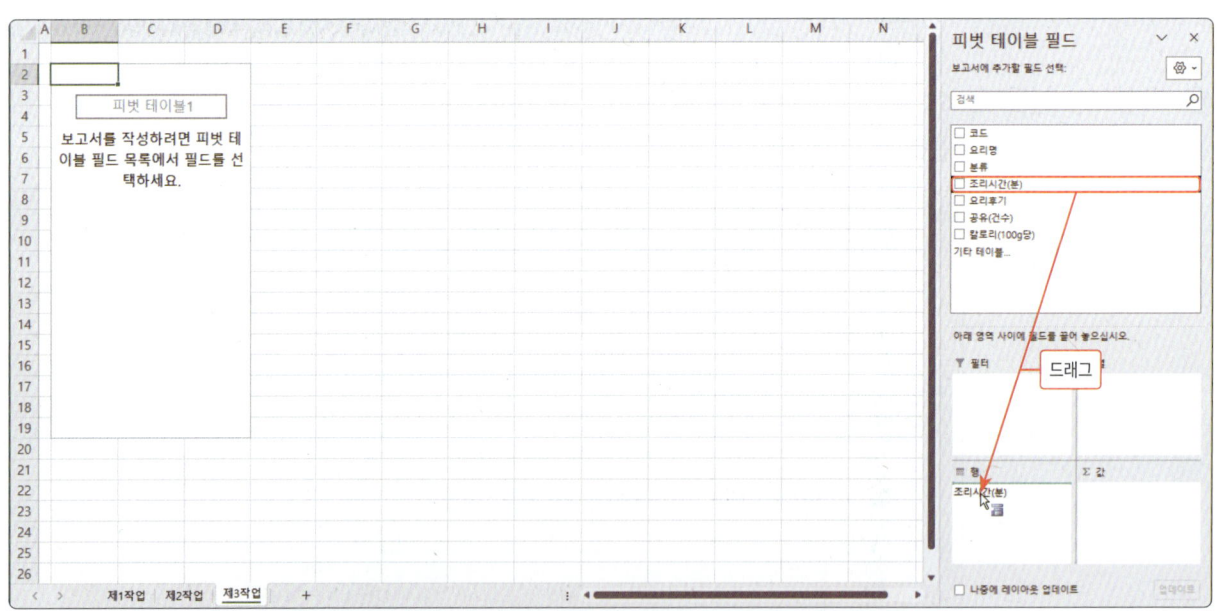

✊ **[피벗 테이블 필드] 작업 창이 사라졌을 경우**
TIP

[B2] 셀을 클릭한 후 [피벗 테이블 분석] 탭의 [표시] 그룹에서 '**필드 목록(▤)**'을 클릭하면 다시 활성화됩니다.

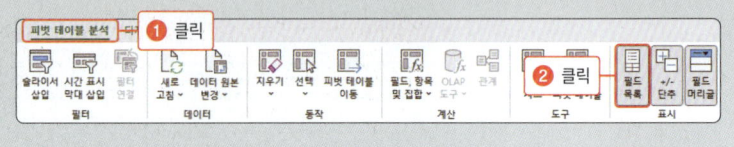

④ 동일한 방법으로 '**분류**' 필드를 '**열**' 레이블 위치로 드래그 합니다. 이어서, '**요리후기**'와 '**칼로리(100g당)**' 필드를 '**Σ 값**' 위치로 각각 드래그 합니다.

※ '요리후기'와 '칼로리(100g당)' 필드를 'Σ 값' 위치로 드래그할 때는 반드시 ≪조건≫과 동일한 순서(요리후기 → 칼로리(100g당))로 드래그해야 합니다.

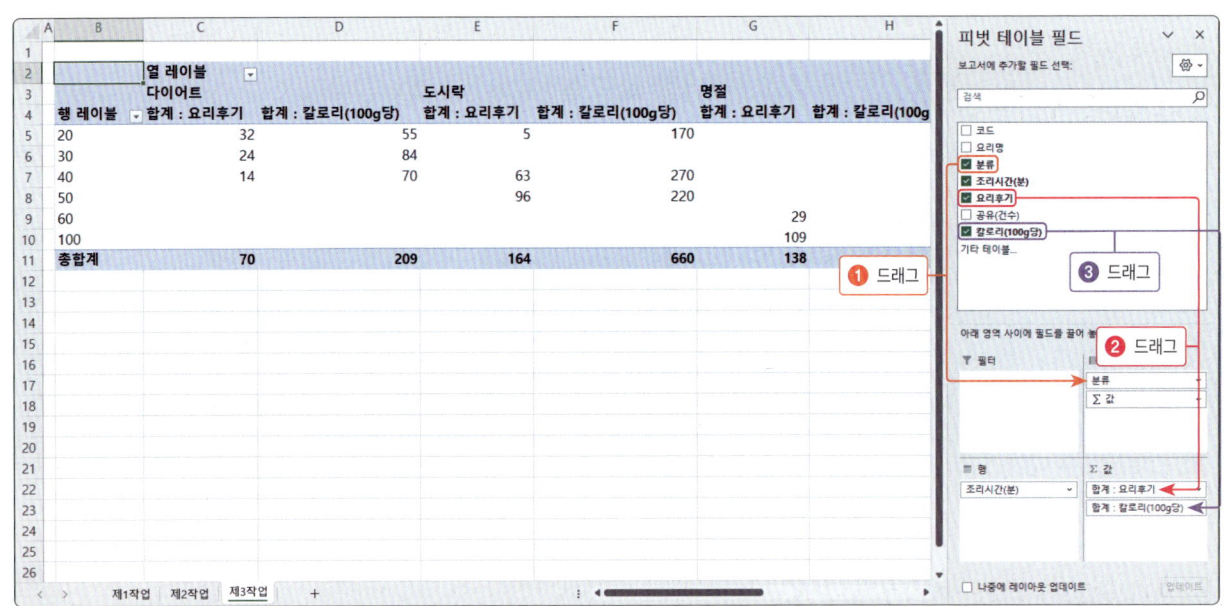

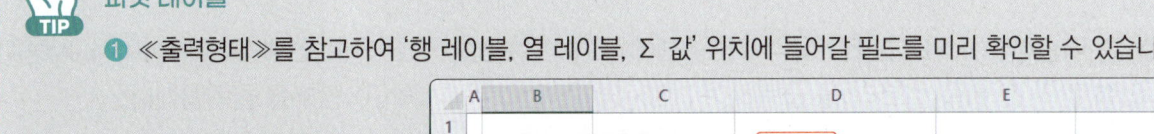

✊ **피벗 테이블**
TIP

❶ ≪출력형태≫를 참고하여 '행 레이블, 열 레이블, Σ 값' 위치에 들어갈 필드를 미리 확인할 수 있습니다.

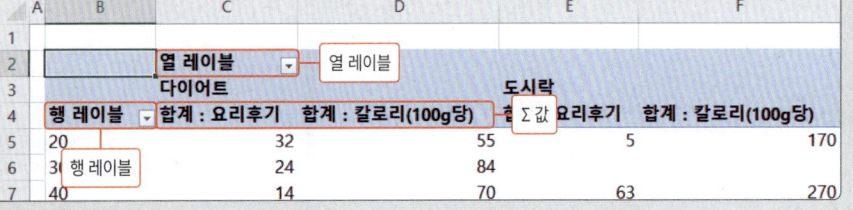

❷ 필드 삭제 : 삭제할 필드를 워크시트 쪽으로 드래그하거나, 필드를 클릭한 후 [필드 제거]를 선택합니다.

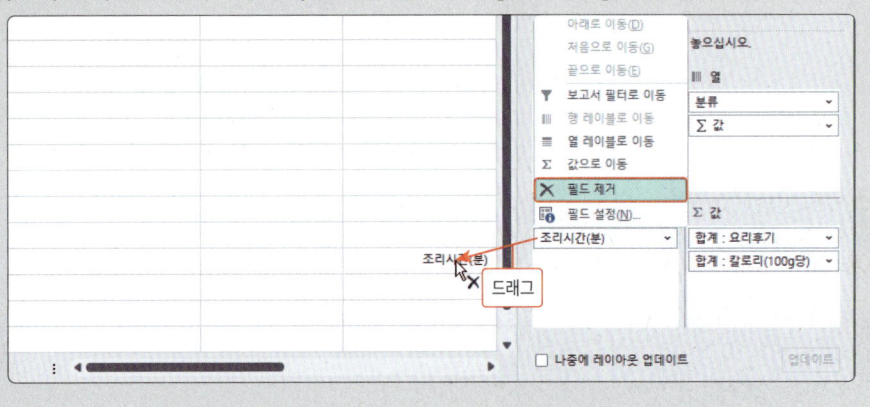

≪**조건**≫ : (1) 조리시간(분) 및 분류별 요리후기의 개수와 칼로리(100g당)의 평균을 구하시오.
(2) 조리시간(분)을 그룹화하고, 분류를 ≪출력형태≫와 같이 정렬하시오.

❶ '**Σ 값**'에서 `합계 : 요리후기`를 클릭한 후 [**값 필드 설정**(🔳)]을 클릭합니다.

❷ [**값 필드 설정**] 대화상자가 나오면 [**값 요약 기준**] 탭에서 계산 유형을 '**개수**'로 선택한 후 〈확인〉 단추를 클릭합니다.

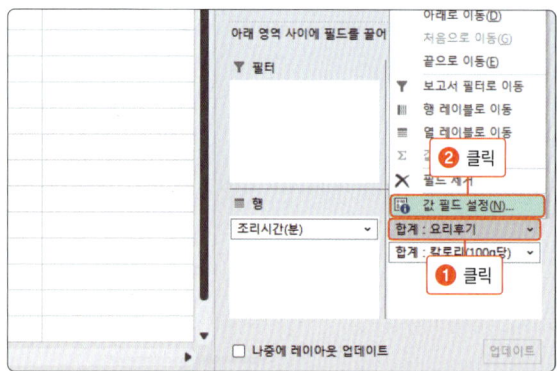 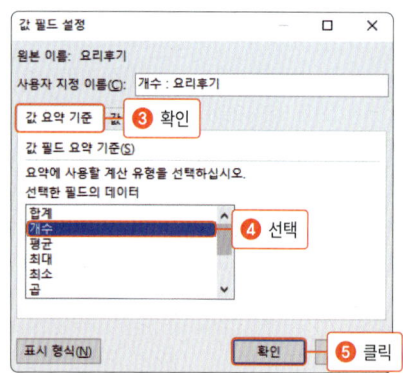

❸ '**Σ 값**'에서 `합계 : 칼로리(100g당)`을 클릭한 후 [**값 필드 설정**(🔳)]을 클릭합니다.

❹ [**값 필드 설정**] 대화상자가 나오면 [**값 요약 기준**] 탭에서 계산 유형을 '**평균**'으로 선택합니다. 이어서, 사용자 지정 이름 입력 칸의 맨 뒤쪽(칼로리)을 클릭하여 (100g당)을 입력한 후 〈확인〉 단추를 클릭합니다.

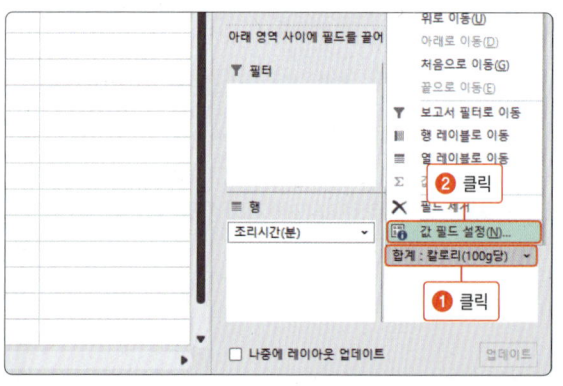 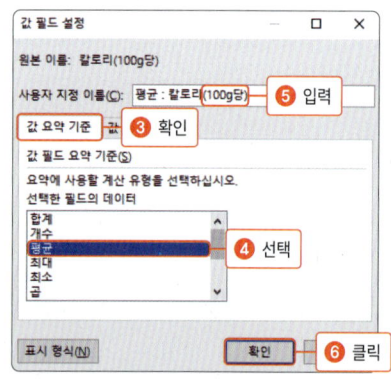

👊 **사용자 지정 이름**

기본적인 피벗 테이블이 완성되면 필드명이 ≪출력형태≫와 같은지 반드시 확인합니다. 만약 필드명이 다를 경우에는 [값 필드 설정] 대화상자의 사용자 지정 이름 입력 칸에서 필드명을 수정합니다.

• 평균 : 칼로리 → 평균 : 칼로리(100g당)

⑤ [B5] 셀 위에서 마우스 오른쪽 단추를 눌러 바로가기 메뉴가 나오면 [**그룹**]을 클릭합니다. [그룹화] 대화상자가 나오면 '**시작**(41)', '**끝**(100)', '**단위**(30)'를 입력한 후 〈확인〉 단추를 클릭합니다.

※ 그룹화 작업은 ≪출력형태≫를 참고하여 작업합니다.

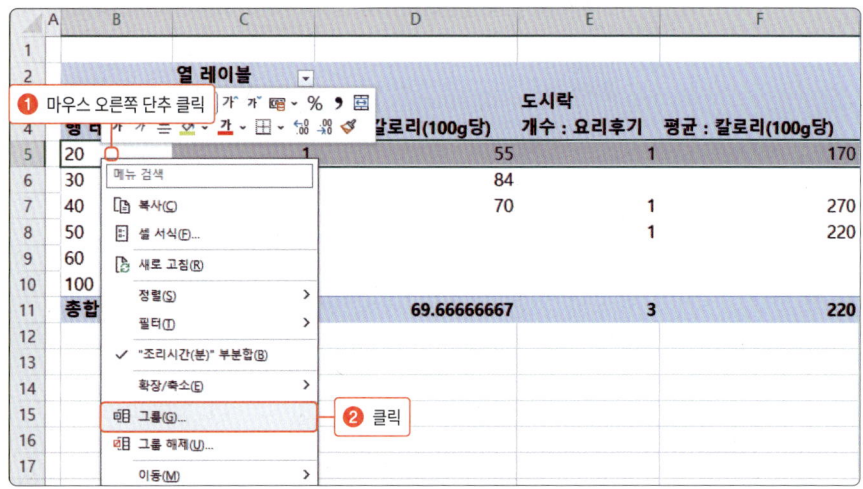 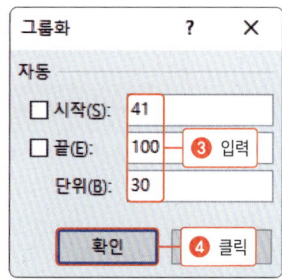

옵션 지정 및 ≪출력형태≫에 맞게 작성하기

≪**조건**≫ : (2) 조리시간(분)을 그룹화하고, 분류를 ≪출력형태≫와 같이 정렬하시오.
   (3) 레이블이 있는 셀 병합 및 가운데 맞춤 적용 및 빈 셀은 '**＊＊**'로 표시하시오.
   (4) 행의 총합계는 지우고, 나머지 사항은 ≪출력형태≫에 맞게 작성하시오.

■ 옵션 지정

① 작성된 피벗 테이블 안에서 마우스 오른쪽 단추를 눌러 바로가기 메뉴가 나오면 [**피벗 테이블 옵션**]을 클릭합니다.

② [피벗 테이블 옵션] 대화상자가 나오면 [레이아웃 및 서식] 탭을 클릭합니다. 이어서, '**레이블이 있는 셀 병합 및 가운데 맞춤**' 항목을 체크한 후 빈 셀 표시 입력 칸에 '**＊＊**'를 입력합니다.

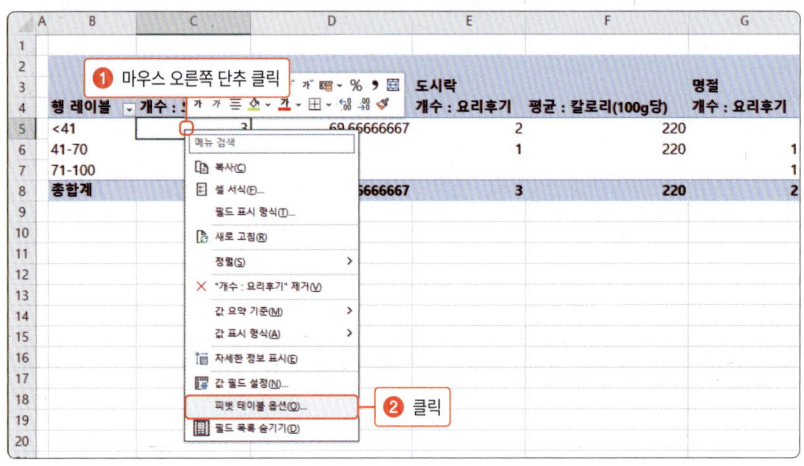 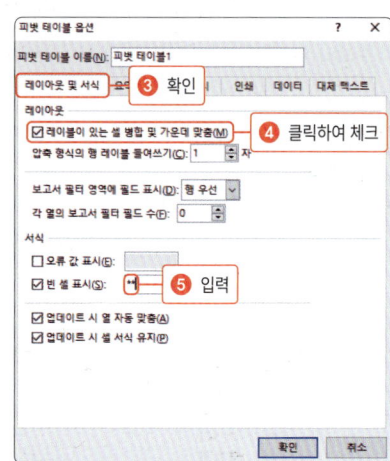

❸ 이어서, [요약 및 필터] 탭을 클릭하여 '행 총합계 표시'의 체크를 해제한 후 〈확인〉 단추를 클릭합니다.

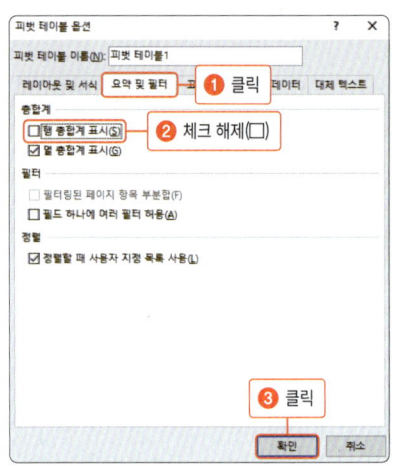

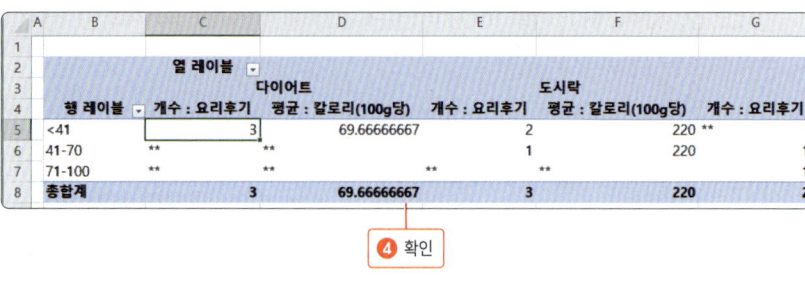

■ 정렬하기

❹ 정렬 작업을 하기 위하여 기준 열인 '다이어트'를 클릭한 후 [데이터] 탭의 [정렬 및 필터] 그룹에서 **'텍스트 내림차순 정렬( )'**을 클릭합니다.

※ 피벗 테이블의 정렬은 기본 정렬(오름차순/내림 차순)과 마우스로 드래그하여 정렬하는 방법으로 문제가 출제됩니다.

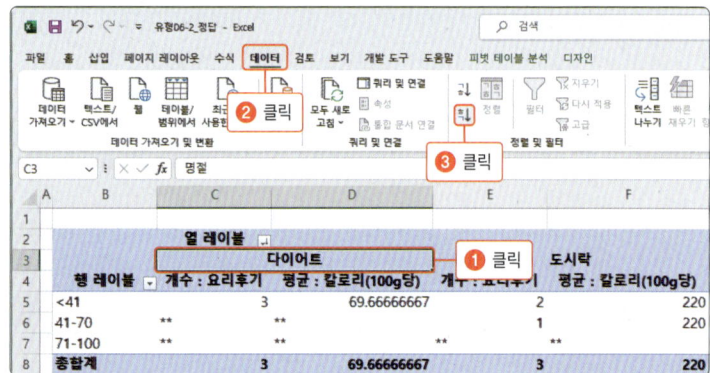

목록 단추로 정렬 구분하기(, ,)

≪출력형태≫에서 열 레이블의 목록 단추를 확인하면 보다 빠르고 정확하게 정렬 작업을 할 수 있습니다. 정렬 작업 후 결과가 다를 수도 있으니 반드시 ≪출력형태≫와 비교합니다.

❶ 오름차순( ) : **열 레이블**   ❷ 내림차순( ) : **열 레이블**   ❸ 마우스 드래그( ) : **열 레이블**

마우스로 드래그하여 필드 정렬하기

마우스로 드래그할 필드(명절)를 클릭합니다. 이어서, 테두리 위로 마우스 포인터를 이동시킨 후 원하는 방향(아래 예제는 왼쪽 방향)으로 드래그하여 정렬 시킵니다.

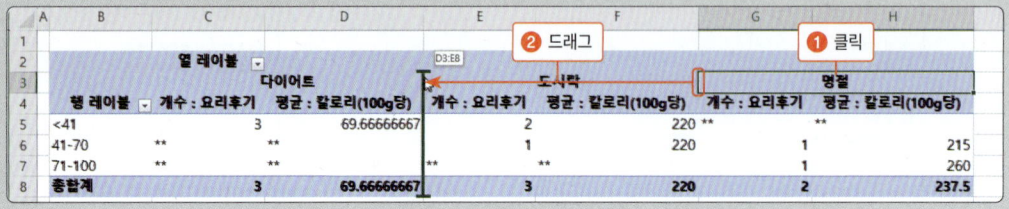

■ 쉼표 스타일 적용 및 가운데 맞춤 후 필드명 변경하기

⑤ [C5:H8] 영역을 드래그한 후 [홈] 탭의 [맞춤] 그룹에서 '**가운데 맞춤(▤)**'을 클릭합니다. 이어서, [표시 형식] 그룹에서 '**쉼표 스타일(,)**'을 클릭합니다.

※ 만약 《출력형태》의 피벗 테이블에서 첫 번째 열의 데이터([B5:B8])가 포함되어 가운데 정렬로 지정되어 있으면 [B5:B8] 영역을 드래그한 후 왼쪽 맞춤(▤)을 지정합니다.

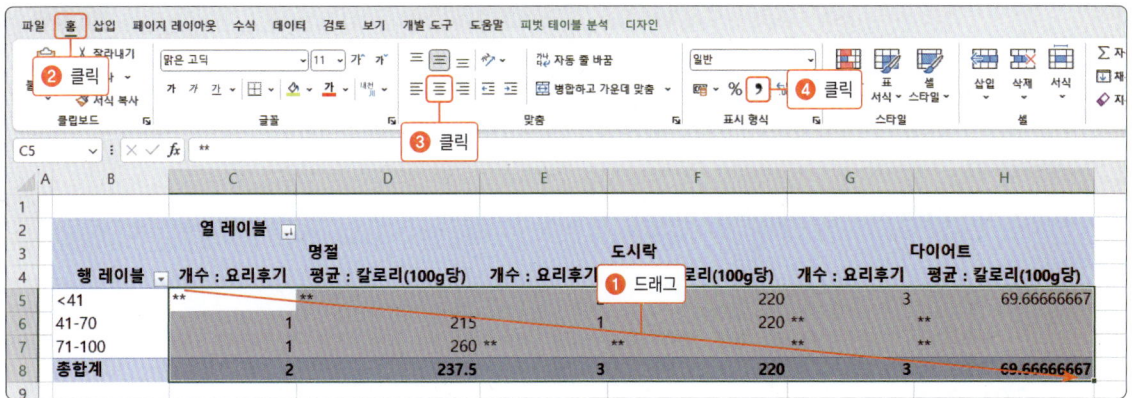

⑥ [C2] 셀을 클릭한 후 '**분류**'를 입력합니다. 이어서, [B4] 셀을 클릭한 후 '**조리시간(분)**'을 입력합니다.

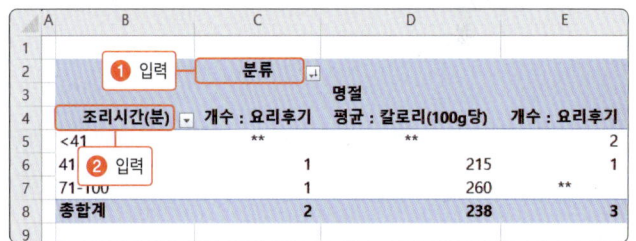

⑦ 모든 작업이 끝나면 [파일]-[저장](Ctrl+S) 또는 [빠른 실행 도구 모음]에서 '**저장(▣)**'을 클릭합니다.

※ 실제 시험을 볼 때 작업 도중에 수시로(10분에 한 번 정도) 저장을 하는 것이 좋습니다.

[제3작업] 피벗 테이블

다음과 같이 《조건》 및 《출력형태》를 작성해 보세요.

작성 시간 / 권장 시간

분 / 10분

· 소스 : 정복06-2_문제01.xlsx   · 정답 : 정복06-2_정답01.xlsx

➡️ "**제1작업**" 시트를 이용하여 "**제3작업**" 시트에 조건에 따라 《출력형태》와 같이 작업하시오.

《출력형태》

판매금액	개수 : 제품명	평균 : 판매수량(단위:대)	개수 : 제품명	평균 : 판매수량(단위:대)	개수 : 제품명	평균 : 판매수량(단위:대)
	제조사					
	티파니		이지전자		레온	
1-200000	1	256	2	141	1	157
200001-400000	**	**	1	94	2	186
400001-600000	1	201	**	**	**	**
총합계	2	229	3	125	3	176

《조건》

(1) 판매금액 및 제조사별 제품명의 개수와 판매수량(단위:대)의 평균을 구하시오.

(2) 판매금액을 그룹화하고, 제조사를 《출력형태》와 같이 정렬하시오.

(3) 레이블이 있는 셀 병합 및 가운데 맞춤 적용 및 빈 셀은 '**'로 표시하시오.

(4) 행의 총합계는 지우고, 나머지 사항은 《출력형태》에 맞게 작성하시오.

다음과 같이 《조건》 및 《출력형태》를 작성해 보세요.

작성 시간 / 권장 시간

분 / 10분

· 소스 : 정복06-2_문제02.xlsx   · 정답 : 정복06-2_정답02.xlsx

➡️ "**제1작업**" 시트를 이용하여 "**제3작업**" 시트에 조건에 따라 《출력형태》와 같이 작업하시오.

《출력형태》

가격	개수 : 제품명	평균 : 당월판매량	개수 : 제품명	평균 : 당월판매량	개수 : 제품명	평균 : 당월판매량
	분류					
	종이		스티로폼(PS)		봉지	
1-1000	**	**	**	**	1	13,900
1001-2000	2	25,700	1	9,030	2	37,025
2001-3000	1	10,900	1	22,500	**	**
총합계	3	20,767	2	15,765	3	29,317

《조건》

(1) 가격 및 분류별 제품명의 개수와 당월판매량의 평균을 구하시오.

(2) 가격을 그룹화하고, 분류를 《출력형태》와 같이 정렬하시오.

(3) 레이블이 있는 셀 병합 및 가운데 맞춤 적용 및 빈 셀은 '**'로 표시하시오.

(4) 행의 총합계는 지우고, 나머지 사항은 《출력형태》에 맞게 작성하시오.

다음과 같이 《조건》 및 《출력형태》를 작성해 보세요.

· 소스 : 정복06-2_문제03.xlsx   · 정답 : 정복06-2_정답03.xlsx

작성 시간 / 권장 시간
분 / 10분

➡ **"제1작업"** 시트를 이용하여 **"제3작업"** 시트에 조건에 따라 《출력형태》와 같이 작업하시오.

《출력형태》

	A	B	C	D	E	F	G	H
1								
2			주요 활동 ⊡					
3			체험 활동			책 읽기		영상 상영
4		이용자 수 ⊡	개수 : 도서관명	평균 : 대출 도서량(단위:권)	개수 : 도서관명	평균 : 대출 도서량(단위:권)	개수 : 도서관명	평균 : 대출 도서량(단위:권)
5		1001-2000	2	169	1	458	2	205
6		2001-3000	***	***	1	450	***	***
7		3001-4000	***	***	2	600	***	***
8		총합계	2	169	4	527	2	205

《조건》

(1) 이용자 수 및 주요 활동별 도서관명의 개수와 대출 도서량(단위:권)의 평균을 구하시오.

(2) 이용자 수를 그룹화하고, 주요 활동을 《출력형태》와 같이 정렬하시오.

(3) 레이블이 있는 셀 병합 및 가운데 맞춤 적용 및 빈 셀은 '***'로 표시하시오.

(4) 행의 총합계는 지우고, 나머지 사항은 《출력형태》에 맞게 작성하시오.

다음과 같이 《조건》 및 《출력형태》를 작성해 보세요.

· 소스 : 정복06-2_문제04.xlsx   · 정답 : 정복06-2_정답04.xlsx

작성 시간 / 권장 시간
분 / 10분

➡ **"제1작업"** 시트를 이용하여 **"제3작업"** 시트에 조건에 따라 《출력형태》와 같이 작업하시오.

《출력형태》

	A	B	C	D	E	F	G	H
1								
2			제조사 ⊡					
3			해피그린			보리수		미래건강
4		가격 ⊡	개수 : 제품명	평균 : 4월매출(천원)	개수 : 제품명	평균 : 4월매출(천원)	개수 : 제품명	평균 : 4월매출(천원)
5		1-10000	2	26,365	1	21,800	*	*
6		10001-20000	1	38,470	1	35,600	1	56,590
7		20001-30000	*	*	*	*	2	63,600
8		총합계	3	30,400	2	28,700	3	61,263

《조건》

(1) 가격 및 제조사별 제품명의 개수와 4월매출(천원)의 평균을 구하시오.

(2) 가격을 그룹화하고, 제조사를 《출력형태》와 같이 정렬하시오.

(3) 레이블이 있는 셀 병합 및 가운데 맞춤 적용 및 빈 셀은 '*'로 표시하시오.

(4) 행의 총합계는 지우고, 나머지 사항은 《출력형태》에 맞게 작성하시오.

[제4작업] 그래프

☑ 차트를 작성할 데이터 범위 지정하기 ☑ 차트를 삽입한 후 레이아웃 변경하기
☑ 차트 요소에 서식 지정하기 ☑ 도형 삽입하기

 **미리보기** 소스 : 유형07_문제.xlsx 정답 : 유형07_정답.xlsx

➜ "제1작업" 시트를 이용하여 조건에 따라 ≪출력형태≫와 같이 작업하시오.

≪조건≫ 〈100점〉

(1) 차트 종류 ⇒ 〈묶은 세로 막대형〉으로 작업하시오.

(2) 데이터 범위 ⇒ "제1작업" 시트의 내용을 이용하여 작업하시오.

(3) 위치 ⇒ "새 시트"로 이동하고, "제4작업"으로 시트 이름을 바꾸시오.

(4) 차트 디자인 도구 ⇒ 레이아웃 3, 스타일 1을 선택하여 ≪출력형태≫에 맞게 작업하시오.

(5) 영역 서식 ⇒ 차트 : 글꼴(굴림, 11pt), 채우기 효과(질감-파랑 박엽지)
    그림 : 채우기(흰색, 배경1)

(6) 제목 서식 ⇒ 차트 제목 : 글꼴(굴림, 굵게, 20pt), 채우기(흰색, 배경1), 테두리

(7) 서식 ⇒ 요리후기 계열의 차트 종류를 〈표식이 있는 꺾은선형〉으로 변경한 후 보조 축으로 지정하시오.
    계열 : ≪출력형태≫를 참조하여 표식(네모, 크기 10)과 레이블 값을 표시하시오.
    눈금선 : 선 스타일-파선
    축 : ≪출력형태≫를 참조하시오.

(8) 범례 ⇒ 범례명을 변경하고 ≪출력형태≫를 참조하시오.

(9) 도형 ⇒ '말풍선: 모서리가 둥근 사각형 설명선'을 삽입한 후 ≪출력형태≫와 같이 내용을 입력하시오.

(10) 나머지 사항은 ≪출력형태≫에 맞게 작성하시오.

≪출력형태≫

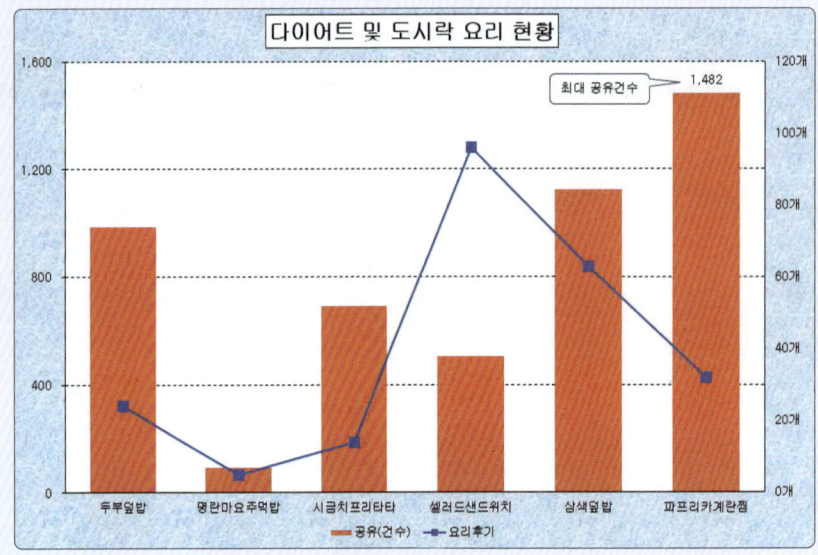

주의 ➜ 시트명 순서가 차례대로 "제1작업", "제2작업", "제3작업", "제4작업"이 되도록 할 것.

난이도	권장 시간 / 시험 시간	유형 점수 / 시험 점수
★★★☆☆	10분 / 60분	100점 / 500점

시험 분석

➔ **출제 경향 : 출제 문제를 분석**

☑ 과년도 기출문제를 분석한 결과 차트 종류는 '묶은 세로 막대형'으로 출제되었으며, 특정 계열을 '표식이 있는 꺾은선형'으로 변경하여 보조 축으로 지정하는 문제가 고정적으로 출제되기 때문에 혼합을 이용하여 차트를 작성하는 것이 편리합니다.

☑ 눈금선 및 축 변경 : 눈금선의 선 스타일은 '파선'으로 고정되어 출제되었으며, 축 변경은 보조 세로 축의 '주 단위' 값을 변경하는 것이 대부분이었습니다.

☑ 범례 : 범례는 아래쪽에 고정되어 출제되었으며, 범례명(계열 이름)을 변경하는 문제가 자주 출제되었습니다.

☑ 도형 : 차트에 삽입하는 도형은 대부분 '말풍선: 모서리가 둥근 사각형 설명선'으로 출제되고 있으며, 도형 안에 글자를 입력한 후 글꼴(맑은 고딕)과 글꼴 크기(11pt)는 별도로 변경하지 않아도 됩니다.

➔ **주의 사항 : 실수가 많은 내용**

☑ 조건에 맞게 데이터 범위를 지정합니다.

☑ 글꼴 지정 순서는 차트 영역을 지정한 다음 차트 제목 순서로 글꼴을 지정합니다.

➔ **주요 단축키 : 작업 시간 단축에 도움**

☑ 저장 : Ctrl + S

Skill 01 | **새로운 시트에 차트 작성하기**

≪조건≫ : (1) 차트 종류 ⇒ 〈묶은 세로 막대형〉으로 작업하시오.
  (2) 데이터 범위 ⇒ "제1작업" 시트의 내용을 이용하여 작업하시오.
  (3) 위치 ⇒ "새 시트"로 이동하고, "제4작업"으로 시트 이름을 바꾸시오.

 유형07_문제.xlsx 파일을 불러와 **[제1작업]** 시트를 클릭합니다. ≪출력형태≫를 참고하여 아래 그림처럼 차트를 만들 범위를 지정한 후 [삽입] 탭의 [차트] 그룹에서 '**추천 차트(📊)**'를 클릭합니다.

– [C4:C8] 영역을 드래그한 후 **Ctrl** 키를 누른 채 → [C11:C12] 영역을 드래그 → [F4:G8] 영역을 드래그 → [F11:G12] 영역을 드래그

※ [C4:C8] 영역을 드래그한 후에는 계속 **Ctrl** 키를 누른 상태로 범위를 지정하며, 연속되는 범위는 한 번에 드래그합니다.

※ 차트를 만들 때 가장 중요한 것은 데이터 범위를 지정하는 것으로 ≪출력형태≫의 '가로(항목)축(요리명)'과 '범례(요리후기, 공유(건수))'를 참고하여 작업합니다.

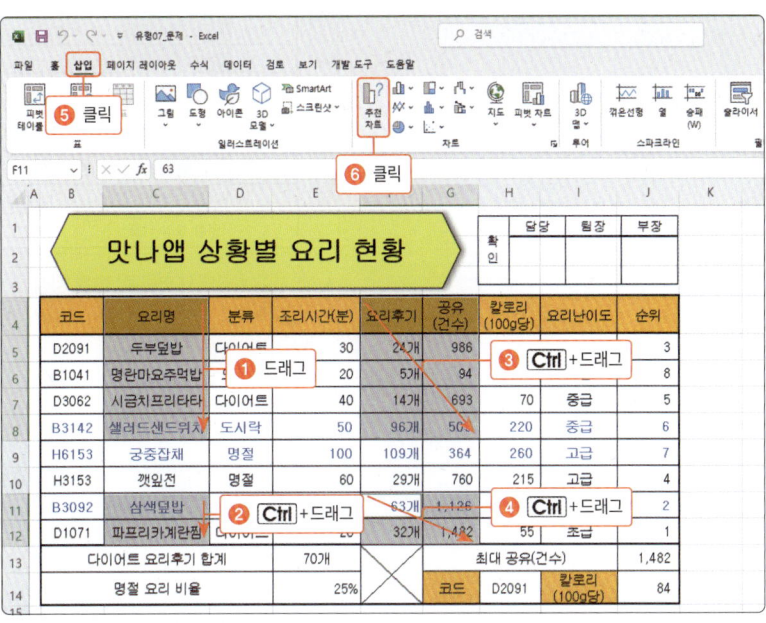

❷ [차트 삽입] 대화상자가 나오면 [모든 차트] 탭에서 [혼합(📊)]-'**사용자 지정 조합(📈)**'을 선택합니다. 이어서, '**요리후기' 계열**과 '**공유(건수)' 계열**의 차트 종류와 보조 축을 그림과 같이 지정한 후 〈확인〉 단추를 클릭합니다.

※ [혼합(📊)]-'사용자 지정 조합(📈)'을 이용하여 차트를 작성하면 각 계열의 차트 모양과 보조 축을 미리 지정할 수 있습니다.

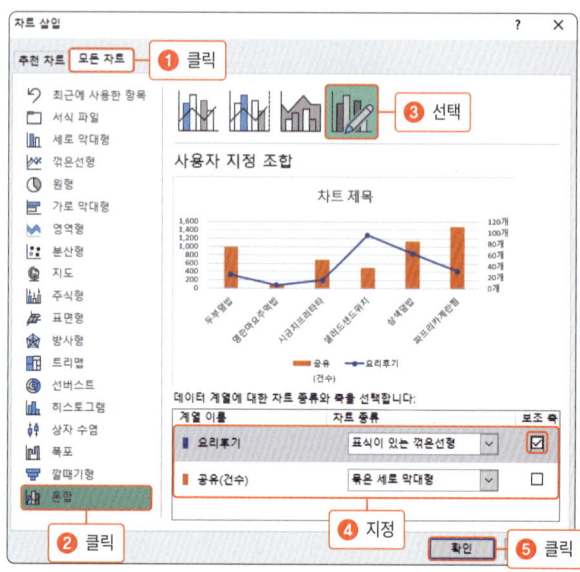

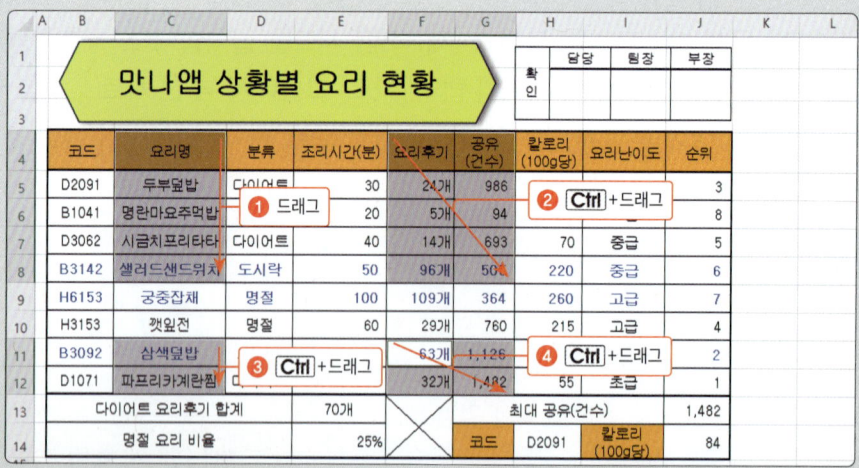

TIP 행 기준으로 차트 범위를 지정하는 방법

차트를 만들 때 데이터 범위를 지정하는 방법은 크게 '열 기준'과 '행 기준'이 있습니다. 현재 저희 교재는 '열 기준 (위에서 아래)'으로 데이터 범위를 지정하였지만 '행 기준(왼쪽에서 오른쪽)'으로 작업해도 결과는 동일합니다.

※ 엑셀 자동 채점 프로그램은 차트를 채점할 때 열 기준(위에서 아래)을 우선으로 채점하기 때문에 '행 기준(왼쪽에서 오른쪽)'으로 작업한 차트는 감점됩니다. 하지만 완성된 차트가 ≪출력형태≫와 동일하다면 실제 시험에서는 감점되지 않습니다.

▲ 행 기준(왼쪽에서 오른쪽) 범위 지정
[C4:C8] 영역을 드래그한 후 Ctrl 키를 누른 채 → [F4:G8] 영역을 드래그 → [C11:C12] 영역을 드래그 → [F11:G12] 영역을 드래그

❸ 차트가 삽입되면 [차트 디자인] 탭의 [위치] 그룹에서 '**차트 이동**(▦)'을 클릭합니다. [차트 이동] 대화상자가
나오면 '**새 시트**'를 선택하여 '**제4작업**'으로 시트 이름을 변경한 후 〈확인〉 단추를 클릭합니다.

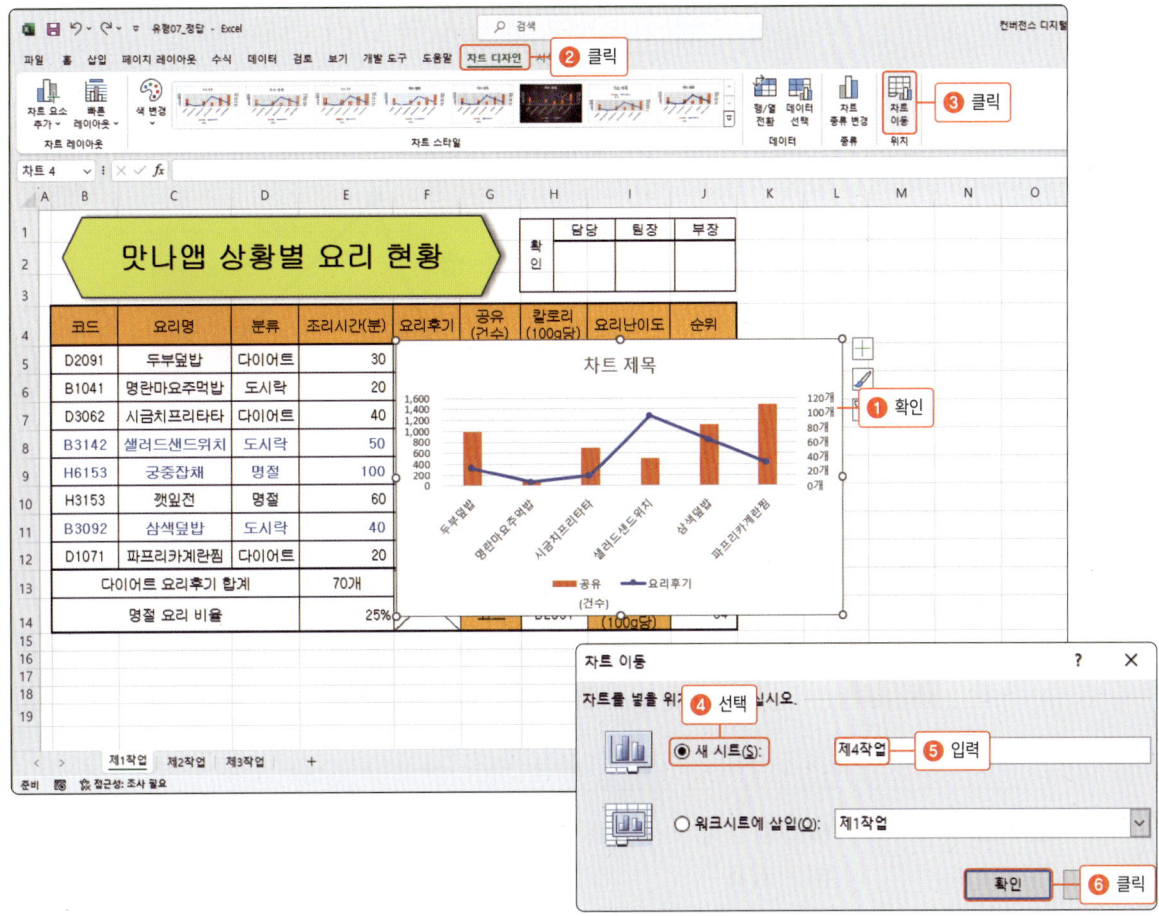

❹ 차트가 삽입된 [제4작업] 시트가 만들어지면 [제3작업] 뒤쪽으로 드래그하여 시트를 이동시킵니다.

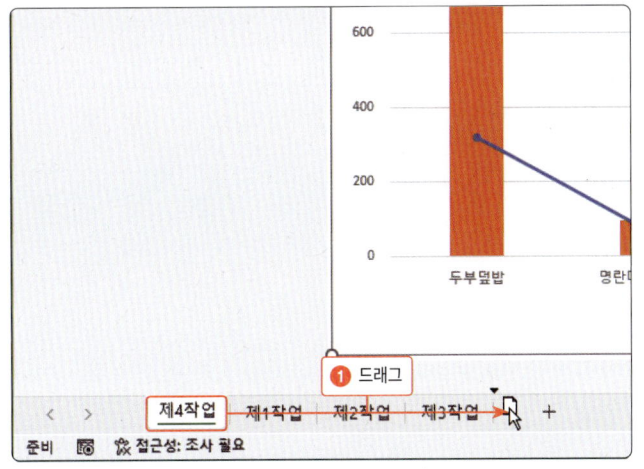 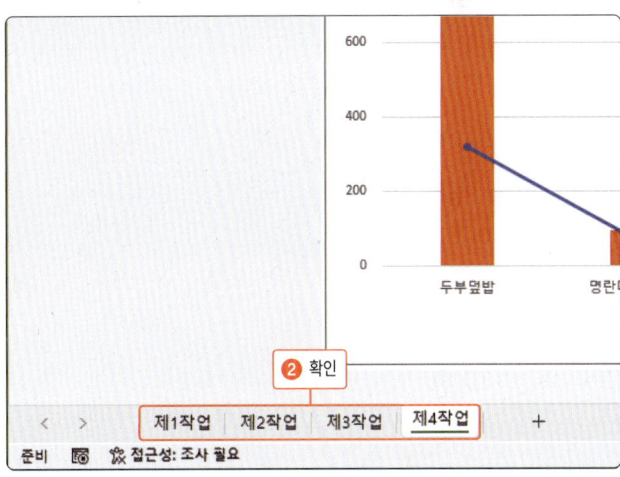

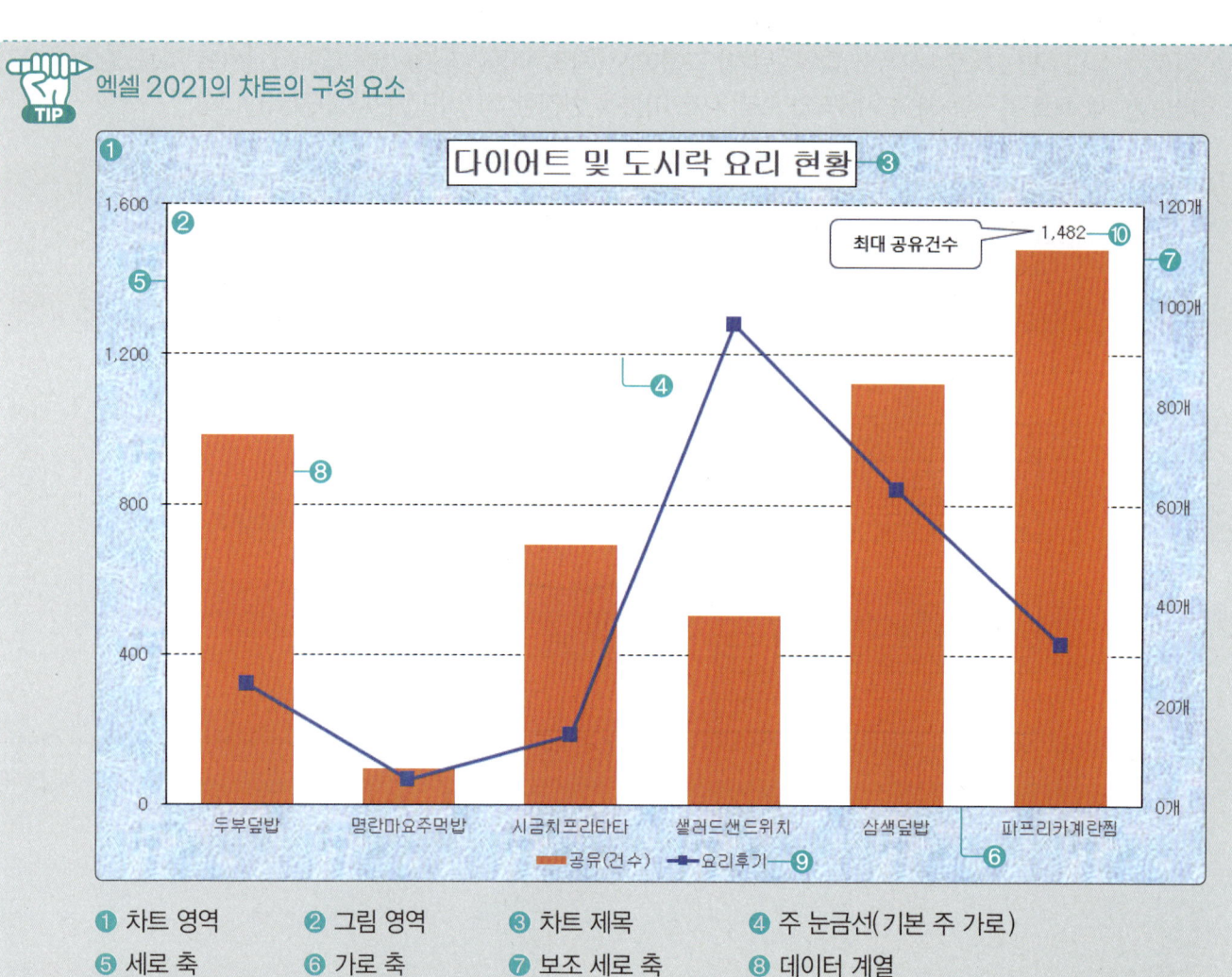

1 차트 영역   **2** 그림 영역   **3** 차트 제목   **4** 주 눈금선(기본 주 가로)

5 세로 축   **6** 가로 축   **7** 보조 세로 축   **8** 데이터 계열

9 범례   **10** 데이터 레이블

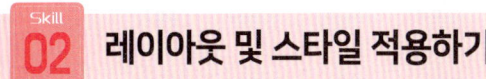

레이아웃 및 스타일 적용하기

≪조건≫ : ⑷ 차트 디자인 도구 ⇒ 레이아웃 3, 스타일 1을 선택하여 ≪출력형태≫에 맞게 작업하시오.

❶ [차트 디자인] 탭의 [차트 레이아웃] 그룹에서 [빠른 레이아웃(📊)]-'**레이아웃 3(📉)**'을 선택합니다.

※ 실제 시험지의 ≪출력형태≫와 묶은 세로 막대형의 막대 두께가 다르더라도 ≪조건≫에 맞추어 차트를 작성했다면 감점되지 않습니다.

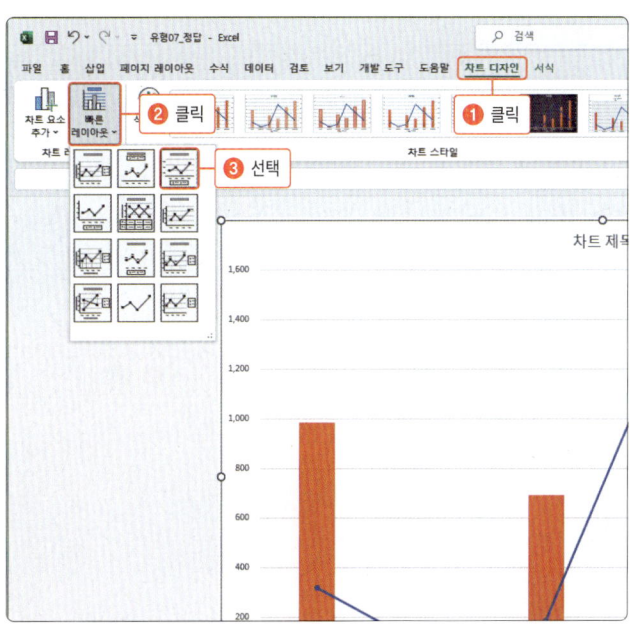
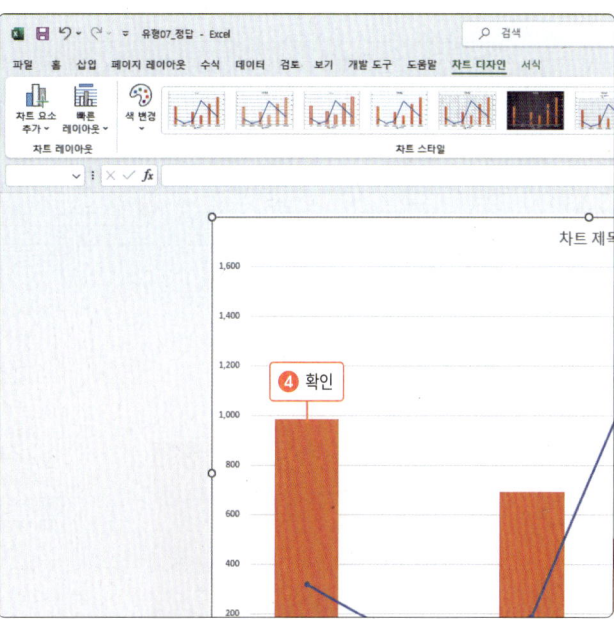

❷ 차트 레이아웃이 변경되면 [차트 디자인] 탭의 [차트 스타일] 그룹에서 '**스타일 1(📊)**'을 선택합니다.

※ 엑셀 2021에서는 차트를 삽입했을 때 기본적으로 '스타일 1(📊)'이 적용되어 있으며, 문제지 ≪조건≫에 맞추어 알맞은 스타일을 지정하도록 합니다.

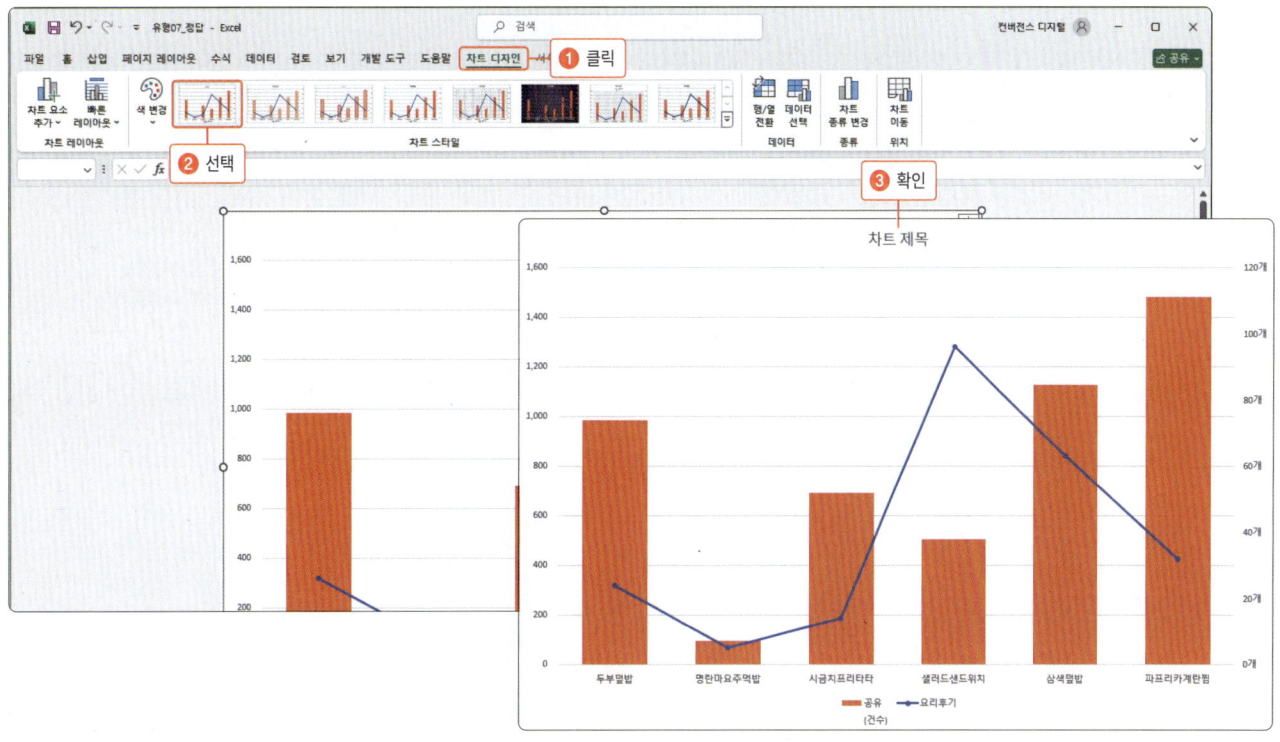

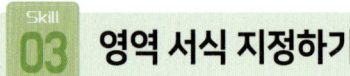

03 영역 서식 지정하기

≪조건≫ : ⑸ 영역 서식 ⇒ 차트 : 글꼴(굴림, 11pt), 채우기 효과(질감−파랑 박엽지), 그림 : 채우기(흰색, 배경1)

❶ 차트 영역을 클릭한 후 [홈] 탭의 [글꼴] 그룹에서 '**글꼴(굴림)**'과 '**글꼴 크기(11pt)**'를 지정합니다.

❷ 차트 영역 위에서 마우스 오른쪽 단추를 눌러 바로가기 메뉴가 나오면 [**차트 영역 서식**]을 클릭합니다.

※ 차트 영역을 더블 클릭해도 결과는 동일합니다.

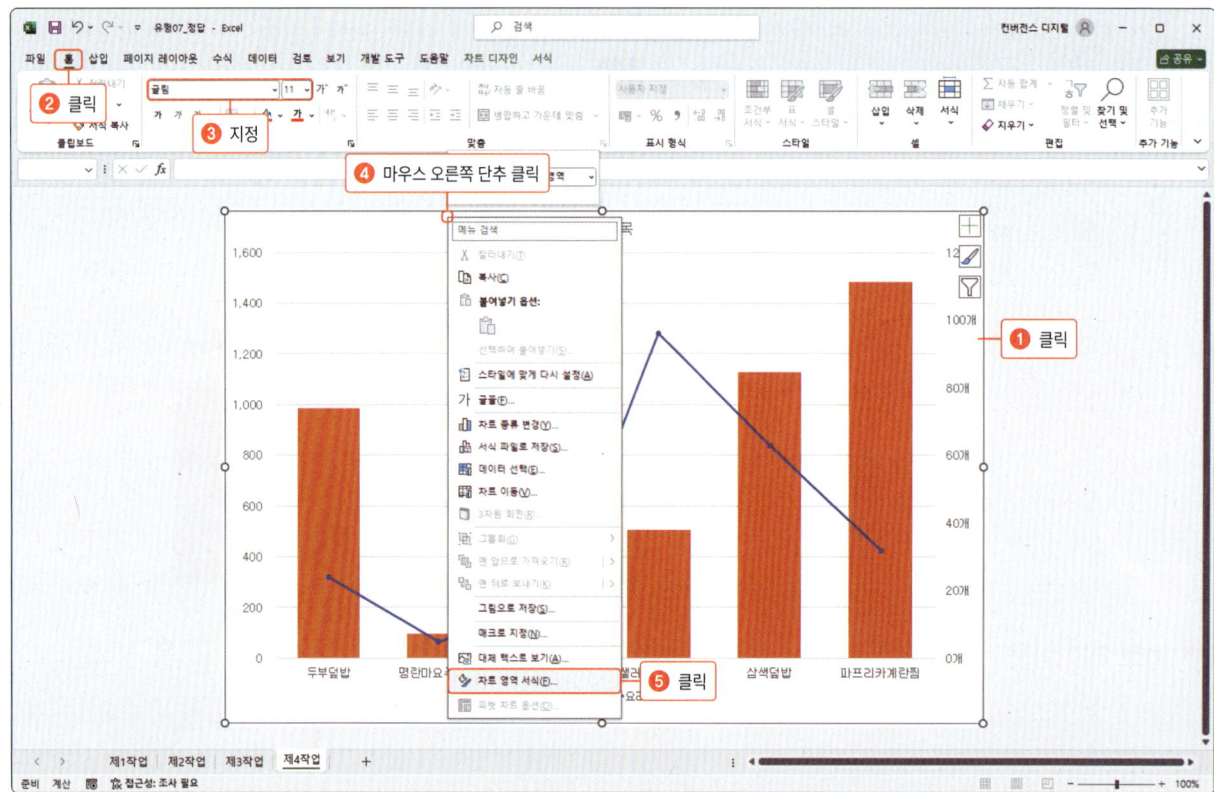

🤜 차트 서식 변경

❶ [서식] 탭의 [현재 선택 영역] 그룹에서 서식을 지정할 차트의 구성 요소를 선택합니다.

❷ 서식을 변경할 구성 요소(예 : 차트 영역)가 선택되면 바로 아래쪽에 있는 '**선택 영역 서식(🖌)**'을 클릭합니다.
이어서, 화면 오른쪽에 [차트 영역 서식] 작업 창이 활성화되면 필요한 서식을 변경합니다.

❸ 화면 오른쪽에 [차트 영역 서식] 작업 창이 활성화되면 **채우기 및 선(⬧)**을 클릭한 후 [채우기]-'그림 또는 질
감 채우기'를 선택합니다. 이어서, [**질감(⬚)**)-'파랑 박엽지'를 선택합니다.

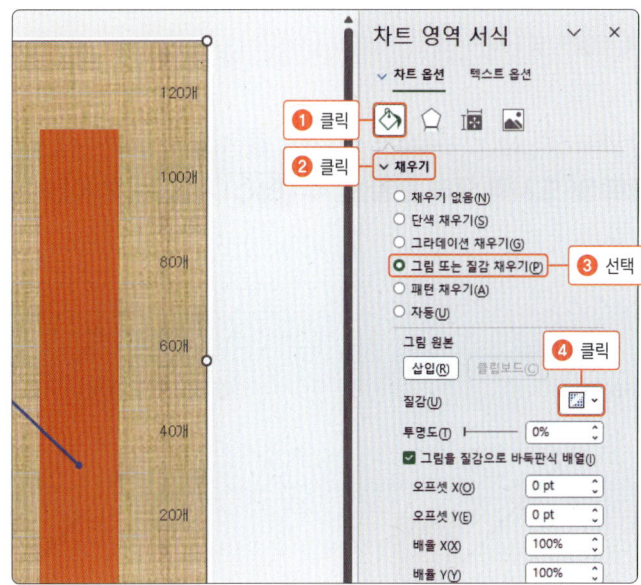
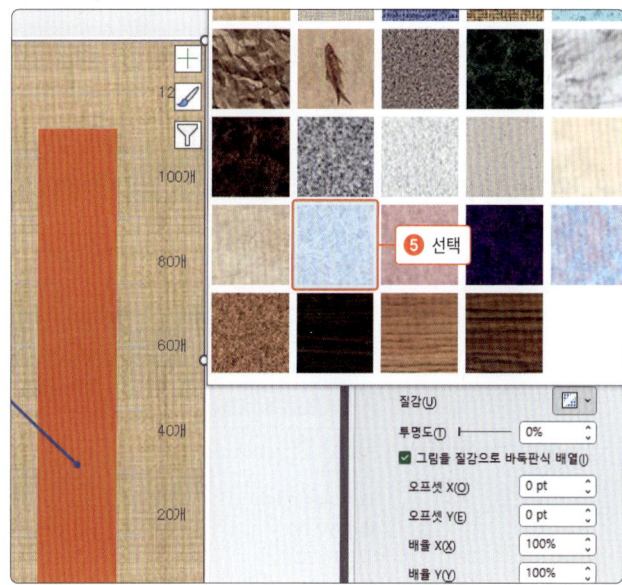

❹ 그림 영역을 클릭한 후 [그림 영역 서식] 작업 창에서 [**채우기]-'단색 채우기'**를 선택합니다. 이어서, [채우기
색(⬧)]-'흰색, 배경 1'을 선택한 후 작업 창을 종료(✕)합니다.

※ 교재에서는 이미지 캡처를 하기 위해 오른쪽 작업 창을 종료(✕)했지만 작업 창을 활성화시킨 채 다음 작업을 진행해
도 무관합니다.

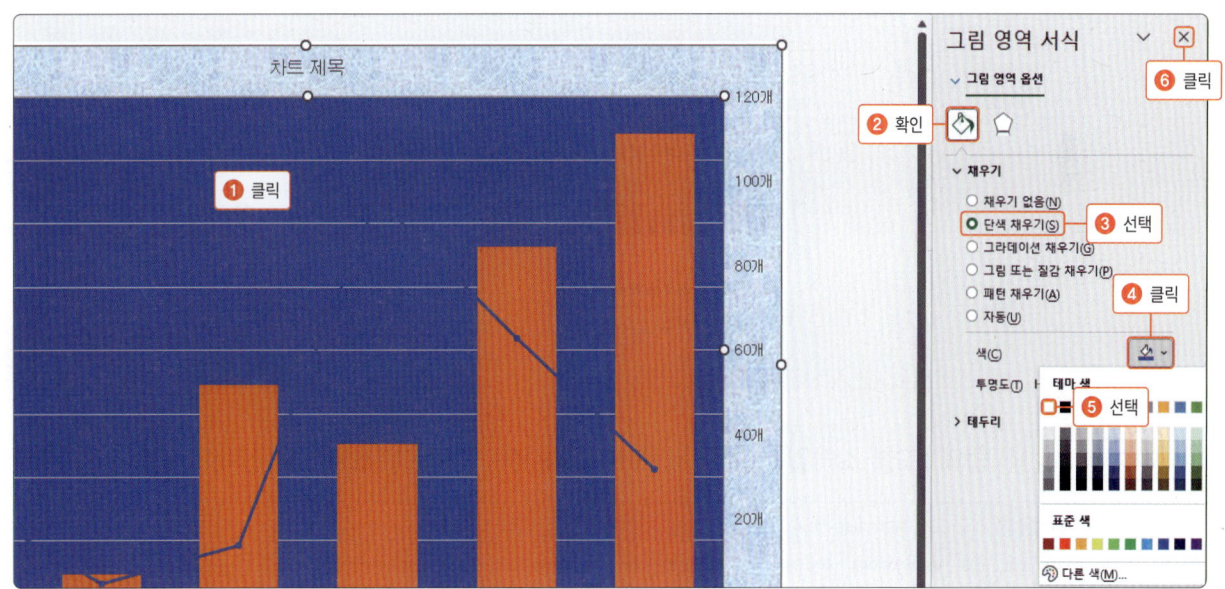

✋TIP 리본 메뉴로 질감 및 채우기 서식 지정하기

리본 메뉴를 이용하여 질감과 채우기를 지정하면 좀 더 빠르게 작업할 수 있습니다.

❶ 질감 : 차트 영역 선택 → [서식] 탭의 [도형 스타일] 그룹에서 [도형 채우기(도형 채우기 ∨)]-[질감(⬚)]-'파랑 박
엽지'를 선택합니다.

❷ 채우기 : 그림 영역 선택 → [서식] 탭의 [도형 스타일] 그룹에서 [도형 채우기(도형 채우기 ∨)]-[테마 색]-'흰색, 배
경 1'을 선택합니다.

04 차트 제목 입력 및 서식 지정하기

≪조건≫ : (6) 제목 서식 ⇒ 차트 제목 : 글꼴(굴림, 굵게, 20pt), 채우기(흰색, 배경1), 테두리

❶ 차트 제목 위에서 마우스 오른쪽 단추를 눌러 바로가기 메뉴가 나오면 **[텍스트 편집]**을 클릭합니다. 이어서, 제목 안쪽에 커서가 활성화되면 차트 제목 내용을 수정(**다이어트 및 도시락 요리 현황**)한 후 ⌨Esc 키를 누릅니다.

※ 제목 안쪽을 마우스로 드래그하여 내용을 변경할 수도 있습니다.

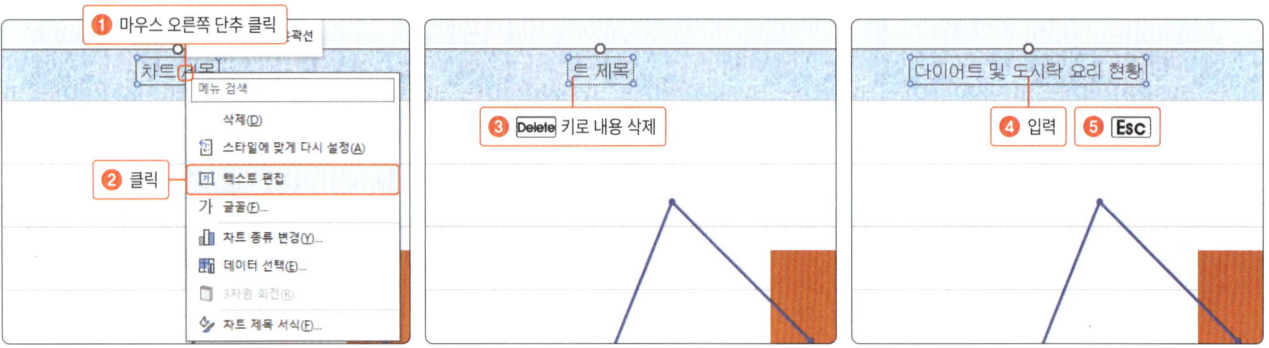

❷ 차트 제목의 테두리가 선택된 상태에서 [홈] 탭의 [글꼴] 그룹에서 '글꼴(굴림), 글꼴 크기(20pt), 굵게(**가**), 채우기 색(흰색, 배경 1)'을 각각 지정합니다.

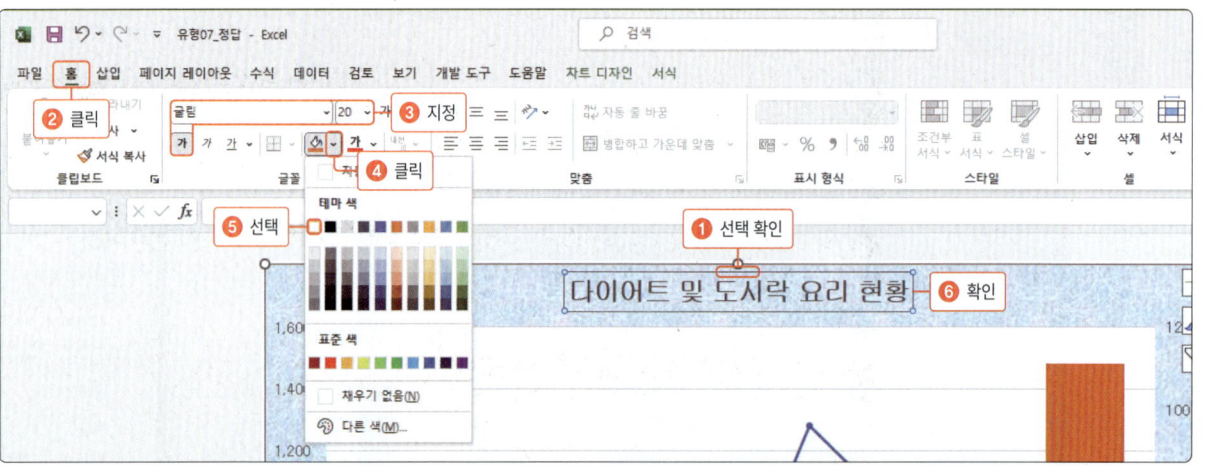

❸ 이어서, [서식] 탭의 [도형 스타일] 그룹에서 [도형 윤곽선]–**검정, 텍스트 1**'을 선택하여 테두리를 지정합니다.

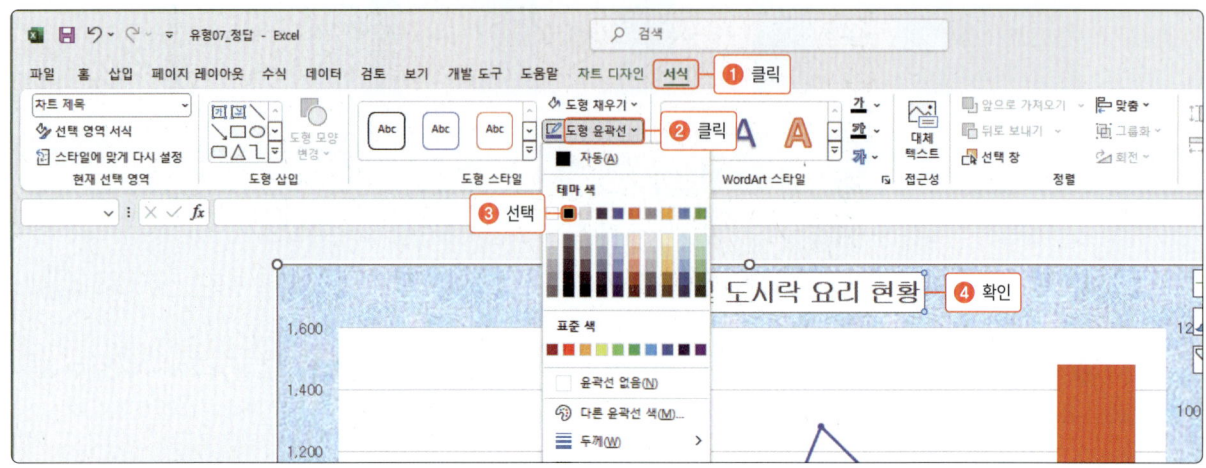

■ 표식 변경

≪조건≫ : (7) 서식 ⇒ 요리후기 계열의 차트 종류를 〈표식이 있는 꺾은선형〉으로 변경한 후 보조 축으로 지정하시오.
계열 : ≪출력형태≫를 참조하여 표식(네모, 크기 10)과 레이블 값을 표시하시오.

❶ '요리후기' 계열 위에서 마우스 오른쪽 단추를 눌러 바로가기 메뉴가 나오면 [데이터 계열 서식]을 클릭합니다.

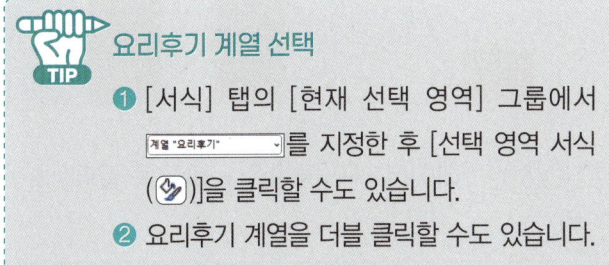

> **TIP 요리후기 계열 선택**
> ❶ [서식] 탭의 [현재 선택 영역] 그룹에서 `계열 "요리후기"`를 지정한 후 [선택 영역 서식(◇)]을 클릭할 수도 있습니다.
> ❷ 요리후기 계열을 더블 클릭할 수도 있습니다.

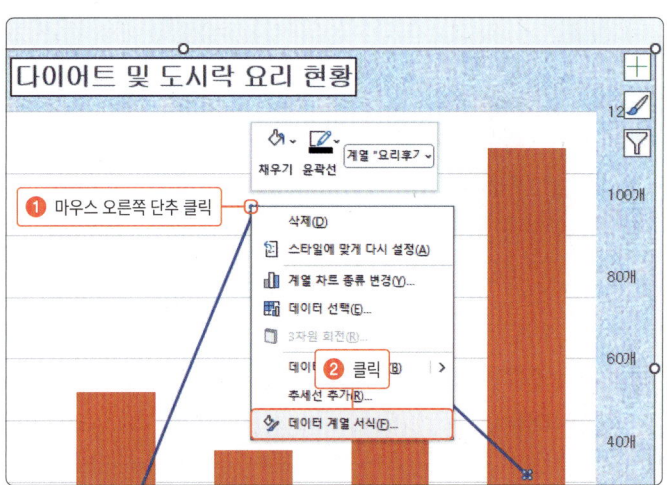

❷ 화면 오른쪽에 [데이터 계열 서식] 작업 창이 활성화되면 [채우기 및 선(◇)]을 클릭한 후 '표식(/\/)'을 선택합니다. 이어서, [표식 옵션]-'기본 제공'을 선택하여 '형식(네모(■))과 크기(10)'를 지정한 후 작업 창을 종료(✕)합니다.

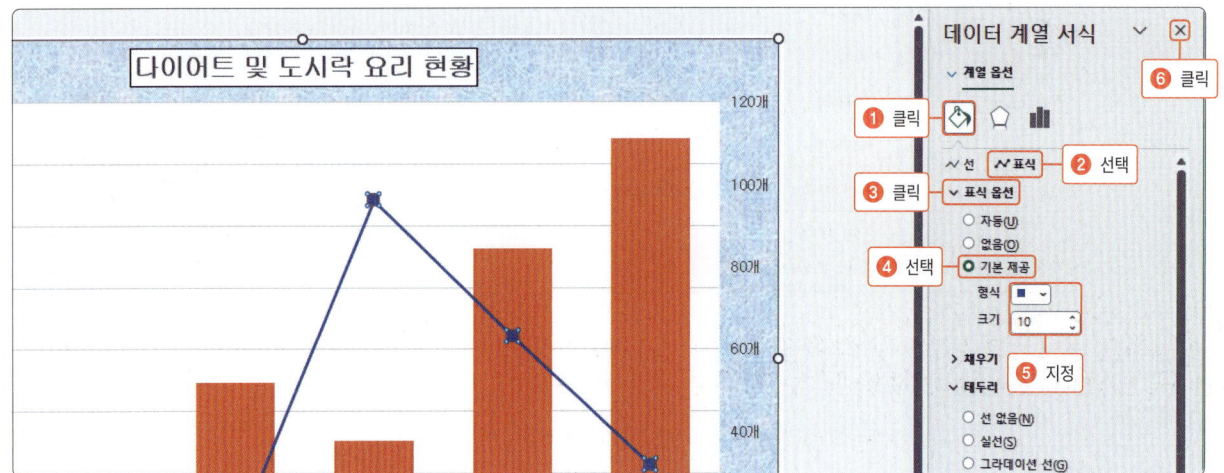

❸ Esc 키를 눌러 모든 선택을 해제한 후 요리후기 계열의 표식이 변경된 것을 확인합니다.

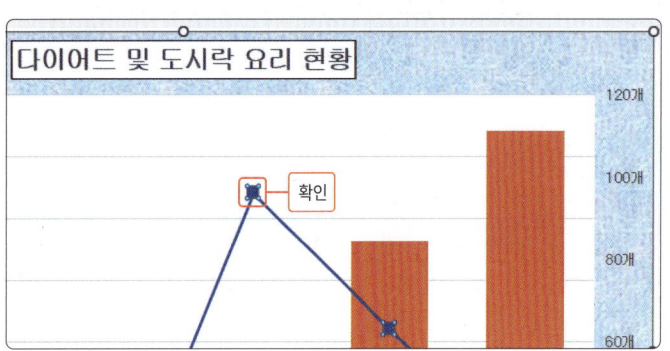

■ 데이터 레이블 표시

≪조건≫ ⇒ 계열 : ≪출력형태≫를 참조하여 표식(네모, 크기 10)과 레이블 값을 표시하시오.

④ 묶은 세로 막대형(공유(건수)) 계열을 클릭한 후 다시 '파프리카계란찜' 요소만 클릭합니다.

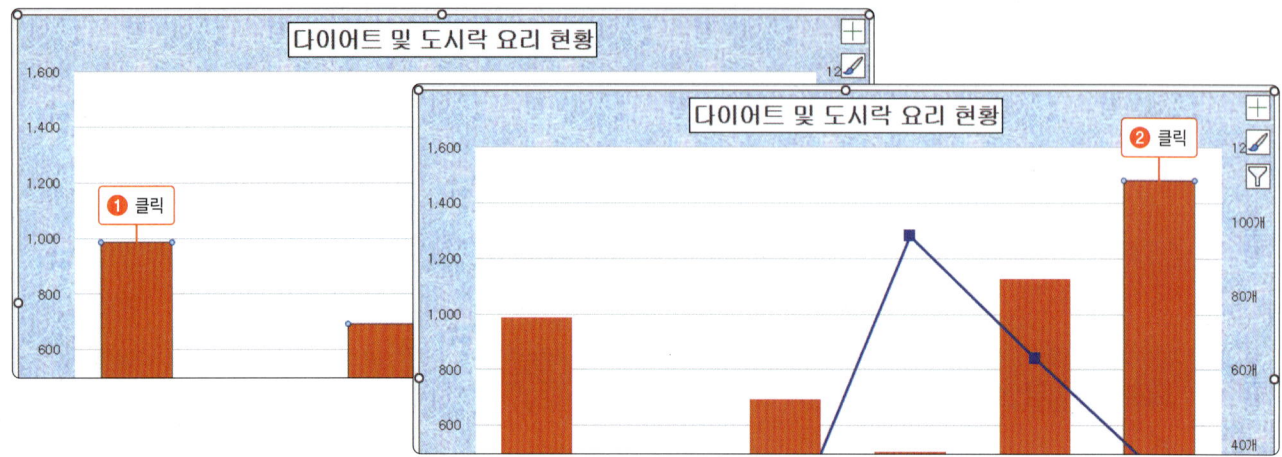

⑤ [차트 디자인] 탭의 [차트 레이아웃] 그룹에서 [차트 요소 추가(📊)]−[데이터 레이블(📊)]−'바깥쪽 끝에(📊)'를 선택합니다.

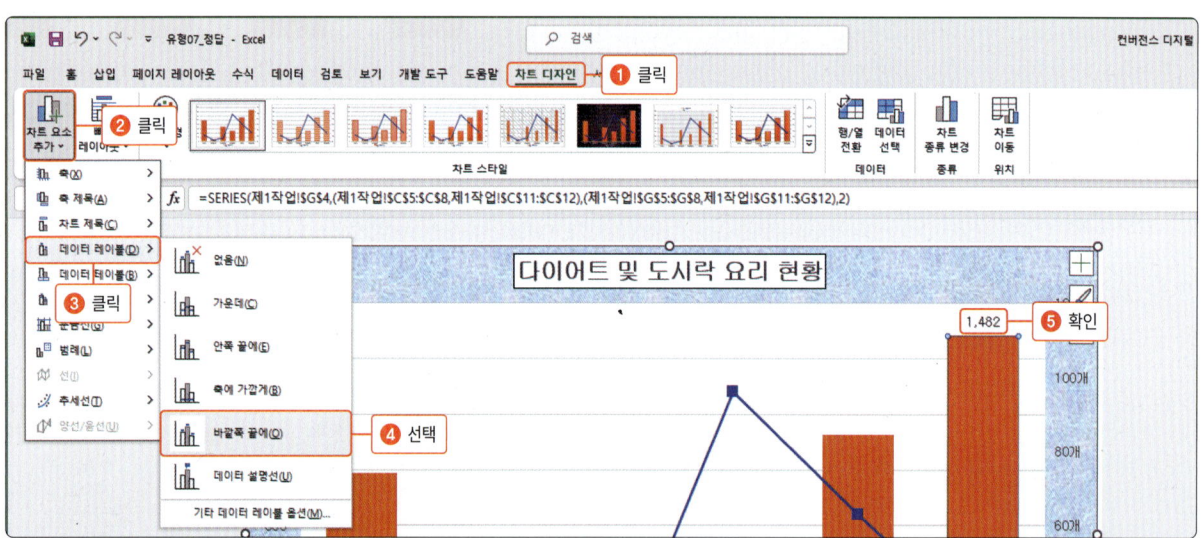

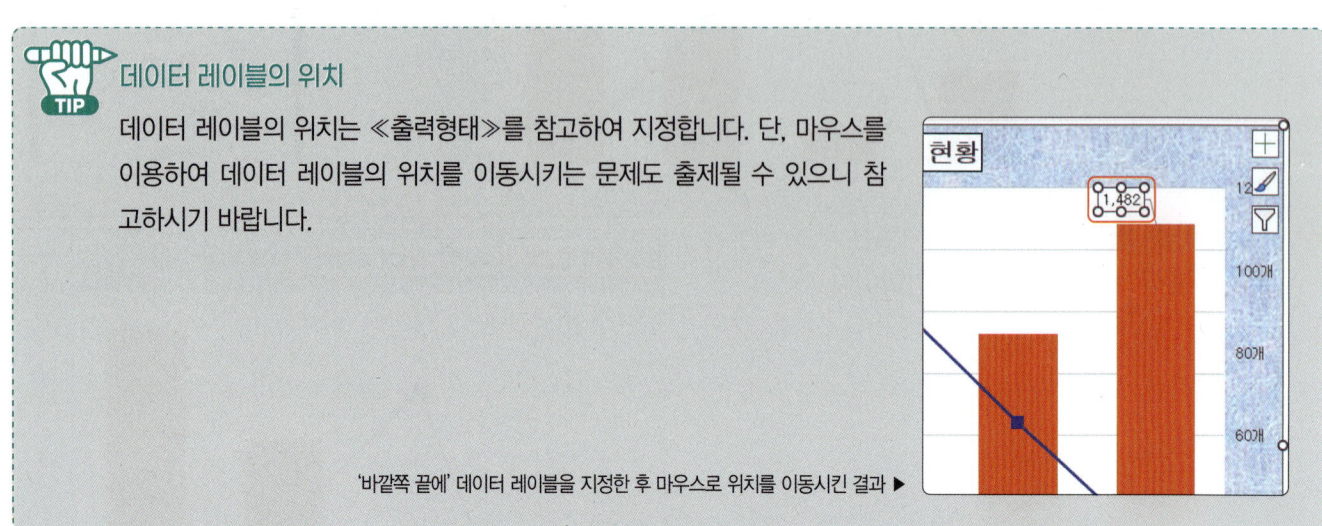

> **데이터 레이블의 위치**
>
> 데이터 레이블의 위치는 ≪출력형태≫를 참고하여 지정합니다. 단, 마우스를 이용하여 데이터 레이블의 위치를 이동시키는 문제도 출제될 수 있으니 참고하시기 바랍니다.
>
> '바깥쪽 끝에' 데이터 레이블을 지정한 후 마우스로 위치를 이동시킨 결과 ▶

■ 눈금선 변경

≪조건≫ ⇒ 눈금선 : 선 스타일-파선

⑥ [서식] 탭의 [현재 선택 영역] 그룹에서 '**세로 (값) 축 주 눈금선**'을 선택한 후 '**선택 영역 서식(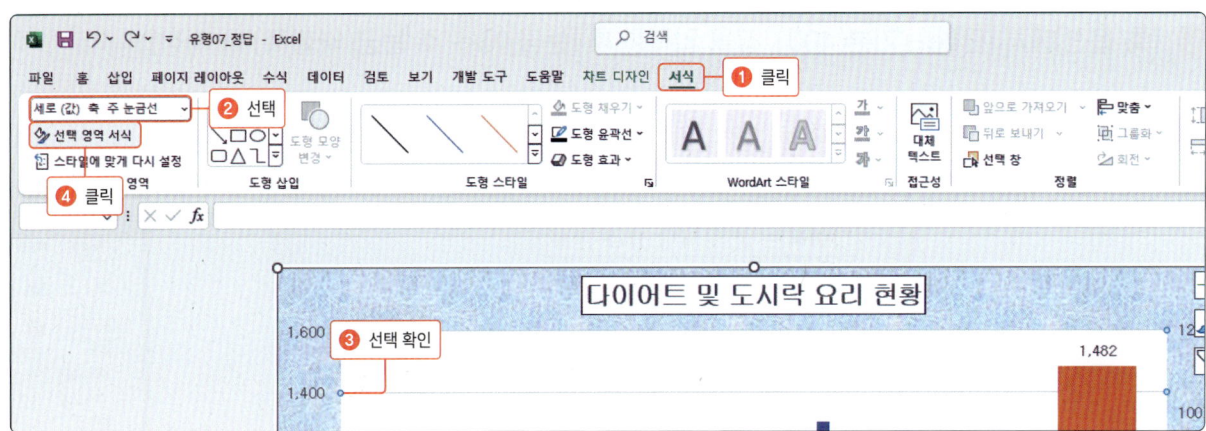)**'을 클릭합니다.

⑦ [주 눈금선 서식] 작업 창이 활성화되면 [**채우기 및 선(🎨)**]을 확인한 후 [실선]-[채우기 색(🖋▾)]-'**검정, 텍스트 1**'을 선택합니다. 이어서, [대시 종류(▤▾)]-'**파선(━ ━ ━ ━)**'을 선택합니다.

※ 다음 작업 과정을 위해 오른쪽 작업 창을 종료하지 않도록 합니다.

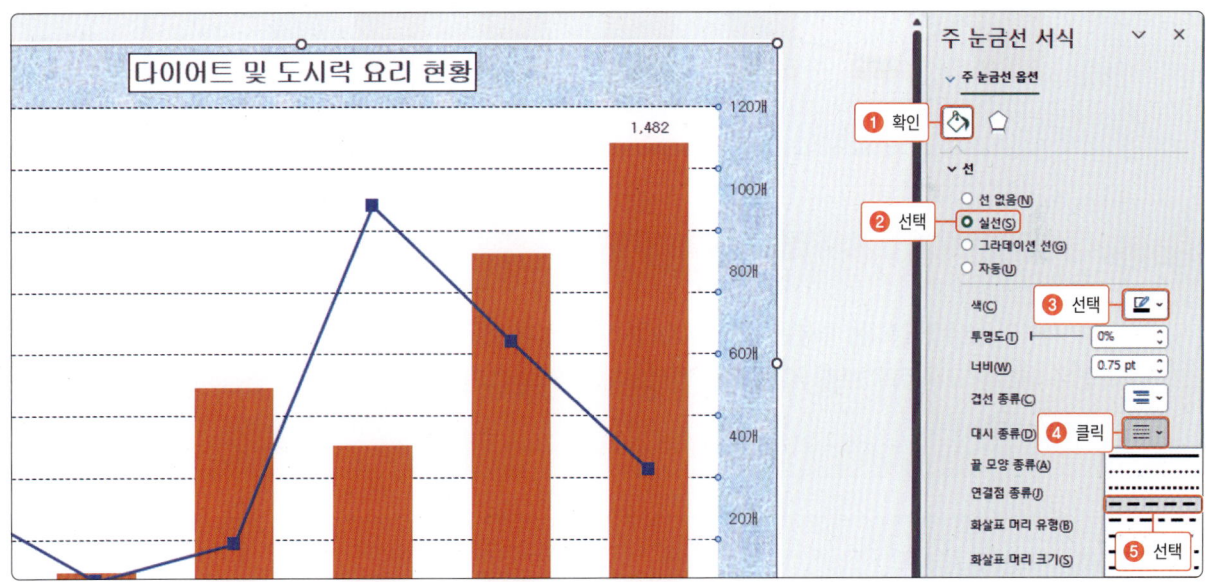

⑧ 차트 눈금선의 색상과 대시 종류가 변경된 것을 확인합니다.

> 🖐️ **TIP**
>
> **눈금선의 색상**
>
> 차트 작업 시 모든 눈금선의 색상은 ≪조건≫에 명시되지 않았기 때문에 임의의 색(검정 또는 회색 계열)을 선택하더라도 무관합니다.

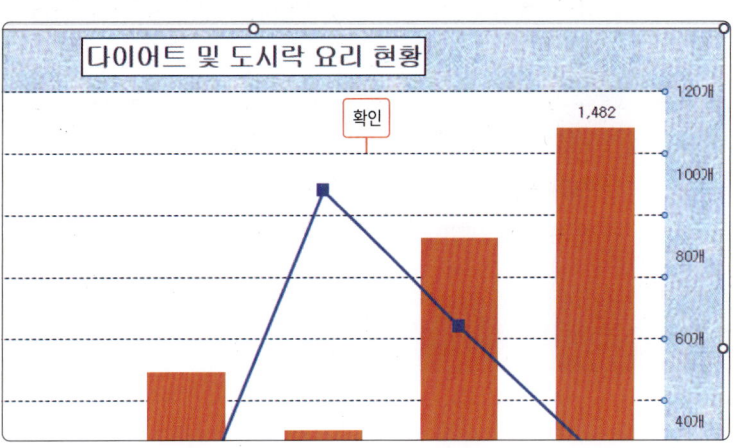

■ 축 서식 변경

≪조건≫ ⇒ 축 : ≪출력형태≫를 참조하시오.

❾ '세로 (값) 축'을 클릭한 후 [축 서식] 작업 창에서 [축 옵션(▊▊)]을 클릭합니다.

❿ [축 옵션]에서 [단위]−'기본(400)' 값을 입력한 후 [눈금]에서 '주 눈금(바깥쪽)'을 지정합니다.

　※ 주 눈금 '바깥쪽'이 한 번에 지정되지 않을 경우에는 다른 항목(예 : 안쪽)을 한 번 선택한 후 '바깥쪽'을 다시 클릭합니다.

　※ 축의 눈금선을 확인하여 '최소' 및 '최대' 값도 변경할 줄 알아야 합니다.

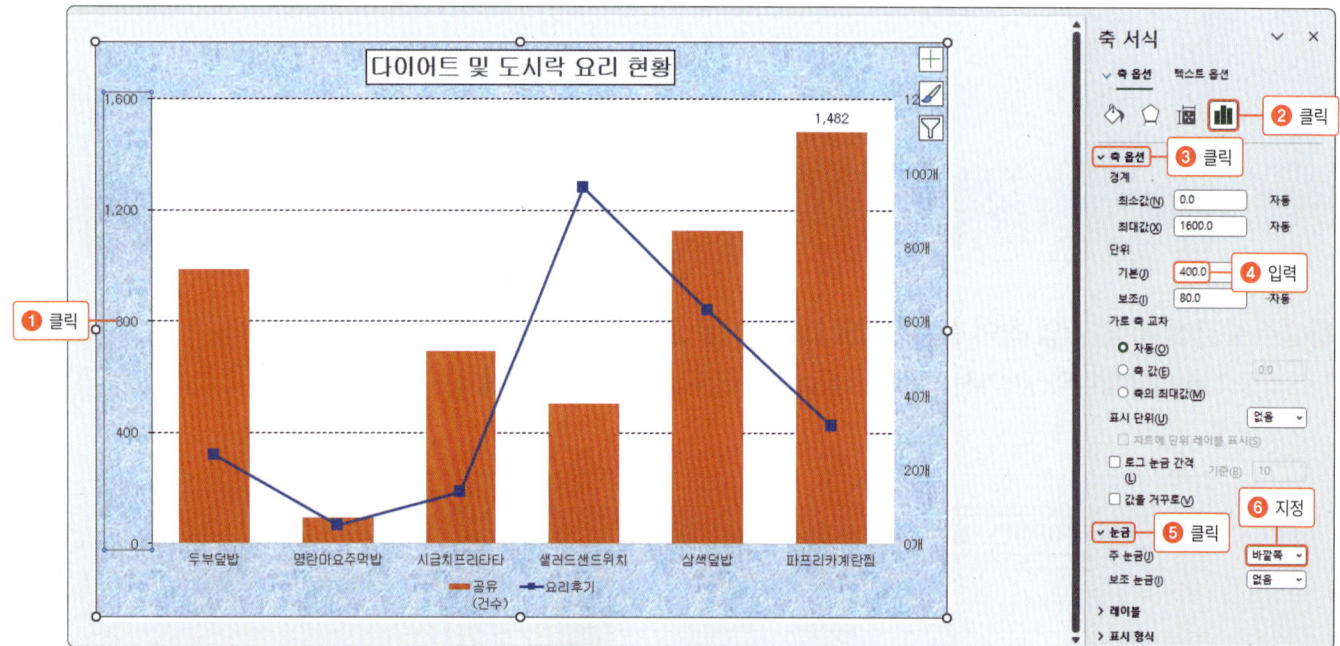

축 서식

축 서식의 값을 변경하는 부분은 별도의 지시사항이 없기 때문에 ≪출력형태≫를 참고하여 작업합니다. 축 서식 변경은 대부분 오른쪽의 '보조 세로 축'을 변경하지만, 위의 〈그림〉처럼 '세로 축'을 변경하는 문제도 출제되오니 참고하시기 바랍니다.

축 서식의 표시 형식

❶ 축의 최소값이 ≪출력형태≫와 다를 경우 [축 서식] 작업 창의 [축 옵션(▊▊)]에서 [표시 형식]을 클릭한 후 범주를 '숫자' 또는 '회계'로 변경합니다.

❷ 축의 최소값이 '0'이면 범주를 '숫자'로 선택하고, '−'이면 범주를 '회계'로 선택합니다. 단, 회계를 선택할 때 기호(없음, ₩)의 유무를 반드시 확인합니다.

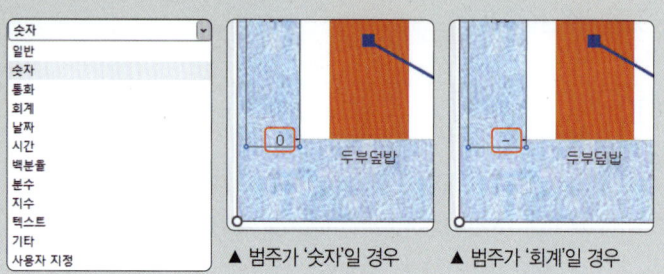

▲ 범주가 '숫자'일 경우　　▲ 범주가 '회계'일 경우

⓫ **세로 (값) 축**을 클릭한 후 [축 서식] 작업 창에서 **[채우기 및 선(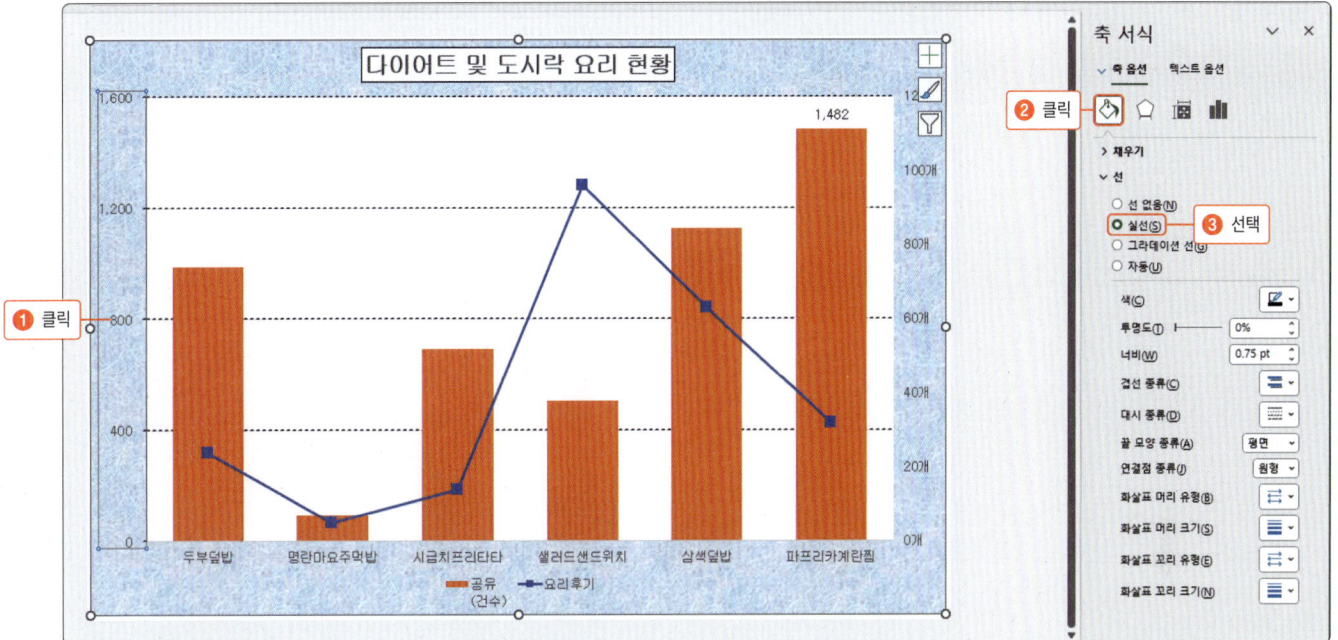)]**을 클릭합니다. 이어서, [선]-**'실선'**을 선택합니다.

　　※ 이전 작업에서 주 눈금선의 색상을 '검정-텍스트 1'로 변경하였기 때문에 '선' 또는 '눈금'을 선택하면 색이 검정으로 지정됩니다.

⓬ **가로 (항목) 축**을 클릭한 후 [축 서식] 작업 창에서 [선]-**'실선'**을 선택합니다.

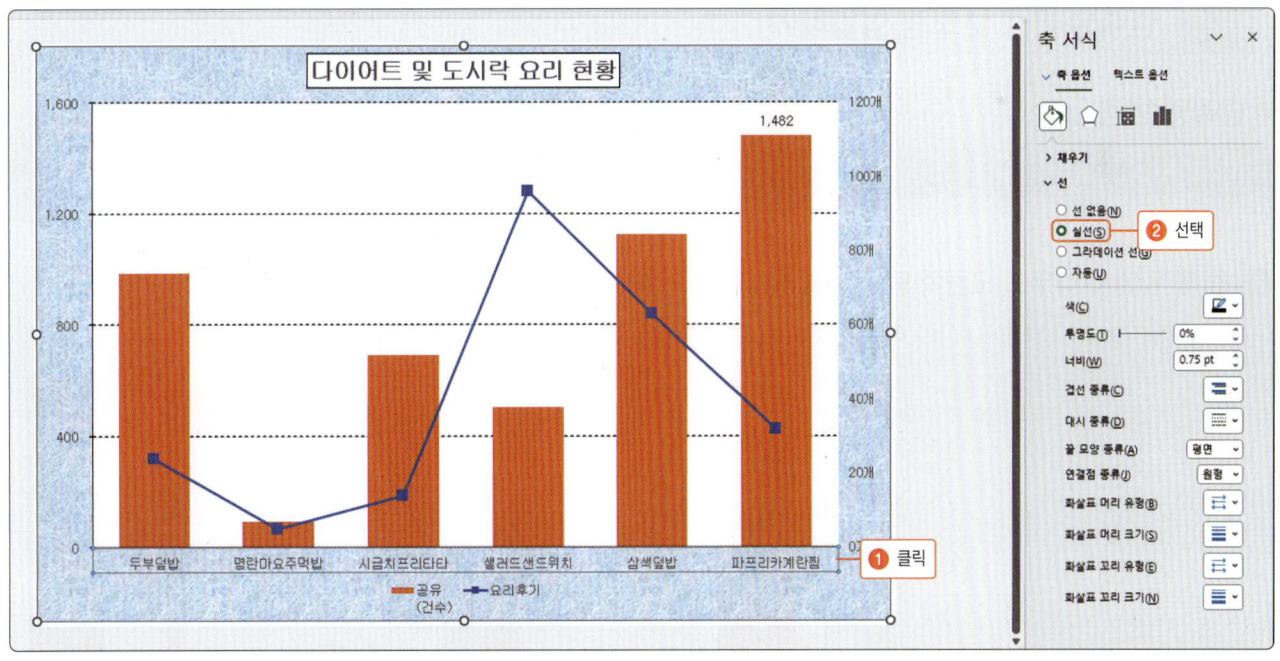

⓭ 같은 방식으로 보조 세로(값) 축을 클릭한 후 [축 서식] 작업 창에서 [선]-**'실선'**을 선택합니다. 이어서, 작업 창을 종료(✖)합니다.

⓮ **Esc** 키를 눌러 모든 선택을 해제한 후 **세로 (값) 축, 보조 세로 (값) 축, 가로 (항목) 축**에 적용된 실선을 확인합니다.

  ※ 차트의 모든 눈금선의 색상은 ≪조건≫에 명시되지 않았기 때문에 임의의 색(검정 또는 회색 계열)을 선택하더라도 무관합니다.

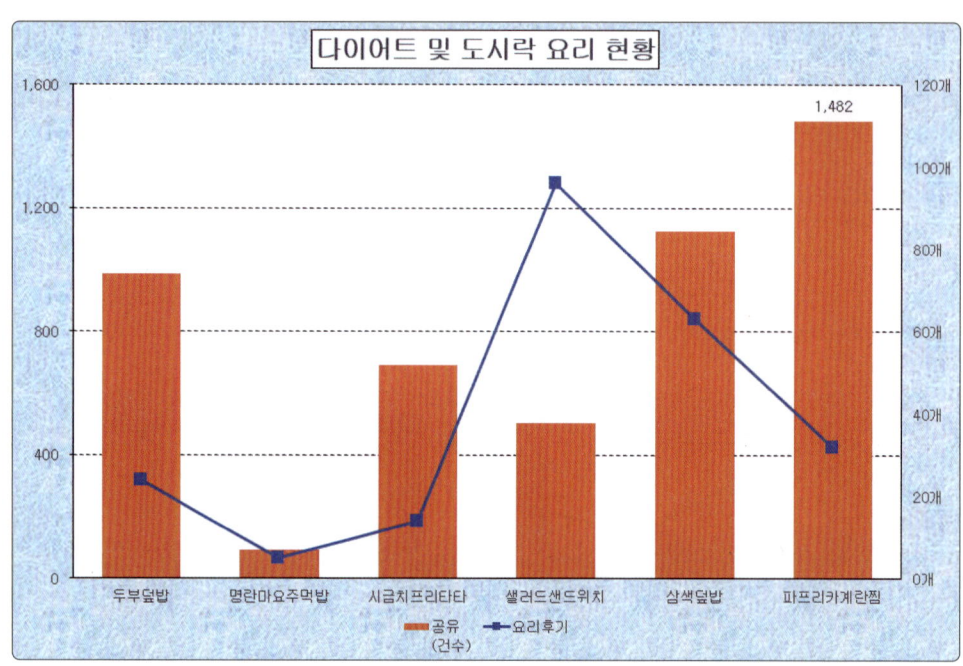

06 범례명 변경 및 도형 삽입하기

■ 범례명 변경

≪조건≫ : ⑧ 범례 ⇒ 범례명을 변경하고 ≪출력형태≫를 참조하시오.

① 범례 위에서 마우스 오른쪽 단추를 눌러 바로가기 메뉴가 나오면 [데이터 선택]을 클릭합니다.

  ※ [차트 디자인] 탭의 [데이터] 그룹에서 '데이터 선택( )'을 클릭해도 결과는 동일합니다.

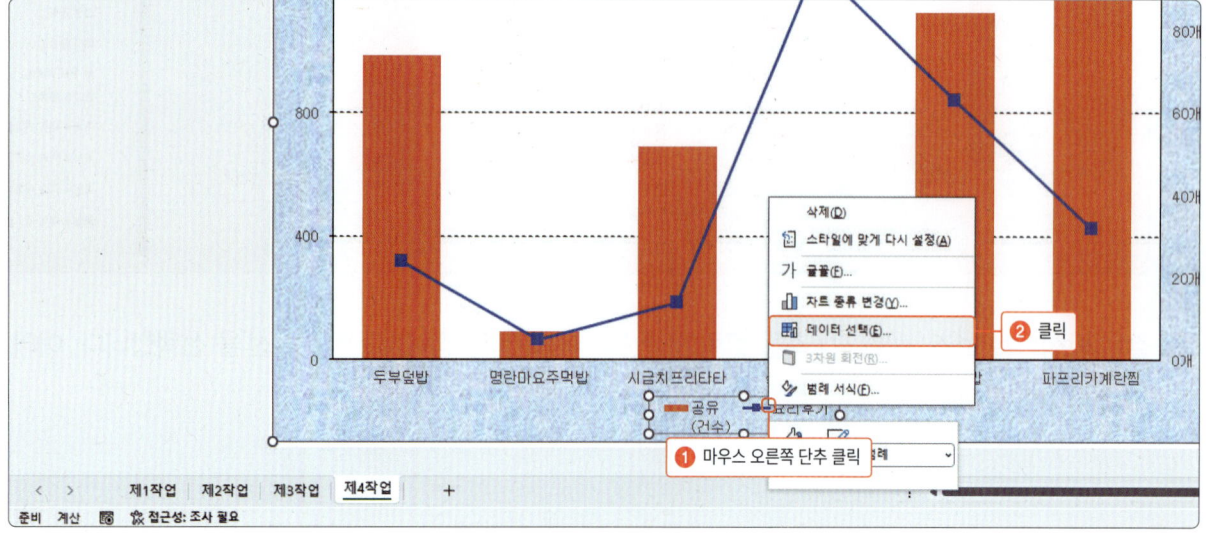

❷ [데이터 원본 선택] 대화상자가 나오면 범례 항목(계열)에서 '**공유(건수)**'를 클릭한 후 〈편집〉 단추를 클릭합니다.

❸ [계열 편집] 대화상자가 나오면 계열 이름 입력 칸에 '**공유(건수)**'를 입력한 후 〈확인〉 단추를 클릭합니다. 이어서, [데이터 원본 선택] 대화상자에서 〈확인〉 단추를 클릭합니다.

※ ≪출력형태≫를 참고하여 동일하지 않은 범례명을 변경하도록 합니다.

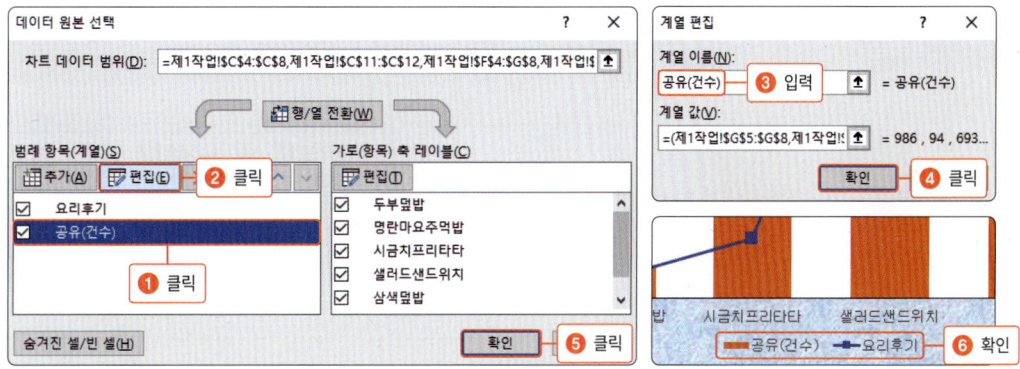

■ 도형 삽입하기

≪조건≫ : ⑼ 도형 ⇒ '말풍선: 모서리가 둥근 사각형 설명선'을 삽입한 후 ≪출력형태≫와 같이 내용을 입력하시오.

❹ 차트가 선택된 상태에서 [삽입] 탭의 [일러스트레이션] 그룹에서 [도형(⬚)]-[설명선]-'**말풍선: 모서리가 둥근 사각형 설명선(⬚)**'을 선택합니다.

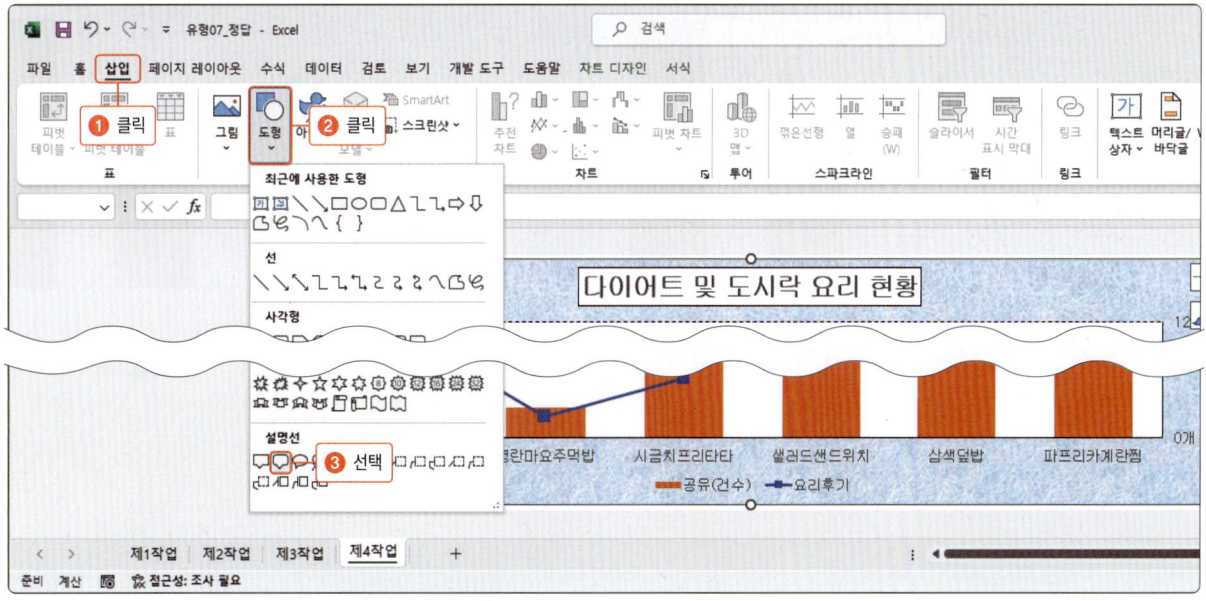

❺ 적당한 위치에 드래그하여 도형을 삽입한 후 '**최대 공유건수**'를 입력합니다.

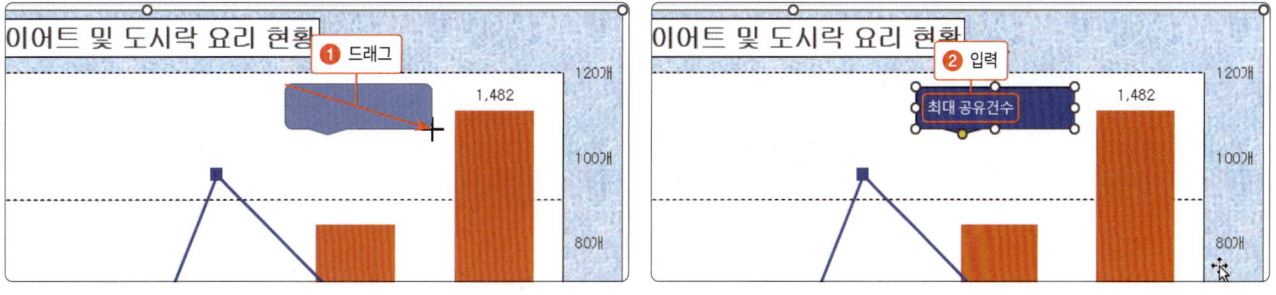

⑥ 삽입된 도형의 테두리를 클릭한 후 [홈] 탭의 [글꼴] 그룹에서 **글꼴 색(검정, 텍스트 1), 채우기 색(흰색, 배경 1)**을 지정합니다. 이어서, [맞춤] 그룹에서 '세로 **가운데 맞춤(**☰**)**'과 '가로 **가운데 맞춤(**☰**)**'을 클릭합니다.

※ 글꼴 색과 채우기 색은 목록 단추(∨)를 클릭하여 선택하며, 글꼴과 글꼴 크기는 변경하지 않아도 됩니다.

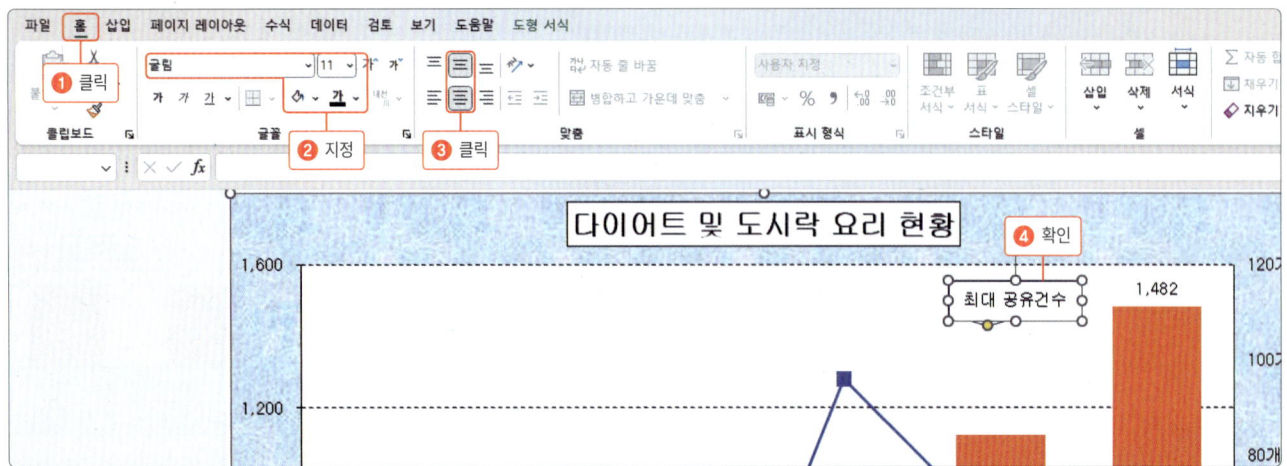

⑦ 도형이 완성되면 《출력형태》를 참고하여 **조절점(**○**)**으로 크기를 조절한 후 위치를 변경합니다. 이어서, **노란색 조절점(**◉**)**을 드래그하여 《출력형태》처럼 모양을 변경합니다.

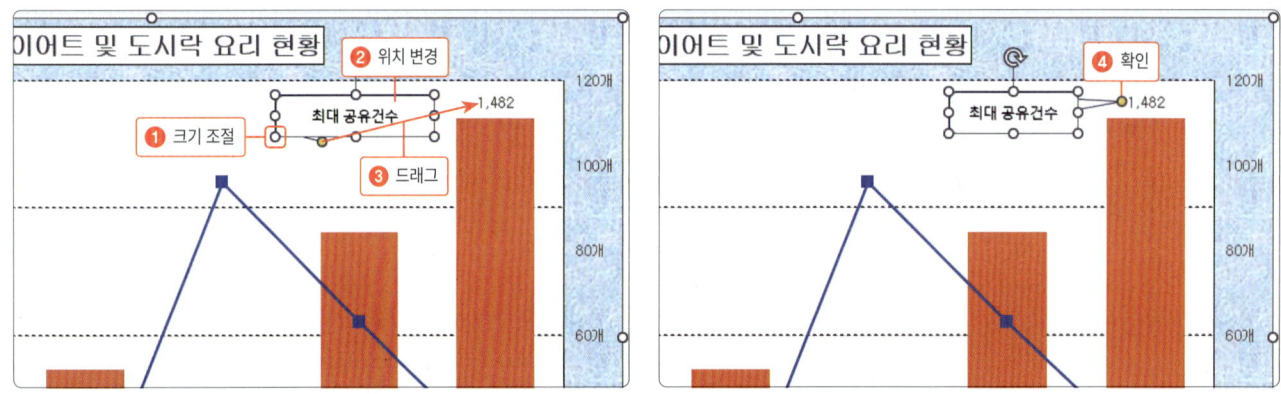

⑧ 모든 작업이 끝나면 [파일]-[저장](**Ctrl**+**S**) 또는 [빠른 실행 도구 모음]에서 '**저장(**💾**)**'을 클릭합니다.

※ 실제 시험을 볼 때 작업 도중에 수시로(10분에 한 번 정도) 저장을 하는 것이 좋습니다.

완전정복- 01 다음과 같이 《조건》 및 《출력형태》를 작성해 보세요.

작성 시간 / 권장 시간
분 / 10분

- **소스** : 정복07_문제01.xlsx · **정답** : 정복07_정답01.xlsx

➡ **"제1작업"** 시트를 이용하여 조건에 따라 《출력형태》와 같이 작업하시오.

《조건》

(1) 차트 종류 ⇒ 〈묶은 세로 막대형〉으로 작업하시오.

(2) 데이터 범위 ⇒ "제1작업" 시트의 내용을 이용하여 작업하시오.

(3) 위치 ⇒ "새 시트"로 이동하고, "제4작업"으로 시트 이름을 바꾸시오.

(4) 차트 디자인 도구 ⇒ 레이아웃 3, 스타일 1을 선택하여 《출력형태》에 맞게 작업하시오.

(5) 영역 서식 ⇒ 차트 : 글꼴(굴림, 11pt), 채우기 효과(질감–파랑 박엽지)
    　　　　　　　그림 : 채우기(흰색, 배경1)

(6) 제목 서식 ⇒ 차트 제목 : 글꼴(굴림, 굵게, 20pt), 채우기(흰색, 배경1), 테두리

(7) 서식 ⇒ 판매금액 계열의 차트 종류를 〈표식이 있는 꺾은선형〉으로 변경한 후 보조 축으로 지정하시오.
    　　　계열 : 《출력형태》를 참조하여 표식(네모, 크기 10)과 레이블 값을 표시하시오.
    　　　눈금선 : 선 스타일–파선
    　　　축 : 《출력형태》를 참조하시오.

(8) 범례 ⇒ 범례명을 변경하고 《출력형태》를 참조하시오.

(9) 도형 ⇒ '말풍선: 모서리가 둥근 사각형 설명선'을 삽입한 후 《출력형태》와 같이 내용을 입력하시오.

⑽ 나머지 사항은 《출력형태》에 맞게 작성하시오.

《출력형태》

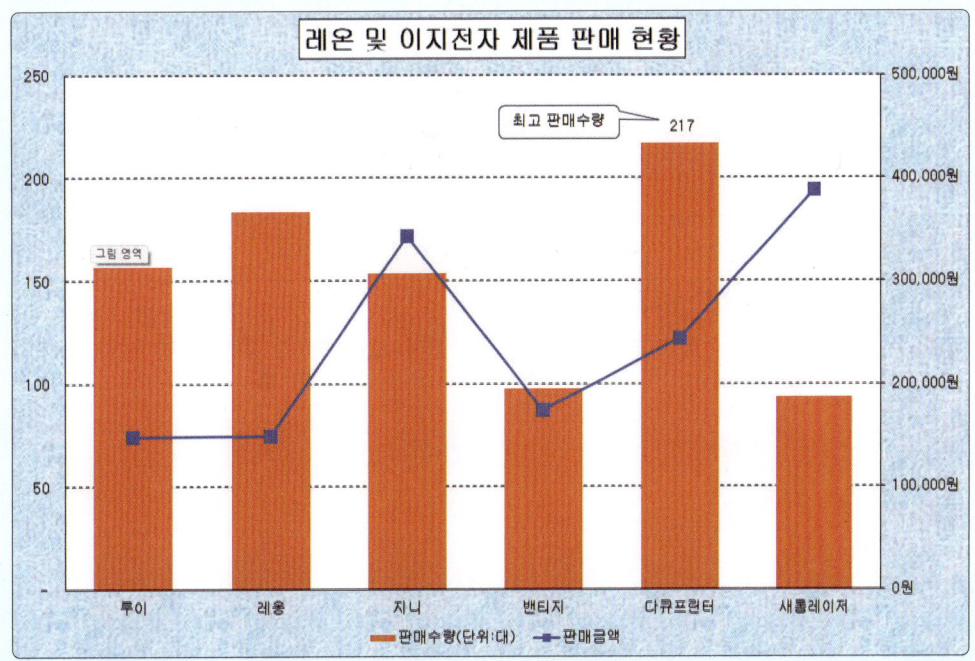

주의 ➡ 시트명 순서가 차례대로 "제1작업", "제2작업", "제3작업", "제4작업"이 되도록 할 것.

➜ **"제1작업"** 시트를 이용하여 조건에 따라 《출력형태》와 같이 작업하시오.

《조건》

(1) 차트 종류 ⇒ 〈묶은 세로 막대형〉으로 작업하시오.

(2) 데이터 범위 ⇒ "제1작업" 시트의 내용을 이용하여 작업하시오.

(3) 위치 ⇒ "새 시트"로 이동하고, "제4작업"으로 시트 이름을 바꾸시오.

(4) 차트 디자인 도구 ⇒ 레이아웃 3, 스타일 1을 선택하여 《출력형태》에 맞게 작업하시오.

(5) 영역 서식 ⇒ 차트 : 글꼴(굴림, 11pt), 채우기 효과(질감–파랑 박엽지)

　　　　　　　그림 : 채우기(흰색, 배경1)

(6) 제목 서식 ⇒ 차트 제목 : 글꼴(굴림, 굵게, 20pt), 채우기(흰색, 배경1), 테두리

(7) 서식 ⇒ 가격 계열의 차트 종류를 〈표식이 있는 꺾은선형〉으로 변경한 후 보조 축으로 지정하시오.

　　　　계열 : 《출력형태》를 참조하여 표식(네모, 크기 10)과 레이블 값을 표시하시오.

　　　　눈금선 : 선 스타일–파선

　　　　축 : 《출력형태》를 참조하시오.

(8) 범례 ⇒ 범례명을 변경하고 《출력형태》를 참조하시오.

(9) 도형 ⇒ '말풍선: 모서리가 둥근 사각형 설명선'을 삽입한 후 《출력형태》와 같이 내용을 입력하시오.

(10) 나머지 사항은 《출력형태》에 맞게 작성하시오.

《출력형태》

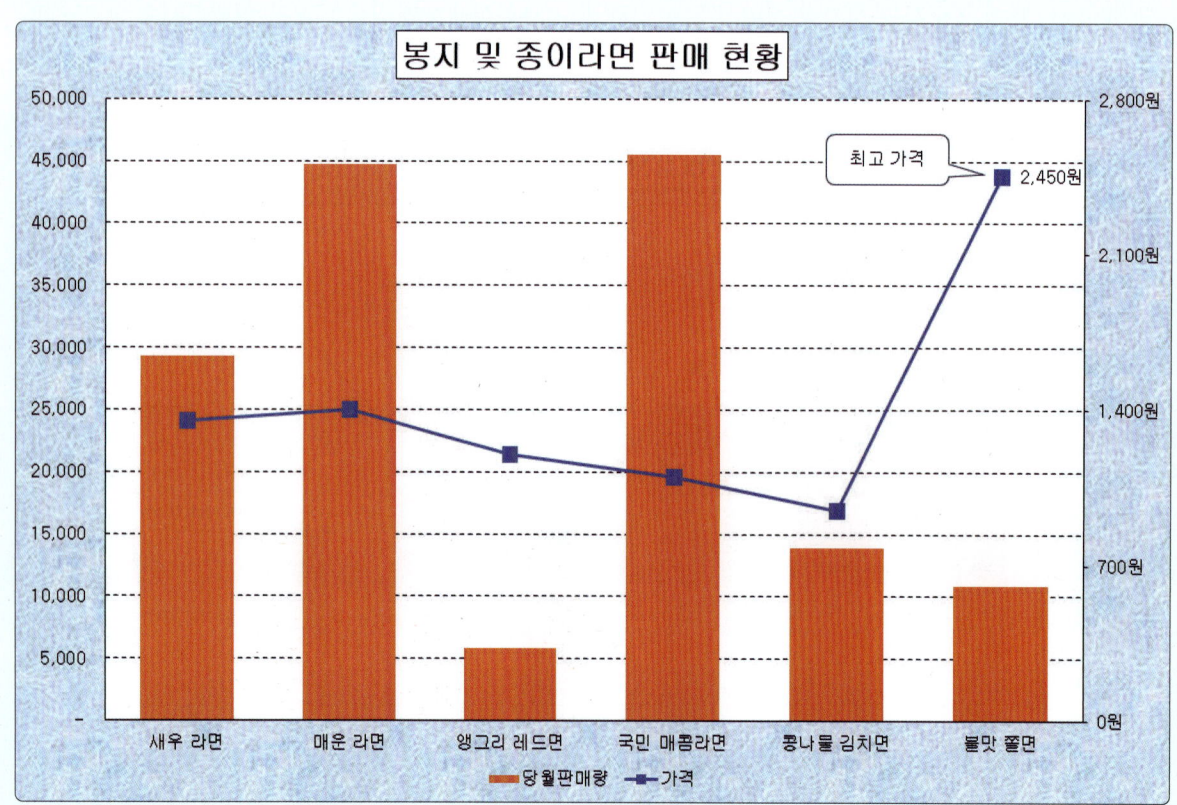

주의 ➜ 시트명 순서가 차례대로 "제1작업", "제2작업", "제3작업", "제4작업"이 되도록 할 것.

· 소스 : 정복07_문제03.xlsx   · 정답 : 정복07_정답03.xlsx

➜ **"제1작업"** 시트를 이용하여 조건에 따라 《출력형태》와 같이 작업하시오.

《조건》

(1) 차트 종류 ⇒〈묶은 세로 막대형〉으로 작업하시오.

(2) 데이터 범위 ⇒ "제1작업" 시트의 내용을 이용하여 작업하시오.

(3) 위치 ⇒ "새 시트"로 이동하고, "제4작업"으로 시트 이름을 바꾸시오.

(4) 차트 디자인 도구 ⇒ 레이아웃 3, 스타일 1을 선택하여 《출력형태》에 맞게 작업하시오.

(5) 영역 서식 ⇒ 차트 : 글꼴(굴림, 11pt), 채우기 효과(질감-파랑 박엽지)
　　　　　　　　그림 : 채우기(흰색, 배경1)

(6) 제목 서식 ⇒ 차트 제목 : 글꼴(굴림, 굵게, 20pt), 채우기(흰색, 배경1), 테두리

(7) 서식 ⇒ 대출 도서량(단위:권) 계열의 차트 종류를 〈표식이 있는 꺾은선형〉으로 변경한 후 보조 축으로 지정하시오.
　　　　　계열 : 《출력형태》를 참조하여 표식(세모, 크기 10)과 레이블 값을 표시하시오.
　　　　　눈금선 : 선 스타일-파선
　　　　　축 : 《출력형태》를 참조하시오.

(8) 범례 ⇒ 범례명을 변경하고 《출력형태》를 참조하시오.

(9) 도형 ⇒ '말풍선: 모서리가 둥근 사각형 설명선'을 삽입한 후 《출력형태》와 같이 내용을 입력하시오.

(10) 나머지 사항은 《출력형태》에 맞게 작성하시오.

《출력형태》

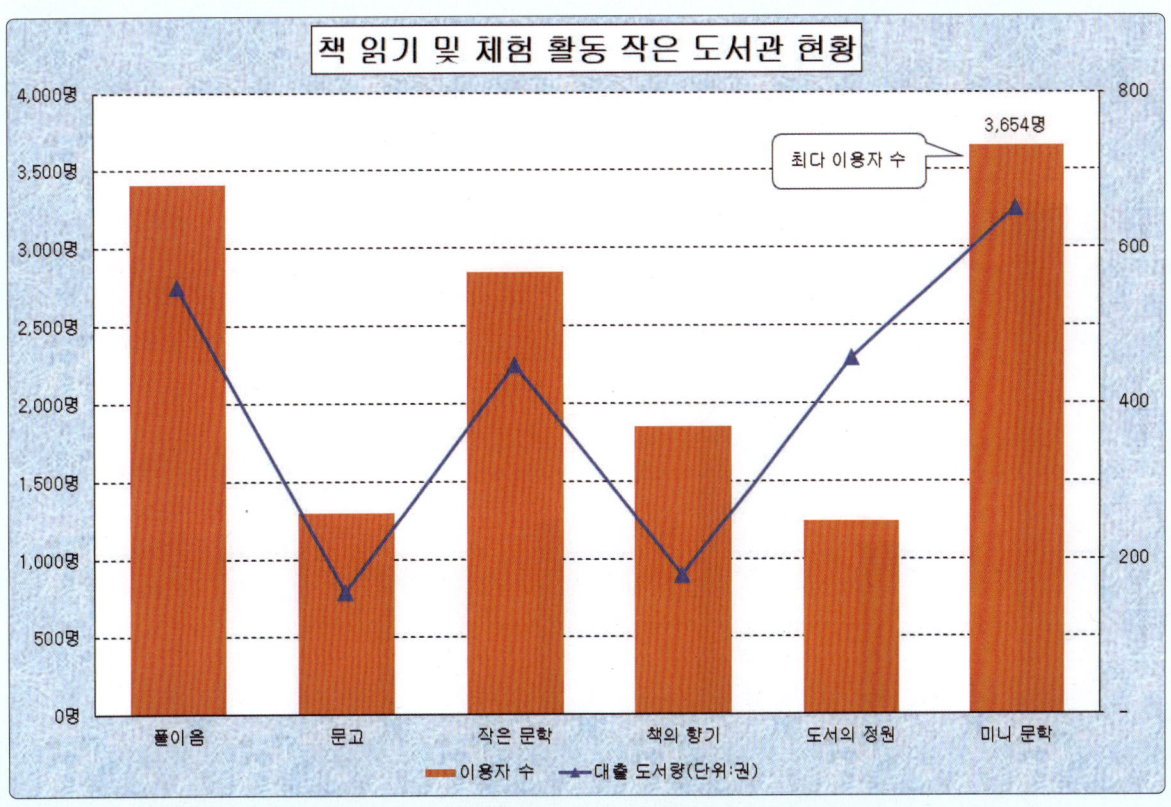

주의 ➜ 시트명 순서가 차례대로 "제1작업", "제2작업", "제3작업", "제4작업"이 되도록 할 것.

➡ **"제1작업"** 시트를 이용하여 조건에 따라 《출력형태》와 같이 작업하시오.

《조건》

(1) 차트 종류 ⇒ 〈묶은 세로 막대형〉으로 작업하시오.

(2) 데이터 범위 ⇒ "제1작업" 시트의 내용을 이용하여 작업하시오.

(3) 위치 ⇒ "새 시트"로 이동하고, "제4작업"으로 시트 이름을 바꾸시오.

(4) 차트 디자인 도구 ⇒ 레이아웃 3, 스타일 1을 선택하여 《출력형태》에 맞게 작업하시오.

(5) 영역 서식 ⇒ 차트 : 글꼴(굴림, 11pt), 채우기 효과(질감-파랑 박엽지)

　　　　　　　　그림 : 채우기(흰색, 배경1)

(6) 제목 서식 ⇒ 차트 제목 : 글꼴(굴림, 굵게, 20pt), 채우기(흰색, 배경1), 테두리

(7) 서식 ⇒ 4월매출(천원) 계열의 차트 종류를 〈표식이 있는 꺾은선형〉으로 변경한 후 보조 축으로 지정하시오.

　　　　계열 : 《출력형태》를 참조하여 표식(세모, 크기 10)과 레이블 값을 표시하시오.

　　　　눈금선 : 선 스타일-파선

　　　　축 : 《출력형태》를 참조하시오.

(8) 범례 ⇒ 범례명을 변경하고 《출력형태》를 참조하시오.

(9) 도형 ⇒ '말풍선: 모서리가 둥근 사각형 설명선'을 삽입한 후 《출력형태》와 같이 내용을 입력하시오.

(10) 나머지 사항은 《출력형태》에 맞게 작성하시오.

《출력형태》

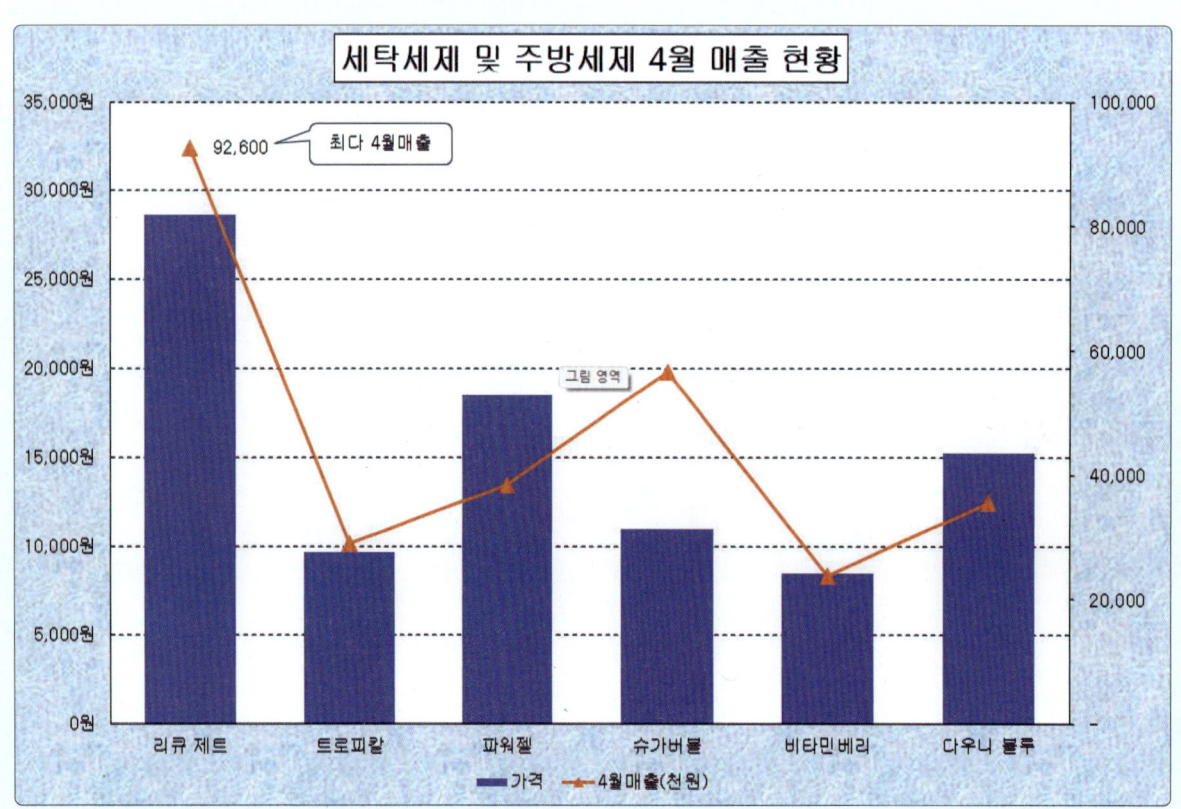

주의 ➡ 시트명 순서가 차례대로 "제1작업", "제2작업", "제3작업", "제4작업"이 되도록 할 것.

PART 03
출제예상 모의고사

제 01 회 정보기술자격(ITQ) 출제예상 모의고사

		작성 시간 / 시험 시간	채점 결과
		분 / 60분	점 / 500점

• 작성 시간 : 수험자가 문제를 해결하는데 걸린 시간을 기록

과목	코드	문제유형	시험시간	수험번호	성명
한글엑셀	1122	A	60분		

MS오피스

· 수험자 유의사항 ·

● 수험자는 문제지를 받는 즉시 문제지와 **수험표상의 시험과목(프로그램)이 동일한지 반드시 확인**하여야 합니다.

● 파일명은 본인의 "수험번호-성명"으로 입력하여 답안 폴더(내 PC₩문서₩ITQ)에 하나의 파일로 저장해야 하며, 답안 문서 파일명이 "수험번호-성명"과 일치하지 않거나, 답안 파일을 전송하지 않아 미제출로 처리될 경우 실격 처리합니다 (예 : 12345678-홍길동.xlsx).

● 답안 작성을 마치면 파일을 저장하고, '답안 전송' 버튼을 선택하여 감독위원 PC로 답안을 전송하십시오. 수험생 정보와 저장한 파일명이 다를 경우 전송되지 않으므로 주의하시기 바랍니다.

● 답안 작성 중에도 **주기적으로 저장하고, '답안 전송'**하여야 문제 발생을 줄일 수 있습니다. 작업한 내용을 저장하지 않고 전송할 경우 이전에 저장된 내용이 전송되오니 이점 유의하시기 바랍니다.

● 답안 문서는 지정된 경로 외의 다른 보조기억장치에 저장하는 경우, 지정된 시험 시간 외에 작성된 파일을 활용할 경우, 기타 통신수단(이메일, 메신저, 네트워크 등)을 이용하여 타인에게 전달 또는 외부 반출하는 경우는 부정 처리합니다.

● 시험 중 부주의 또는 고의로 시스템을 파손한 경우는 수험자가 변상해야 하며, 〈수험자 유의사항〉에 기재된 방법대로 이행하지 않아 생기는 불이익은 수험생 당사자의 책임임을 알려 드립니다.

● 문제의 조건은 MS오피스 2021 버전으로 설정되어 있으니 유의하시기 바랍니다.

● 시험을 완료한 수험자는 답안 파일이 전송되었는지 확인한 후 감독위원의 지시에 따라 문제지를 제출하고 퇴실합니다.

· 답안 작성요령 ·

● 온라인 답안 작성 절차

수험자 등록 ⇒ 시험 시작 ⇒ 답안 파일 저장 ⇒ 답안 전송 ⇒ 시험 종료

● 문제는 총 4단계, 즉 제1작업부터 제4작업까지 구성되어 있으며 반드시 제1작업부터 순서대로 작성하고 조건대로 작업하시오.

● 모든 작업 시트의 A열은 열 너비 '1'로, 나머지 열은 적당하게 조절하시오.

● 모든 작업 시트의 테두리는 ≪출력형태≫와 같이 작업하시오.

● 해당 작업란에서는 각각 제시된 조건에 따라 ≪출력형태≫와 같이 작업하시오.

● 답안 시트 이름은 "제1작업", "제2작업", "제3작업", "제4작업"이어야 하며 답안 시트 이외의 것은 감점 처리됩니다.

● 각 시트를 파일로 나누어 작업해서 저장할 경우 실격 처리됩니다.

kpc 한국생산성본부

→ 다음은 '**한마음 수입식자재 관리 현황**'에 대한 자료이다. 자료를 입력하고 조건에 맞도록 작업하시오.

≪출력형태≫

관리코드	분류	식품명	판매가(원)	원산지	중량	전월판매량(개)	구분	적립금
						결재	팀장	과장	대표
SA2-01	소스류	어니언크림드레싱	13,000	이탈리아	1.0	970	(1)	(2)
CH1-01	수입치즈	모짜렐라블록	17,500	이탈리아	0.5	850	(1)	(2)
SA3-02	소스류	홀그레인머스타드	37,500	프랑스	3.0	1,030	(1)	(2)
PD2-01	분말류	파스타밀가루	43,500	이탈리아	4.0	430	(1)	(2)
CH3-02	수입치즈	고다슬라이스	14,700	네덜란드	0.8	1,250	(1)	(2)
SA1-03	소스류	트러플페이스트	42,000	네덜란드	0.5	770	(1)	(2)
PD1-02	분말류	파마산치즈가루	21,000	프랑스	1.5	1,050	(1)	(2)
CH2-03	수입치즈	스트링치즈	28,500	프랑스	1.2	590	(1)	(2)
전월판매량(개) 1000 이상인 식품수			(3)			최대 전월판매량(개)		(5)
소스류 판매가(원) 평균			(4)			관리코드	SA2-01	원산지	(6)

≪조건≫

○ 모든 데이터의 서식에는 글꼴(굴림, 11pt), 정렬은 숫자 및 회계 서식은 오른쪽 정렬, 나머지 서식은 가운데 정렬로 작성하며 예외적인 것은 ≪출력형태≫를 참조하시오.
○ 제 목 ⇒ 도형(십자형)과 그림자(오프셋 오른쪽)를 이용하여 작성하고 "한마음 수입식자재 관리 현황"을 입력한 후 다음 서식을 적용하시오(글꼴-굴림, 24pt, 검정, 굵게, 채우기-노랑).
○ 임의의 셀에 결재란을 작성하여 그림으로 복사 기능을 이용하여 붙이기 하시오(단, 원본 삭제).
○ 「B4:J4, G14, I14」 영역은 '주황'으로 채우기 하시오.
○ 유효성 검사를 이용하여 「H14」 셀에 관리코드(「B5:B12」 영역)가 선택 표시되도록 하시오.
○ 셀 서식 ⇒ 「G5:G12」 영역에 셀 서식을 이용하여 숫자 뒤에 'kg'을 표시하시오(예 : 1.0kg).
○ 「H5:H12」 영역에 대해 '전월판매량'으로 이름정의를 하시오.

→ (1)~(6) 셀은 반드시 **주어진 함수를 이용**하여 값을 구하시오(결과값을 직접 입력하면 해당 셀은 0점 처리됨).

(1) 구분 ⇒ 관리코드의 세 번째 값이 1이면 '특가상품', 2이면 '베스트상품', 3이면 '무배상품'으로 표시하시오 (CHOOSE, MID 함수).
(2) 적립금 ⇒ 분류가 수입치즈이면 판매가(원)의 3%, 아니면 판매가(원)의 2%로 계산하시오(IF 함수).
(3) 전월판매량(개) 1000 이상인 식품수 ⇒ 결과값에 '개'를 붙이시오(COUNTIF 함수, & 연산자)(예 : 1개).
(4) 소스류 판매가(원) 평균 ⇒ 반올림하여 천원 단위까지 구하시오. 단, 조건은 입력데이터를 이용하시오 (ROUND, DAVERAGE 함수)(예 : 20,630 → 21,000).
(5) 최대 전월판매량(개) ⇒ 정의된 이름(전월판매량)을 이용하여 구하시오(MAX 함수).
(6) 원산지 ⇒ 「H14」 셀에서 선택한 관리코드에 대한 원산지를 구하시오(VLOOKUP 함수).
(7) 조건부 서식의 수식을 이용하여 판매가(원)가 '30,000' 이상인 행 전체에 다음의 서식을 적용하시오 (글꼴 : 파랑, 굵게).

➡️ **"제1작업"** 시트의 「B4:H12」 영역을 복사하여 **"제2작업"** 시트의 「B2」 셀부터 모두 붙여넣기를 한 후 다음의 조건과 같이 작업하시오.

≪조건≫

(1) 고급 필터 – 분류가 '분말류'이거나, 전월판매량(개)이 '1,000' 이상인 자료의 관리코드, 원산지, 식품명, 판매가(원) 데이터만 추출하시오.
　　　　　　 – 조건 범위 : 「B13」 셀부터 입력하시오.
　　　　　　 – 복사 위치 : 「B18」 셀부터 나타나도록 하시오.

(2) 표 서식 – 고급 필터의 결과셀을 채우기 없음으로 설정한 후 '표 스타일 보통 7'의 서식을 적용하시오.
　　　　　 – 머리글 행, 줄무늬 행을 적용하시오.

➡️ **"제1작업"** 시트를 이용하여 **"제3작업"** 시트에 조건에 따라 ≪출력형태≫와 같이 작업하시오.

≪조건≫

(1) 판매가(원) 및 분류의 식품명의 개수와 전월판매량(개)의 평균을 구하시오.
(2) 판매가(원)를 그룹화하고, 분류를 ≪출력형태≫와 같이 정렬하시오.
(3) 레이블이 있는 셀 병합 및 가운데 맞춤 적용 및 빈 셀은 '***'로 표시하시오.
(4) 행의 총합계는 지우고, 나머지 사항은 ≪출력형태≫에 맞게 작성하시오.

≪출력형태≫

| 분류 🔽 | 수입치즈 | | 소스류 | | 분말류 | |
판매가(원) 🔽	개수 : 식품명	평균 : 전월판매량(개)	개수 : 식품명	평균 : 전월판매량(개)	개수 : 식품명	평균 : 전월판매량(개)
1-15000	1	1,250	1	970	***	***
15001-30000	2	720	***	***	1	1,050
30001-45000	***	***	2	900	1	430
총합계	3	897	3	923	2	740

➡ **"제1작업"** 시트를 이용하여 조건에 따라 ≪출력형태≫와 같이 작업하시오.

≪조건≫

  (1) 차트 종류 ⇒ 〈묶은 세로 막대형〉으로 작업하시오.

  (2) 데이터 범위 ⇒ "제1작업" 시트의 내용을 이용하여 작업하시오.

  (3) 위치 ⇒ "새 시트"로 이동하고, "제4작업"으로 시트 이름을 바꾸시오.

  (4) 차트 디자인 도구 ⇒ 레이아웃 3, 스타일 1을 선택하여 ≪출력형태≫에 맞게 작업하시오.

  (5) 영역 서식 ⇒ 차트 : 글꼴(굴림, 11pt), 채우기 효과(질감–파랑 박엽지)

                   그림 : 채우기(흰색, 배경1)

  (6) 제목 서식 ⇒ 차트 제목 : 글꼴(굴림, 굵게, 20pt), 채우기(흰색, 배경1), 테두리

  (7) 서식 ⇒ 중량 계열의 차트 종류를 〈표식이 있는 꺾은선형〉으로 변경한 후 보조 축으로 지정하시오.

          계열 : ≪출력형태≫를 참조하여 표식(네모, 크기 10)과 레이블 값을 표시하시오.

          눈금선 : 선 스타일–파선

          축 : ≪출력형태≫를 참조하시오.

  (8) 범례 ⇒ 범례명을 변경하고 ≪출력형태≫를 참조하시오.

  (9) 도형 ⇒ '말풍선: 모서리가 둥근 사각형 설명선'을 삽입한 후 ≪출력형태≫와 같이 내용을 입력하시오.

  ⑩ 나머지 사항은 ≪출력형태≫에 맞게 작성하시오.

≪출력형태≫

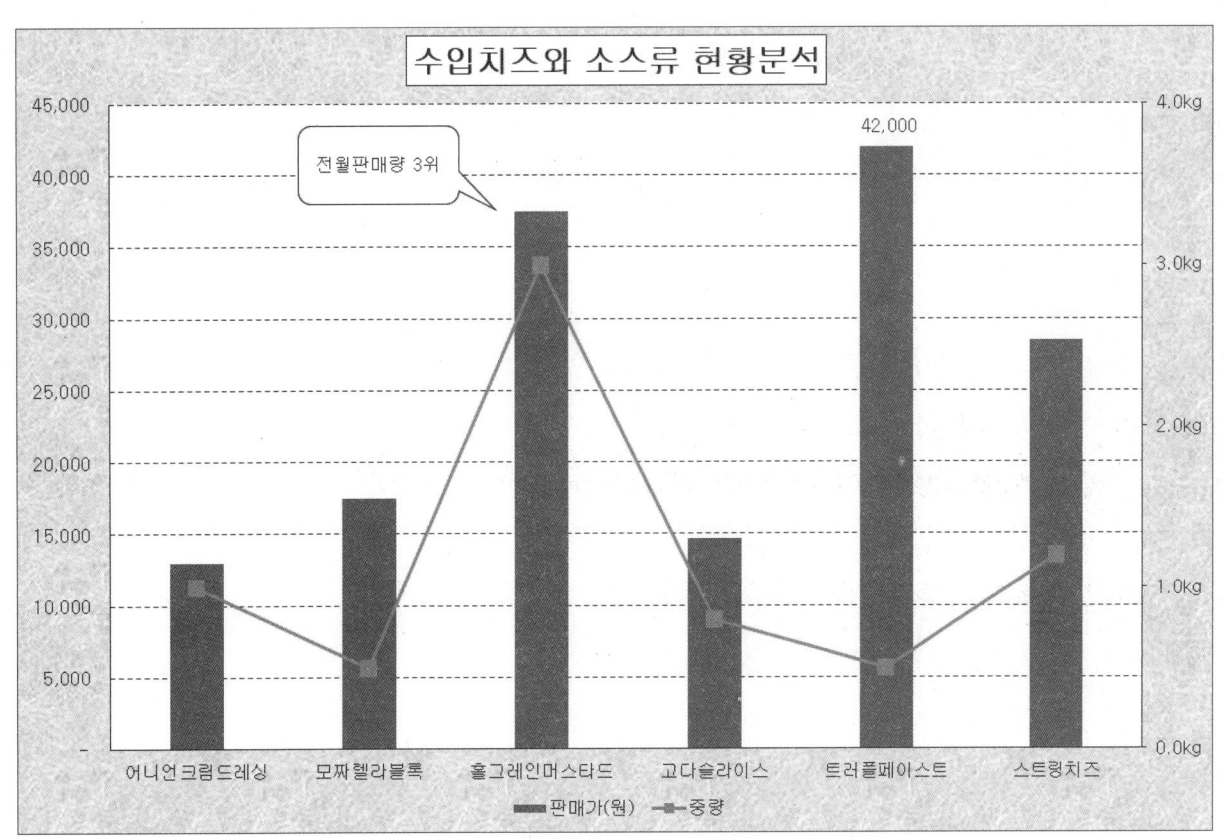

주의 ➡ 시트명 순서가 차례대로 "제1작업", "제2작업", "제3작업", "제4작업"이 되도록 할 것.

제 02 회 정보기술자격(ITQ) 출제예상 모의고사

			작성 시간 / 시험 시간	채점 결과
			분 / 60분	점 / 500점

과목	코드	문제유형	시험시간	수험번호	성명
한글엑셀	1122	B	60분		

MS오피스

· 수험자 유의사항 ·

● 수험자는 문제지를 받는 즉시 문제지와 **수험표상의 시험과목(프로그램)이 동일한지 반드시 확인**하여야 합니다.

● 파일명은 본인의 "수험번호−성명"으로 입력하여 답안 폴더(내 PC₩문서₩ITQ)에 하나의 파일로 저장해야 하며, 답안 문서 파일명이 "수험번호−성명"과 일치하지 않거나, 답안 파일을 전송하지 않아 미제출로 처리될 경우 실격 처리합니다 (예 : 12345678−홍길동.xlsx).

● 답안 작성을 마치면 파일을 저장하고, '답안 전송' 버튼을 선택하여 감독위원 PC로 답안을 전송하십시오. 수험생 정보와 저장한 파일명이 다를 경우 전송되지 않으므로 주의하시기 바랍니다.

● 답안 작성 중에도 **주기적으로 저장하고, '답안 전송'**하여야 문제 발생을 줄일 수 있습니다. 작업한 내용을 저장하지 않고 전송할 경우 이전에 저장된 내용이 전송되오니 이점 유의하시기 바랍니다.

● 답안 문서는 지정된 경로 외의 다른 보조기억장치에 저장하는 경우, 지정된 시험 시간 외에 작성된 파일을 활용할 경우, 기타 통신수단(이메일, 메신저, 네트워크 등)을 이용하여 타인에게 전달 또는 외부 반출하는 경우는 부정 처리합니다.

● 시험 중 부주의 또는 고의로 시스템을 파손한 경우는 수험자가 변상해야 하며, 〈수험자 유의사항〉에 기재된 방법대로 이행하지 않아 생기는 불이익은 수험생 당사자의 책임임을 알려 드립니다.

● 문제의 조건은 MS오피스 2021 버전으로 설정되어 있으니 유의하시기 바랍니다.

● 시험을 완료한 수험자는 답안 파일이 전송되었는지 확인한 후 감독위원의 지시에 따라 문제지를 제출하고 퇴실합니다.

· 답안 작성요령 ·

● 온라인 답안 작성 절차
  수험자 등록 ⇒ 시험 시작 ⇒ 답안 파일 저장 ⇒ 답안 전송 ⇒ 시험 종료

● 문제는 총 4단계, 즉 제1작업부터 제4작업까지 구성되어 있으며 반드시 제1작업부터 순서대로 작성하고 조건대로 작업하시오.

● 모든 작업 시트의 A열은 열 너비 '1'로, 나머지 열은 적당하게 조절하시오.

● 모든 작업 시트의 테두리는 ≪출력형태≫와 같이 작업하시오.

● 해당 작업란에서는 각각 제시된 조건에 따라 ≪출력형태≫와 같이 작업하시오.

● 답안 시트 이름은 "제1작업", "제2작업", "제3작업", "제4작업"이어야 하며 답안 시트 이외의 것은 감점 처리됩니다.

● 각 시트를 파일로 나누어 작업해서 저장할 경우 실격 처리됩니다.

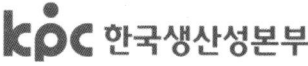

kpc 한국생산성본부

➡️ 다음은 '**명재활의학과 1분기 환자 관리 현황**'에 대한 자료이다. 자료를 입력하고 조건에 맞도록 작업하시오.

≪출력형태≫

	관리번호	주민번호	환자명	치료구분	치료시작일	1회비용	치료횟수(1주)	성별	치료부위
							결재	담당 / 과장 / 원장	

명재활의학과 1분기 환자 관리 현황

관리번호	주민번호	환자명	치료구분	치료시작일	1회비용	치료횟수(1주)	성별	치료부위
SHD-01	541209-2******	박시선	도수치료	2024-03-11	87,000	3	(1)	(2)
KNE-01	671105-1******	이태호	통증치료	2024-01-19	55,000	2	(1)	(2)
SHD-02	020705-4******	홍규림	통증치료	2024-02-07	45,000	4	(1)	(2)
WAT-01	701210-1******	정상헌	운동치료	2024-02-23	102,000	3	(1)	(2)
KNE-02	910510-2******	김우윤	도수치료	2024-03-15	78,500	2	(1)	(2)
WAT-02	480731-2******	심명혜	통증치료	2024-01-15	57,500	2	(1)	(2)
SHD-03	851020-1******	최보근	도수치료	2024-02-13	83,000	4	(1)	(2)
WAT-03	030225-3******	정해림	운동치료	2024-03-05	98,500	3	(1)	(2)
도수치료 치료횟수(1주) 평균			(3)		운동치료 환자 수				(5)
가장 많은 치료횟수(1주)			(4)		관리번호	SHD-01	치료시작일		(6)

≪조건≫

○ 모든 데이터의 서식에는 글꼴(굴림, 11pt), 정렬은 숫자 및 회계 서식은 오른쪽 정렬, 나머지 서식은
    가운데 정렬로 작성하며 예외적인 것은 ≪출력형태≫를 참조하시오.
○ 제 목 ⇒ 도형(배지)과 그림자(오프셋 오른쪽)를 이용하여 작성하고 "명재활의학과 1분기 환자 관리 현황"을
        입력한 후 다음 서식을 적용하시오(글꼴-굴림, 24pt, 검정, 굵게, 채우기-노랑).
○ 임의의 셀에 결재란을 작성하여 그림으로 복사 기능을 이용하여 붙이기 하시오(단, 원본 삭제).
○ 「B4:J4, G14, I14」 영역은 '주황'으로 채우기 하시오.
○ 유효성 검사를 이용하여 「H14」 셀에 관리번호(「B5:B12」 영역)가 선택 표시되도록 하시오.
○ 셀 서식 ⇒ 「G5:G12」 영역에 셀 서식을 이용하여 숫자 뒤에 '원'을 표시하시오(예 : 87,000원).
○ 「H5:H12」 영역에 대해 '치료횟수'로 이름정의를 하시오.

➡️ (1)~(6) 셀은 반드시 **주어진 함수를 이용**하여 값을 구하시오(결과값을 직접 입력하면 해당 셀은 0점 처리됨).

(1) 성별 ⇒ 주민번호 8번째 값이 1이면 '남', 2이면 '여', 3이면 '남', 4이면 '여'로 구하시오
        (CHOOSE, MID 함수).
(2) 치료부위 ⇒ 관리번호 첫 번째 글자가 S이면 '어깨', K이면 '무릎', 그 외에는 '허리'로 구하시오
        (IF, LEFT 함수).
(3) 도수치료 치료횟수(1주) 평균 ⇒ 단, 조건은 입력데이터를 이용하시오(DAVERAGE 함수).
(4) 가장 많은 치료횟수(1주) ⇒ 정의된 이름(치료횟수)을 이용하여 구하시오(MAX 함수).
(5) 운동치료 환자 수 ⇒ 결과값에 '명'을 붙이시오(COUNTIF 함수, & 연산자)(예 : 1명).
(6) 치료시작일 ⇒ 「H14」 셀에서 선택한 관리번호에 대한 치료시작일을 구하시오
        (VLOOKUP 함수)(예 : 2024-01-01).
(7) 조건부 서식의 수식을 이용하여 1회비용이 '85,000' 이상인 행 전체에 다음의 서식을 적용하시오
    (글꼴 : 파랑, 굵게).

➡️ **"제1작업"** 시트의 「B4:H12」 영역을 복사하여 **"제2작업"** 시트의 「B2」 셀부터 모두 붙여넣기를 한 후 다음의 조건과 같이 작업하시오.

≪조건≫

　(1) 목표값 찾기 – 「B11:G11」 셀을 병합하고, 가운데 맞춤한 후 "1회비용 전체 평균"을 입력하고, 「H11」 셀에 1회비용의 전체 평균을 구하시오(AVERAGE 함수, 테두리).
　　　　　　　　　 – '1회비용 전체 평균'이 '76,000'이 되려면 박시선의 1회비용이 얼마가 되어야 하는지 목표값을 구하시오.

　(2) 고급 필터 – 치료구분이 '도수치료'가 아니면서 치료횟수(1주)가 '3' 이상인 자료의 관리번호, 주민번호, 환자명, 치료시작일 데이터만 추출하시오.
　　　　　　　　 – 조건 범위 : 「B14」 셀부터 입력하시오.
　　　　　　　　 – 복사 위치 : 「B18」 셀부터 나타나도록 하시오.

➡️ **"제1작업"** 시트의 「B4:H12」 영역을 복사하여 **"제3작업"** 시트의 「B2」 셀부터 모두 붙여넣기를 한 후 다음의 조건과 같이 작업하시오.

≪조건≫

　(1) 부분합 – ≪출력형태≫처럼 정렬하고, 환자명의 개수와 1회비용의 평균을 구하시오.
　(2) 개요 – 지우시오.
　(3) 나머지 사항은 ≪출력형태≫에 맞게 작성하시오.

≪출력형태≫

A	B	C	D	E	F	G	H
1							
2	관리번호	주민번호	환자명	치료구분	치료시작일	1회비용	치료횟수 (1주)
3	KNE-01	671105-1******	이태호	통증치료	2024-01-19	55,000원	2
4	SHD-02	020705-4******	홍규림	통증치료	2024-02-07	45,000원	4
5	WAT-02	480731-2******	심명혜	통증치료	2024-01-15	57,500원	2
6				통증치료 평균		52,500원	
7			3	통증치료 개수			
8	WAT-01	701210-1******	정상헌	운동치료	2024-02-23	102,000원	3
9	WAT-03	030225-3******	정해림	운동치료	2024-03-05	98,500원	3
10				운동치료 평균		100,250원	
11			2	운동치료 개수			
12	SHD-01	541209-2******	박시선	도수치료	2024-03-11	87,000원	3
13	KNE-02	910510-2******	김우윤	도수치료	2024-03-15	78,500원	2
14	SHD-03	851020-1******	최보근	도수치료	2024-02-13	83,000원	4
15				도수치료 평균		82,833원	
16			3	도수치료 개수			
17				전체 평균		75,813원	
18			8	전체 개수			

➔ **"제1작업"** 시트를 이용하여 조건에 따라 ≪출력형태≫와 같이 작업하시오.

≪조건≫

(1) 차트 종류 ⇒ 〈묶은 세로 막대형〉으로 작업하시오.
(2) 데이터 범위 ⇒ "제1작업" 시트의 내용을 이용하여 작업하시오.
(3) 위치 ⇒ "새 시트"로 이동하고, "제4작업"으로 시트 이름을 바꾸시오.
(4) 차트 디자인 도구 ⇒ 레이아웃 3, 스타일 1을 선택하여 ≪출력형태≫에 맞게 작업하시오.
(5) 영역 서식 ⇒ 차트 : 글꼴(굴림, 11pt), 채우기 효과(질감-파랑 박엽지)
　　　　　　　　그림 : 채우기(흰색, 배경1)
(6) 제목 서식 ⇒ 차트 제목 : 글꼴(굴림, 굵게, 20pt), 채우기(흰색, 배경1), 테두리
(7) 서식 ⇒ 치료횟수(1주) 계열의 차트 종류를 〈표식이 있는 꺾은선형〉으로 변경한 후 보조 축으로 지정하시오.
　　　계열 : ≪출력형태≫를 참조하여 표식(마름모, 크기 10)과 레이블 값을 표시하시오.
　　　눈금선 : 선 스타일-파선
　　　축 : ≪출력형태≫를 참조하시오.
(8) 범례 ⇒ 범례명을 변경하고 ≪출력형태≫를 참조하시오.
(9) 도형 ⇒ '말풍선: 모서리가 둥근 사각형 설명선'을 삽입한 후 ≪출력형태≫와 같이 내용을 입력하시오.
(10) 나머지 사항은 ≪출력형태≫에 맞게 작성하시오.

≪출력형태≫

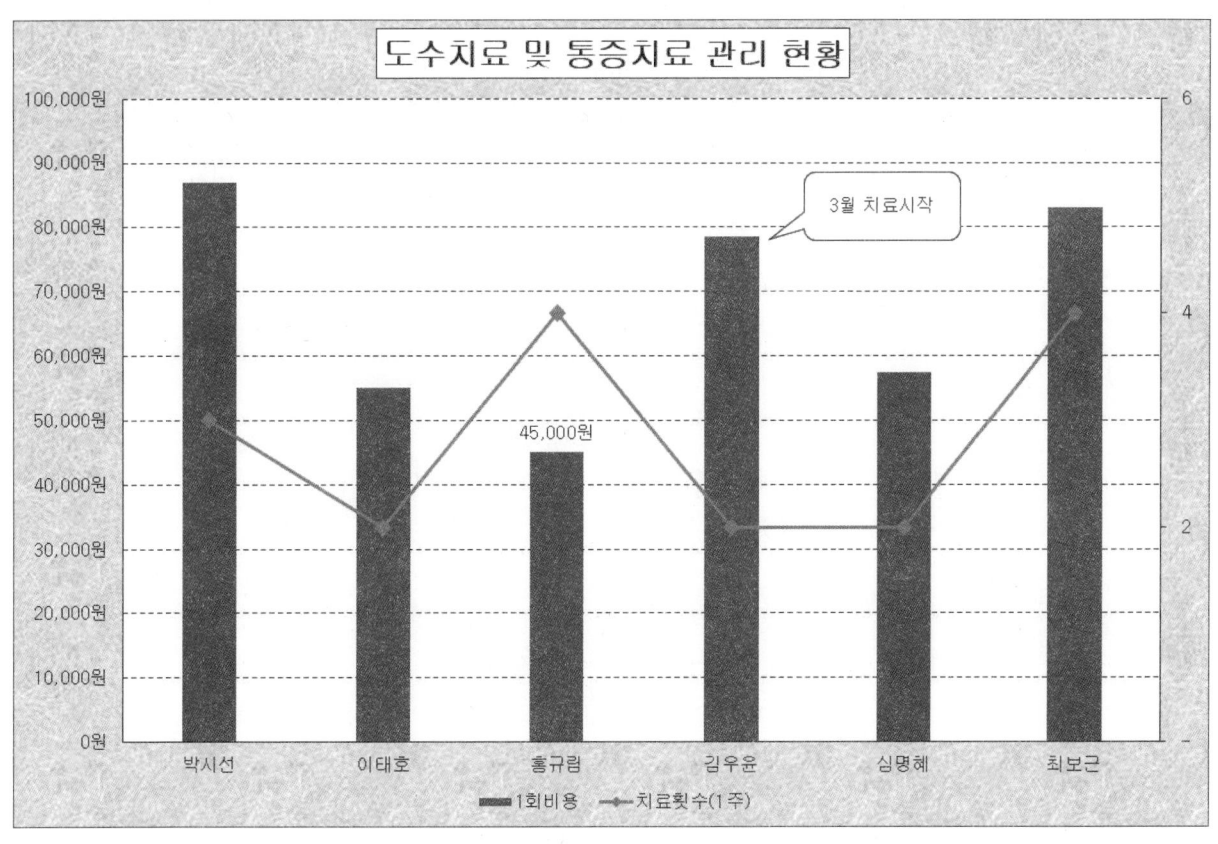

주의 ➔ 시트명 순서가 차례대로 "제1작업", "제2작업", "제3작업", "제4작업"이 되도록 할 것.

	작성 시간 / 시험 시간	채점 결과
	분 / 60분	점 / 500점

과목	코드	문제유형	시험시간	수험번호	성명
한글엑셀	1122	C	60분		

MS오피스

· 수험자 유의사항 ·

- 수험자는 문제지를 받는 즉시 문제지와 **수험표상의 시험과목(프로그램)이 동일한지 반드시 확인**하여야 합니다.

- 파일명은 본인의 "수험번호-성명"으로 입력하여 답안 폴더(내 PC₩문서₩ITQ)에 하나의 파일로 저장해야 하며, 답안 문서 파일명이 "수험번호-성명"과 일치하지 않거나, 답안 파일을 전송하지 않아 미제출로 처리될 경우 실격 처리합니다 (예 : 12345678-홍길동.xlsx).

- 답안 작성을 마치면 파일을 저장하고, '답안 전송' 버튼을 선택하여 감독위원 PC로 답안을 전송하십시오. 수험생 정보와 저장한 파일명이 다를 경우 전송되지 않으므로 주의하시기 바랍니다.

- 답안 작성 중에도 **주기적으로 저장하고, '답안 전송'**하여야 문제 발생을 줄일 수 있습니다. 작업한 내용을 저장하지 않고 전송할 경우 이전에 저장된 내용이 전송되오니 이점 유의하시기 바랍니다.

- 답안 문서는 지정된 경로 외의 다른 보조기억장치에 저장하는 경우, 지정된 시험 시간 외에 작성된 파일을 활용할 경우, 기타 통신수단(이메일, 메신저, 네트워크 등)을 이용하여 타인에게 전달 또는 외부 반출하는 경우는 부정 처리합니다.

- 시험 중 부주의 또는 고의로 시스템을 파손한 경우는 수험자가 변상해야 하며, 〈수험자 유의사항〉에 기재된 방법대로 이행하지 않아 생기는 불이익은 수험생 당사자의 책임임을 알려 드립니다.

- 문제의 조건은 MS오피스 2021 버전으로 설정되어 있으니 유의하시기 바랍니다.

- 시험을 완료한 수험자는 답안 파일이 전송되었는지 확인한 후 감독위원의 지시에 따라 문제지를 제출하고 퇴실합니다.

· 답안 작성요령 ·

- 온라인 답안 작성 절차
  수험자 등록 ⇒ 시험 시작 ⇒ 답안 파일 저장 ⇒ 답안 전송 ⇒ 시험 종료

- 문제는 총 4단계, 즉 제1작업부터 제4작업까지 구성되어 있으며 반드시 제1작업부터 순서대로 작성하고 조건대로 작업하시오.

- 모든 작업 시트의 A열은 열 너비 '1'로, 나머지 열은 적당하게 조절하시오.

- 모든 작업 시트의 테두리는 ≪출력형태≫와 같이 작업하시오.

- 해당 작업란에서는 각각 제시된 조건에 따라 ≪출력형태≫와 같이 작업하시오.

- 답안 시트 이름은 "제1작업", "제2작업", "제3작업", "제4작업"이어야 하며 답안 시트 이외의 것은 감점 처리됩니다.

- 각 시트를 파일로 나누어 작업해서 저장할 경우 실격 처리됩니다.

kpc 한국생산성본부

➡ 다음은 '**연구사업 진행 현황**'에 대한 자료이다. 자료를 입력하고 조건에 맞도록 작업하시오.

≪출력형태≫

	담당	팀장	본부장
결재			

연구사업 진행 현황

관리코드	사업명	관리팀	사업구분	진행인원수	시작일	기본예산(단위:원)	진행기간	예산순위
EA4-06	이러닝	교육관리	교육	7	2023-07-10	46,200,000	(1)	(2)
TA3-07	AR개발	개발1팀	기술	11	2023-07-01	83,700,000	(1)	(2)
TS1-12	홈네트워크	개발2팀	기술	13	2023-06-20	185,000,000	(1)	(2)
MA2-03	마케팅	개발1팀	영업	3	2023-10-05	22,700,000	(1)	(2)
TE1-10	네트워크보안	개발1팀	기술	10	2023-06-01	136,000,000	(1)	(2)
SA2-05	VR개발	개발2팀	기술	9	2023-08-10	34,700,000	(1)	(2)
EA4-04	연수원관리	교육관리	교육	6	2023-09-20	28,000,000	(1)	(2)
TE3-05	환경개선	개발2팀	기술	7	2023-09-01	103,000,000	(1)	(2)
개발1팀 기본예상(단위:원) 평균			(3)		교육 사업의 총 기본예산(단위:원)			(5)
최다 진행인원수			(4)		사업명	이러닝	사업구분	(6)

≪조건≫

○ 모든 데이터의 서식에는 글꼴(굴림, 11pt), 정렬은 숫자 및 회계 서식은 오른쪽 정렬, 나머지 서식은
    가운데 정렬로 작성하며 예외적인 것은 ≪출력형태≫를 참조하시오.

○ 제 목 ⇒ 도형(십자형)과 그림자(오프셋 오른쪽)를 이용하여 작성하고
    "연구사업 진행 현황"을 입력한 후 다음 서식을 적용하시오
    (글꼴-굴림, 24pt, 검정, 굵게, 채우기-노랑).

○ 임의의 셀에 결재란을 작성하여 그림으로 복사 기능을 이용하여 붙이기 하시오(단, 원본 삭제).

○ 「B4:J4, G14, I14」 영역은 '주황'으로 채우기 하시오.

○ 유효성 검사를 이용하여 「H14」 셀에 사업명(「C5:C12」 영역)이 선택 표시되도록 하시오.

○ 셀 서식 ⇒ 「F5:F12」 영역에 셀 서식을 이용하여 숫자 뒤에 '명'을 표시하시오(예 : 7명).

○ 「F5:F12」 영역에 대해 '진행인원수'로 이름정의를 하시오.

➡ (1)~(6) 셀은 반드시 **주어진 함수를 이용**하여 값을 구하시오(결과값을 직접 입력하면 해당 셀은 0점 처리됨).

  (1) 진행기간 ⇒ 「14-시작일의 월」을 구한 값에 '개월'을 붙이시오(MONTH 함수, & 연산자)(예 : 1개월).

  (2) 예산순위 ⇒ 기본예산(단위:원)의 내림차순 순위를 '1~3'만 표시하고 그 외에는 공백으로 구하시오
      (IF, RANK.EQ 함수).

  (3) 개발1팀 기본예산(단위:원) 평균 ⇒ 개발1팀의 기본예산(단위:원) 평균을 구하시오(SUMIF, COUNTIF 함수).

  (4) 최다 진행인원수 ⇒ 정의된 이름(진행인원수)을 이용하여 구하시오(MAX 함수).

  (5) 교육 사업의 총 기본예산(단위:원) ⇒ 조건은 입력데이터를 이용하여 구하시오(DSUM 함수).

  (6) 사업구분 ⇒ 「H14」 셀에서 선택한 사업명의 사업구분을 구하시오(VLOOKUP 함수).

  (7) 조건부 서식의 수식을 이용하여 진행인원수가 '10' 이상인 행 전체에 다음의 서식을 적용하시오
      [글꼴 : 파랑, 굵게].

➡️ **"제1작업"** 시트의 「B4:H12」 영역을 복사하여 **"제2작업"** 시트의 「B2」 셀부터 모두 붙여넣기를 한 후
다음의 조건과 같이 작업하시오.

≪조건≫

(1) 고급 필터 – 사업구분이 '교육'이거나, 기본예산(단위:원)이 '130,000,000' 이상인 자료의 관리코드, 사업명,
　　　　　　　 진행인원수, 기본예산(단위:원) 데이터만 추출하시오.
　　　　　　　 – 조건 범위 : 「B13」 셀부터 입력하시오.
　　　　　　　 – 복사 위치 : 「B18」 셀부터 나타나도록 하시오.

(2) 표 서식 – 고급 필터의 결과셀을 채우기 없음으로 설정한 후 '표 스타일 보통 7'의 서식을 적용하시오.
　　　　　　– 머리글 행, 줄무늬 행을 적용하시오.

➡️ **"제1작업"** 시트를 이용하여 **"제3작업"** 시트에 조건에 따라 ≪출력형태≫와 같이 작업하시오.

≪조건≫

(1) 진행인원수 및 사업구분별 사업명의 개수와 기본예산(단위:원)의 평균을 구하시오.
(2) 진행인원수를 그룹화하고, 사업구분을 ≪출력형태≫와 같이 정렬하시오.
(3) 레이블이 있는 셀 병합 및 가운데 맞춤 적용 및 빈 셀은 '***'로 표시하시오.
(4) 행의 총합계는 지우고, 나머지 사항은 ≪출력형태≫에 맞게 작성하시오.

≪출력형태≫

진행인원수	사업구분 ↓						
	영업		기술		교육		
	개수 : 사업명	평균 : 기본예산(단위:원)	개수 : 사업명	평균 : 기본예산(단위:원)	개수 : 사업명	평균 : 기본예산(단위:원)	
3-6	1	22,700,000	***	***	1	28,000,000	
7-10	***	***	3	91,233,333	1	46,200,000	
11-14	***	***	2	134,350,000	***	***	
총합계	1	22,700,000	5	108,480,000	2	37,100,000	

➤ **"제1작업"** 시트를 이용하여 조건에 따라 ≪출력형태≫와 같이 작업하시오.

≪조건≫

(1) 차트 종류 ⇒ 〈묶은 세로 막대형〉으로 작업하시오.

(2) 데이터 범위 ⇒ "제1작업" 시트의 내용을 이용하여 작업하시오.

(3) 위치 ⇒ "새 시트"로 이동하고, "제4작업"으로 시트 이름을 바꾸시오.

(4) 차트 디자인 도구 ⇒ 레이아웃 3, 스타일 1을 선택하여 ≪출력형태≫에 맞게 작업하시오.

(5) 영역 서식 ⇒ 차트 : 글꼴(굴림, 11pt), 채우기 효과(질감–파랑 박엽지)

　　　　　　　그림 : 채우기(흰색, 배경1)

(6) 제목 서식 ⇒ 차트 제목 : 글꼴(굴림, 굵게, 20pt), 채우기(흰색, 배경1), 테두리

(7) 서식 ⇒ 기본예산(단위:원) 계열의 차트 종류를 〈표식이 있는 꺾은선형〉으로 변경한 후 보조 축으로 지정하시오.

　　　　계열 : ≪출력형태≫를 참조하여 표식(네모, 크기 10)과 레이블 값을 표시하시오.

　　　　눈금선 : 선 스타일–파선

　　　　축 : ≪출력형태≫를 참조하시오.

(8) 범례 ⇒ 범례명을 변경하고 ≪출력형태≫를 참조하시오.

(9) 도형 ⇒ '말풍선: 모서리가 둥근 사각형 설명선'을 삽입한 후 ≪출력형태≫와 같이 내용을 입력하시오.

(10) 나머지 사항은 ≪출력형태≫에 맞게 작성하시오.

≪출력형태≫

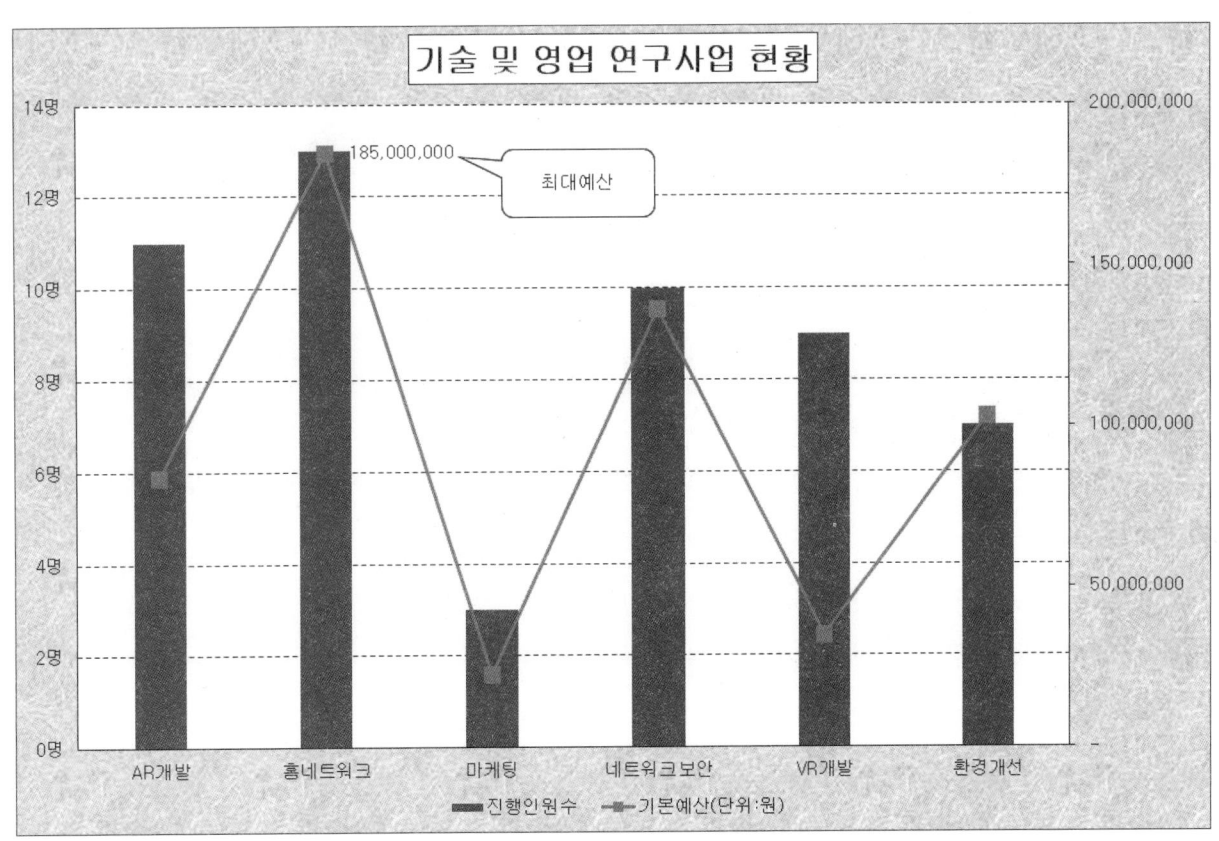

주의 ▶ 시트명 순서가 차례대로 **"제1작업"**, **"제2작업"**, **"제3작업"**, **"제4작업"**이 되도록 할 것.

제04회 정보기술자격(ITQ) 출제예상 모의고사

	작성 시간 / 시험 시간	채점 결과
	분 / 60분	점 / 500점

과목	코드	문제유형	시험시간	수험번호	성명
한글엑셀	1122	A	60분		

MS오피스

· 수험자 유의사항 ·

- 수험자는 문제지를 받는 즉시 문제지와 **수험표상의 시험과목(프로그램)이 동일한지 반드시 확인**하여야 합니다.

- 파일명은 본인의 "수험번호–성명"으로 입력하여 답안 폴더(내 PC₩문서₩ITQ)에 하나의 파일로 저장해야 하며, 답안 문서 파일명이 "수험번호–성명"과 일치하지 않거나, 답안 파일을 전송하지 않아 미제출로 처리될 경우 실격 처리합니다 (예 : 12345678–홍길동.xlsx).

- 답안 작성을 마치면 파일을 저장하고, '답안 전송' 버튼을 선택하여 감독위원 PC로 답안을 전송하십시오. 수험생 정보와 저장한 파일명이 다를 경우 전송되지 않으므로 주의하시기 바랍니다.

- 답안 작성 중에도 **주기적으로 저장하고, '답안 전송'**하여야 문제 발생을 줄일 수 있습니다. 작업한 내용을 저장하지 않고 전송할 경우 이전에 저장된 내용이 전송되오니 이점 유의하시기 바랍니다.

- 답안 문서는 지정된 경로 외의 다른 보조기억장치에 저장하는 경우, 지정된 시험 시간 외에 작성된 파일을 활용할 경우, 기타 통신수단(이메일, 메신저, 네트워크 등)을 이용하여 타인에게 전달 또는 외부 반출하는 경우는 부정 처리합니다.

- 시험 중 부주의 또는 고의로 시스템을 파손한 경우는 수험자가 변상해야 하며, 〈수험자 유의사항〉에 기재된 방법대로 이행하지 않아 생기는 불이익은 수험생 당사자의 책임임을 알려 드립니다.

- 문제의 조건은 MS오피스 2021 버전으로 설정되어 있으니 유의하시기 바랍니다.

- 시험을 완료한 수험자는 답안 파일이 전송되었는지 확인한 후 감독위원의 지시에 따라 문제지를 제출하고 퇴실합니다.

· 답안 작성요령 ·

- 온라인 답안 작성 절차

  수험자 등록 ⇒ 시험 시작 ⇒ 답안 파일 저장 ⇒ 답안 전송 ⇒ 시험 종료

- 문제는 총 4단계, 즉 제1작업부터 제4작업까지 구성되어 있으며 반드시 제1작업부터 순서대로 작성하고 조건대로 작업하시오.

- 모든 작업 시트의 A열은 열 너비 '1'로, 나머지 열은 적당하게 조절하시오.

- 모든 작업 시트의 테두리는 ≪출력형태≫와 같이 작업하시오.

- 해당 작업란에서는 각각 제시된 조건에 따라 ≪출력형태≫와 같이 작업하시오.

- 답안 시트 이름은 "제1작업", "제2작업", "제3작업", "제4작업"이어야 하며 답안 시트 이외의 것은 감점 처리됩니다.

- 각 시트를 파일로 나누어 작업해서 저장할 경우 실격 처리됩니다.

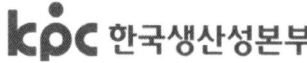
kpc 한국생산성본부

➡️ 다음은 '**소고기 부위별 판매 현황**'에 대한 자료이다. 자료를 입력하고 조건에 맞도록 작업하시오.

≪출력형태≫

	담당	팀장	부장
결재			

소고기 부위별 판매 현황

품목코드	부위	생산일	구분	kg당 가격	판매량 (단위:kg)	납품한 시장 수	판매순위	비고
FVS-39	앞다리	2023-12-19	1+등급	75,600	1,294	39	(1)	(2)
SKR-86	앞다리	2023-12-29	2등급	52,000	4,188	73	(1)	(2)
ATE-38	안심	2023-12-24	1++등급	98,200	1,350	37	(1)	(2)
MYH-19	안심	2023-12-22	1등급	95,600	1,472	38	(1)	(2)
FEW-29	등심	2023-12-24	1등급	79,200	4,870	86	(1)	(2)
EUY-39	앞다리	2023-12-30	1++등급	73,000	3,765	71	(1)	(2)
TVE-68	등심	2023-12-27	2등급	66,400	5,760	98	(1)	(2)
MTT-92	등심	2023-12-24	1+등급	88,700	3,240	56	(1)	(2)
kg당 최고 가격			(3)	✕	앞다리 부위 판매량(단위:kg) 합계			(5)
등심 부위 납품한 시장 수 평균			(4)		품목코드	FVS-39	생산일	(6)

≪조건≫

○ 모든 데이터의 서식에는 글꼴(굴림, 11pt), 정렬은 숫자 및 회계 서식은 오른쪽 정렬, 나머지 서식은 가운데 정렬로 작성하며 예외적인 것은 ≪출력형태≫를 참조하시오.
○ 제 목 ⇒ 도형(배지)과 그림자(오프셋 오른쪽)를 이용하여 작성하고 "소고기 부위별 판매 현황"을 입력한 후 다음 서식을 적용하시오(글꼴-굴림, 24pt, 검정, 굵게, 채우기-노랑).
○ 임의의 셀에 결재란을 작성하여 그림으로 복사 기능을 이용하여 붙이기 하시오(단, 원본 삭제).
○ 「B4:J4, G14, I14」 영역은 '주황'으로 채우기 하시오.
○ 유효성 검사를 이용하여 「H14」 셀에 품목코드(「B5:B12」영역)가 선택 표시되도록 하시오.
○ 셀 서식 ⇒ 「F5:F12」 영역에 셀 서식을 이용하여 숫자 뒤에 '원'을 표시하시오(예 : 75,600원).
○ 「F5:F12」 영역에 대해 '가격'으로 이름정의를 하시오.

➡️ (1)~(6) 셀은 반드시 **주어진 함수를 이용**하여 값을 구하시오(결과값을 직접 입력하면 해당 셀은 0점 처리됨).

(1) 판매순위 ⇒ 판매량(단위:kg)의 내림차순 순위를 구한 결과값에 '위'를 붙이시오 (RANK.EQ 함수, & 연산자)(예 : 1위).
(2) 비고 ⇒ kg당 가격이 90,000 이상이거나 판매량(단위:kg)이 5,000 이상이면 '★', 그 외에는 공백으로 구하시오(IF, OR 함수).
(3) kg당 최고 가격 ⇒ 정의된 이름(가격)을 이용하여 구하시오(MAX 함수).
(4) 등심 부위 납품한 시장 수 평균 ⇒ (SUMIF, COUNTIF 함수)
(5) 앞다리 부위 판매량(단위:kg) 합계 ⇒ 조건은 입력데이터를 이용하시오(DSUM 함수).
(6) 생산일 ⇒ 「H14」 셀에서 선택한 품목코드에 대한 생산일을 구하시오(VLOOKUP 함수)(예 : 2024-01-01).
(7) 조건부 서식의 수식을 이용하여 납품한 시장 수가 '50' 이하인 행 전체에 다음의 서식을 적용하시오 (글꼴 : 파랑, 굵게).

➡️ **"제1작업"** 시트의 「B4:H12」 영역을 복사하여 **"제2작업"** 시트의 「B2」 셀부터 모두 붙여넣기를 한 후 다음의 조건과 같이 작업하시오.

≪조건≫

(1) 목표값 찾기 – 「B11:G11」 셀을 병합하고, 가운데 맞춤한 후 "판매량(단위:kg) 전체 평균"을 입력하고, 「H11」 셀에 판매량(단위:kg) 전체 평균을 구하시오(AVERAGE 함수, 테두리).
   – '판매량(단위:kg) 전체 평균'이 '3,300'이 되려면 FVS-39의 판매량(단위:kg)이 얼마가 되어야 하는지 목표값을 구하시오.

(2) 고급 필터 – 부위가 '앞다리'가 아니면서 kg당 가격이 '90,000' 이하인 자료의 품목코드, 구분, kg당 가격, 판매량(단위:kg) 데이터만 추출하시오.
   – 조건 범위 : 「B14」 셀부터 입력하시오.
   – 복사 위치 : 「B18」 셀부터 나타나도록 하시오.

➡️ **"제1작업"** 시트의 「B4:H12」 영역을 복사하여 **"제3작업"** 시트의 「B2」 셀부터 모두 붙여넣기를 한 후 다음의 조건과 같이 작업하시오.

≪조건≫

(1) 부분합 – ≪출력형태≫처럼 정렬하고, 품목코드의 개수와 판매량(단위:kg)의 평균을 구하시오.
(2) 개요 – 지우시오.
(3) 나머지 사항은 ≪출력형태≫에 맞게 작성하시오.

≪출력형태≫

	B	C	D	E	F	G	H
1							
2	품목코드	부위	생산일	구분	kg당 가격	판매량 (단위:kg)	납품한 시장 수
3	FVS-39	앞다리	2023-12-19	1+등급	75,600원	1,294	39
4	SKR-86	앞다리	2023-12-29	2등급	52,000원	4,188	73
5	EUY-39	앞다리	2023-12-30	1++등급	73,000원	3,765	71
6		앞다리 평균				3,082	
7	3	앞다리 개수					
8	ATE-38	안심	2023-12-24	1++등급	98,200원	1,350	37
9	MYH-19	안심	2023-12-22	1등급	95,600원	1,472	38
10		안심 평균				1,411	
11	2	안심 개수					
12	FEW-29	등심	2023-12-24	1등급	79,200원	4,870	86
13	TVE-68	등심	2023-12-27	2등급	66,400원	5,760	98
14	MTT-92	등심	2023-12-24	1+등급	88,700원	3,240	56
15		등심 평균				4,623	
16	3	등심 개수					
17		전체 평균				3,242	
18	8	전체 개수					

➡ **"제1작업"** 시트를 이용하여 조건에 따라 ≪출력형태≫와 같이 작업하시오.

≪조건≫

(1) 차트 종류 ⟹ ⟨묶은 세로 막대형⟩으로 작업하시오.

(2) 데이터 범위 ⟹ "제1작업" 시트의 내용을 이용하여 작업하시오.

(3) 위치 ⟹ "새 시트"로 이동하고, "제4작업"으로 시트 이름을 바꾸시오.

(4) 차트 디자인 도구 ⟹ 레이아웃 3, 스타일 1을 선택하여 ≪출력형태≫에 맞게 작업하시오.

(5) 영역 서식 ⟹ 차트 : 글꼴(굴림, 11pt), 채우기 효과(질감–파랑 박엽지)

　　　　　　　그림 : 채우기(흰색, 배경1)

(6) 제목 서식 ⟹ 차트 제목 : 글꼴(굴림, 굵게, 20pt), 채우기(흰색, 배경1), 테두리

(7) 서식 ⟹ 판매량(단위:kg) 계열의 차트 종류를 ⟨표식이 있는 꺾은선형⟩으로 변경한 후 보조 축으로 지정하시오.

　　　　계열 : ≪출력형태≫를 참조하여 표식(마름모, 크기 10)과 레이블 값을 표시하시오.

　　　　눈금선 : 선 스타일–파선

　　　　축 : ≪출력형태≫를 참조하시오.

(8) 범례 ⟹ 범례명을 변경하고 ≪출력형태≫를 참조하시오.

(9) 도형 ⟹ '말풍선: 모서리가 둥근 사각형 설명선'을 삽입한 후 ≪출력형태≫와 같이 내용을 입력하시오.

(10) 나머지 사항은 ≪출력형태≫에 맞게 작성하시오.

≪출력형태≫

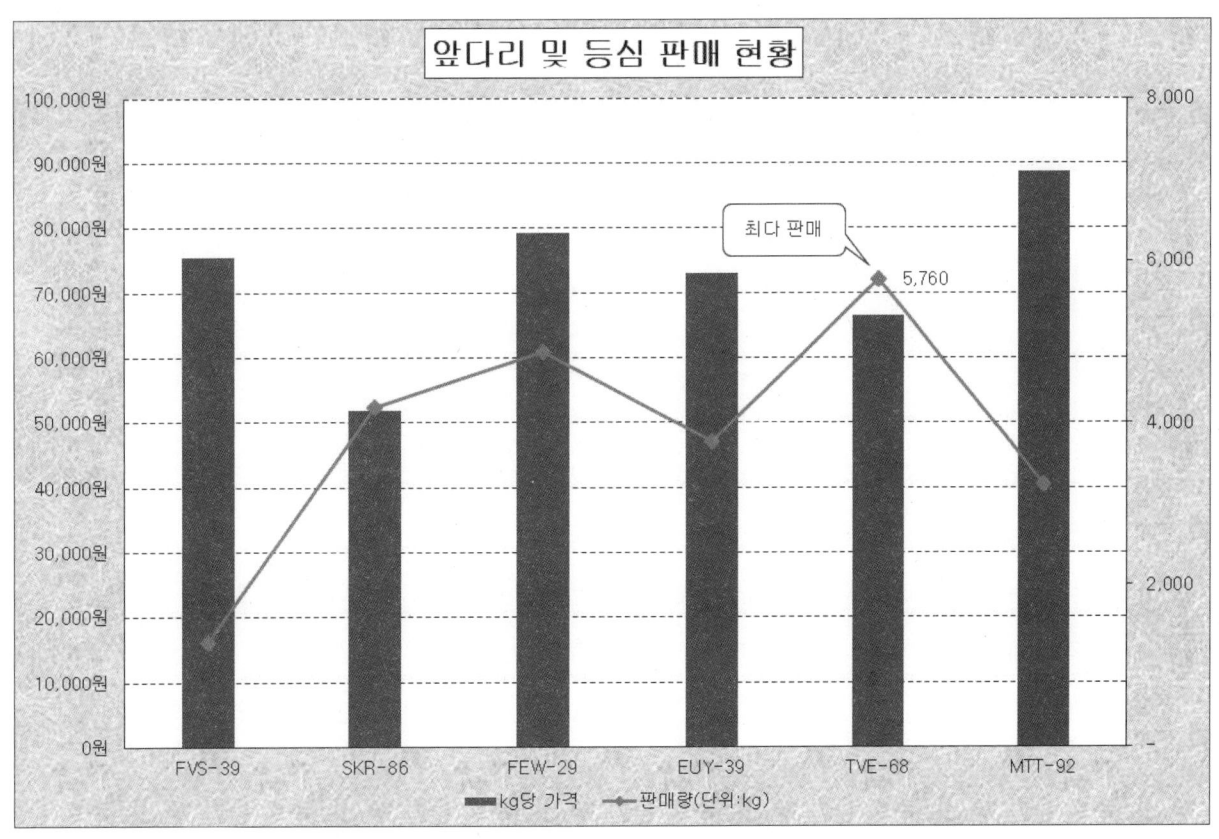

주의 ➡ 시트명 순서가 차례대로 "제1작업", "제2작업", "제3작업", "제4작업"이 되도록 할 것.

과목	코드	문제유형	시험시간	수험번호	성명
한글엑셀	1122	B	60분		

MS오피스

· 수험자 유의사항 ·

● 수험자는 문제지를 받는 즉시 문제지와 **수험표상의 시험과목(프로그램)이 동일한지 반드시 확인**하여야 합니다.

● 파일명은 본인의 "수험번호-성명"으로 입력하여 답안 폴더(내 PC\문서\ITQ)에 하나의 파일로 저장해야 하며, 답안 문서 파일명이 "수험번호-성명"과 일치하지 않거나, 답안 파일을 전송하지 않아 미제출로 처리될 경우 실격 처리합니다 (예 : 12345678-홍길동.xlsx).

● 답안 작성을 마치면 파일을 저장하고, '답안 전송' 버튼을 선택하여 감독위원 PC로 답안을 전송하십시오. 수험생 정보와 저장한 파일명이 다를 경우 전송되지 않으므로 주의하시기 바랍니다.

● 답안 작성 중에도 **주기적으로 저장하고, '답안 전송'**하여야 문제 발생을 줄일 수 있습니다. 작업한 내용을 저장하지 않고 전송할 경우 이전에 저장된 내용이 전송되오니 이점 유의하시기 바랍니다.

● 답안 문서는 지정된 경로 외의 다른 보조기억장치에 저장하는 경우, 지정된 시험 시간 외에 작성된 파일을 활용할 경우, 기타 통신수단(이메일, 메신저, 네트워크 등)을 이용하여 타인에게 전달 또는 외부 반출하는 경우는 부정 처리합니다.

● 시험 중 부주의 또는 고의로 시스템을 파손한 경우는 수험자가 변상해야 하며, 〈수험자 유의사항〉에 기재된 방법대로 이행하지 않아 생기는 불이익은 수험생 당사자의 책임임을 알려 드립니다.

● 문제의 조건은 MS오피스 2021 버전으로 설정되어 있으니 유의하시기 바랍니다.

● 시험을 완료한 수험자는 답안 파일이 전송되었는지 확인한 후 감독위원의 지시에 따라 문제지를 제출하고 퇴실합니다.

· 답안 작성요령 ·

● 온라인 답안 작성 절차

　　수험자 등록 ⇒ 시험 시작 ⇒ 답안 파일 저장 ⇒ 답안 전송 ⇒ 시험 종료

● 문제는 총 4단계, 즉 제1작업부터 제4작업까지 구성되어 있으며 반드시 제1작업부터 순서대로 작성하고 조건대로 작업하시오.

● 모든 작업 시트의 A열은 열 너비 '1'로, 나머지 열은 적당하게 조절하시오.

● 모든 작업 시트의 테두리는 ≪출력형태≫와 같이 작업하시오.

● 해당 작업란에서는 각각 제시된 조건에 따라 ≪출력형태≫와 같이 작업하시오.

● 답안 시트 이름은 "제1작업", "제2작업", "제3작업", "제4작업"이어야 하며 답안 시트 이외의 것은 감점 처리됩니다.

● 각 시트를 파일로 나누어 작업해서 저장할 경우 실격 처리됩니다.

kpc 한국생산성본부

➡ 다음은 '**진광 신규 아파트 입찰 현황**'에 대한 자료이다. 자료를 입력하고 조건에 맞도록 작업하시오.

≪출력형태≫

입찰코드	업체명	분류	근무인원	소장/반장 급여	입찰가격 (기간:월)	근무시간	순위	비고
					진광 신규 아파트 입찰 현황	결재	담당	과장	차장
CL-221	CLEAN 환경	청소	16	2,100,000	27,922,000	8H	(1)	(2)
SE-241	SMAT보안	경비	15	2,300,000	26,177,000	2교대 18H	(1)	(2)
AD-323	신대한	관리	7	3,300,000	23,200,000	9H	(1)	(2)
CL-211	미래 MNS	청소	10	2,000,000	18,900,000	7H	(1)	(2)
AD-322	21세기종합	관리	6	3,500,000	18,000,000	8H	(1)	(2)
SE-243	철통관리	경비	21	2,200,000	36,640,000	3교대 24H	(1)	(2)
AD-311	현대개발공사	관리	5	3,300,000	15,000,000	8H	(1)	(2)
SE-212	편한세상	경비	15	2,500,000	23,500,000	2교대 16H	(1)	(2)
관리업체의 평균 근무인원			(3)		청소업체의 총 근무인원			(5)
최저 입찰가격(기간:월)			(4)		업체명	CLEAN 환경	근무인원	(6)

≪조건≫

○ 모든 데이터의 서식에는 글꼴(굴림, 11pt), 정렬은 숫자 및 회계 서식은 오른쪽 정렬, 나머지 서식은 가운데 정렬로 작성하며 예외적인 것은 ≪출력형태≫를 참조하시오.

○ 제 목 ⇒ 도형(십자형)과 그림자(오프셋 오른쪽)를 이용하여 작성하고 "진광 신규 아파트 입찰 현황"을 입력한 후 다음 서식을 적용하시오(글꼴-굴림, 24pt, 검정, 굵게, 채우기-노랑).

○ 임의의 셀에 결재란을 작성하여 그림으로 복사 기능을 이용하여 붙이기 하시오(단, 원본 삭제).

○ 「B4:J4, G14, I14」 영역은 '주황'으로 채우기 하시오.

○ 유효성 검사를 이용하여 「H14」 셀에 업체명(「C5:C12」 영역)이 선택 표시되도록 하시오.

○ 셀 서식 ⇒ 「E5:E12」 영역에 셀 서식을 이용하여 숫자 뒤에 '명'을 표시하시오(예 : 16명).

○ 「D5:D12」 영역에 대해 '분류'로 이름정의를 하시오.

➡ (1)~(6) 셀은 반드시 **주어진 함수를 이용**하여 값을 구하시오(결과값을 직접 입력하면 해당 셀은 0점 처리됨).

⑴ 순위 ⇒ 입찰가격(기간:월)의 내림차순 순위를 구하시오(RANK.EQ 함수).

⑵ 비고 ⇒ 입찰코드의 마지막 글자가 1이면 '접수1', 2이면 '접수2', 그 외에는 '접수3'으로 구하시오 (CHOOSE, RIGHT 함수).

⑶ 관리업체의 평균 근무인원 ⇒ 정의된 이름(분류)을 이용하여 구한 결과값에 '명'을 붙이시오 (SUMIF, COUNTIF 함수, & 연산자)(예 : 1명).

⑷ 최저 입찰가격(기간:월) ⇒ (MIN 함수)

⑸ 청소업체의 총 근무인원 ⇒ 단, 조건은 입력데이터를 이용하시오(DSUM 함수).

⑹ 근무인원 ⇒ 「H14」 셀에서 선택한 업체에 대한 근무인원을 구하시오(VLOOKUP 함수).

⑺ 조건부 서식의 수식을 이용하여 근무인원이 '10' 이하인 행 전체에 다음의 서식을 적용하시오 [글꼴 : 파랑, 굵게].

➡ **"제1작업"** 시트의 「B4:H12」 영역을 복사하여 **"제2작업"** 시트의 「B2」 셀부터 모두 붙여넣기를 한 후 다음의 조건과 같이 작업하시오.

≪조건≫

(1) 고급 필터 – 분류가 '청소'이거나, 소장/반장 급여가 '3,500,000' 이상인 자료의 입찰코드, 근무인원, 입찰가격(기간:월), 근무시간 데이터만 추출하시오.
       – 조건 범위 : 「B13」 셀부터 입력하시오.
       – 복사 위치 : 「B18」 셀부터 나타나도록 하시오.

(2) 표 서식 – 고급 필터의 결과셀을 채우기 없음으로 설정한 후 '표 스타일 보통 7'의 서식을 적용하시오.
       – 머리글 행, 줄무늬 행을 적용하시오.

➡ **"제1작업"** 시트를 이용하여 **"제3작업"** 시트에 조건에 따라 ≪출력형태≫와 같이 작업하시오.

≪조건≫

(1) 근무인원 및 분류별 업체명의 개수와 입찰가격(기간:월)의 평균을 구하시오.
(2) 근무인원을 그룹화하고, 분류를 ≪출력형태≫와 같이 정렬하시오.
(3) 레이블이 있는 셀 병합 및 가운데 맞춤 적용 및 빈 셀은 '***'로 표시하시오.
(4) 행의 총합계는 지우고, 나머지 사항은 ≪출력형태≫에 맞게 작성하시오.

≪출력형태≫

근무인원	청소 개수 : 업체명	청소 평균 : 입찰가격(기간:월)	관리 개수 : 업체명	관리 평균 : 입찰가격(기간:월)	경비 개수 : 업체명	경비 평균 : 입찰가격(기간:월)
5-11	1	18,900,000	3	18,733,333	***	***
12-18	1	27,922,000	***	***	2	24,838,500
19-25	***	***	***	***	1	36,640,000
총합계	2	23,411,000	3	18,733,333	3	28,772,333

➜ **"제1작업"** 시트를 이용하여 조건에 따라 ≪출력형태≫와 같이 작업하시오.

≪조건≫

(1) 차트 종류 ⇒ 〈묶은 세로 막대형〉으로 작업하시오.

(2) 데이터 범위 ⇒ "제1작업" 시트의 내용을 이용하여 작업하시오.

(3) 위치 ⇒ "새 시트"로 이동하고, "제4작업"으로 시트 이름을 바꾸시오.

(4) 차트 디자인 도구 ⇒ 레이아웃 3, 스타일 1을 선택하여 ≪출력형태≫에 맞게 작업하시오.

(5) 영역 서식 ⇒ 차트 : 글꼴(굴림, 11pt), 채우기 효과(질감-파랑 박엽지)
　　　　　　　 그림 : 채우기(흰색, 배경1)

(6) 제목 서식 ⇒ 차트 제목 : 글꼴(굴림, 굵게, 20pt), 채우기(흰색, 배경1), 테두리

(7) 서식 ⇒ 입찰가격(기간:월) 계열의 차트 종류를 〈표식이 있는 꺾은선형〉으로 변경한 후 보조 축으로 지정하시오.
　　　계열 : ≪출력형태≫를 참조하여 표식(네모, 크기 10)과 레이블 값을 표시하시오.
　　　눈금선 : 선 스타일-파선
　　　축 : ≪출력형태≫를 참조하시오.

(8) 범례 ⇒ 범례명을 변경하고 ≪출력형태≫를 참조하시오.

(9) 도형 ⇒ '말풍선: 모서리가 둥근 사각형 설명선'을 삽입한 후 ≪출력형태≫와 같이 내용을 입력하시오.

(10) 나머지 사항은 ≪출력형태≫에 맞게 작성하시오.

≪출력형태≫

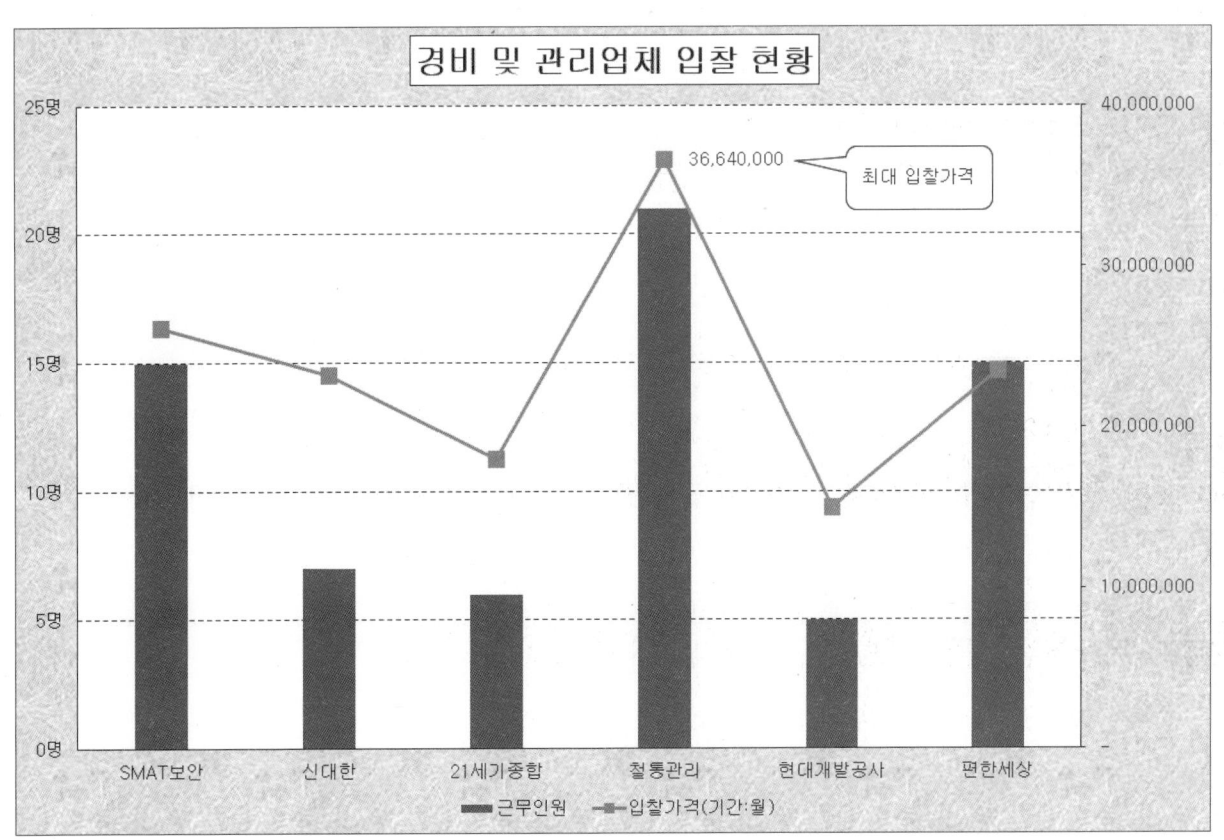

주의 ➜ 시트명 순서가 차례대로 "제1작업", "제2작업", "제3작업", "제4작업"이 되도록 할 것.

작성 시간 / 시험 시간	채점 결과
분 / 60분	점 / 500점

과목	코드	문제유형	시험시간	수험번호	성명
한글엑셀	1122	C	60분		

MS오피스

· 수험자 유의사항 ·

● 수험자는 문제지를 받는 즉시 문제지와 **수험표상의 시험과목(프로그램)이 동일한지 반드시 확인**하여야 합니다.

● 파일명은 본인의 "수험번호−성명"으로 입력하여 답안 폴더(내 PC₩문서₩ITQ)에 하나의 파일로 저장해야 하며, 답안 문서 파일명이 "수험번호−성명"과 일치하지 않거나, 답안 파일을 전송하지 않아 미제출로 처리될 경우 실격 처리합니다 (예 : 12345678−홍길동.xlsx).

● 답안 작성을 마치면 파일을 저장하고, '답안 전송' 버튼을 선택하여 감독위원 PC로 답안을 전송하십시오. 수험생 정보와 저장한 파일명이 다를 경우 전송되지 않으므로 주의하시기 바랍니다.

● 답안 작성 중에도 **주기적으로 저장하고, '답안 전송'**하여야 문제 발생을 줄일 수 있습니다. 작업한 내용을 저장하지 않고 전송할 경우 이전에 저장된 내용이 전송되오니 이점 유의하시기 바랍니다.

● 답안 문서는 지정된 경로 외의 다른 보조기억장치에 저장하는 경우, 지정된 시험 시간 외에 작성된 파일을 활용할 경우, 기타 통신수단(이메일, 메신저, 네트워크 등)을 이용하여 타인에게 전달 또는 외부 반출하는 경우는 부정 처리합니다.

● 시험 중 부주의 또는 고의로 시스템을 파손한 경우는 수험자가 변상해야 하며, 〈수험자 유의사항〉에 기재된 방법대로 이행하지 않아 생기는 불이익은 수험생 당사자의 책임임을 알려 드립니다.

● 문제의 조건은 MS오피스 2021 버전으로 설정되어 있으니 유의하시기 바랍니다.

● 시험을 완료한 수험자는 답안 파일이 전송되었는지 확인한 후 감독위원의 지시에 따라 문제지를 제출하고 퇴실합니다.

· 답안 작성요령 ·

● 온라인 답안 작성 절차

　　수험자 등록 ⇒ 시험 시작 ⇒ 답안 파일 저장 ⇒ 답안 전송 ⇒ 시험 종료

● 문제는 총 4단계, 즉 제1작업부터 제4작업까지 구성되어 있으며 반드시 제1작업부터 순서대로 작성하고 조건대로 작업하시오.

● 모든 작업 시트의 A열은 열 너비 '1'로, 나머지 열은 적당하게 조절하시오.

● 모든 작업 시트의 테두리는 ≪출력형태≫와 같이 작업하시오.

● 해당 작업란에서는 각각 제시된 조건에 따라 ≪출력형태≫와 같이 작업하시오.

● 답안 시트 이름은 "제1작업", "제2작업", "제3작업", "제4작업"이어야 하며 답안 시트 이외의 것은 감점 처리됩니다.

● 각 시트를 파일로 나누어 작업해서 저장할 경우 실격 처리됩니다.

kpc 한국생산성본부

➡ 다음은 '**미용기기 판매 현황**'에 대한 자료이다. 자료를 입력하고 조건에 맞도록 작업하시오.

≪출력형태≫

제품코드	제품명	구분	판매수량 (단위:대)	재고수량 (단위:대)	판매가	적합등록일	판매순위	비고
FSS-48	뉴페이스	고주파기	348	278	230	2023-05-22	(1)	(2)
SXT-13	벨라	초음파기	320	130	260	2023-06-03	(1)	(2)
DAS-13	헤르킨	복합기	132	144	70	2023-02-26	(1)	(2)
SES-11	플라덤	복합기	220	321	68	2023-02-09	(1)	(2)
SZT-97	헤라스킨	초음파기	422	273	350	2023-07-17	(1)	(2)
DVE-21	매직업	고주파기	137	143	440	2023-07-05	(1)	(2)
SEE-21	리얼스타	고주파기	176	320	240	2023-10-04	(1)	(2)
DZE-32	워터월	초음파기	229	182	175	2023-09-16	(1)	(2)
복합기 제품 판매수량(단위:대) 평균			(3)	✕		고주파기 제품의 판매수량(단위:대) 합계		(5)
최저 판매가			(4)		제품코드	FSS-48	적합등록일	(6)

결재 담당 팀장 본부장

≪조건≫

○ 모든 데이터의 서식에는 글꼴(굴림, 11pt), 정렬은 숫자 및 회계 서식은 오른쪽 정렬, 나머지 서식은
　 가운데 정렬로 작성하며 예외적인 것은 ≪출력형태≫를 참조하시오.
○ 제 목 ⇒ 도형(배지)과 그림자(오프셋 오른쪽)를 이용하여 작성하고 "미용기기 판매 현황"을
　　　　　 입력한 후 다음 서식을 적용하시오(글꼴-굴림, 24pt, 검정, 굵게, 채우기-노랑).
○ 임의의 셀에 결재란을 작성하여 그림으로 복사 기능을 이용하여 붙이기 하시오(단, 원본 삭제).
○ 「B4:J4, G14, I14」 영역은 '주황'으로 채우기 하시오.
○ 유효성 검사를 이용하여 「H14」 셀에 제품코드(「B5:B12」 영역)가 선택 표시되도록 하시오.
○ 셀 서식 ⇒ 「G5:G12」 영역에 셀 서식을 이용하여 숫자 뒤에 '만원'을 표시하시오(예 : 230만원).
○ 「G5:G12」 영역에 대해 '판매가'로 이름정의를 하시오.

➡ (1)~(6) 셀은 반드시 **주어진 함수를 이용**하여 값을 구하시오(결과값을 직접 입력하면 해당 셀은 0점 처리됨).

(1) 판매순위 ⇒ 판매수량(단위:대)의 내림차순 순위를 구하시오(RANK.EQ 함수).
(2) 비고 ⇒ 재고수량(단위:대)이 200 이상이거나 판매가가 300 이상이면 '20% 할인', 그 외에는 공백으로
　　　　　 표시하시오(IF, OR 함수).
(3) 복합기 제품 판매수량(단위:대) 평균 ⇒ (SUMIF, COUNTIF 함수)
(4) 최저 판매가 ⇒ 정의된 이름(판매가)을 이용하여 구한 결과값에 '만원'을 붙이시오
　　　　　　　　 (MIN 함수, & 연산자)(예 : 230만원).
(5) 고주파기 제품의 판매수량(단위:대) 합계 ⇒ 조건은 입력데이터를 이용하시오(DSUM 함수).
(6) 적합등록일 ⇒ 「H14」 셀에서 선택한 제품코드에 대한 적합등록일을 구하시오
　　　　　　　　 (VLOOKUP 함수)(예 : 2023-01-01).
(7) 조건부 서식의 수식을 이용하여 판매수량(단위:대)이 '200' 이하인 행 전체에 다음의 서식을 적용하시오
　　 (글꼴 : 파랑, 굵게).

➡ **"제1작업"** 시트의 「B4:H12」 영역을 복사하여 **"제2작업"** 시트의 「B2」 셀부터 모두 붙여넣기를 한 후 다음의 조건과 같이 작업하시오.

≪조건≫

　(1) 목표값 찾기 – 「B11:G11」 셀을 병합하고, 가운데 맞춤한 후 "판매수량(단위:대) 전체 평균"을 입력하고, 「H11」 셀에 판매수량(단위:대) 전체 평균을 구하시오(AVERAGE 함수, 테두리).
　　　　　　　　　 – '판매수량(단위:대) 전체 평균'이 '250'이 되려면 뉴페이스의 판매수량(단위:대)이 얼마가 되어야 하는지 목표값을 구하시오.

　(2) 고급 필터 – 구분이 '고주파기'가 아니면서 판매가가 '300' 이하인 자료의 제품명, 구분, 판매수량(단위:대), 판매가 데이터만 추출하시오.
　　　　　　　　 – 조건 범위 : 「B14」 셀부터 입력하시오.
　　　　　　　　 – 복사 위치 : 「B18」 셀부터 나타나도록 하시오.

➡ **"제1작업"** 시트의 「B4:H12」 영역을 복사하여 **"제3작업"** 시트의 「B2」 셀부터 모두 붙여넣기를 한 후 다음의 조건과 같이 작업하시오.

≪조건≫

　(1) 부분합 – ≪출력형태≫처럼 정렬하고, 제품명의 개수와 판매수량(단위:대)의 평균을 구하시오.
　(2) 개요 – 지우시오.
　(3) 나머지 사항은 ≪출력형태≫에 맞게 작성하시오.

≪출력형태≫

	B	C	D	E	F	G	H
2	제품코드	제품명	구분	판매수량 (단위:대)	재고수량 (단위:대)	판매가	적합등록일
3	SXT-13	벨라	초음파기	320	130	260만원	2023-06-03
4	SZT-97	헤라스킨	초음파기	422	273	350만원	2023-07-17
5	DZE-32	워터윌	초음파기	229	182	175만원	2023-09-16
6			초음파기 평균	324			
7		3	초음파기 개수				
8	DAS-13	헤르킨	복합기	132	144	70만원	2023-02-26
9	SES-11	플라덤	복합기	220	321	68만원	2023-02-09
10			복합기 평균	176			
11		2	복합기 개수				
12	FSS-48	뉴페이스	고주파기	348	278	230만원	2023-05-22
13	DVE-21	매직업	고주파기	137	143	440만원	2023-07-05
14	SEE-21	리얼스타	고주파기	176	320	240만원	2023-10-04
15			고주파기 평균	220			
16		3	고주파기 개수				
17			전체 평균	248			
18		8	전체 개수				

➡️ **"제1작업"** 시트를 이용하여 조건에 따라 ≪출력형태≫와 같이 작업하시오.

≪조건≫

(1) 차트 종류 ⇒ 〈묶은 세로 막대형〉으로 작업하시오.

(2) 데이터 범위 ⇒ "제1작업" 시트의 내용을 이용하여 작업하시오.

(3) 위치 ⇒ "새 시트"로 이동하고, "제4작업"으로 시트 이름을 바꾸시오.

(4) 차트 디자인 도구 ⇒ 레이아웃 3, 스타일 1을 선택하여 ≪출력형태≫에 맞게 작업하시오.

(5) 영역 서식 ⇒ 차트 : 글꼴(굴림, 11pt), 채우기 효과(질감–파랑 박엽지)
　　　　　　　　그림 : 채우기(흰색, 배경1)

(6) 제목 서식 ⇒ 차트 제목 : 글꼴(굴림, 굵게, 20pt), 채우기(흰색, 배경1), 테두리

(7) 서식 ⇒ 판매가 계열의 차트 종류를 〈표식이 있는 꺾은선형〉으로 변경한 후 보조 축으로 지정하시오.
　　　　계열 : ≪출력형태≫를 참조하여 표식(마름모, 크기 10)과 레이블 값을 표시하시오.
　　　　눈금선 : 선 스타일–파선
　　　　축 : ≪출력형태≫를 참조하시오.

(8) 범례 ⇒ 범례명을 변경하고 ≪출력형태≫를 참조하시오.

(9) 도형 ⇒ '말풍선: 모서리가 둥근 사각형 설명선'을 삽입한 후 ≪출력형태≫와 같이 내용을 입력하시오.

(10) 나머지 사항은 ≪출력형태≫에 맞게 작성하시오.

≪출력형태≫

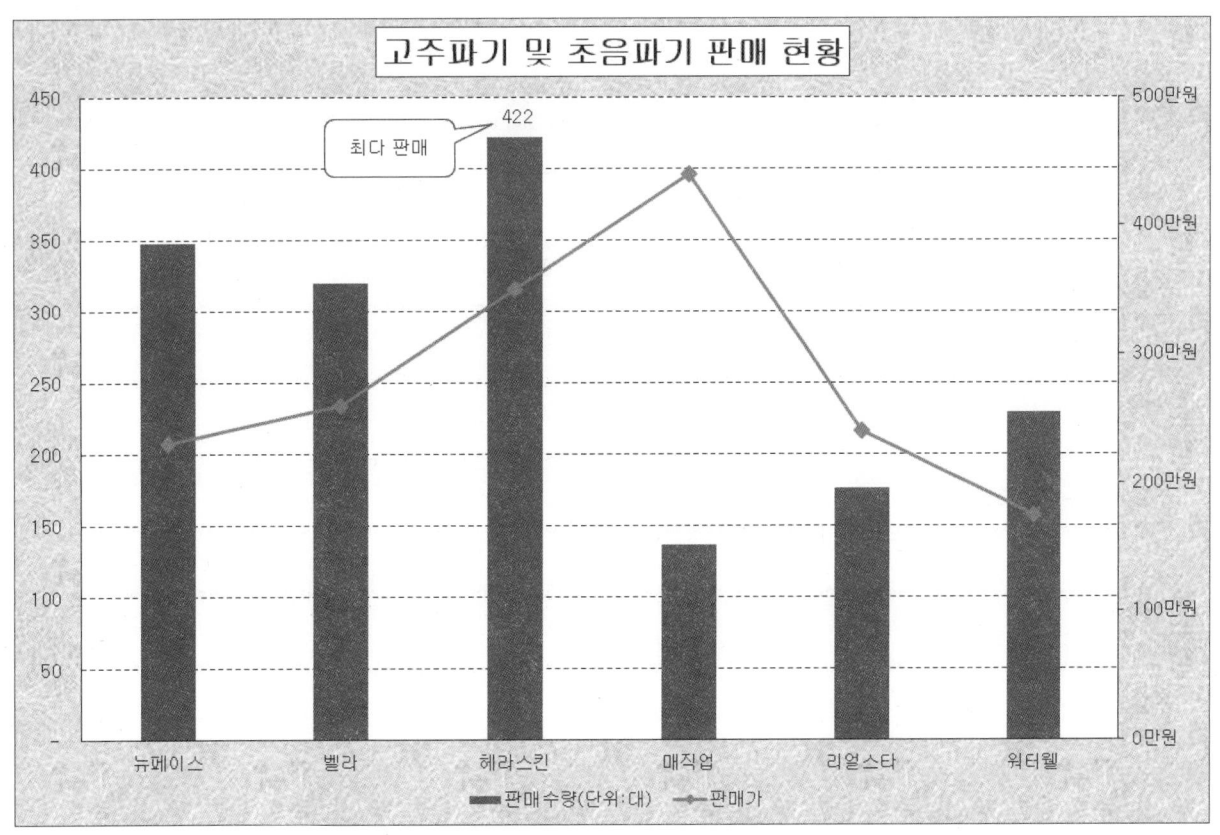

주의 ➡️ 시트명 순서가 차례대로 "제1작업", "제2작업", "제3작업", "제4작업"이 되도록 할 것.

제 07 회 정보기술자격(ITQ) 출제예상 모의고사

	작성 시간 / 시험 시간	채점 결과
	분 / 60분	점 / 500점

과목	코드	문제유형	시험시간	수험번호	성명
한글엑셀	1122	A	60분		

MS오피스

· 수험자 유의사항 ·

● 수험자는 문제지를 받는 즉시 문제지와 **수험표상의 시험과목(프로그램)이 동일한지 반드시 확인**하여야 합니다.

● 파일명은 본인의 "수험번호–성명"으로 입력하여 답안 폴더(내 PC₩문서₩ITQ)에 하나의 파일로 저장해야 하며, 답안 문서 파일명이 "수험번호–성명"과 일치하지 않거나, 답안 파일을 전송하지 않아 미제출로 처리될 경우 실격 처리합니다 (예 : 12345678–홍길동.xlsx).

● 답안 작성을 마치면 파일을 저장하고, '답안 전송' 버튼을 선택하여 감독위원 PC로 답안을 전송하십시오. 수험생 정보와 저장한 파일명이 다를 경우 전송되지 않으므로 주의하시기 바랍니다.

● 답안 작성 중에도 **주기적으로 저장하고, '답안 전송'**하여야 문제 발생을 줄일 수 있습니다. 작업한 내용을 저장하지 않고 전송할 경우 이전에 저장된 내용이 전송되오니 이점 유의하시기 바랍니다.

● 답안 문서는 지정된 경로 외의 다른 보조기억장치에 저장하는 경우, 지정된 시험 시간 외에 작성된 파일을 활용할 경우, 기타 통신수단(이메일, 메신저, 네트워크 등)을 이용하여 타인에게 전달 또는 외부 반출하는 경우는 부정 처리합니다.

● 시험 중 부주의 또는 고의로 시스템을 파손한 경우는 수험자가 변상해야 하며, 〈수험자 유의사항〉에 기재된 방법대로 이행하지 않아 생기는 불이익은 수험생 당사자의 책임임을 알려 드립니다.

● 문제의 조건은 MS오피스 2021 버전으로 설정되어 있으니 유의하시기 바랍니다.

● 시험을 완료한 수험자는 답안 파일이 전송되었는지 확인한 후 감독위원의 지시에 따라 문제지를 제출하고 퇴실합니다.

· 답안 작성요령 ·

● 온라인 답안 작성 절차

　수험자 등록 ⇒ 시험 시작 ⇒ 답안 파일 저장 ⇒ 답안 전송 ⇒ 시험 종료

● 문제는 총 4단계, 즉 제1작업부터 제4작업까지 구성되어 있으며 반드시 제1작업부터 순서대로 작성하고 조건대로 작업하시오.

● 모든 작업 시트의 A열은 열 너비 '1'로, 나머지 열은 적당하게 조절하시오.

● 모든 작업 시트의 테두리는 ≪출력형태≫와 같이 작업하시오.

● 해당 작업란에서는 각각 제시된 조건에 따라 ≪출력형태≫와 같이 작업하시오.

● 답안 시트 이름은 "제1작업", "제2작업", "제3작업", "제4작업"이어야 하며 답안 시트 이외의 것은 감점 처리됩니다.

● 각 시트를 파일로 나누어 작업해서 저장할 경우 실격 처리됩니다.

kpc 한국생산성본부

[제1작업] 표 서식 작성 및 값 계산 **240점**

➡ 다음은 'eBook 베스트 판매 현황'에 대한 자료이다. 자료를 입력하고 조건에 맞도록 작업하시오.

≪출력형태≫

분류코드	도서명	옮긴이	분야	출간일	판매가격	리뷰 (단위:개)	열람 기간	판매가격 순위
						확인	담당	팀장	부장
SE-312	코스모스	홍승수	과학/공학	2020-03-24	14,850	1,316	(1)	(2)
SD-121	1퍼센트 부자의 법칙	김진아	자기계발	2023-02-06	12,000	495	(1)	(2)
LA-212	인스타 브레인	김아영	인문	2020-11-03	9,450	604	(1)	(2)
SE-322	이기적 유전자	이상임	과학/공학	2022-12-25	12,600	867	(1)	(2)
LA-231	정리하는 뇌	김성훈	인문	2022-05-18	13,860	1,008	(1)	(2)
SE-332	건강의 뇌과학	박세연	과학/공학	2023-01-11	13,500	1,125	(1)	(2)
SD-124	부는 어디서 오는가	이상미	자기계발	2021-11-25	9,450	505	(1)	(2)
LA-241	사랑의 기술	황문수	인문	2021-08-30	7,560	924	(1)	(2)
자기계발 분야 도서 수			(3)		최대 리뷰(단위:개)			(5)
과학/공학 분야 도서 판매가격 평균			(4)		도서명	코스모스	판매가격	(6)

≪조건≫

○ 모든 데이터의 서식에는 글꼴(굴림, 11pt), 정렬은 숫자 및 회계 서식은 오른쪽 정렬, 나머지 서식은 가운데 정렬로 작성하며 예외적인 것은 ≪출력형태≫를 참조하시오.

○ 제 목 ⇒ 도형(평행 사변형)과 그림자(오프셋 오른쪽)를 이용하여 작성하고 "eBook 베스트 판매 현황"을 입력한 후 다음 서식을 적용하시오(글꼴-굴림, 24pt, 검정, 굵게, 채우기-노랑).

○ 임의의 셀에 결재란을 작성하여 그림으로 복사 기능을 이용하여 붙이기 하시오(단, 원본 삭제).

○ 「B4:J4, G14, I14」 영역은 '주황'으로 채우기 하시오.

○ 유효성 검사를 이용하여 「H14」 셀에 도서명(「C5:C12」 영역)이 선택 표시되도록 하시오.

○ 셀 서식 ⇒ 「G5:G12」 영역에 셀 서식을 이용하여 숫자 뒤에 '원'을 표시하시오(예 : 14,850원).

○ 「H5:H12」 영역에 대해 '리뷰'로 이름정의를 하시오.

➡ (1)~(6) 셀은 반드시 **주어진 함수를 이용**하여 값을 구하시오(결과값을 직접 입력하면 해당 셀은 0점 처리됨).

(1) 열람 기간 ⇒ 코드의 네 번째 값이 1이면 '90일', 2이면 '60일', 3이면 '30일'로 표시하시오(CHOOSE, MID 함수).

(2) 판매가격 순위 ⇒ 판매가격의 내림차순 순위를 1~3까지 구한 결과값에 '위'를 붙이고, 그 외에는 공백으로 표시하시오(IF, RANK.EQ 함수, & 연산자)(예 : 1위).

(3) 자기계발 분야 도서 수 ⇒ (COUNTIF 함수)

(4) 과학/공학 분야 도서 판매가격 평균 ⇒ 단, 조건은 입력데이터를 이용하시오(DAVERAGE 함수).

(5) 최대 리뷰(단위:개) ⇒ 정의된 이름(리뷰)을 이용하여 구하시오(LARGE 함수).

(6) 판매가격 ⇒ 「H14」 셀에서 선택한 도서명에 대한 판매가격을 구하시오(VLOOKUP 함수).

(7) 조건부 서식의 수식을 이용하여 리뷰(단위:개)가 '1,000' 이상인 행 전체에 다음의 서식을 적용하시오 (글꼴 : 파랑, 굵게).

➡️ **"제1작업"** 시트의 「B4:H12」 영역을 복사하여 **"제2작업"** 시트의 「B2」 셀부터 모두 붙여넣기를 한 후 다음의 조건과 같이 작업하시오.

≪조건≫

  (1) 고급 필터 – 분야가 '과학/공학'이거나, 출간일이 '2023-01-01' 이후(해당일 포함)인 자료의 도서명, 옮긴이,
               판매가격, 리뷰(단위:개) 데이터만 추출하시오.
            – 조건 범위 : 「B14」 셀부터 입력하시오.
            – 복사 위치 : 「B18」 셀부터 나타나도록 하시오.

  (2) 표 서식 – 고급 필터의 결과셀을 채우기 없음으로 설정한 후 '표 스타일 밝게 9'의 서식을 적용하시오.
              – 머리글 행, 줄무늬 행을 적용하시오.

➡️ **"제1작업"** 시트를 이용하여 **"제3작업"** 시트에 조건에 따라 ≪출력형태≫와 같이 작업하시오.

≪조건≫

  (1) 출간일 및 분야별 도서명의 개수와 리뷰(단위:개)의 평균을 구하시오.
  (2) 출간일을 그룹화하고, 분야를 ≪출력형태≫와 같이 정렬하시오.
  (3) 레이블이 있는 셀 병합 및 가운데 맞춤 적용 및 빈 셀은 '**'로 표시하시오.
  (4) 행의 총합계는 지우고, 나머지 사항은 ≪출력형태≫에 맞게 작성하시오.

≪출력형태≫

출간일	분야 자기계발		인문		과학/공학	
	개수 : 도서명	평균 : 리뷰(단위:개)	개수 : 도서명	평균 : 리뷰(단위:개)	개수 : 도서명	평균 : 리뷰(단위:개)
2020년	**	**	1	604	1	1,316
2021년	1	505	1	924	**	**
2022년	**	**	1	1,008	1	867
2023년	1	495	**	**	1	1,125
총합계	2	500	3	845	3	1,103

➡ **"제1작업"** 시트를 이용하여 조건에 따라 ≪출력형태≫와 같이 작업하시오.

≪조건≫

  ⑴ 차트 종류 ⇒ 〈묶은 세로 막대형〉으로 작업하시오.

  ⑵ 데이터 범위 ⇒ "제1작업" 시트의 내용을 이용하여 작업하시오.

  ⑶ 위치 ⇒ "새 시트"로 이동하고, "제4작업"으로 시트 이름을 바꾸시오.

  ⑷ 차트 디자인 도구 ⇒ 레이아웃 3, 스타일 1을 선택하여 ≪출력형태≫에 맞게 작업하시오.

  ⑸ 영역 서식 ⇒ 차트 : 글꼴(굴림, 11pt), 채우기 효과(질감-분홍 박엽지)

                   그림 : 채우기(흰색, 배경1)

  ⑹ 제목 서식 ⇒ 차트 제목 : 글꼴(굴림, 굵게, 20pt), 채우기(흰색, 배경1), 테두리

  ⑺ 서식 ⇒ 리뷰(단위:개) 계열의 차트 종류를 〈표식이 있는 꺾은선형〉으로 변경한 후 보조 축으로 지정하시오.

       계열 : ≪출력형태≫를 참조하여 표식(세모, 크기 10)과 레이블 값을 표시하시오.

       눈금선 : 선 스타일-파선

       축 : ≪출력형태≫를 참조하시오.

  ⑻ 범례 ⇒ 범례명을 변경하고 ≪출력형태≫를 참조하시오.

  ⑼ 도형 ⇒ '말풍선: 모서리가 둥근 사각형 설명선'을 삽입한 후 ≪출력형태≫와 같이 내용을 입력하시오.

  ⑽ 나머지 사항은 ≪출력형태≫에 맞게 작성하시오.

≪출력형태≫

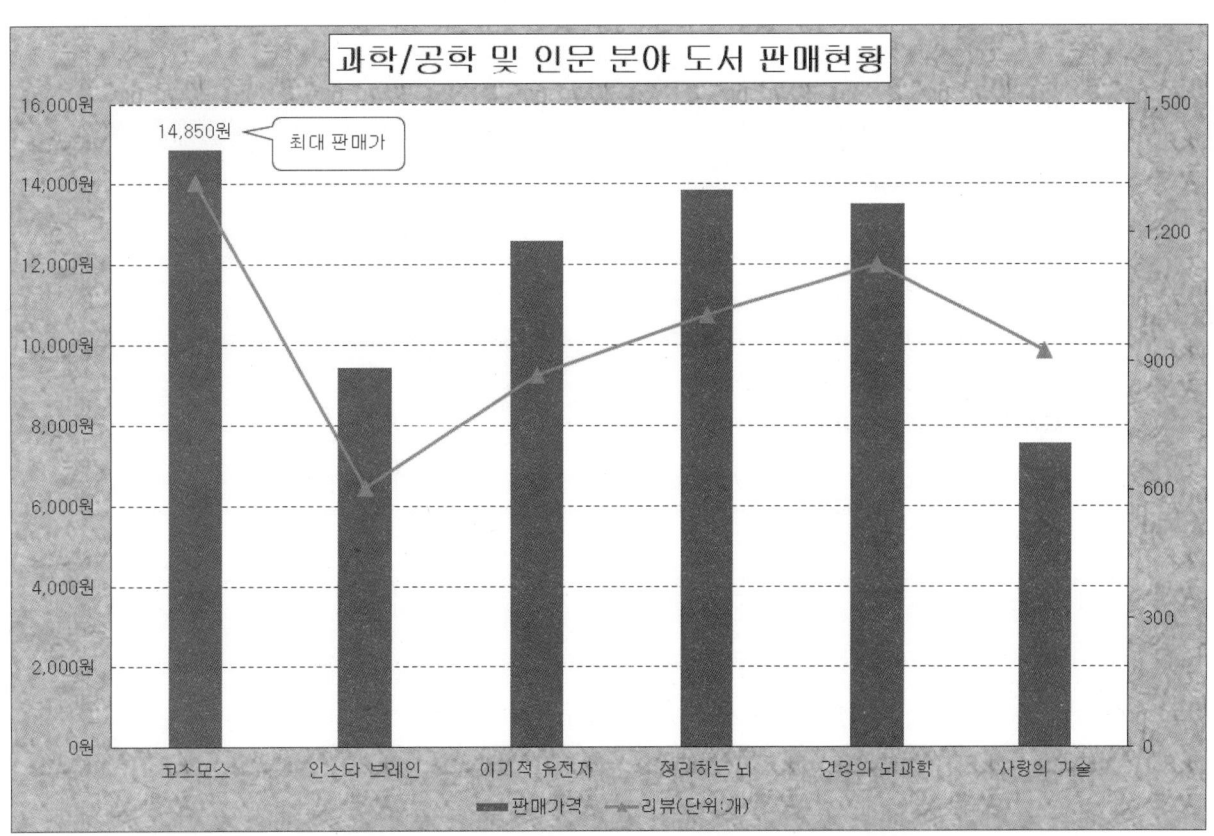

주의 ➡ **시트명 순서가 차례대로 "제1작업", "제2작업", "제3작업", "제4작업"이 되도록 할 것.**

제08회 정보기술자격(ITQ) 출제예상 모의고사

	작성 시간 / 시험 시간	채점 결과
	분 / 60분	점 / 500점

과목	코드	문제유형	시험시간	수험번호	성명
한글엑셀	1122	B	60분		

MS오피스

· 수험자 유의사항 ·

● 수험자는 문제지를 받는 즉시 문제지와 **수험표상의 시험과목(프로그램)이 동일한지 반드시 확인**하여야 합니다.

● 파일명은 본인의 "수험번호-성명"으로 입력하여 답안 폴더(내 PC₩문서₩ITQ)에 하나의 파일로 저장해야 하며, 답안 문서 파일명이 "수험번호-성명"과 일치하지 않거나, 답안 파일을 전송하지 않아 미제출로 처리될 경우 실격 처리합니다 (예 : 12345678-홍길동.xlsx).

● 답안 작성을 마치면 파일을 저장하고, '답안 전송' 버튼을 선택하여 감독위원 PC로 답안을 전송하십시오. 수험생 정보와 저장한 파일명이 다를 경우 전송되지 않으므로 주의하시기 바랍니다.

● 답안 작성 중에도 **주기적으로 저장하고, '답안 전송'**하여야 문제 발생을 줄일 수 있습니다. 작업한 내용을 저장하지 않고 전송할 경우 이전에 저장된 내용이 전송되오니 이점 유의하시기 바랍니다.

● 답안 문서는 지정된 경로 외의 다른 보조기억장치에 저장하는 경우, 지정된 시험 시간 외에 작성된 파일을 활용할 경우, 기타 통신수단(이메일, 메신저, 네트워크 등)을 이용하여 타인에게 전달 또는 외부 반출하는 경우는 부정 처리합니다.

● 시험 중 부주의 또는 고의로 시스템을 파손한 경우는 수험자가 변상해야 하며, 〈수험자 유의사항〉에 기재된 방법대로 이행하지 않아 생기는 불이익은 수험생 당사자의 책임임을 알려 드립니다.

● 문제의 조건은 MS오피스 2021 버전으로 설정되어 있으니 유의하시기 바랍니다.

● 시험을 완료한 수험자는 답안 파일이 전송되었는지 확인한 후 감독위원의 지시에 따라 문제지를 제출하고 퇴실합니다.

· 답안 작성요령 ·

● 온라인 답안 작성 절차

　수험자 등록 ⇒ 시험 시작 ⇒ 답안 파일 저장 ⇒ 답안 전송 ⇒ 시험 종료

● 문제는 총 4단계, 즉 제1작업부터 제4작업까지 구성되어 있으며 반드시 제1작업부터 순서대로 작성하고 조건대로 작업하시오.

● 모든 작업 시트의 A열은 열 너비 '1'로, 나머지 열은 적당하게 조절하시오.

● 모든 작업 시트의 테두리는 ≪출력형태≫와 같이 작업하시오.

● 해당 작업란에서는 각각 제시된 조건에 따라 ≪출력형태≫와 같이 작업하시오.

● 답안 시트 이름은 "제1작업", "제2작업", "제3작업", "제4작업"이어야 하며 답안 시트 이외의 것은 감점 처리됩니다.

● 각 시트를 파일로 나누어 작업해서 저장할 경우 실격 처리됩니다.

kpc 한국생산성본부

➡️ 다음은 '평생학습센터 온라인 수강신청 현황'에 대한 자료이다. 자료를 입력하고 조건에 맞도록 작업하시오.

≪출력형태≫

수강코드	강좌명	분류	교육대상	개강날짜	신청인원	수강료 (단위:원)	교육장소	신청인원 순위
CS-210	소통스피치	인문교양	성인	2023-04-03	101	60,000	(1)	(2)
SL-101	체형교정 발레	생활스포츠	청소년	2023-03-06	56	75,000	(1)	(2)
ST-211	스토리텔링 한국사	인문교양	직장인	2023-03-13	97	40,000	(1)	(2)
CE-310	어린이 영어회화	외국어	청소년	2023-04-10	87	55,000	(1)	(2)
YL-112	요가	생활스포츠	성인	2023-03-04	124	45,000	(1)	(2)
ME-312	미드로 배우는 영어	외국어	직장인	2023-03-10	78	65,000	(1)	(2)
PL-122	필라테스	생활스포츠	성인	2023-03-06	135	45,000	(1)	(2)
SU-231	자신감 UP	인문교양	청소년	2023-04-03	43	45,000	(1)	(2)
필라테스 수강료(단위:원)			(3)			최저 수강료(단위:원)		(5)
인문교양 최대 신청인원			(4)			강좌명	소통스피치	개강날짜	(6)

(상단 확인란: 담당 / 팀장 / 센터장)

≪조건≫

○ 모든 데이터의 서식에는 글꼴(굴림, 11pt), 정렬은 숫자 및 회계 서식은 오른쪽 정렬, 나머지 서식은
　　가운데 정렬로 작성하며 예외적인 것은 ≪출력형태≫를 참조하시오.
○ 제 목 ⇒ 도형(대각선 방향의 모서리가 잘린 사각형)과 그림자(오프셋 오른쪽)를 이용하여 작성하고
　　　　　"평생학습센터 온라인 수강신청 현황"을 입력한 후 다음 서식을 적용하시오
　　　　　(글꼴-굴림, 24pt, 검정, 굵게, 채우기-노랑).
○ 임의의 셀에 결재란을 작성하여 그림으로 복사 기능을 이용하여 붙이기 하시오(단, 원본 삭제).
○ 「B4:J4, G14, I14」 영역은 '주황'으로 채우기 하시오.
○ 유효성 검사를 이용하여 「H14」 셀에 강좌명(「C5:C12」 영역)이 선택 표시되도록 하시오.
○ 셀 서식 ⇒ 「G5:G12」 영역에 셀 서식을 이용하여 숫자 뒤에 '명'을 표시하시오(예 : 30명).
○ 「H5:H12」 영역에 대해 '수강료'로 이름정의를 하시오.

➡️ (1)~(6) 셀은 반드시 **주어진 함수를 이용**하여 값을 구하시오(결과값을 직접 입력하면 해당 셀은 0점 처리됨).

(1) 교육장소 ⇒ 수강코드의 네 번째 글자가 1이면 '제2강의실', 2이면 '제3강의실', 3이면 '제4강의실'로 구하시오
　　　(IF, MID 함수).
(2) 신청인원 순위 ⇒ 신청인원의 내림차순 순위를 구하시오(RANK.EQ 함수).
(3) 필라테스 수강료(단위:원) ⇒ (INDEX, MATCH 함수).
(4) 인문교양 최대 신청인원 ⇒ 인문교양 강좌 중에서 최대 신청인원을 구한 후 결과값에 '명'을 붙이시오.
　　　　　　　　　단, 조건은 입력데이터를 이용하시오(DMAX 함수, & 연산자)(예 : 10명).
(5) 최저 수강료(단위:원) ⇒ 정의된 이름(수강료)을 이용하여 구하시오(SMALL 함수).
(6) 개강날짜 ⇒ 「H14」 셀에서 선택한 강좌명에 대한 개강날짜를 구하시오(VLOOKUP 함수).
(7) 조건부 서식의 수식을 이용하여 신청인원이 '100' 이상인 행 전체에 다음의 서식을 적용하시오
　　(글꼴 : 파랑, 굵게).

➡️ **"제1작업"** 시트의 「B4:H12」 영역을 복사하여 **"제2작업"** 시트의 「B2」 셀부터 모두 붙여넣기를 한 후 다음의 조건과 같이 작업하시오.

≪조건≫

(1) 목표값 찾기 – 「B11:G11」 셀을 병합하고, 가운데 맞춤한 후 "인문교양 신청인원 평균"을 입력하고, 「H11」 셀에 인문교양 신청인원 평균을 구하시오. 단, 조건은 입력데이터를 이용하시오 (DAVERAGE 함수, 테두리).
　　　　　　– '인문교양 신청인원 평균'이 '85'가 되려면 소통스피치의 신청인원이 얼마가 되어야 하는지 목표값을 구하시오.

(2) 고급 필터 – 교육대상이 '성인'이 아니면서, 수강료(단위:원)가 '50,000' 이상인 자료의 강좌명, 개강날짜, 신청인원, 수강료(단위:원) 데이터만 추출하시오.
　　　　　　– 조건 범위 : 「B14」 셀부터 입력하시오.
　　　　　　– 복사 위치 : 「B18」 셀부터 나타나도록 하시오.

➡️ **"제1작업"** 시트의 「B4:H12」 영역을 복사하여 **"제3작업"** 시트의 「B2」 셀부터 모두 붙여넣기를 한 후 다음의 조건과 같이 작업하시오.

≪조건≫

(1) 부분합 – ≪출력형태≫처럼 정렬하고, 강좌명의 개수와 신청인원의 평균을 구하시오.
(2) 개요 – 지우시오.
(3) 나머지 사항은 ≪출력형태≫에 맞게 작성하시오.

≪출력형태≫

	B	C	D	E	F	G	H
1							
2	수강코드	강좌명	분류	교육대상	개강날짜	신청인원	수강료 (단위:원)
3	CS-210	소통스피치	인문교양	성인	2023-04-03	101명	60,000
4	ST-211	스토리텔링 한국사	인문교양	직장인	2023-03-13	97명	40,000
5	SU-231	자신감 UP	인문교양	청소년	2023-04-03	43명	45,000
6			인문교양 평균			80명	
7		3	인문교양 개수				
8	CE-310	어린이 영어회화	외국어	청소년	2023-04-10	87명	55,000
9	ME-312	미드로 배우는 영어	외국어	직장인	2023-03-10	78명	65,000
10			외국어 평균			83명	
11		2	외국어 개수				
12	SL-101	체형교정 발레	생활스포츠	청소년	2023-03-06	56명	75,000
13	YL-112	요가	생활스포츠	성인	2023-03-04	124명	45,000
14	PL-122	필라테스	생활스포츠	성인	2023-03-06	135명	45,000
15			생활스포츠 평균			105명	
16		3	생활스포츠 개수				
17			전체 평균			90명	
18		8	전체 개수				

➡ **"제1작업"** 시트를 이용하여 조건에 따라 ≪출력형태≫와 같이 작업하시오.

≪조건≫

(1) 차트 종류 ⇒ 〈묶은 세로 막대형〉으로 작업하시오.

(2) 데이터 범위 ⇒ "제1작업" 시트의 내용을 이용하여 작업하시오.

(3) 위치 ⇒ "새 시트"로 이동하고, "제4작업"으로 시트 이름을 바꾸시오.

(4) 차트 디자인 도구 ⇒ 레이아웃 3, 스타일 1을 선택하여 ≪출력형태≫에 맞게 작업하시오.

(5) 영역 서식 ⇒ 차트 : 글꼴(굴림, 11pt), 채우기 효과(질감−분홍 박엽지)
　　　　　　　　 그림 : 채우기(흰색, 배경1)

(6) 제목 서식 ⇒ 차트 제목 : 글꼴(굴림, 굵게, 20pt), 채우기(흰색, 배경1), 테두리

(7) 서식 ⇒ 신청인원 계열의 차트 종류를 〈표식이 있는 꺾은선형〉으로 변경한 후 보조 축으로 지정하시오.

　　　계열 : ≪출력형태≫를 참조하여 표식(세모, 크기 10)과 레이블 값을 표시하시오.

　　　눈금선 : 선 스타일−파선

　　　축 : ≪출력형태≫를 참조하시오.

(8) 범례 ⇒ 범례명을 변경하고 ≪출력형태≫를 참조하시오.

(9) 도형 ⇒ '말풍선: 모서리가 둥근 사각형 설명선'을 삽입한 후 ≪출력형태≫와 같이 내용을 입력하시오.

(10) 나머지 사항은 ≪출력형태≫에 맞게 작성하시오.

≪출력형태≫

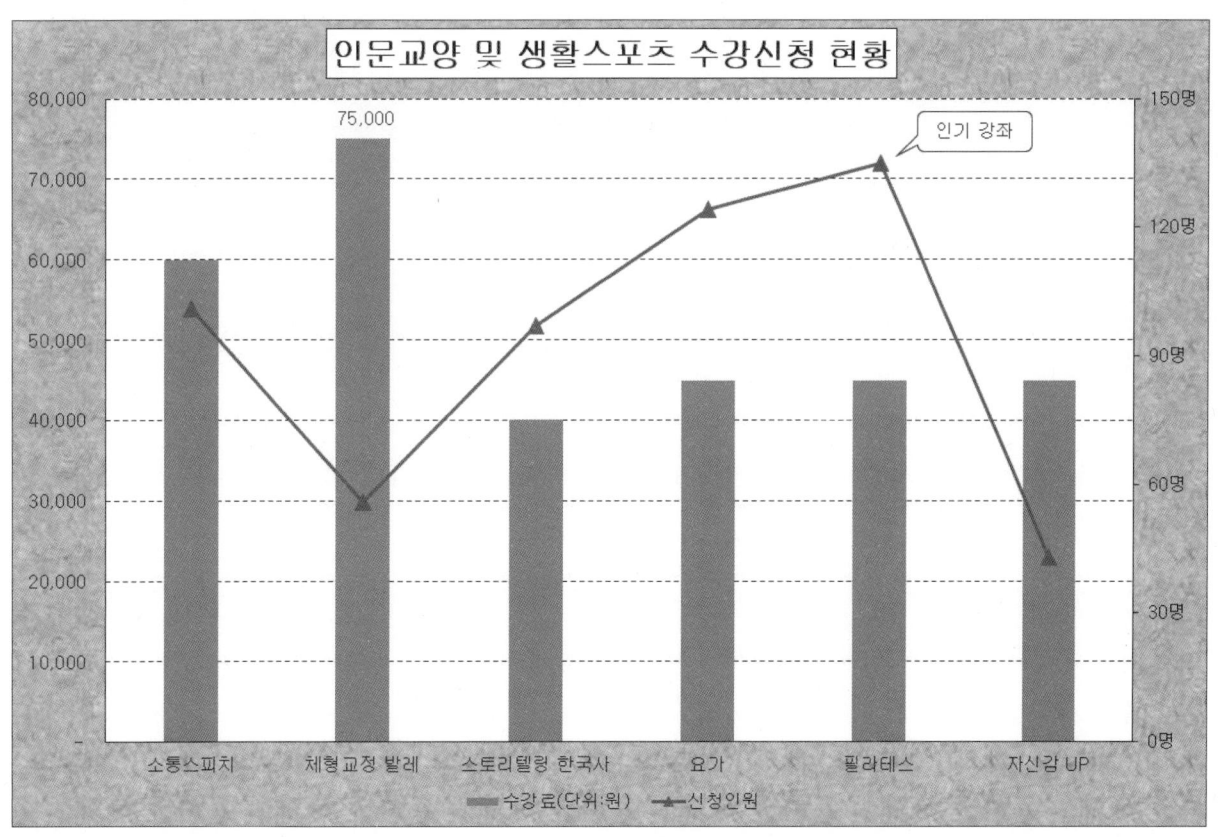

주의 ➡ 시트명 순서가 차례대로 "제1작업", "제2작업", "제3작업", "제4작업"이 되도록 할 것.

작성 시간 / 시험 시간	채점 결과
분 / 60분	점 / 500점

과목	코드	문제유형	시험시간	수험번호	성명
한글엑셀	1122	C	60분		

MS오피스

· 수험자 유의사항 ·

● 수험자는 문제지를 받는 즉시 문제지와 **수험표상의 시험과목(프로그램)이 동일한지 반드시 확인**하여야 합니다.

● 파일명은 본인의 "수험번호-성명"으로 입력하여 답안 폴더(내 PC₩문서₩ITQ)에 하나의 파일로 저장해야 하며, 답안 문서 파일명이 "수험번호-성명"과 일치하지 않거나, 답안 파일을 전송하지 않아 미제출로 처리될 경우 실격 처리합니다 (예 : 12345678-홍길동.xlsx).

● 답안 작성을 마치면 파일을 저장하고, '답안 전송' 버튼을 선택하여 감독위원 PC로 답안을 전송하십시오. 수험생 정보와 저장한 파일명이 다를 경우 전송되지 않으므로 주의하시기 바랍니다.

● 답안 작성 중에도 **주기적으로 저장하고, '답안 전송'**하여야 문제 발생을 줄일 수 있습니다. 작업한 내용을 저장하지 않고 전송할 경우 이전에 저장된 내용이 전송되오니 이점 유의하시기 바랍니다.

● 답안 문서는 지정된 경로 외의 다른 보조기억장치에 저장하는 경우, 지정된 시험 시간 외에 작성된 파일을 활용할 경우, 기타 통신수단(이메일, 메신저, 네트워크 등)을 이용하여 타인에게 전달 또는 외부 반출하는 경우는 부정 처리합니다.

● 시험 중 부주의 또는 고의로 시스템을 파손한 경우는 수험자가 변상해야 하며, 〈수험자 유의사항〉에 기재된 방법대로 이행하지 않아 생기는 불이익은 수험생 당사자의 책임임을 알려 드립니다.

● 문제의 조건은 MS오피스 2021 버전으로 설정되어 있으니 유의하시기 바랍니다.

● 시험을 완료한 수험자는 답안 파일이 전송되었는지 확인한 후 감독위원의 지시에 따라 문제지를 제출하고 퇴실합니다.

· 답안 작성요령 ·

● 온라인 답안 작성 절차

수험자 등록 ⇒ 시험 시작 ⇒ 답안 파일 저장 ⇒ 답안 전송 ⇒ 시험 종료

● 문제는 총 4단계, 즉 제1작업부터 제4작업까지 구성되어 있으며 반드시 제1작업부터 순서대로 작성하고 조건대로 작업하시오.

● 모든 작업 시트의 A열은 열 너비 '1'로, 나머지 열은 적당하게 조절하시오.

● 모든 작업 시트의 테두리는 ≪출력형태≫와 같이 작업하시오.

● 해당 작업란에서는 각각 제시된 조건에 따라 ≪출력형태≫와 같이 작업하시오.

● 답안 시트 이름은 "제1작업", "제2작업", "제3작업", "제4작업"이어야 하며 답안 시트 이외의 것은 감점 처리됩니다.

● 각 시트를 파일로 나누어 작업해서 저장할 경우 실격 처리됩니다.

kpc 한국생산성본부

➡ 다음은 **'직접판매 유통업체 현황'**에 대한 자료이다. 자료를 입력하고 조건에 맞도록 작업하시오.

≪출력형태≫

관리번호	회사명	분류	소재지	설립일	반품환불	매출액 (백만)	설립연도	매출액 순위
						확인	담당	대리	과장
B2-03	도담도담	애견용품	부산	2013-05-01	3,950	198,619	(1)	(2)
S1-01	그린웰빙	건강식품	서울	2011-01-20	2,694	43,766	(1)	(2)
J1-04	그린라이프	건강식품	제주	2011-11-16	3,405	156,373	(1)	(2)
S2-05	마이스토어	화장품	서울	2009-12-10	4,580	643,654	(1)	(2)
B1-01	뉴스타	건강식품	부산	2007-01-24	500	22,896	(1)	(2)
S3-02	뭉이월드	애견용품	서울	2011-01-24	1,220	126,100	(1)	(2)
J3-02	레옹샵	애견용품	제주	2007-03-03	1,587	64,817	(1)	(2)
S2-03	해피월드	화장품	서울	2009-10-20	409	84,540	(1)	(2)
평균 매출액(백만) 이상인 회사 수			(3)		최대 반품환불			(5)
애견용품 매출액(백만) 합계			(4)		회사명	도담도담	반품환불	(6)

제목: 직접판매 유통업체 현황

≪조건≫

○ 모든 데이터의 서식에는 글꼴(굴림, 11pt), 정렬은 숫자 및 회계 서식은 오른쪽 정렬, 나머지 서식은
  가운데 정렬로 작성하며 예외적인 것은 ≪출력형태≫를 참조하시오.
○ 제 목 ⇒ 도형(평행 사변형)과 그림자(오프셋 오른쪽)를 이용하여 작성하고 "직접판매 유통업체 현황"을
        입력한 후 다음 서식을 적용하시오(글꼴-굴림, 24pt, 검정, 굵게, 채우기-노랑).
○ 임의의 셀에 결재란을 작성하여 그림으로 복사 기능을 이용하여 붙이기 하시오(단, 원본 삭제).
○ 「B4:J4, G14, I14」 영역은 '주황'으로 채우기 하시오.
○ 유효성 검사를 이용하여 「H14」 셀에 회사명(「C5:C12」 영역)이 선택 표시되도록 하시오.
○ 셀 서식 ⇒ 「G5:G12」 영역에 셀 서식을 이용하여 숫자 뒤에 '건'을 표시하시오(예 : 3,950건).
○ 「G5:G12」 영역에 대해 '반품환불'로 이름정의를 하시오.

➡ (1)~(6) 셀은 반드시 **주어진 함수를 이용**하여 값을 구하시오(결과값을 직접 입력하면 해당 셀은 0점 처리됨).

  (1) 설립연도 ⇒ 설립일의 연도를 구하시오(YEAR 함수).
  (2) 매출액 순위 ⇒ 매출액(백만)의 내림차순 순위를 1~3까지 구하고, 그 외에는 공백으로 표시하시오
      (IF, RANK.EQ 함수).
  (3) 평균 매출액(백만) 이상인 회사 수 ⇒ 매출액(백만)이 평균 이상인 회사 수를 구한 후 결과값에 '개'를 붙이시오
      (COUNTIF, AVERAGE 함수, & 연산자)(예 : 3개).
  (4) 애견용품 매출액(백만) 합계 ⇒ (SUMIF 함수)
  (5) 최대 반품환불 ⇒ 정의된 이름(반품환불)을 이용하여 구하시오(MAX 함수).
  (6) 반품환불 ⇒ 「H14」 셀에서 선택한 회사명에 대한 반품환불을 구하시오(VLOOKUP 함수).
  (7) 조건부 서식의 수식을 이용하여 반품환불이 '3,000' 이상인 행 전체에 다음의 서식을 적용하시오
      (글꼴 : 파랑, 굵게).

[제2작업] 필터 및 서식 `80점`

➡️ **"제1작업"** 시트의 「B4:H12」 영역을 복사하여 **"제2작업"** 시트의 「B2」 셀부터 모두 붙여넣기를 한 후 다음의 조건과 같이 작업하시오.

≪조건≫

(1) 고급 필터 – 소재지가 '제주'이거나, 설립일이 '2010-01-01' 이후(해당일 포함)인 자료의 회사명, 소재지, 반품환불, 매출액(백만) 데이터만 추출하시오.
   – 조건 범위 : 「B14」 셀부터 입력하시오.
   – 복사 위치 : 「B18」 셀부터 나타나도록 하시오.

(2) 표 서식 – 고급 필터의 결과셀을 채우기 없음으로 설정한 후 '표 스타일 밝게 9'의 서식을 적용하시오.
   – 머리글 행, 줄무늬 행을 적용하시오.

[제3작업] 피벗 테이블 `80점`

➡️ **"제1작업"** 시트를 이용하여 **"제3작업"** 시트에 조건에 따라 ≪출력형태≫와 같이 작업하시오.

≪조건≫

(1) 설립일 및 분류별 회사명의 개수와 매출액(백만)의 평균을 구하시오.
(2) 설립일을 그룹화하고, 분류를 ≪출력형태≫와 같이 정렬하시오.
(3) 레이블이 있는 셀 병합 및 가운데 맞춤 적용 및 빈 셀은 '**'로 표시하시오.
(4) 행의 총합계는 지우고, 나머지 사항은 ≪출력형태≫에 맞게 작성하시오.

≪출력형태≫

설립일	분류							
	화장품		애견용품		건강식품			
	개수 : 회사명	평균 : 매출액(백만)	개수 : 회사명	평균 : 매출액(백만)	개수 : 회사명	평균 : 매출액(백만)
2007년	**	**	1	64,817	1	22,896
2009년	2	364,097	**	**	**	**
2011년	**	**	1	126,100	2	100,070
2013년	**	**	1	198,619	**	**
총합계	2	364,097	3	129,845	3	74,345

➡ **"제1작업"** 시트를 이용하여 조건에 따라 ≪출력형태≫와 같이 작업하시오.

≪조건≫

⑴ 차트 종류 ⇒ 〈묶은 세로 막대형〉으로 작업하시오.

⑵ 데이터 범위 ⇒ "제1작업" 시트의 내용을 이용하여 작업하시오.

⑶ 위치 ⇒ "새 시트"로 이동하고, "제4작업"으로 시트 이름을 바꾸시오.

⑷ 차트 디자인 도구 ⇒ 레이아웃 3, 스타일 1을 선택하여 ≪출력형태≫에 맞게 작업하시오.

⑸ 영역 서식 ⇒ 차트 : 글꼴(굴림, 11pt), 채우기 효과(질감–분홍 박엽지)

그림 : 채우기(흰색, 배경1)

⑹ 제목 서식 ⇒ 차트 제목 : 글꼴(굴림, 굵게, 20pt), 채우기(흰색, 배경1), 테두리

⑺ 서식 ⇒ 매출액(백만) 계열의 차트 종류를 〈표식이 있는 꺾은선형〉으로 변경한 후 보조 축으로 지정하시오.

계열 : ≪출력형태≫를 참조하여 표식(세모, 크기 10)과 레이블 값을 표시하시오.

눈금선 : 선 스타일–파선

축 : ≪출력형태≫를 참조하시오.

⑻ 범례 ⇒ 범례명을 변경하고 ≪출력형태≫를 참조하시오.

⑼ 도형 ⇒ '말풍선: 모서리가 둥근 사각형 설명선'을 삽입한 후 ≪출력형태≫와 같이 내용을 입력하시오.

⑽ 나머지 사항은 ≪출력형태≫에 맞게 작성하시오.

≪출력형태≫

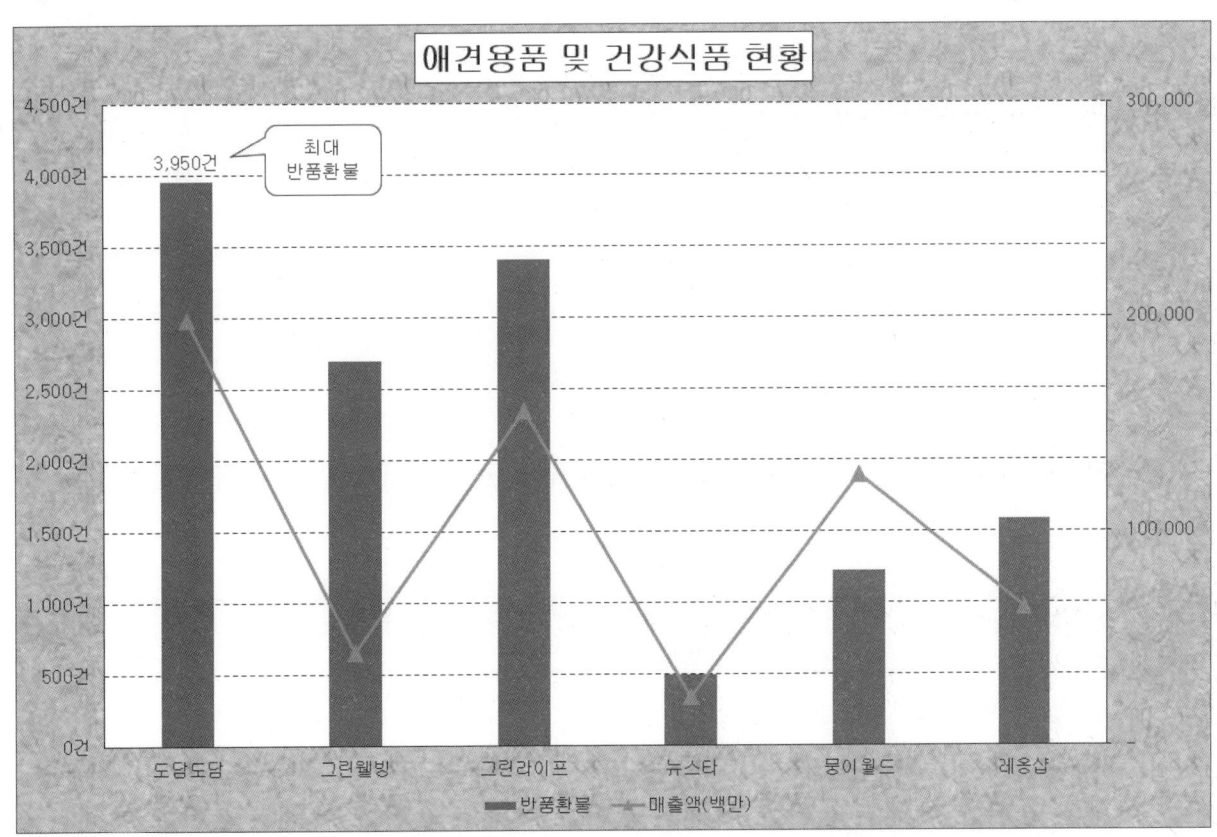

주의 ▷ 시트명 순서가 차례대로 "제1작업", "제2작업", "제3작업", "제4작업"이 되도록 할 것.

제 10 회 정보기술자격(ITQ) 출제예상 모의고사

	작성 시간 / 시험 시간	채점 결과
	분 / 60분	점 / 500점

과목	코드	문제유형	시험시간	수험번호	성명
한글엑셀	1122	A	60분		

· 수험자 유의사항 ·

● 수험자는 문제지를 받는 즉시 문제지와 **수험표상의 시험과목(프로그램)이 동일한지 반드시 확인**하여야 합니다.

● 파일명은 본인의 "수험번호-성명"으로 입력하여 답안 폴더(내 PC\문서\ITQ)에 하나의 파일로 저장해야 하며, 답안 문서 파일명이 "수험번호-성명"과 일치하지 않거나, 답안 파일을 전송하지 않아 미제출로 처리될 경우 실격 처리합니다 (예 : 12345678-홍길동.xlsx).

● 답안 작성을 마치면 파일을 저장하고, '답안 전송' 버튼을 선택하여 감독위원 PC로 답안을 전송하십시오. 수험생 정보와 저장한 파일명이 다를 경우 전송되지 않으므로 주의하시기 바랍니다.

● 답안 작성 중에도 **주기적으로 저장하고, '답안 전송'**하여야 문제 발생을 줄일 수 있습니다. 작업한 내용을 저장하지 않고 전송할 경우 이전에 저장된 내용이 전송되오니 이점 유의하시기 바랍니다.

● 답안 문서는 지정된 경로 외의 다른 보조기억장치에 저장하는 경우, 지정된 시험 시간 외에 작성된 파일을 활용할 경우, 기타 통신수단(이메일, 메신저, 네트워크 등)을 이용하여 타인에게 전달 또는 외부 반출하는 경우는 부정 처리합니다.

● 시험 중 부주의 또는 고의로 시스템을 파손한 경우는 수험자가 변상해야 하며, 〈수험자 유의사항〉에 기재된 방법대로 이행하지 않아 생기는 불이익은 수험생 당사자의 책임임을 알려 드립니다.

● 문제의 조건은 MS오피스 2021 버전으로 설정되어 있으니 유의하시기 바랍니다.

● 시험을 완료한 수험자는 답안 파일이 전송되었는지 확인한 후 감독위원의 지시에 따라 문제지를 제출하고 퇴실합니다.

· 답안 작성요령 ·

● 온라인 답안 작성 절차
   수험자 등록 ⇒ 시험 시작 ⇒ 답안 파일 저장 ⇒ 답안 전송 ⇒ 시험 종료

● 문제는 총 4단계, 즉 제1작업부터 제4작업까지 구성되어 있으며 반드시 제1작업부터 순서대로 작성하고 조건대로 작업하시오.

● 모든 작업 시트의 A열은 열 너비 '1'로, 나머지 열은 적당하게 조절하시오.

● 모든 작업 시트의 테두리는 ≪출력형태≫와 같이 작업하시오.

● 해당 작업란에서는 각각 제시된 조건에 따라 ≪출력형태≫와 같이 작업하시오.

● 답안 시트 이름은 "제1작업", "제2작업", "제3작업", "제4작업"이어야 하며 답안 시트 이외의 것은 감점 처리됩니다.

● 각 시트를 파일로 나누어 작업해서 저장할 경우 실격 처리됩니다.

kpc 한국생산성본부

➡️ 다음은 **'동호회 가을 여행 일정'**에 대한 자료이다. 자료를 입력하고 조건에 맞도록 작업하시오.

≪출력형태≫

동호회코드	동호회명	여행지	구분	출발일자	참여인원	1인당 소요경비	국가	출발요일
C-001S	북유럽	북경	독서	2023-11-23	18	637,000	(1)	(2)
C-004S	우드아이	청도	목공	2023-12-28	27	823,000	(1)	(2)
K-002S	한글벗	성산	독서	2023-12-25	32	275,500	(1)	(2)
J-002M	뚝딱이	요코하마	목공	2023-12-09	26	516,000	(1)	(2)
C-003P	제페토	상하이	목공	2023-11-15	18	610,000	(1)	(2)
J-005P	행복나무	가와사키	목공	2023-12-19	27	689,000	(1)	(2)
K-003M	퀼트나무	마라도	공예	2023-12-09	21	310,000	(1)	(2)
K-001M	뜨개사랑	우도	공예	2023-11-17	36	335,500	(1)	(2)
목공 동호회 참여인원 합계			(3)			최대 1인당 소요경비		(5)
독서 동호회의 개수			(4)			동호회명	북유럽	(6)

확인 사원 / 팀장 / 부장

≪조건≫

○ 모든 데이터의 서식에는 글꼴(굴림, 11pt), 정렬은 숫자 및 회계 서식은 오른쪽 정렬, 나머지 서식은 가운데 정렬로 작성하며 예외적인 것은 ≪출력형태≫를 참조하시오.

○ 제 목 ⇒ 도형(대각선 방향의 모서리가 잘린 사각형)과 그림자(오프셋 오른쪽)를 이용하여 작성하고 "동호회 가을 여행 일정"을 입력한 후 다음 서식을 적용하시오 (글꼴-굴림, 24pt, 검정, 굵게, 채우기-노랑).

○ 임의의 셀에 결재란을 작성하여 그림으로 복사 기능을 이용하여 붙이기 하시오(단, 원본 삭제).

○ 「B4:J4, G14, I14」 영역은 '주황'으로 채우기 하시오.

○ 유효성 검사를 이용하여 「H14」 셀에 동호회명(「C5:C12」 영역)이 선택 표시되도록 하시오.

○ 셀 서식 ⇒ 「G5:G12」 영역에 셀 서식을 이용하여 숫자 뒤에 '명'을 표시하시오(예 : 18명).

○ 「G5:G12」 영역에 대해 '참여인원'으로 이름정의를 하시오.

➡️ (1)~(6) 셀은 반드시 **주어진 함수를 이용**하여 값을 구하시오(결과값을 직접 입력하면 해당 셀은 0점 처리됨).

(1) 국가 ⇒ 동호회코드의 첫 번째 글자가 J이면 '일본', C이면 '중국', 그 외에는 '한국'으로 구하시오 (IF, LEFT 함수).

(2) 출발요일 ⇒ 출발일자의 요일을 예와 같이 구하시오(CHOOSE, WEEKDAY 함수)(예 : 월요일).

(3) 목공 동호회 참여인원 합계 ⇒ 정의된 이름(참여인원)을 이용하여 구하시오(SUMIF 함수).

(4) 독서 동호회의 개수 ⇒ 결과값에 '개'를 붙이시오(COUNTIF 함수, & 연산자)(예 : 1개).

(5) 최대 1인당 소요경비 ⇒ (MAX 함수)

(6) 여행지 ⇒ 「H14」 셀에서 선택한 동호회명에 대한 여행지를 구하시오(VLOOKUP 함수).

(7) 조건부 서식의 수식을 이용하여 참여인원이 '30' 이상인 행 전체에 다음의 서식을 적용하시오 (글꼴 : 파랑, 굵게).

➡️ **"제1작업"** 시트의 「B4:H12」 영역을 복사하여 **"제2작업"** 시트의 「B2」 셀부터 모두 붙여넣기를 한 후 다음의 조건과 같이 작업하시오.

≪조건≫

　(1) 목표값 찾기 – 「B11:G11」 셀을 병합하고, 가운데 맞춤한 후 "독서 동호회 참여인원 평균"을 입력하고,
　　　　　　　　　　「H11」 셀에 독서 동호회 참여인원 평균을 구하시오. 단, 조건은 입력데이터를 이용하시오
　　　　　　　　　　(DAVERAGE 함수, 테두리).
　　　　　　　　　 – '독서 동호회 참여인원 평균'이 '26'이 되려면 북유럽의 참여인원이 얼마가 되어야 하는지
　　　　　　　　　　목표값을 구하시오.

　(2) 고급 필터 – 구분이 '독서'가 아니면서, 1인당 소요경비가 '600,000' 이상인 자료의 동호회명, 출발일자,
　　　　　　　　　참여인원, 1인당 소요경비 데이터만 추출하시오.
　　　　　　　　 – 조건 범위 : 「B14」 셀부터 입력하시오.
　　　　　　　　 – 복사 위치 : 「B18」 셀부터 나타나도록 하시오.

➡️ **"제1작업"** 시트의 「B4:H12」 영역을 복사하여 **"제3작업"** 시트의 「B2」 셀부터 모두 붙여넣기를 한 후 다음의 조건과 같이 작업하시오.

≪조건≫

　(1) 부분합 – ≪출력형태≫처럼 정렬하고, 동호회명의 개수와 참여인원의 평균을 구하시오.
　(2) 개요 – 지우시오.
　(3) 나머지 사항은 ≪출력형태≫에 맞게 작성하시오.

≪출력형태≫

	B	C	D	E	F	G	H
2	동호회코드	동호회명	여행지	구분	출발일자	참여인원	1인당 소요경비
3	C-004S	우드아이	청도	목공	2023-12-28	27명	823,000
4	J-002M	뚝딱이	요코하마	목공	2023-12-09	26명	516,000
5	C-003P	제페토	상하이	목공	2023-11-15	18명	610,000
6	J-005P	행복나무	가와사키	목공	2023-12-19	27명	689,000
7				목공 평균		25명	
8		4		목공 개수			
9	C-001S	북유럽	북경	독서	2023-11-23	18명	637,000
10	K-002S	한글벗	성산	독서	2023-12-25	32명	275,500
11				독서 평균		25명	
12		2		독서 개수			
13	K-003M	퀼트나무	마라도	공예	2023-12-09	21명	310,000
14	K-001M	뜨개사랑	우도	공예	2023-11-17	36명	335,500
15				공예 평균		29명	
16		2		공예 개수			
17				전체 평균		26명	
18		8		전체 개수			

→ **"제1작업"** 시트를 이용하여 조건에 따라 ≪출력형태≫와 같이 작업하시오.

≪조건≫

(1) 차트 종류 ⇒ 〈묶은 세로 막대형〉으로 작업하시오.

(2) 데이터 범위 ⇒ "제1작업" 시트의 내용을 이용하여 작업하시오.

(3) 위치 ⇒ "새 시트"로 이동하고, "제4작업"으로 시트 이름을 바꾸시오.

(4) 차트 디자인 도구 ⇒ 레이아웃 3, 스타일 1을 선택하여 ≪출력형태≫에 맞게 작업하시오.

(5) 영역 서식 ⇒ 차트 : 글꼴(굴림, 11pt), 채우기 효과(질감-분홍 박엽지)
         그림 : 채우기(흰색, 배경1)

(6) 제목 서식 ⇒ 차트 제목 : 글꼴(굴림, 굵게, 20pt), 채우기(흰색, 배경1), 테두리

(7) 서식 ⇒ 참여인원 계열의 차트 종류를 〈표식이 있는 꺾은선형〉으로 변경한 후 보조 축으로 지정하시오.
      계열 : ≪출력형태≫를 참조하여 표식(세모, 크기 10)과 레이블 값을 표시하시오.
      눈금선 : 선 스타일-파선
      축 : ≪출력형태≫를 참조하시오.

(8) 범례 ⇒ 범례명을 변경하고 ≪출력형태≫를 참조하시오.

(9) 도형 ⇒ '말풍선: 모서리가 둥근 사각형 설명선'을 삽입한 후 ≪출력형태≫와 같이 내용을 입력하시오.

(10) 나머지 사항은 ≪출력형태≫에 맞게 작성하시오.

≪출력형태≫

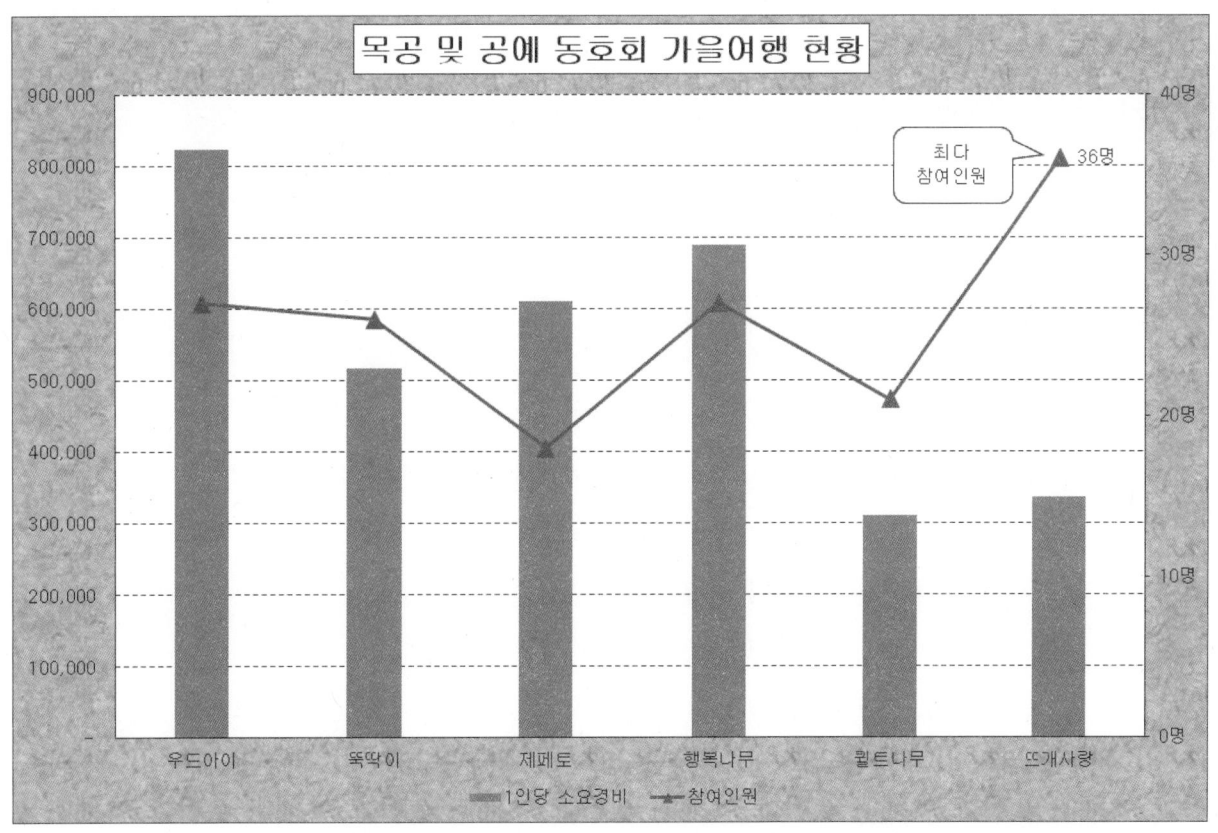

주의 → 시트명 순서가 차례대로 "제1작업", "제2작업", "제3작업", "제4작업"이 되도록 할 것.

제11회 정보기술자격(ITQ) 출제예상 모의고사

작성 시간 / 시험 시간	채점 결과
분 / 60분	점 / 500점

과목	코드	문제유형	시험시간	수험번호	성명
한글엑셀	1122	B	60분		

MS오피스

· 수험자 유의사항 ·

● 수험자는 문제지를 받는 즉시 문제지와 **수험표상의 시험과목(프로그램)이 동일한지 반드시 확인**하여야 합니다.

● 파일명은 본인의 "수험번호–성명"으로 입력하여 답안 폴더(내 PC₩문서₩ITQ)에 하나의 파일로 저장해야 하며, 답안 문서 파일명이 "수험번호–성명"과 일치하지 않거나, 답안 파일을 전송하지 않아 미제출로 처리될 경우 실격 처리합니다 (예 : 12345678–홍길동.xlsx).

● 답안 작성을 마치면 파일을 저장하고, '답안 전송' 버튼을 선택하여 감독위원 PC로 답안을 전송하십시오. 수험생 정보와 저장한 파일명이 다를 경우 전송되지 않으므로 주의하시기 바랍니다.

● 답안 작성 중에도 **주기적으로 저장하고, '답안 전송'**하여야 문제 발생을 줄일 수 있습니다. 작업한 내용을 저장하지 않고 전송할 경우 이전에 저장된 내용이 전송되오니 이점 유의하시기 바랍니다.

● 답안 문서는 지정된 경로 외의 다른 보조기억장치에 저장하는 경우, 지정된 시험 시간 외에 작성된 파일을 활용할 경우, 기타 통신수단(이메일, 메신저, 네트워크 등)을 이용하여 타인에게 전달 또는 외부 반출하는 경우는 부정 처리합니다.

● 시험 중 부주의 또는 고의로 시스템을 파손한 경우는 수험자가 변상해야 하며, 〈수험자 유의사항〉에 기재된 방법대로 이행하지 않아 생기는 불이익은 수험생 당사자의 책임임을 알려 드립니다.

● 문제의 조건은 MS오피스 2021 버전으로 설정되어 있으니 유의하시기 바랍니다.

● 시험을 완료한 수험자는 답안 파일이 전송되었는지 확인한 후 감독위원의 지시에 따라 문제지를 제출하고 퇴실합니다.

· 답안 작성요령 ·

● 온라인 답안 작성 절차
수험자 등록 ⇒ 시험 시작 ⇒ 답안 파일 저장 ⇒ 답안 전송 ⇒ 시험 종료

● 문제는 총 4단계, 즉 제1작업부터 제4작업까지 구성되어 있으며 반드시 제1작업부터 순서대로 작성하고 조건대로 작업하시오.

● 모든 작업 시트의 A열은 열 너비 '1'로, 나머지 열은 적당하게 조절하시오.

● 모든 작업 시트의 테두리는 ≪출력형태≫와 같이 작업하시오.

● 해당 작업란에서는 각각 제시된 조건에 따라 ≪출력형태≫와 같이 작업하시오.

● 답안 시트 이름은 "제1작업", "제2작업", "제3작업", "제4작업"이어야 하며 답안 시트 이외의 것은 감점 처리됩니다.

● 각 시트를 파일로 나누어 작업해서 저장할 경우 실격 처리됩니다.

◆ 다음은 '**12월 여행 예약 현황**'에 대한 자료이다. 자료를 입력하고 조건에 맞도록 작업하시오.

≪출력형태≫

예약코드	고객명	여행지	구분	예약일자	1박요금 (단위:원)	예약일수	이용금액 (단위:원)	비고
				확인		사원	팀장	부장
D8-33	강지우	제주도	우정여행	2023-12-21	170,000	3	(1)	(2)
D7-34	송희원	우도	우정여행	2023-12-18	240,000	3	(1)	(2)
B6-27	김지율	강릉	신혼여행	2023-12-12	300,000	3	(1)	(2)
B2-24	서현정	강릉	신혼여행	2023-12-26	250,000	2	(1)	(2)
A3-12	유승아	제주도	가족여행	2023-12-12	150,000	4	(1)	(2)
C5-38	조은주	우도	우정여행	2023-12-27	220,000	2	(1)	(2)
A1-13	백로민	제주도	가족여행	2023-12-19	120,000	5	(1)	(2)
B4-22	정석현	강릉	신혼여행	2023-12-05	250,000	4	(1)	(2)
우정여행의 1박요금(단위:원) 평균			(3)		최대 1박요금(단위:원)			(5)
제주도여행 예약일수 평균			(4)		고객명	강지우	예약일수	(6)

≪조건≫

o 모든 데이터의 서식에는 글꼴(굴림, 11pt), 정렬은 숫자 및 회계 서식은 오른쪽 정렬, 나머지 서식은
  가운데 정렬로 작성하며 예외적인 것은 ≪출력형태≫를 참조하시오.

o 제 목 ⇒ 도형(평행 사변형)과 그림자(오프셋 오른쪽)를 이용하여 작성하고 "12월 여행 예약 현황"을
  입력한 후 다음 서식을 적용하시오(글꼴-굴림, 24pt, 검정, 굵게, 채우기-노랑).

o 임의의 셀에 결재란을 작성하여 그림으로 복사 기능을 이용하여 붙이기 하시오(단, 원본 삭제).

o 「B4:J4, G14, I14」 영역은 '주황'으로 채우기 하시오.

o 유효성 검사를 이용하여 「H14」 셀에 고객명(「C5:C12」 영역)이 선택 표시되도록 하시오.

o 셀 서식 ⇒ 「H5:H12」 영역에 셀 서식을 이용하여 숫자 뒤에 '일'을 표시하시오(예 : 3일).

o 「H5:H12」 영역에 대해 '예약일수'로 이름정의를 하시오.

◆ (1)~(6) 셀은 반드시 **주어진 함수를 이용**하여 값을 구하시오(결과값을 직접 입력하면 해당 셀은 0점 처리됨).

 (1) 이용금액(단위:원) ⇒ 「1박요금(단위:원)×예약일수-할인금액」으로 구하시오. 단, 할인금액은
    「1박요금(단위:원)×예약일수×예약코드의 마지막 글자×1.5%」로 계산하시오(MID 함수).

 (2) 비고 ⇒ 예약코드의 첫 글자가 D이면 '반려견 동반', 그 외에는 공백으로 표시하시오(IF, LEFT 함수).

 (3) 우정여행의 1박요금(단위:원) 평균 ⇒ 조건은 입력데이터를 이용하시오(DAVERAGE 함수).

 (4) 제주도여행 예약일수 평균 ⇒ 정의된 이름(예약일수)을 이용하여 구한 결과값에 '일'을 표시하시오
    (SUMIF, COUNTIF 함수, & 연산자)(예 : 1일).

 (5) 최대 1박요금(단위:원) ⇒ (MAX 함수)

 (6) 예약일수 ⇒ 「H14」 셀에서 선택한 고객명에 대한 예약일수를 표시하시오(VLOOKUP 함수).

 (7) 조건부 서식의 수식을 이용하여 1박요금(단위:원)이 '200,000' 이하인 행 전체에 다음의 서식을 적용하시오
    (글꼴 : 파랑, 굵게).

➡️ **"제1작업"** 시트의 「B4:H12」 영역을 복사하여 **"제2작업"** 시트의 「B2」 셀부터 모두 붙여넣기를 한 후 다음의 조건과 같이 작업하시오.

≪조건≫

  ⑴ 고급 필터 – 여행지가 '제주도'이거나, 예약일자가 '2023-12-25' 이후(해당일 포함)인 자료의 고객명, 구분, 1박요금(단위:원), 예약일수 데이터만 추출하시오.
             – 조건 범위 : 「B14」 셀부터 입력하시오.
             – 복사 위치 : 「B18」 셀부터 나타나도록 하시오.

  ⑵ 표 서식 – 고급 필터의 결과셀을 채우기 없음으로 설정한 후 '표 스타일 밝게 9'의 서식을 적용하시오.
               – 머리글 행, 줄무늬 행을 적용하시오.

➡️ **"제1작업"** 시트를 이용하여 **"제3작업"** 시트에 조건에 따라 ≪출력형태≫와 같이 작업하시오.

≪조건≫

  ⑴ 예약일자 및 구분별 고객명의 개수와 1박요금(단위:원)의 평균을 구하시오.
  ⑵ 예약일자를 그룹화하고, 구분을 ≪출력형태≫와 같이 정렬하시오.
  ⑶ 레이블이 있는 셀 병합 및 가운데 맞춤 적용 및 빈 셀은 '**'로 표시하시오.
  ⑷ 행의 총합계는 지우고, 나머지 사항은 ≪출력형태≫에 맞게 작성하시오.

≪출력형태≫

A	B	C	D	E	F	G	H
1							
2		구분 🔽					
3		우정여행		신혼여행		가족여행	
4	예약일자 🔽	개수 : 고객명	평균 : 1박요금(단위:원)	개수 : 고객명	평균 : 1박요금(단위:원)	개수 : 고객명	평균 : 1박요금(단위:원)
5	2023-12-05 - 2023-12-14	**	**	2	275,000	1	150,000
6	2023-12-15 - 2023-12-24	2	205,000	**	**	1	120,000
7	2023-12-25 - 2023-12-28	1	220,000	1	250,000	**	**
8	총합계	3	210,000	3	266,667	2	135,000

➡ **"제1작업"** 시트를 이용하여 조건에 따라 ≪출력형태≫와 같이 작업하시오.

≪조건≫

(1) 차트 종류 ⇒ 〈묶은 세로 막대형〉으로 작업하시오.

(2) 데이터 범위 ⇒ "제1작업" 시트의 내용을 이용하여 작업하시오.

(3) 위치 ⇒ "새 시트"로 이동하고, "제4작업"으로 시트 이름을 바꾸시오.

(4) 차트 디자인 도구 ⇒ 레이아웃 3, 스타일 1을 선택하여 ≪출력형태≫에 맞게 작업하시오.

(5) 영역 서식 ⇒ 차트 : 글꼴(굴림, 11pt), 채우기 효과(질감-분홍 박엽지)
   그림 : 채우기(흰색, 배경1)

(6) 제목 서식 ⇒ 차트 제목 : 글꼴(굴림, 굵게, 20pt), 채우기(흰색, 배경1), 테두리

(7) 서식 ⇒ 예약일수 계열의 차트 종류를 〈표식이 있는 꺾은선형〉으로 변경한 후 보조 축으로 지정하시오.
   계열 : ≪출력형태≫를 참조하여 표식(세모, 크기 10)과 레이블 값을 표시하시오.
   눈금선 : 선 스타일-파선
   축 : ≪출력형태≫를 참조하시오.

(8) 범례 ⇒ 범례명을 변경하고 ≪출력형태≫를 참조하시오.

(9) 도형 ⇒ '말풍선: 모서리가 둥근 사각형 설명선'을 삽입한 후 ≪출력형태≫와 같이 내용을 입력하시오.

(10) 나머지 사항은 ≪출력형태≫에 맞게 작성하시오.

≪출력형태≫

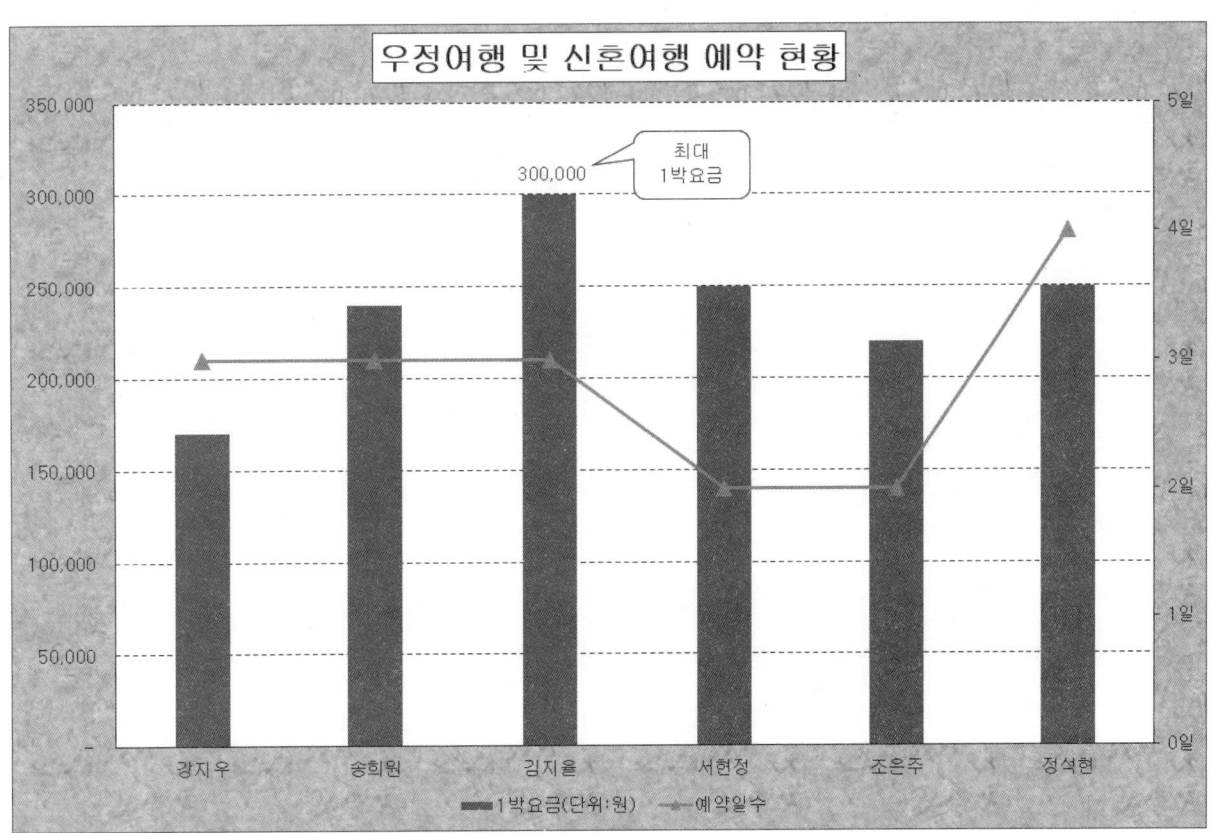

주의 ➡ 시트명 순서가 차례대로 "제1작업", "제2작업", "제3작업", "제4작업"이 되도록 할 것.

제 12 회 정보기술자격(ITQ) 출제예상 모의고사

	작성 시간 / 시험 시간	채점 결과
	분 / 60분	점 / 500점

과목	코드	문제유형	시험시간	수험번호	성명
한글엑셀	1122	C	60분		

MS오피스

· 수험자 유의사항 ·

● 수험자는 문제지를 받는 즉시 문제지와 **수험표상의 시험과목(프로그램)이 동일한지 반드시 확인**하여야 합니다.

● 파일명은 본인의 "수험번호–성명"으로 입력하여 답안 폴더(내 PC₩문서₩ITQ)에 하나의 파일로 저장해야 하며, 답안 문서 파일명이 "수험번호–성명"과 일치하지 않거나, 답안 파일을 전송하지 않아 미제출로 처리될 경우 실격 처리합니다 (예 : 12345678–홍길동.xlsx).

● 답안 작성을 마치면 파일을 저장하고, '답안 전송' 버튼을 선택하여 감독위원 PC로 답안을 전송하십시오. 수험생 정보와 저장한 파일명이 다를 경우 전송되지 않으므로 주의하시기 바랍니다.

● 답안 작성 중에도 **주기적으로 저장하고, '답안 전송'**하여야 문제 발생을 줄일 수 있습니다. 작업한 내용을 저장하지 않고 전송할 경우 이전에 저장된 내용이 전송되오니 이점 유의하시기 바랍니다.

● 답안 문서는 지정된 경로 외의 다른 보조기억장치에 저장하는 경우, 지정된 시험 시간 외에 작성된 파일을 활용할 경우, 기타 통신수단(이메일, 메신저, 네트워크 등)을 이용하여 타인에게 전달 또는 외부 반출하는 경우는 부정 처리합니다.

● 시험 중 부주의 또는 고의로 시스템을 파손한 경우는 수험자가 변상해야 하며, 〈수험자 유의사항〉에 기재된 방법대로 이행하지 않아 생기는 불이익은 수험생 당사자의 책임임을 알려 드립니다.

● 문제의 조건은 MS오피스 2021 버전으로 설정되어 있으니 유의하시기 바랍니다.

● 시험을 완료한 수험자는 답안 파일이 전송되었는지 확인한 후 감독위원의 지시에 따라 문제지를 제출하고 퇴실합니다.

· 답안 작성요령 ·

● 온라인 답안 작성 절차

　수험자 등록 ⇒ 시험 시작 ⇒ 답안 파일 저장 ⇒ 답안 전송 ⇒ 시험 종료

● 문제는 총 4단계, 즉 제1작업부터 제4작업까지 구성되어 있으며 반드시 제1작업부터 순서대로 작성하고 조건대로 작업하시오.

● 모든 작업 시트의 A열은 열 너비 '1'로, 나머지 열은 적당하게 조절하시오.

● 모든 작업 시트의 테두리는 ≪출력형태≫와 같이 작업하시오.

● 해당 작업란에서는 각각 제시된 조건에 따라 ≪출력형태≫와 같이 작업하시오.

● 답안 시트 이름은 "제1작업", "제2작업", "제3작업", "제4작업"이어야 하며 답안 시트 이외의 것은 감점 처리됩니다.

● 각 시트를 파일로 나누어 작업해서 저장할 경우 실격 처리됩니다.

kpc 한국생산성본부

◆ 다음은 '**중국여행 호텔 예약 현황**'에 대한 자료이다. 자료를 입력하고 조건에 맞도록 작업하시오.

≪출력형태≫

	확인		담당	과장	부장

중국여행 호텔 예약 현황

예약코드	고객명	호텔명	지역	예약일자	1박 사용요금 (단위:원)	사용일수	호텔등급	총이용금액 (단위:원)
BE-821	박유림	르네상스	계림	2023-12-02	108,000	3	(1)	(2)
CT-141	전종서	래디언스	서안	2023-12-18	117,000	5	(1)	(2)
CX-823	서유란	만다린	서안	2023-12-07	195,000	2	(1)	(2)
CM-783	김지훈	하카타	서안	2023-12-20	257,000	4	(1)	(2)
CM-632	김지율	민쩡	서안	2023-11-30	180,000	3	(1)	(2)
KA-142	이충현	써튼	상해	2023-11-28	157,000	4	(1)	(2)
BH-242	안지우	오아시스	계림	2023-11-23	125,000	5	(1)	(2)
KD-251	주승하	상하이	상해	2023-12-01	137,000	6	(1)	(2)
서안지역 1박 사용요금(단위:원) 평균			(3)		최대 사용일수			(5)
계림지역의 호텔 수			(4)		고객명	박유림	사용일수	(6)

≪조건≫

o 모든 데이터의 서식에는 글꼴(굴림, 11pt), 정렬은 숫자 및 회계 서식은 오른쪽 정렬, 나머지 서식은 가운데 정렬로 작성하며 예외적인 것은 ≪출력형태≫를 참조하시오.

o 제　목 ⇒ 도형(대각선 방향의 모서리가 잘린 사각형)과 그림자(오프셋 오른쪽)를 이용하여 작성하고 "중국여행 호텔 예약 현황"을 입력한 후 다음 서식을 적용하시오 (글꼴-굴림, 24pt, 검정, 굵게, 채우기-노랑).

o 임의의 셀에 결재란을 작성하여 그림으로 복사 기능을 이용하여 붙이기 하시오(단, 원본 삭제).

o 「B4:J4, G14, I14」 영역은 '주황'으로 채우기 하시오.

o 유효성 검사를 이용하여 「H14」 셀에 고객명(「C5:C12」 영역)이 선택 표시되도록 하시오.

o 셀 서식 ⇒ 「H5:H12」 영역에 셀 서식을 이용하여 숫자 뒤에 '박'을 표시하시오(예 : 3박).

o 「G5:G12」 영역에 대해 '사용요금'으로 이름정의를 하시오.

◆ (1)~(6) 셀은 반드시 **주어진 함수를 이용**하여 값을 구하시오(결과값을 직접 입력하면 해당 셀은 0점 처리됨).

(1) 호텔등급 ⇒ 예약코드의 마지막 글자가 1이면 '★★★', 2이면 '★★', 3이면 '★'로 구하시오 (CHOOSE, RIGHT 함수).

(2) 총이용금액(단위:원) ⇒ 사용일수가 4 이상이면 「1박 사용요금(단위:원)×사용일수×0.9」, 그 외에는 「1박 사용요금(단위:원)×사용일수」로 구하시오(IF 함수).

(3) 서안지역 1박 사용요금(단위:원) 평균 ⇒ 정의된 이름(사용요금)을 이용하여 구하시오(SUMIF, COUNTIF 함수).

(4) 계림지역의 호텔 수 ⇒ 결과값에 '개'를 표시하시오. 단, 조건은 입력데이터를 이용하시오 (DCOUNTA 함수, & 연산자)(예 : 1개).

(5) 최대 사용일수 ⇒ (MAX 함수)

(6) 사용일수 ⇒ 「H14」 셀에서 선택한 고객명에 대한 사용일수를 구하시오(VLOOKUP 함수).

(7) 조건부 서식의 수식을 이용하여 사용일수가 '5' 이상인 행 전체에 다음의 서식을 적용하시오 (글꼴 : 파랑, 굵게).

➡ **"제1작업"** 시트의 「B4:H12」 영역을 복사하여 **"제2작업"** 시트의 「B2」 셀부터 모두 붙여넣기를 한 후
다음의 조건과 같이 작업하시오.

≪조건≫
　(1) 목표값 찾기 – 「B11:G11」 셀을 병합하고, 가운데 맞춤한 후 "계림지역 1박 사용요금(단위:원) 평균"을 입력하고,
　　　　　　　　　　「H11」 셀에 계림지역 1박 사용요금(단위:원) 평균을 구하시오.
　　　　　　　　　　단, 조건은 입력데이터를 이용하시오(DAVERAGE 함수, 테두리).
　　　　　　　　　– '계림지역 1박 사용요금(단위:원) 평균'이 '120,000'이 되려면 박유림의 1박 사용요금(단위:원)이
　　　　　　　　　　얼마가 되어야 하는지 목표값을 구하시오.

　(2) 고급 필터 – 지역이 '계림'이 아니면서, 사용일수가 '3' 이하인 자료의 고객명, 호텔명, 1박 사용요금(단위:원),
　　　　　　　　　사용일수 데이터만 추출하시오.
　　　　　　　　　– 조건 범위 : 「B14」 셀부터 입력하시오.
　　　　　　　　　– 복사 위치 : 「B18」 셀부터 나타나도록 하시오.

➡ **"제1작업"** 시트의 「B4:H12」 영역을 복사하여 **"제3작업"** 시트의 「B2」 셀부터 모두 붙여넣기를 한 후
다음의 조건과 같이 작업하시오.

≪조건≫
　(1) 부분합 – ≪출력형태≫처럼 정렬하고, 고객명의 개수와 1박 사용요금(단위:원)의 평균을 구하시오.
　(2) 개요 – 지우시오.
　(3) 나머지 사항은 ≪출력형태≫에 맞게 작성하시오.

≪출력형태≫

	B	C	D	E	F	G	H
1							
2	예약코드	고객명	호텔명	지역	예약일자	1박 사용요금(단위:원)	사용일수
3	CT-141	전종서	래디언스	서안	2023-12-18	117,000	5박
4	CX-823	서유란	만다린	서안	2023-12-07	195,000	2박
5	CM-783	김지훈	하카타	서안	2023-12-20	257,000	4박
6	CM-632	김지율	민쩡	서안	2023-11-30	180,000	3박
7				서안 평균		187,250	
8		4		서안 개수			
9	KA-142	이충현	써튼	상해	2023-11-28	157,000	4박
10	KD-251	주승하	상하이	상해	2023-12-01	137,000	6박
11				상해 평균		147,000	
12		2		상해 개수			
13	BE-821	박유림	르네상스	계림	2023-12-02	108,000	3박
14	BH-242	안지우	오아시스	계림	2023-11-23	125,000	5박
15				계림 평균		116,500	
16		2		계림 개수			
17				전체 평균		159,500	
18		8		전체 개수			

➡ **"제1작업"** 시트를 이용하여 조건에 따라 ≪출력형태≫와 같이 작업하시오.

≪조건≫

(1) 차트 종류 ⇒ 〈묶은 세로 막대형〉으로 작업하시오.

(2) 데이터 범위 ⇒ "제1작업" 시트의 내용을 이용하여 작업하시오.

(3) 위치 ⇒ "새 시트"로 이동하고, "제4작업"으로 시트 이름을 바꾸시오.

(4) 차트 디자인 도구 ⇒ 레이아웃 3, 스타일 1을 선택하여 ≪출력형태≫에 맞게 작업하시오.

(5) 영역 서식 ⇒ 차트 : 글꼴(굴림, 11pt), 채우기 효과(질감−분홍 박엽지)

　　　　　　　 그림 : 채우기(흰색, 배경1)

(6) 제목 서식 ⇒ 차트 제목 : 글꼴(굴림, 굵게, 20pt), 채우기(흰색, 배경1), 테두리

(7) 서식 ⇒ 1박 사용요금(단위:원) 계열의 차트 종류를 〈표식이 있는 꺾은선형〉으로 변경한 후 보조 축으로 지정하시오.

　　　　 계열 : ≪출력형태≫를 참조하여 표식(세모, 크기 10)과 레이블 값을 표시하시오.

　　　　 눈금선 : 선 스타일−파선

　　　　 축 : ≪출력형태≫를 참조하시오.

(8) 범례 ⇒ 범례명을 변경하고 ≪출력형태≫를 참조하시오.

(9) 도형 ⇒ '말풍선: 모서리가 둥근 사각형 설명선'을 삽입한 후 ≪출력형태≫와 같이 내용을 입력하시오.

(10) 나머지 사항은 ≪출력형태≫에 맞게 작성하시오.

≪출력형태≫

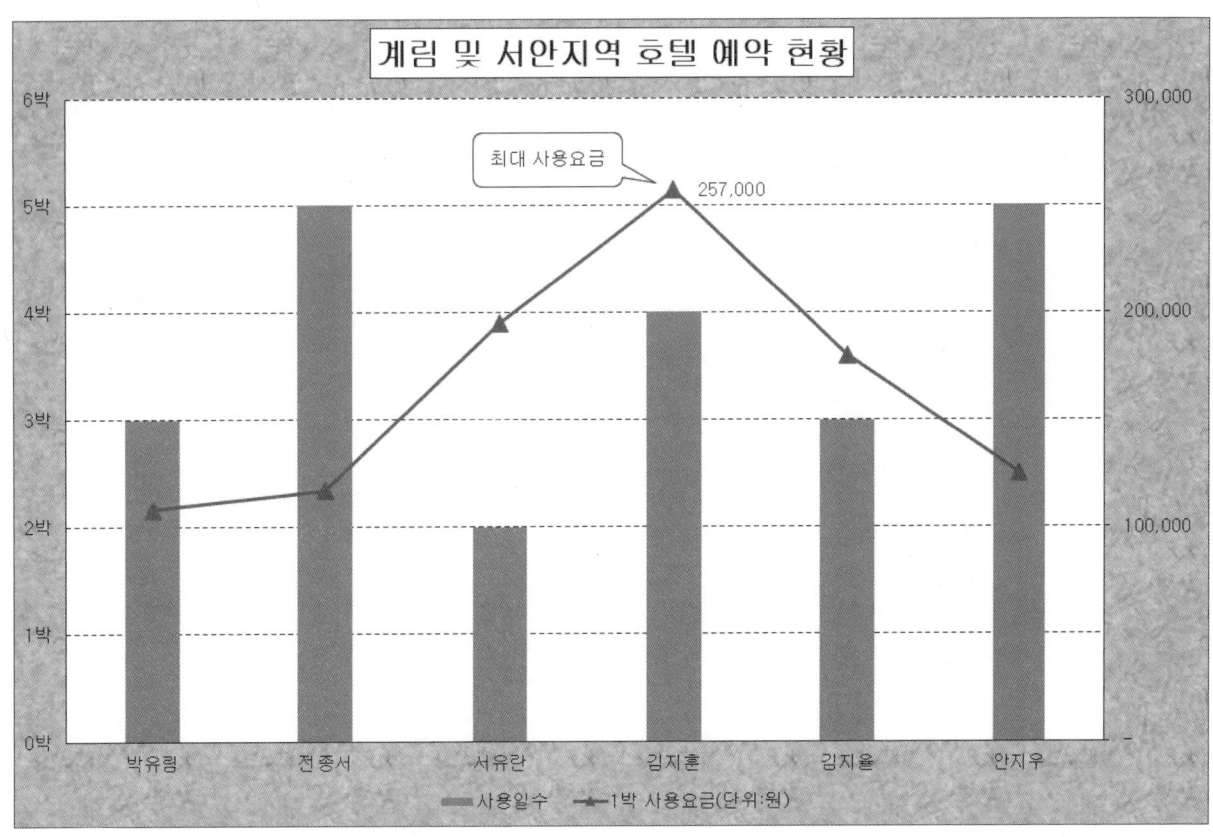

주의 ➡ 시트명 순서가 차례대로 **"제1작업"**, **"제2작업"**, **"제3작업"**, **"제4작업"**이 되도록 할 것.

제 **13** 회	정보기술자격(ITQ) 출제예상 모의고사	작성 시간 / 시험 시간	채점 결과
		분 / 60분	점 / 500점

과목	코드	문제유형	시험시간	수험번호	성명
한글엑셀	1122	A	60분		

MS오피스

· 수험자 유의사항 ·

● 수험자는 문제지를 받는 즉시 문제지와 **수험표상의 시험과목(프로그램)이 동일한지 반드시 확인**하여야 합니다.

● 파일명은 본인의 "수험번호–성명"으로 입력하여 답안 폴더(내 PC₩문서₩ITQ)에 하나의 파일로 저장해야 하며, 답안 문서 파일명이 "수험번호–성명"과 일치하지 않거나, 답안 파일을 전송하지 않아 미제출로 처리될 경우 실격 처리합니다 (예 : 12345678-홍길동.xlsx).

● 답안 작성을 마치면 파일을 저장하고, '답안 전송' 버튼을 선택하여 감독위원 PC로 답안을 전송하십시오. 수험생 정보와 저장한 파일명이 다를 경우 전송되지 않으므로 주의하시기 바랍니다.

● 답안 작성 중에도 **주기적으로 저장하고, '답안 전송'**하여야 문제 발생을 줄일 수 있습니다. 작업한 내용을 저장하지 않고 전송할 경우 이전에 저장된 내용이 전송되오니 이점 유의하시기 바랍니다.

● 답안 문서는 지정된 경로 외의 다른 보조기억장치에 저장하는 경우, 지정된 시험 시간 외에 작성된 파일을 활용할 경우, 기타 통신수단(이메일, 메신저, 네트워크 등)을 이용하여 타인에게 전달 또는 외부 반출하는 경우는 부정 처리합니다.

● 시험 중 부주의 또는 고의로 시스템을 파손한 경우는 수험자가 변상해야 하며, 〈수험자 유의사항〉에 기재된 방법대로 이행하지 않아 생기는 불이익은 수험생 당사자의 책임임을 알려 드립니다.

● 문제의 조건은 MS오피스 2021 버전으로 설정되어 있으니 유의하시기 바랍니다.

● 시험을 완료한 수험자는 답안 파일이 전송되었는지 확인한 후 감독위원의 지시에 따라 문제지를 제출하고 퇴실합니다.

· 답안 작성요령 ·

● 온라인 답안 작성 절차

수험자 등록 ⇒ 시험 시작 ⇒ 답안 파일 저장 ⇒ 답안 전송 ⇒ 시험 종료

● 문제는 총 4단계, 즉 제1작업부터 제4작업까지 구성되어 있으며 반드시 제1작업부터 순서대로 작성하고 조건대로 작업하시오.

● 모든 작업 시트의 A열은 열 너비 '1'로, 나머지 열은 적당하게 조절하시오.

● 모든 작업 시트의 테두리는 ≪출력형태≫와 같이 작업하시오.

● 해당 작업란에서는 각각 제시된 조건에 따라 ≪출력형태≫와 같이 작업하시오.

● 답안 시트 이름은 "제1작업", "제2작업", "제3작업", "제4작업"이어야 하며 답안 시트 이외의 것은 감점 처리됩니다.

● 각 시트를 파일로 나누어 작업해서 저장할 경우 실격 처리됩니다.

kpc 한국생산성본부

다음은 '**모바일 유료 게임 현황**'에 대한 자료이다. 자료를 입력하고 조건에 맞도록 작업하시오.

≪출력형태≫

게임코드	게임명	구분	특징	출시일	용량	판매금액 (단위:원)	추천	순위
						확인	담당	대리	과장
	모바일 유료 게임 현황							
SA-241	놀이공원이야기	시뮬레이션	가상현실체험	2021-11-03	59	4,000	(1)	(2)
AC-152	물의순환	어드벤쳐	교육용	2018-08-14	61	6,600	(1)	(2)
SA-233	뚜비의도넛가게	시뮬레이션	음식만들기	2019-07-09	30	5,000	(1)	(2)
RE-323	보트경주	롤플레잉	3D그래픽	2019-02-13	108	4,300	(1)	(2)
RT-342	피그모험	롤플레잉	목표달성	2020-08-24	73	8,800	(1)	(2)
ST-232	톰의브리지	시뮬레이션	사고력	2020-06-01	123	2,500	(1)	(2)
AA-121	양이의철도여행	어드벤쳐	가상현실체험	2018-10-15	44	5,800	(1)	(2)
RA-321	드래곤키우기	롤플레잉	판타지체험	2021-06-24	45	2,400	(1)	(2)
롤플레잉 게임 개수			(3)			최대 용량		(5)
시뮬레이션 게임 판매금액(단위:원) 평균			(4)		게임코드	SA-241	판매금액 (단위:원)	(6)

≪조건≫

○ 모든 데이터의 서식에는 글꼴(굴림, 11pt), 정렬은 숫자 및 회계 서식은 오른쪽 정렬, 나머지 서식은 가운데 정렬로 작성하며 예외적인 것은 ≪출력형태≫를 참조하시오.

○ 제 목 ⇒ 도형(사다리꼴)과 그림자(오프셋 오른쪽)를 이용하여 작성하고 "모바일 유료 게임 현황"을 입력한 후 다음 서식을 적용하시오(글꼴−굴림, 24pt, 검정, 굵게, 채우기−노랑).

○ 임의의 셀에 결재란을 작성하여 그림으로 복사 기능을 이용하여 붙이기 하시오(단, 원본 삭제).

○ 「B4:J4, G14, I14」 영역은 '주황'으로 채우기 하시오.

○ 유효성 검사를 이용하여 「H14」 셀에 게임코드(「B5:B12」 영역)가 선택 표시되도록 하시오.

○ 셀 서식 ⇒ 「G5:G12」 영역에 셀 서식을 이용하여 숫자 뒤에 'MB'를 표시하시오(예 : 59MB).

○ 「D5:D12」 영역에 대해 '구분'으로 이름정의를 하시오.

(1)~(6) 셀은 반드시 주어진 함수를 이용하여 값을 구하시오(결과값을 직접 입력하면 해당 셀은 0점 처리됨).

(1) 추천 ⇒ 게임코드의 마지막 값이 1이면 '인기작', 2이면 '할인중', 3이면 '가족용'으로 구하시오 (CHOOSE, RIGHT 함수).

(2) 순위 ⇒ 판매금액(단위:원)의 내림차순 순위를 구한 결과값에 '위'를 붙이시오 (RANK.EQ 함수, & 연산자)(예 : 1위).

(3) 롤플레잉 게임 개수 ⇒ 정의된 이름(구분)을 이용하여 구하시오(COUNTIF 함수).

(4) 시뮬레이션 게임 판매금액(단위:원) 평균 ⇒ 반올림하여 백원 단위로 구하시오. 단, 조건은 입력데이터를 이용하시오(ROUND, DAVERAGE 함수)(예 : 4,722 → 4,700).

(5) 최대 용량 ⇒ (MAX 함수)

(6) 판매금액(단위:원) ⇒ 「H14」 셀에서 선택한 게임코드의 판매금액(단위:원)을 구하시오(VLOOKUP 함수).

(7) 조건부 서식의 수식을 이용하여 판매금액(단위:원)이 '5,000' 이상인 행 전체에 다음의 서식을 적용하시오 (글꼴 : 파랑, 굵게).

➡ **"제1작업"** 시트의 「B4:H12」 영역을 복사하여 **"제2작업"** 시트의 「B2」 셀부터 모두 붙여넣기를 한 후 다음의 조건과 같이 작업하시오.

≪조건≫

(1) 고급 필터 – 게임코드가 'R'로 시작하거나, 판매금액(단위:원)이 '6,000' 이상인 자료의 게임코드, 구분, 출시일, 판매금액(단위:원) 데이터만 추출하시오.
   – 조건 범위 : 「B14」 셀부터 입력하시오.
   – 복사 위치 : 「B18」 셀부터 나타나도록 하시오.

(2) 표 서식 – 고급 필터의 결과셀을 채우기 없음으로 설정한 후 '표 스타일 보통 6'의 서식을 적용하시오.
   – 머리글 행, 줄무늬 행을 적용하시오.

➡ **"제1작업"** 시트를 이용하여 **"제3작업"** 시트에 조건에 따라 ≪출력형태≫와 같이 작업하시오.

≪조건≫

(1) 출시일 및 구분별 게임명의 개수와 판매금액(단위:원)의 평균을 구하시오.
(2) 출시일을 그룹화하고, 구분을 ≪출력형태≫와 같이 정렬하시오.
(3) 레이블이 있는 셀 병합 및 가운데 맞춤 적용 및 빈 셀은 '**'로 표시하시오.
(4) 행의 총합계는 지우고, 나머지 사항은 ≪출력형태≫에 맞게 작성하시오.

≪출력형태≫

A	B 출시일	C 개수 : 게임명	D 평균 : 판매금액(단위:원)	E 개수 : 게임명	F 평균 : 판매금액(단위:원)	G 개수 : 게임명	H 평균 : 판매금액(단위:원)
		구분 ↓					
		어드벤처		시뮬레이션		롤플레잉	
5	2018년	2	6,200	**	**	**	**
6	2019년	**	**	1	5,000	1	4,300
7	2020년	**	**	1	2,500	1	8,800
8	2021년	**	**	1	4,000	1	2,400
9	총합계	2	6,200	3	3,833	3	5,167

➡ **"제1작업"** 시트를 이용하여 조건에 따라 ≪출력형태≫와 같이 작업하시오.

≪조건≫

　(1) 차트 종류 ⇒ 〈묶은 세로 막대형〉으로 작업하시오.

　(2) 데이터 범위 ⇒ "제1작업" 시트의 내용을 이용하여 작업하시오.

　(3) 위치 ⇒ "새 시트"로 이동하고, "제4작업"으로 시트 이름을 바꾸시오.

　(4) 차트 디자인 도구 ⇒ 레이아웃 3, 스타일 1을 선택하여 ≪출력형태≫에 맞게 작업하시오.

　(5) 영역 서식 ⇒ 차트 : 글꼴(굴림, 11pt), 채우기 효과(질감–파랑 박엽지)

　　　　　　　　　　그림 : 채우기(흰색, 배경1)

　(6) 제목 서식 ⇒ 차트 제목 : 글꼴(굴림, 굵게, 20pt), 채우기(흰색, 배경1), 테두리

　(7) 서식 ⇒ 용량 계열의 차트 종류를 〈표식이 있는 꺾은선형〉으로 변경한 후 보조 축으로 지정하시오.

　　　　　계열 : ≪출력형태≫를 참조하여 표식(마름모, 크기 10)과 레이블 값을 표시하시오.

　　　　　눈금선 : 선 스타일–파선

　　　　　축 : ≪출력형태≫를 참조하시오.

　(8) 범례 ⇒ 범례명을 변경하고 ≪출력형태≫를 참조하시오.

　(9) 도형 ⇒ '말풍선: 모서리가 둥근 사각형 설명선'을 삽입한 후 ≪출력형태≫와 같이 내용을 입력하시오.

　(10) 나머지 사항은 ≪출력형태≫에 맞게 작성하시오.

≪출력형태≫

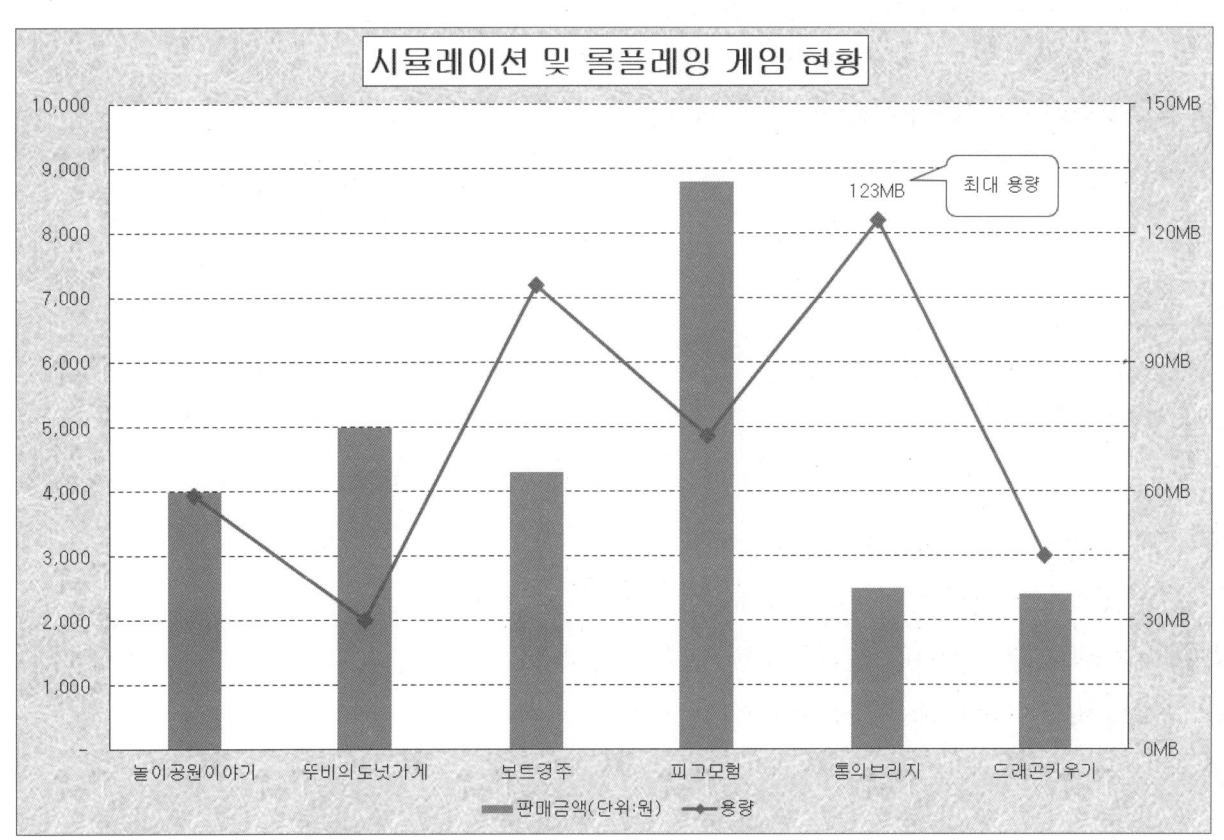

주의 ▶ 시트명 순서가 차례대로 **"제1작업", "제2작업", "제3작업", "제4작업"**이 되도록 할 것.

제14회 정보기술자격(ITQ) 출제예상 모의고사

			작성 시간 / 시험 시간	채점 결과
			분 / 60분	점 / 500점

과목	코드	문제유형	시험시간	수험번호	성명
한글엑셀	1122	B	60분		

MS오피스

· 수험자 유의사항 ·

● 수험자는 문제지를 받는 즉시 문제지와 **수험표상의 시험과목(프로그램)이 동일한지 반드시 확인**하여야 합니다.

● 파일명은 본인의 "수험번호-성명"으로 입력하여 답안 폴더(내 PC₩문서₩ITQ)에 하나의 파일로 저장해야 하며, 답안 문서 파일명이 "수험번호-성명"과 일치하지 않거나, 답안 파일을 전송하지 않아 미제출로 처리될 경우 실격 처리합니다 (예 : 12345678-홍길동.xlsx).

● 답안 작성을 마치면 파일을 저장하고, '답안 전송' 버튼을 선택하여 감독위원 PC로 답안을 전송하십시오. 수험생 정보와 저장한 파일명이 다를 경우 전송되지 않으므로 주의하시기 바랍니다.

● 답안 작성 중에도 **주기적으로 저장하고, '답안 전송'**하여야 문제 발생을 줄일 수 있습니다. 작업한 내용을 저장하지 않고 전송할 경우 이전에 저장된 내용이 전송되오니 이점 유의하시기 바랍니다.

● 답안 문서는 지정된 경로 외의 다른 보조기억장치에 저장하는 경우, 지정된 시험 시간 외에 작성된 파일을 활용할 경우, 기타 통신수단(이메일, 메신저, 네트워크 등)을 이용하여 타인에게 전달 또는 외부 반출하는 경우는 부정 처리합니다.

● 시험 중 부주의 또는 고의로 시스템을 파손한 경우는 수험자가 변상해야 하며, 〈수험자 유의사항〉에 기재된 방법대로 이행하지 않아 생기는 불이익은 수험생 당사자의 책임임을 알려 드립니다.

● 문제의 조건은 MS오피스 2021 버전으로 설정되어 있으니 유의하시기 바랍니다.

● 시험을 완료한 수험자는 답안 파일이 전송되었는지 확인한 후 감독위원의 지시에 따라 문제지를 제출하고 퇴실합니다.

· 답안 작성요령 ·

● 온라인 답안 작성 절차

　수험자 등록 ⇒ 시험 시작 ⇒ 답안 파일 저장 ⇒ 답안 전송 ⇒ 시험 종료

● 문제는 총 4단계, 즉 제1작업부터 제4작업까지 구성되어 있으며 반드시 제1작업부터 순서대로 작성하고 조건대로 작업하시오.

● 모든 작업 시트의 A열은 열 너비 '1'로, 나머지 열은 적당하게 조절하시오.

● 모든 작업 시트의 테두리는 《출력형태》와 같이 작업하시오.

● 해당 작업란에서는 각각 제시된 조건에 따라 《출력형태》와 같이 작업하시오.

● 답안 시트 이름은 "제1작업", "제2작업", "제3작업", "제4작업"이어야 하며 답안 시트 이외의 것은 감점 처리됩니다.

● 각 시트를 파일로 나누어 작업해서 저장할 경우 실격 처리됩니다.

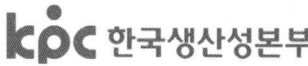

kpc 한국생산성본부

➡️ 다음은 '**프레임재질별 자전거 상세 정보**'에 대한 자료이다. 자료를 입력하고 조건에 맞도록 작업하시오.

≪출력형태≫

모델번호	제품명	제조사	프레임	가격	무게 (kg)	휠 (인치)	순위	비고
				확인	담당	선임	책임	
	프레임재질별 자전거 상세 정보							
SC2-2023	레스파토러스	삼촌리	알루미늄	371,000	13.10	28.0	(1)	(2)
AL2-2022	템베리썸투	알론스포츠	알루미늄	249,000	11.90	28.0	(1)	(2)
LP3-2023	판타레이식스	엘파머	카본	3,116,000	8.68	28.0	(1)	(2)
SC1-2021	시마노엑스티	삼촌리	티타늄	4,763,400	12.80	27.5	(1)	(2)
LP1-2022	벤토르브이사천	엘파머	알루미늄	567,000	14.06	27.5	(1)	(2)
LP1-2023	판타에스데오레	엘파머	티타늄	2,075,750	12.75	27.5	(1)	(2)
SC4-2022	첼로리로드쥐칠	삼촌리	카본	2,422,500	9.65	28.0	(1)	(2)
AL1-2022	인피자제트쓰리	알론스포츠	카본	1,380,000	13.20	27.5	(1)	(2)
카본 자전거의 무게(kg) 평균			(3)		두 번째로 높은 가격			(5)
삼촌리 제품의 최소 휠(인치)			(4)		모델번호	SC2-2023	가격	(6)

≪조건≫

○ 모든 데이터의 서식에는 글꼴(굴림, 11pt), 정렬은 숫자 및 회계 서식은 오른쪽 정렬, 나머지 서식은 가운데 정렬로 작성하며 예외적인 것은 ≪출력형태≫를 참조하시오.

○ 제 목 ⇒ 도형(양쪽 모서리가 잘린 사각형)과 그림자(오프셋 오른쪽)를 이용하여 작성하고 "프레임재질별 자전거 상세 정보"를 입력한 후 다음 서식을 적용하시오 (글꼴-굴림, 24pt, 검정, 굵게, 채우기-노랑).

○ 임의의 셀에 결재란을 작성하여 그림으로 복사 기능을 이용하여 붙이기 하시오(단, 원본 삭제).

○ 「B4:J4, G14, I14」 영역은 '주황'으로 채우기 하시오.

○ 유효성 검사를 이용하여 「H14」 셀에 모델번호(「B5:B12」 영역)가 선택 표시되도록 하시오.

○ 셀 서식 ⇒ 「F5:F12」 영역에 셀 서식을 이용하여 숫자 뒤에 '원'을 표시하시오(예 : 371,000원).

○ 「F5:F12」 영역에 대해 '가격'으로 이름정의를 하시오.

➡️ (1)~(6) 셀은 반드시 **주어진 함수를 이용**하여 값을 구하시오(결과값을 직접 입력하면 해당 셀은 0점 처리됨).

(1) 순위 ⇒ 무게(kg)의 내림차순 순위를 구한 결과에 '위'를 붙이시오(RANK.EQ 함수, & 연산자)(예 : 1위).

(2) 비고 ⇒ 모델번호의 세 번째 글자가 1이면 'MTB', 2이면 '하이브리드', 그 외에는 '로드'로 구하시오(IF, MID 함수).

(3) 카본 자전거의 무게(kg) 평균 ⇒ (SUMIF, COUNTIF 함수)

(4) 삼촌리 제품의 최소 휠(인치) ⇒ 제조사가 삼촌리인 제품의 휠(인치) 중 최소값을 구하시오. 단, 조건은 입력데이터를 이용하시오(DMIN 함수).

(5) 두 번째로 높은 가격 ⇒ 정의된 이름(가격)을 이용하여 구하시오(LARGE 함수).

(6) 가격 ⇒ 「H14」 셀에서 선택한 모델번호에 대한 가격을 구하시오(VLOOKUP 함수).

(7) 조건부 서식의 수식을 이용하여 무게(kg)가 '10' 이하인 행 전체에 다음의 서식을 적용하시오 (글꼴 : 파랑, 굵게).

➡ **"제1작업"** 시트의 「B4:H12」 영역을 복사하여 **"제2작업"** 시트의 「B2」 셀부터 모두 붙여넣기를 한 후 다음의 조건과 같이 작업하시오.

≪조건≫

(1) 목표값 찾기 – 「B11:G11」 셀을 병합하고, 가운데 맞춤한 후 "알루미늄 자전거의 무게(kg) 평균"을 입력하고, 「H11」 셀에 알루미늄 자전거의 무게(kg) 평균을 구하시오. 단, 조건은 입력데이터를 이용하시오 (DAVERAGE 함수, 테두리).
　　　　　 – '알루미늄 자전거의 무게(kg) 평균'이 '12'가 되려면 레스파토러스의 무게(kg)가 얼마가 되어야 하는지 목표값을 구하시오.

(2) 고급 필터 – 모델번호가 'L'로 시작하면서 가격이 '1,000,000' 이상인 자료의 제품명, 제조사, 프레임, 무게(kg), 휠(인치) 데이터만 추출하시오.
　　　　　 – 조건 범위 : 「B14」 셀부터 입력하시오.
　　　　　 – 복사 위치 : 「B18」 셀부터 나타나도록 하시오.

➡ **"제1작업"** 시트의 「B4:H12」 영역을 복사하여 **"제3작업"** 시트의 「B2」 셀부터 모두 붙여넣기를 한 후 다음의 조건과 같이 작업하시오.

≪조건≫

(1) 부분합 – ≪출력형태≫처럼 정렬하고, 제조사의 개수와 가격의 평균을 구하시오.
(2) 개요 – 지우시오.
(3) 나머지 사항은 ≪출력형태≫에 맞게 작성하시오.

≪출력형태≫

	A	B	C	D	E	F	G	H
1								
2		모델번호	제품명	제조사	프레임	가격	무게(kg)	휠(인치)
3		SC1-2021	시마노엑스티	삼촌리	티타늄	4,763,400원	12.80	27.5
4		LP1-2023	판타에스데오레	엘파머	티타늄	2,075,750원	12.75	27.5
5					티타늄 평균	3,419,575원		
6				2	티타늄 개수			
7		LP3-2023	판타레이식스	엘파머	카본	3,116,000원	8.68	28.0
8		SC4-2022	첼로리로드쥐칠	삼촌리	카본	2,422,500원	9.65	28.0
9		AL1-2022	인피자제트쓰리	알론스포츠	카본	1,380,000원	13.20	27.5
10					카본 평균	2,306,167원		
11				3	카본 개수			
12		SC2-2023	레스파토러스	삼촌리	알루미늄	371,000원	13.10	28.0
13		AL2-2022	템베리썸투	알론스포츠	알루미늄	249,000원	11.90	28.0
14		LP1-2022	벤토르브이사천	엘파머	알루미늄	567,000원	14.06	27.5
15					알루미늄 평균	395,667원		
16				3	알루미늄 개수			
17					전체 평균	1,868,081원		
18				8	전체 개수			

➡ **"제1작업"** 시트를 이용하여 조건에 따라 ≪출력형태≫와 같이 작업하시오.

≪조건≫

⑴ 차트 종류 ⇒ 〈묶은 세로 막대형〉으로 작업하시오.
⑵ 데이터 범위 ⇒ "제1작업" 시트의 내용을 이용하여 작업하시오.
⑶ 위치 ⇒ "새 시트"로 이동하고, "제4작업"으로 시트 이름을 바꾸시오.
⑷ 차트 디자인 도구 ⇒ 레이아웃 3, 스타일 1을 선택하여 ≪출력형태≫에 맞게 작업하시오.
⑸ 영역 서식 ⇒ 차트 : 글꼴(굴림, 11pt), 채우기 효과(질감–파랑 박엽지)
　　　　　　　 그림 : 채우기(흰색, 배경1)
⑹ 제목 서식 ⇒ 차트 제목 : 글꼴(굴림, 굵게, 20pt), 채우기(흰색, 배경1), 테두리
⑺ 서식 ⇒ 무게(kg) 계열의 차트 종류를 〈표식이 있는 꺾은선형〉으로 변경한 후 보조 축으로 지정하시오.
　　　 계열 : ≪출력형태≫를 참조하여 표식(세모, 크기 10)과 레이블 값을 표시하시오.
　　　 눈금선 : 선 스타일–파선
　　　 축 : ≪출력형태≫를 참조하시오.
⑻ 범례 ⇒ 범례명을 변경하고 ≪출력형태≫를 참조하시오.
⑼ 도형 ⇒ '말풍선: 모서리가 둥근 사각형 설명선'을 삽입한 후 ≪출력형태≫와 같이 내용을 입력하시오.
⑽ 나머지 사항은 ≪출력형태≫에 맞게 작성하시오.

≪출력형태≫

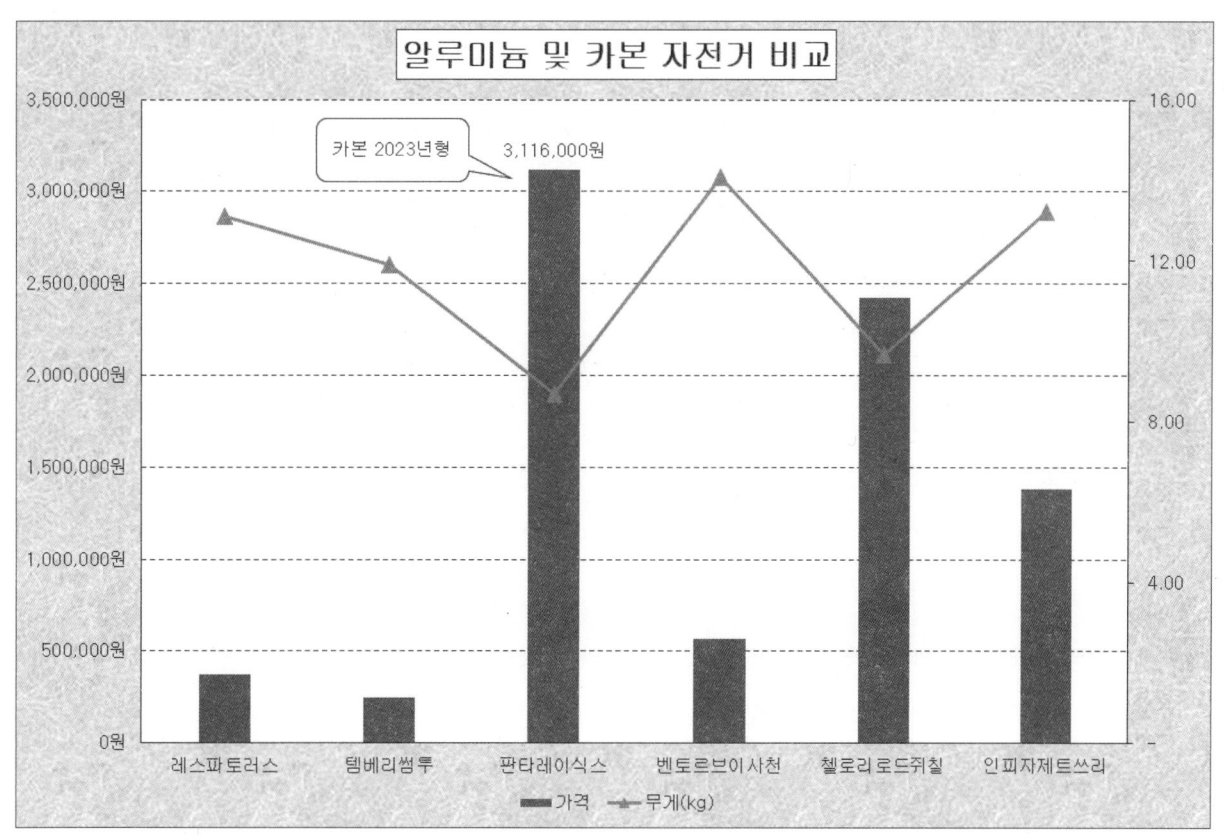

주의 ➡ 시트명 순서가 차례대로 "제1작업", "제2작업", "제3작업", "제4작업"이 되도록 할 것.

과목	코드	문제유형	시험시간	수험번호	성명
한글엑셀	1122	C	60분		

MS오피스

· 수험자 유의사항 ·

- 수험자는 문제지를 받는 즉시 문제지와 **수험표상의 시험과목(프로그램)이 동일한지 반드시 확인**하여야 합니다.

- 파일명은 본인의 "수험번호–성명"으로 입력하여 답안 폴더(내 PC₩문서₩ITQ)에 하나의 파일로 저장해야 하며, 답안 문서 파일명이 "수험번호–성명"과 일치하지 않거나, 답안 파일을 전송하지 않아 미제출로 처리될 경우 실격 처리합니다 (예 : 12345678–홍길동.xlsx).

- 답안 작성을 마치면 파일을 저장하고, '답안 전송' 버튼을 선택하여 감독위원 PC로 답안을 전송하십시오. 수험생 정보와 저장한 파일명이 다를 경우 전송되지 않으므로 주의하시기 바랍니다.

- 답안 작성 중에도 **주기적으로 저장하고, '답안 전송'**하여야 문제 발생을 줄일 수 있습니다. 작업한 내용을 저장하지 않고 전송할 경우 이전에 저장된 내용이 전송되오니 이점 유의하시기 바랍니다.

- 답안 문서는 지정된 경로 외의 다른 보조기억장치에 저장하는 경우, 지정된 시험 시간 외에 작성된 파일을 활용할 경우, 기타 통신수단(이메일, 메신저, 네트워크 등)을 이용하여 타인에게 전달 또는 외부 반출하는 경우는 부정 처리합니다.

- 시험 중 부주의 또는 고의로 시스템을 파손한 경우는 수험자가 변상해야 하며, 〈수험자 유의사항〉에 기재된 방법대로 이행하지 않아 생기는 불이익은 수험생 당사자의 책임임을 알려 드립니다.

- 문제의 조건은 MS오피스 2021 버전으로 설정되어 있으니 유의하시기 바랍니다.

- 시험을 완료한 수험자는 답안 파일이 전송되었는지 확인한 후 감독위원의 지시에 따라 문제지를 제출하고 퇴실합니다.

· 답안 작성요령 ·

- 온라인 답안 작성 절차

  수험자 등록 ⇒ 시험 시작 ⇒ 답안 파일 저장 ⇒ 답안 전송 ⇒ 시험 종료

- 문제는 총 4단계, 즉 제1작업부터 제4작업까지 구성되어 있으며 반드시 제1작업부터 순서대로 작성하고 조건대로 작업하시오.

- 모든 작업 시트의 A열은 열 너비 '1'로, 나머지 열은 적당하게 조절하시오.

- 모든 작업 시트의 테두리는 ≪출력형태≫와 같이 작업하시오.

- 해당 작업란에서는 각각 제시된 조건에 따라 ≪출력형태≫와 같이 작업하시오.

- 답안 시트 이름은 "제1작업", "제2작업", "제3작업", "제4작업"이어야 하며 답안 시트 이외의 것은 감점 처리됩니다.

- 각 시트를 파일로 나누어 작업해서 저장할 경우 실격 처리됩니다.

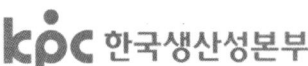

kpc 한국생산성본부

➡ 다음은 '**라온에스 인력 파견 현황**'에 대한 자료이다. 자료를 입력하고 조건에 맞도록 작업하시오.

≪출력형태≫

	담당	팀장	부장
확인			

라온에스 인력 파견 현황

사원코드	파견자	근무지역	분야	계약일	계약금액 (단위:원)	연봉	계약기간	비고
AF-215	정하윤	순천	서비스	2023-07-25	3,180,000	45,792	(1)	(2)
AE-522	김태훈	나주	기술직	2023-09-25	2,356,000	33,926	(1)	(2)
BS-112	한청명	순천	전문직	2023-10-05	4,250,000	61,200	(1)	(2)
CA-455	노지원	목포	서비스	2023-09-26	2,560,000	36,864	(1)	(2)
BA-328	김태웅	나주	서비스	2023-08-21	2,960,000	42,624	(1)	(2)
CJ-914	정다겸	나주	전문직	2023-08-14	4,230,000	60,912	(1)	(2)
AK-636	박재원	순천	서비스	2023-07-01	3,000,000	43,200	(1)	(2)
BH-285	박은오	목포	기술직	2023-07-25	3,650,000	52,560	(1)	(2)
나주지역 연봉(단위:천원) 합계		(3)			순천지역 계약금액(단위:원) 평균			(5)
서비스직 최대 연봉(단위:천원)		(4)			사원코드	AF-215	계약금액 (단위:원)	(6)

≪조건≫

○ 모든 데이터의 서식에는 글꼴(굴림, 11pt), 정렬은 숫자 및 회계 서식은 오른쪽 정렬, 나머지 서식은 가운데 정렬로 작성하며 예외적인 것은 ≪출력형태≫를 참조하시오.
○ 제 목 ⇒ 도형(사다리꼴)과 그림자(오프셋 오른쪽)를 이용하여 작성하고 "라온에스 인력 파견 현황"을 입력한 후 다음 서식을 적용하시오(글꼴−굴림, 24pt, 검정, 굵게, 채우기−노랑).
○ 임의의 셀에 결재란을 작성하여 그림으로 복사 기능을 이용하여 붙이기 하시오(단, 원본 삭제).
○ 「B4:J4, G14, I14」 영역은 '주황'으로 채우기 하시오.
○ 유효성 검사를 이용하여 「H14」 셀에 사원코드(「B5:B12」 영역)가 선택 표시되도록 하시오.
○ 셀 서식 ⇒ 「H5:H12」 영역에 셀 서식을 이용하여 숫자 뒤에 '천원'을 표시하시오(예 : 45,792천원).
○ 「D5:D12」 영역에 대해 '근무지역'으로 이름정의를 하시오.

➡ (1)~(6) 셀은 반드시 **주어진 함수를 이용**하여 값을 구하시오(결과값을 직접 입력하면 해당 셀은 0점 처리됨).

(1) 계약기간 ⇒ 사원코드의 첫 글자가 A이면 '1년', B이면 '2년', 그 외에는 '3년'으로 구하시오(IF, LEFT 함수).
(2) 비고 ⇒ 연봉의 내림차순 순위를 구하고, 결과값 뒤에 '위'를 붙이시오(RANK.EQ 함수, & 연산자)(예 : 1위).
(3) 나주지역 연봉(단위:천원) 합계 ⇒ 정의된 이름(근무지역)을 이용하여 구하시오(SUMIF 함수).
(4) 서비스직 최대 연봉(단위:천원) ⇒ 분야가 서비스인 사원의 최대 연봉을 구하시오. 단, 조건은 입력데이터를 이용하시오(DMAX 함수).
(5) 순천지역 계약금액(단위:원) 평균 ⇒ 반올림하여 만원 단위로 구하시오. 단, 조건은 입력데이터를 이용하시오 (ROUND, DAVERAGE 함수)(예 : 1,256,364 → 1,260,000).
(6) 계약금액(단위:원) ⇒ 「H14」 셀에서 선택한 사원코드에 대한 계약금액(단위:원)을 구하시오(VLOOKUP 함수).
(7) 조건부 서식의 수식을 이용하여 계약금액(단위:원)이 '4,000,000' 이상인 행 전체에 다음의 서식을 적용하시오 (글꼴 : 파랑, 굵게).

➔ **"제1작업"** 시트의 「B4:H12」 영역을 복사하여 **"제2작업"** 시트의 「B2」 셀부터 모두 붙여넣기를 한 후
다음의 조건과 같이 작업하시오.

≪조건≫
(1) 고급 필터 – 사원코드가 'C'로 시작하거나, 계약금액(단위:원)이 '4,000,000' 이상인 자료의 사원코드, 파견자,
계약일, 계약금액(단위:원) 데이터만 추출하시오.
    – 조건 범위 : 「B14」 셀부터 입력하시오.
    – 복사 위치 : 「B18」 셀부터 나타나도록 하시오.

(2) 표 서식 – 고급 필터의 결과셀을 채우기 없음으로 설정한 후 '표 스타일 보통 6'의 서식을 적용하시오.
    – 머리글 행, 줄무늬 행을 적용하시오.

[제3작업] **피벗 테이블** 80점

➔ **"제1작업"** 시트를 이용하여 **"제3작업"** 시트에 조건에 따라 ≪출력형태≫와 같이 작업하시오.

≪조건≫
(1) 계약일 및 근무지역별 파견자의 개수와 계약금액(단위:원)의 평균을 구하시오.
(2) 계약일을 그룹화하고, 근무지역을 ≪출력형태≫와 같이 정렬하시오.
(3) 레이블이 있는 셀 병합 및 가운데 맞춤 적용 및 빈 셀은 '**'로 표시하시오.
(4) 행의 총합계는 지우고, 나머지 사항은 ≪출력형태≫에 맞게 작성하시오.

≪출력형태≫

계약일	근무지역 순천 개수 : 파견자	평균 : 계약금액(단위:원)	목포 개수 : 파견자	평균 : 계약금액(단위:원)	나주 개수 : 파견자	평균 : 계약금액(단위:원)
7월	2	3,090,000	1	3,650,000	**	**
8월	**	**	**	**	2	3,595,000
9월	**	**	1	2,560,000	1	2,356,000
10월	1	4,250,000	**	**	**	**
총합계	3	3,476,667	2	3,105,000	3	3,182,000

➡ **"제1작업"** 시트를 이용하여 조건에 따라 ≪출력형태≫와 같이 작업하시오.

≪조건≫

(1) 차트 종류 ⇒ 〈묶은 세로 막대형〉으로 작업하시오.

(2) 데이터 범위 ⇒ "제1작업" 시트의 내용을 이용하여 작업하시오.

(3) 위치 ⇒ "새 시트"로 이동하고, "제4작업"으로 시트 이름을 바꾸시오.

(4) 차트 디자인 도구 ⇒ 레이아웃 3, 스타일 1을 선택하여 ≪출력형태≫에 맞게 작업하시오.

(5) 영역 서식 ⇒ 차트 : 글꼴(굴림, 11pt), 채우기 효과(질감-파랑 박엽지)

　　　　　　　　 그림 : 채우기(흰색, 배경1)

(6) 제목 서식 ⇒ 차트 제목 : 글꼴(굴림, 굵게, 20pt), 채우기(흰색, 배경1), 테두리

(7) 서식 ⇒ 계약금액(단위:원) 계열의 차트 종류를 〈표식이 있는 꺾은선형〉으로 변경한 후 보조 축으로 지정하시오.

　　　　 계열 : ≪출력형태≫를 참조하여 표식(마름모, 크기 10)과 레이블 값을 표시하시오.

　　　　 눈금선 : 선 스타일-파선

　　　　 축 : ≪출력형태≫를 참조하시오.

(8) 범례 ⇒ 범례명을 변경하고 ≪출력형태≫를 참조하시오.

(9) 도형 ⇒ '말풍선: 모서리가 둥근 사각형 설명선'을 삽입한 후 ≪출력형태≫와 같이 내용을 입력하시오.

(10) 나머지 사항은 ≪출력형태≫에 맞게 작성하시오.

≪출력형태≫

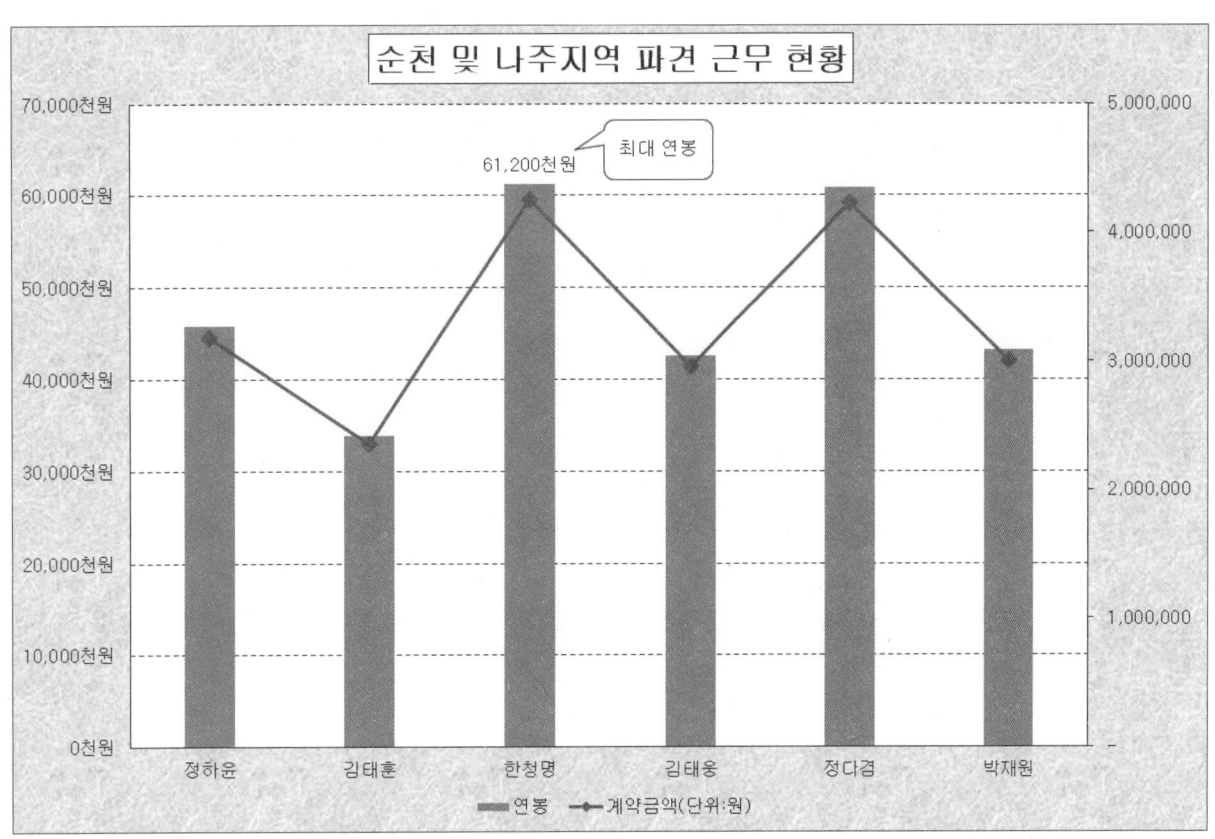

주의 ➡ **시트명 순서가 차례대로 "제1작업", "제2작업", "제3작업", "제4작업"이 되도록 할 것.**

MEMO

PART 04
최신유형 기출문제

과목	코드	문제유형	시험시간	수험번호	성명
한글엑셀	1122	A	60분		

MS오피스

· 수험자 유의사항 ·

- 수험자는 문제지를 받는 즉시 문제지와 **수험표상의 시험과목(프로그램)이 동일한지 반드시 확인**하여야 합니다.

- 파일명은 본인의 "수험번호–성명"으로 입력하여 답안 폴더(내 PC\문서\ITQ)에 하나의 파일로 저장해야 하며, 답안 문서 파일명이 "수험번호–성명"과 일치하지 않거나, 답안 파일을 전송하지 않아 미제출로 처리될 경우 실격 처리합니다 (예 : 12345678–홍길동.xlsx).

- 답안 작성을 마치면 파일을 저장하고, '답안 전송' 버튼을 선택하여 감독위원 PC로 답안을 전송하십시오. 수험생 정보와 저장한 파일명이 다를 경우 전송되지 않으므로 주의하시기 바랍니다.

- 답안 작성 중에도 **주기적으로 저장하고, '답안 전송'**하여야 문제 발생을 줄일 수 있습니다. 작업한 내용을 저장하지 않고 전송할 경우 이전에 저장된 내용이 전송되오니 이점 유의하시기 바랍니다.

- 답안 문서는 지정된 경로 외의 다른 보조기억장치에 저장하는 경우, 지정된 시험 시간 외에 작성된 파일을 활용할 경우, 기타 통신수단(이메일, 메신저, 네트워크 등)을 이용하여 타인에게 전달 또는 외부 반출하는 경우는 부정 처리합니다.

- 시험 중 부주의 또는 고의로 시스템을 파손한 경우는 수험자가 변상해야 하며, 〈수험자 유의사항〉에 기재된 방법대로 이행하지 않아 생기는 불이익은 수험생 당사자의 책임임을 알려 드립니다.

- 문제의 조건은 MS오피스 2021 버전으로 설정되어 있으니 유의하시기 바랍니다.

- 시험을 완료한 수험자는 답안 파일이 전송되었는지 확인한 후 감독위원의 지시에 따라 문제지를 제출하고 퇴실합니다.

· 답안 작성요령 ·

- 온라인 답안 작성 절차

  수험자 등록 ⇒ 시험 시작 ⇒ 답안 파일 저장 ⇒ 답안 전송 ⇒ 시험 종료

- 문제는 총 4단계, 즉 제1작업부터 제4작업까지 구성되어 있으며 반드시 제1작업부터 순서대로 작성하고 조건대로 작업하시오.

- 모든 작업 시트의 A열은 열 너비 '1'로, 나머지 열은 적당하게 조절하시오.

- 모든 작업 시트의 테두리는 ≪출력형태≫와 같이 작업하시오.

- 해당 작업란에서는 각각 제시된 조건에 따라 ≪출력형태≫와 같이 작업하시오.

- 답안 시트 이름은 "제1작업", "제2작업", "제3작업", "제4작업"이어야 하며 답안 시트 이외의 것은 감점 처리됩니다.

- 각 시트를 파일로 나누어 작업해서 저장할 경우 실격 처리됩니다.

kpc 한국생산성본부

➡ 다음은 '**음식물 처리기 회원가 현황**'에 대한 자료이다. 자료를 입력하고 조건에 맞도록 작업하시오.

≪출력형태≫

							결재	MD	팀장	본부장
제품코드	제품명	처리방식	등록일	소비전력(W)	무게(kg)	온라인 최저가		회원구매가		대리점
KC-182	키친슬리핏	분쇄건조형	2025-02-01	550	7.6	316,000		(1)		(2)
TS-301	싱크에스엠	싱크대내장형	2023-12-01	200	8.2	899,000		(1)		(2)
KJ-265	스마트블레드	분쇄건조형	2024-05-01	1,000	18.5	995,000		(1)		(2)
EK-177	이롭더그레블	미생물분해형	2024-10-01	60	18.0	839,000		(1)		(2)
TC-265	리쿡알이케이	분쇄건조형	2024-11-01	550	7.6	330,000		(1)		(2)
ES-120	젠풀코리아	싱크대내장형	2024-03-01	30	3.2	1,100,000		(1)		(2)
TS-320	쿠쿠씨에프디	미생물분해형	2023-07-01	130	13.5	549,900		(1)		(2)
KC-103	린클그래비티	미생물분해형	2025-01-01	95	11.3	798,000		(1)		(2)
온라인 최저가 평균			(3)			무게가 10kg 이하인 제품 개수				(5)
분쇄건조형 최대 소비전력(W)			(4)			제품명	키친슬리핏	무게(kg)		(6)

제목: 음식물 처리기 회원가 현황

≪조건≫

○ 모든 데이터의 서식에는 글꼴(굴림, 11pt), 정렬은 숫자 및 회계 서식은 오른쪽 정렬, 나머지 서식은 가운데 정렬로 작성하며 예외적인 것은 ≪출력형태≫를 참조하시오.

○ 제 목 ⇒ 도형(사다리꼴)과 그림자(오프셋 오른쪽)를 이용하여 작성하고 "음식물 처리기 회원가 현황"을 입력한 후 다음 서식을 적용하시오 (글꼴-굴림, 24pt, 검정, 굵게, 채우기-노랑).

○ 임의의 셀에 결재란을 작성하여 그림으로 복사 기능을 이용하여 붙이기 하시오(단, 원본 삭제).

○ 「B4:J4, G14, I14」 영역은 '주황'으로 채우기 하시오.

○ 유효성 검사를 이용하여 「H14」 셀에 제품명(「C5:C12」 영역)이 선택 표시되도록 하시오.

○ 셀 서식 ⇒ 「H5:H12」 영역에 셀 서식을 이용하여 숫자 뒤에 '원'을 표시하시오(예 : 316,000원).

○ 「G5:G12」 영역에 대해 '무게'로 이름정의를 하시오.

➡ (1)~(6) 셀은 반드시 **주어진 함수를 이용**하여 값을 구하시오(결과값을 직접 입력하면 해당 셀은 0점 처리됨).

(1) 회원구매가 ⇒ 「온라인 최저가 × 0.95」를 계산하고, 반올림하여 천원 단위까지 구하시오 (ROUND 함수)(예 : 323,600 → 324,000).

(2) 대리점 ⇒ 제품코드 두 번째 글자가 S이면 '수도권', C이면 '중부권', 그 외에는 '기타'로 구하시오(IF, MID 함수).

(3) 온라인 최저가 평균 ⇒ 내림하여 백원 단위까지 구하시오 (ROUNDDOWN, AVERAGE 함수)(예 : 728,362.5 → 728,300).

(4) 분쇄건조형 최대 소비전력(W) ⇒ 조건은 입력데이터를 이용하시오(DMAX 함수).

(5) 무게가 10kg 이하인 제품 개수 ⇒ 정의된 이름(무게)을 이용하여 구한 결과값에 '개'를 붙이시오 (COUNTIF 함수, & 연산자)(예 : 1개).

(6) 무게(kg) ⇒ 「H14」 셀에서 선택한 제품명에 대한 무게(kg)를 구하시오(VLOOKUP 함수).

(7) 조건부 서식의 수식을 이용하여 무게(kg)가 '10' 이상인 행 전체에 다음의 서식을 적용하시오 (글꼴 : 파랑, 굵게).

➡ **"제1작업"** 시트의 「B4:H12」 영역을 복사하여 **"제2작업"** 시트의 「B2」 셀부터 모두 붙여넣기를 한 후 다음의 조건과 같이 작업하시오.

≪조건≫

　(1) 목표값 찾기 – 「B11:G11」 셀을 병합하고, 가운데 맞춤한 후 "분쇄건조형 제품 무게(kg) 평균"을 입력하고, 「H11」 셀에 분쇄건조형 제품 무게(kg) 평균을 구하시오. 단, 조건은 입력데이터를 이용하시오 (DAVERAGE 함수, 테두리).
　　　　　– '분쇄건조형 제품 무게(kg) 평균'이 '10'이 되려면 키친슬리핏의 무게(kg)가 얼마가 되어야 하는지 목표값을 구하시오.

　(2) 고급 필터 – 처리방식이 '분쇄건조형'이 아니면서 온라인 최저가가 '800,000' 이하인 자료의 제품명, 등록일, 소비전력(W), 온라인 최저가 데이터만 추출하시오.
　　　　　– 조건 범위 : 「B14」 셀부터 입력하시오.
　　　　　– 복사 위치 : 「B18」 셀부터 나타나도록 하시오.

➡ **"제1작업"** 시트의 「B4:H12」 영역을 복사하여 **"제3작업"** 시트의 「B2」 셀부터 모두 붙여넣기를 한 후 다음의 조건과 같이 작업하시오.

≪조건≫

　(1) 부분합 – ≪출력형태≫처럼 정렬하고, 제품명의 개수와 온라인 최저가의 평균을 구하시오.
　(2) 개요 – 지우시오.
　(3) 나머지 사항은 ≪출력형태≫에 맞게 작성하시오.

≪출력형태≫

	A	B	C	D	E	F	G	H
1								
2		제품코드	제품명	처리방식	등록일	소비전력(W)	무게(kg)	온라인 최저가
3		TS-301	싱크에스엠	싱크대내장형	2023-12-01	200	8.2	899,000원
4		ES-120	젠풀코리아	싱크대내장형	2024-03-01	30	3.2	1,100,000원
5				싱크대내장형 평균				999,500원
6			2	싱크대내장형 개수				
7		KC-182	키친슬리핏	분쇄건조형	2025-02-01	550	7.6	316,000원
8		KJ-265	스마트블레드	분쇄건조형	2024-05-01	1,000	18.5	995,000원
9		TC-265	리쿡알이케이	분쇄건조형	2024-11-01	550	7.6	330,000원
10				분쇄건조형 평균				547,000원
11			3	분쇄건조형 개수				
12		EK-177	이롭더그레블	미생물분해형	2024-10-01	60	18.0	839,000원
13		TS-320	쿠쿠씨에프디	미생물분해형	023-07-01	130	13.5	549,900원
14		KC-103	런클그래비티	미생물분해형	2025-01-01	95	11.3	798,000원
15				미생물분해형 평균				728,967원
16			3	미생물분해형 개수				
17				전체 평균				728,363원
18			8	전체 개수				

➡ **"제1작업"** 시트를 이용하여 조건에 따라 ≪출력형태≫와 같이 작업하시오.

≪조건≫

(1) 차트 종류 ⇒ 〈묶은 세로 막대형〉으로 작업하시오.

(2) 데이터 범위 ⇒ "제1작업" 시트의 내용을 이용하여 작업하시오.

(3) 위치 ⇒ "새 시트"로 이동하고, "제4작업"으로 시트 이름을 바꾸시오.

(4) 차트 디자인 도구 ⇒ 레이아웃 3, 스타일 1을 선택하여 ≪출력형태≫에 맞게 작업하시오.

(5) 영역 서식 ⇒ 차트 : 글꼴(굴림, 11pt), 채우기 효과(질감–분홍 박엽지)
　　　　　　　　그림 : 채우기(흰색, 배경1)

(6) 제목 서식 ⇒ 차트 제목 : 글꼴(굴림, 굵게, 20pt), 채우기(흰색, 배경1), 테두리

(7) 서식 ⇒ 온라인 최저가 계열의 차트 종류를 〈표식이 있는 꺾은선형〉으로 변경한 후 보조 축으로 지정하시오.
　　　　계열 : ≪출력형태≫를 참조하여 표식(세모, 크기 10)과 레이블 값을 표시하시오.
　　　　눈금선 : 선 스타일–파선
　　　　축 : ≪출력형태≫를 참조하시오.

(8) 범례 ⇒ 범례명을 변경하고 ≪출력형태≫를 참조하시오.

(9) 도형 ⇒ '말풍선: 모서리가 둥근 사각형 설명선'을 삽입한 후 ≪출력형태≫와 같이 내용을 입력하시오.

(10) 나머지 사항은 ≪출력형태≫에 맞게 작성하시오.

≪출력형태≫

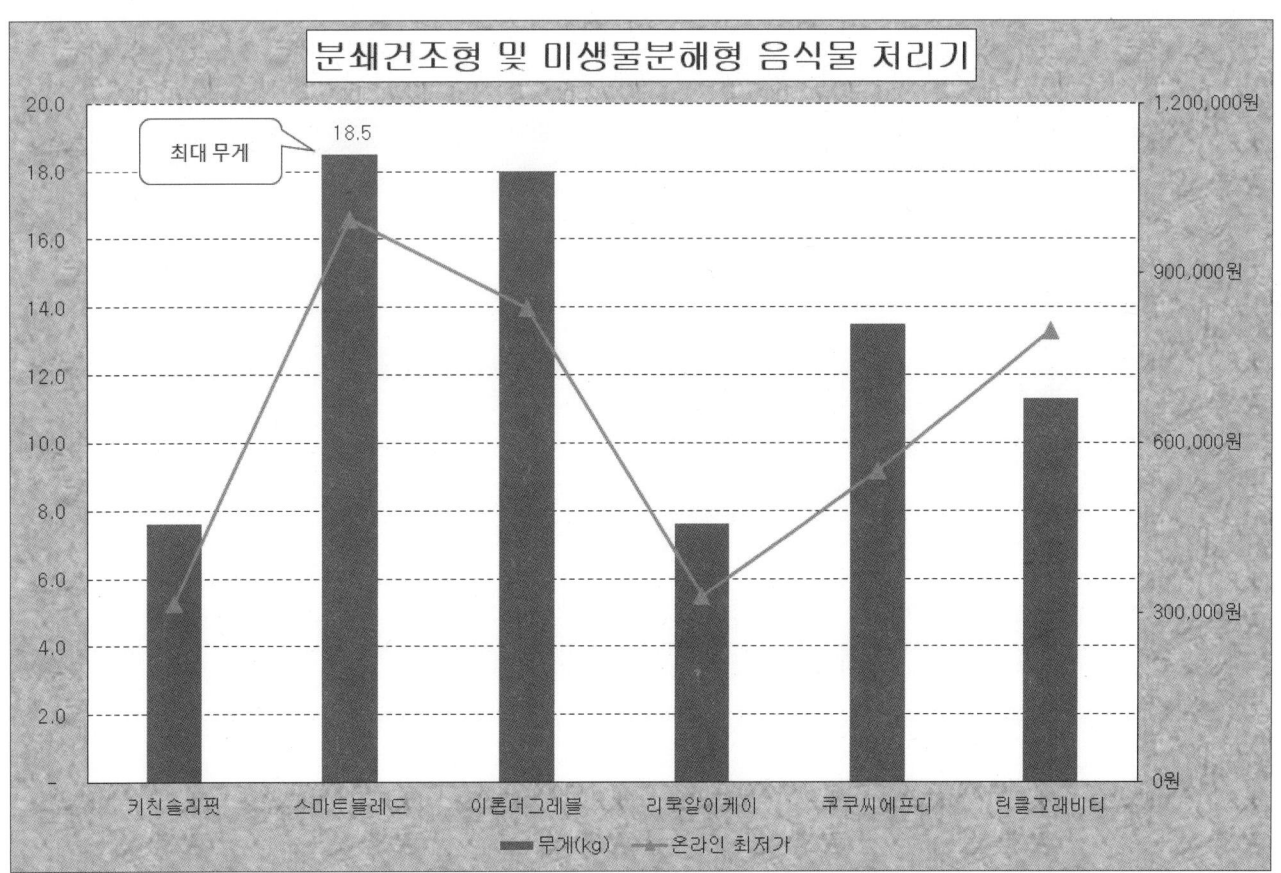

주의 ➡ **시트명 순서가 차례대로 "제1작업", "제2작업", "제3작업", "제4작업"이 되도록 할 것.**

정보기술자격(ITQ) 최신유형 기출문제

		작성 시간 / 시험 시간	채점 결과
		분 / 60분	점 / 500점

과목	코드	문제유형	시험시간	수험번호	성명
한글엑셀	1122	B	60분		

MS오피스

· 수험자 유의사항 ·

● 수험자는 문제지를 받는 즉시 문제지와 **수험표상의 시험과목(프로그램)이 동일한지 반드시 확인**하여야 합니다.

● 파일명은 본인의 "수험번호–성명"으로 입력하여 답안 폴더(내 PC₩문서₩ITQ)에 하나의 파일로 저장해야 하며, 답안 문서 파일명이 "수험번호–성명"과 일치하지 않거나, 답안 파일을 전송하지 않아 미제출로 처리될 경우 실격 처리합니다 (예 : 12345678–홍길동.xlsx).

● 답안 작성을 마치면 파일을 저장하고, '답안 전송' 버튼을 선택하여 감독위원 PC로 답안을 전송하십시오. 수험생 정보와 저장한 파일명이 다를 경우 전송되지 않으므로 주의하시기 바랍니다.

● 답안 작성 중에도 **주기적으로 저장하고, '답안 전송'**하여야 문제 발생을 줄일 수 있습니다. 작업한 내용을 저장하지 않고 전송할 경우 이전에 저장된 내용이 전송되오니 이점 유의하시기 바랍니다.

● 답안 문서는 지정된 경로 외의 다른 보조기억장치에 저장하는 경우, 지정된 시험 시간 외에 작성된 파일을 활용할 경우, 기타 통신수단(이메일, 메신저, 네트워크 등)을 이용하여 타인에게 전달 또는 외부 반출하는 경우는 부정 처리합니다.

● 시험 중 부주의 또는 고의로 시스템을 파손한 경우는 수험자가 변상해야 하며, 〈수험자 유의사항〉에 기재된 방법대로 이행하지 않아 생기는 불이익은 수험생 당사자의 책임임을 알려 드립니다.

● 문제의 조건은 MS오피스 2021 버전으로 설정되어 있으니 유의하시기 바랍니다.

● 시험을 완료한 수험자는 답안 파일이 전송되었는지 확인한 후 감독위원의 지시에 따라 문제지를 제출하고 퇴실합니다.

· 답안 작성요령 ·

● 온라인 답안 작성 절차

수험자 등록 ⇒ 시험 시작 ⇒ 답안 파일 저장 ⇒ 답안 전송 ⇒ 시험 종료

● 문제는 총 4단계, 즉 제1작업부터 제4작업까지 구성되어 있으며 반드시 제1작업부터 순서대로 작성하고 조건대로 작업하시오.

● 모든 작업 시트의 A열은 열 너비 '1'로, 나머지 열은 적당하게 조절하시오.

● 모든 작업 시트의 테두리는 ≪출력형태≫와 같이 작업하시오.

● 해당 작업란에서는 각각 제시된 조건에 따라 ≪출력형태≫와 같이 작업하시오.

● 답안 시트 이름은 "제1작업", "제2작업", "제3작업", "제4작업"이어야 하며 답안 시트 이외의 것은 감점 처리됩니다.

● 각 시트를 파일로 나누어 작업해서 저장할 경우 실격 처리됩니다.

kpc 한국생산성본부

➡️ 다음은 '2025 게임 판매 현황'에 대한 자료이다. 자료를 입력하고 조건에 맞도록 작업하시오.

≪출력형태≫

제품코드	게임명	장르	판매일자	단가	판매수량 (단위:개)	전년 판매수량	판매순위	제작사
		2025 게임 판매 현황				결재	담당 / 팀장 / 부장	
BM-001	어쌔신	액션	2025-02-25	80,000	45	50	(1)	(2)
EM-002	배틀플레이	FPS	2025-01-09	100,000	35	30	(1)	(2)
DM-003	콜 오브 필드	FPS	2025-01-23	60,000	10	20	(1)	(2)
BM-004	문화 Ⅵ	액션	2025-01-22	70,000	3	20	(1)	(2)
DM-005	스타타이쿤	액션	2025-03-01	90,000	8	10	(1)	(2)
EM-006	리그오브	레이싱	2025-02-23	85,000	50	45	(1)	(2)
BM-007	마리오 전설	레이싱	2025-02-08	80,000	25	25	(1)	(2)
DM-008	젤다 카트	레이싱	2025-03-08	75,000	20	15	(1)	(2)
단가 전체평균			(3)			최다 판매수량(단위:개)		(5)
FPS 전년 판매수량 합계			(4)			제품코드	BM-001 판매일자	(6)

≪조건≫

○ 모든 데이터의 서식에는 글꼴(굴림, 11pt), 정렬은 숫자 및 회계 서식은 오른쪽 정렬, 나머지 서식은 가운데 정렬로 작성하며 예외적인 것은 ≪출력형태≫를 참조하시오.

○ 제 목 ⇒ 도형(육각형)과 그림자(오프셋 오른쪽)를 이용하여 작성하고 "2025 게임 판매 현황"을 입력한 후 다음 서식을 적용하시오(글꼴-굴림, 24pt, 검정, 굵게, 채우기-노랑).

○ 임의의 셀에 결재란을 작성하여 그림으로 복사 기능을 이용하여 붙이기 하시오(단, 원본 삭제).

○ 「B4:J4, G14, I14」 영역은 '주황'으로 채우기 하시오.

○ 유효성 검사를 이용하여 「H14」 셀에 제품코드(「B5:B12」 영역)가 선택 표시되도록 하시오.

○ 셀 서식 ⇒ 「F5:F12」 영역에 셀 서식을 이용하여 숫자 뒤에 '원'을 표시하시오(예 : 80,000원).

○ 「H5:H12」 영역에 대해 '전년판매수량'으로 이름정의를 하시오.

➡️ (1)~(6) 셀은 반드시 **주어진 함수를 이용**하여 값을 구하시오(결과값을 직접 입력하면 해당 셀은 0점 처리됨).

(1) 판매순위 ⇒ 판매수량(단위:개)의 내림차순 순위를 구한 결과값에 '위'를 붙이시오 (RANK.EQ 함수, & 연산자)(예 : 1위).

(2) 제작사 ⇒ 제품코드 첫 번째 글자가 B이면 '블레이드', D이면 '드림', 그 외에는 '이든'으로 구하시오(IF, MID 함수).

(3) 단가 전체평균 ⇒ 내림하여 천원 단위까지 구하시오 (ROUNDDOWN, AVERAGE 함수)(예 : 87,500 → 87,000).

(4) FPS 전년 판매수량 합계 ⇒ 정의된 이름(전년판매수량)을 이용하여 구하시오(SUMIF 함수).

(5) 최다 판매수량(단위:개) ⇒ (MAX 함수)

(6) 판매일자 ⇒ 「H14」 셀에서 선택한 제품코드에 대한 판매일자를 구하시오(VLOOKUP 함수)(예 : 2025-01-01).

(7) 조건부 서식의 수식을 이용하여 전년 판매수량이 '30' 이상인 행 전체에 다음의 서식을 적용하시오 (글꼴 : 파랑, 굵게).

➡ **"제1작업"** 시트의 「B4:H12」 영역을 복사하여 **"제2작업"** 시트의 「B2」 셀부터 모두 붙여넣기를 한 후 다음의 조건과 같이 작업하시오.

≪조건≫

　(1) 고급 필터 - 장르가 'FPS'이거나, 판매수량(단위:개)이 '40' 이상인 자료의 제품코드, 게임명, 판매일자, 판매수량(단위:개) 데이터만 추출하시오.
　　　　　　　　 - 조건 범위 : 「B14」 셀부터 입력하시오.
　　　　　　　　 - 복사 위치 : 「B18」 셀부터 나타나도록 하시오.

　(2) 표 서식 - 고급 필터의 결과셀을 채우기 없음으로 설정한 후 '표 스타일 보통 6'의 서식을 적용하시오.
　　　　　　　 - 머리글 행, 줄무늬 행을 적용하시오.

➡ **"제1작업"** 시트를 이용하여 **"제3작업"** 시트에 조건에 따라 ≪출력형태≫와 같이 작업하시오.

≪조건≫

　(1) 단가 및 장르별 게임명의 개수와 판매수량(단위:개)의 평균을 구하시오.
　(2) 단가를 그룹화하고, 장르를 ≪출력형태≫와 같이 정렬하시오.
　(3) 레이블이 있는 셀 병합 및 가운데 맞춤 적용 및 빈 셀은 '**'로 표시하시오.
　(4) 행의 총합계는 지우고, 나머지 사항은 ≪출력형태≫에 맞게 작성하시오.

≪출력형태≫

	A	B	C	D	E	F	G	H
1								
2			장르 ↓					
3			액션		레이싱		FPS	
4		단가 ▾	개수 : 게임명	평균 : 판매수량(단위:개)	개수 : 게임명	평균 : 판매수량(단위:개)	개수 : 게임명	평균 : 판매수량(단위:개)
5		30001-60000	**	**	**	**	1	10
6		60001-90000	3	19	3	32	**	**
7		90001-120000	**	**	**	**	1	35
8		총합계	3	19	3	32	2	23

→ **"제1작업"** 시트를 이용하여 조건에 따라 ≪출력형태≫와 같이 작업하시오.

≪조건≫

(1) 차트 종류 ⇒ 〈묶은 세로 막대형〉으로 작업하시오.

(2) 데이터 범위 ⇒ "제1작업" 시트의 내용을 이용하여 작업하시오.

(3) 위치 ⇒ "새 시트"로 이동하고, "제4작업"으로 시트 이름을 바꾸시오.

(4) 차트 디자인 도구 ⇒ 레이아웃 3, 스타일 1을 선택하여 ≪출력형태≫에 맞게 작업하시오.

(5) 영역 서식 ⇒ 차트 : 글꼴(굴림, 11pt), 채우기 효과(질감-파랑 박엽지)
　　　　　　　　　 그림 : 채우기(흰색, 배경1)

(6) 제목 서식 ⇒ 차트 제목 : 글꼴(굴림, 굵게, 20pt), 채우기(흰색, 배경1), 테두리

(7) 서식 ⇒ 판매수량(단위:개) 계열의 차트 종류를 〈표식이 있는 꺾은선형〉으로 변경한 후 보조 축으로 지정하시오.
　　　　　 계열 : ≪출력형태≫를 참조하여 표식(마름모, 크기 10)과 레이블 값을 표시하시오.
　　　　　 눈금선 : 선 스타일-파선
　　　　　 축 : ≪출력형태≫를 참조하시오.

(8) 범례 ⇒ 범례명을 변경하고 ≪출력형태≫를 참조하시오.

(9) 도형 ⇒ '말풍선: 모서리가 둥근 사각형 설명선'을 삽입한 후 ≪출력형태≫와 같이 내용을 입력하시오.

(10) 나머지 사항은 ≪출력형태≫에 맞게 작성하시오.

≪출력형태≫

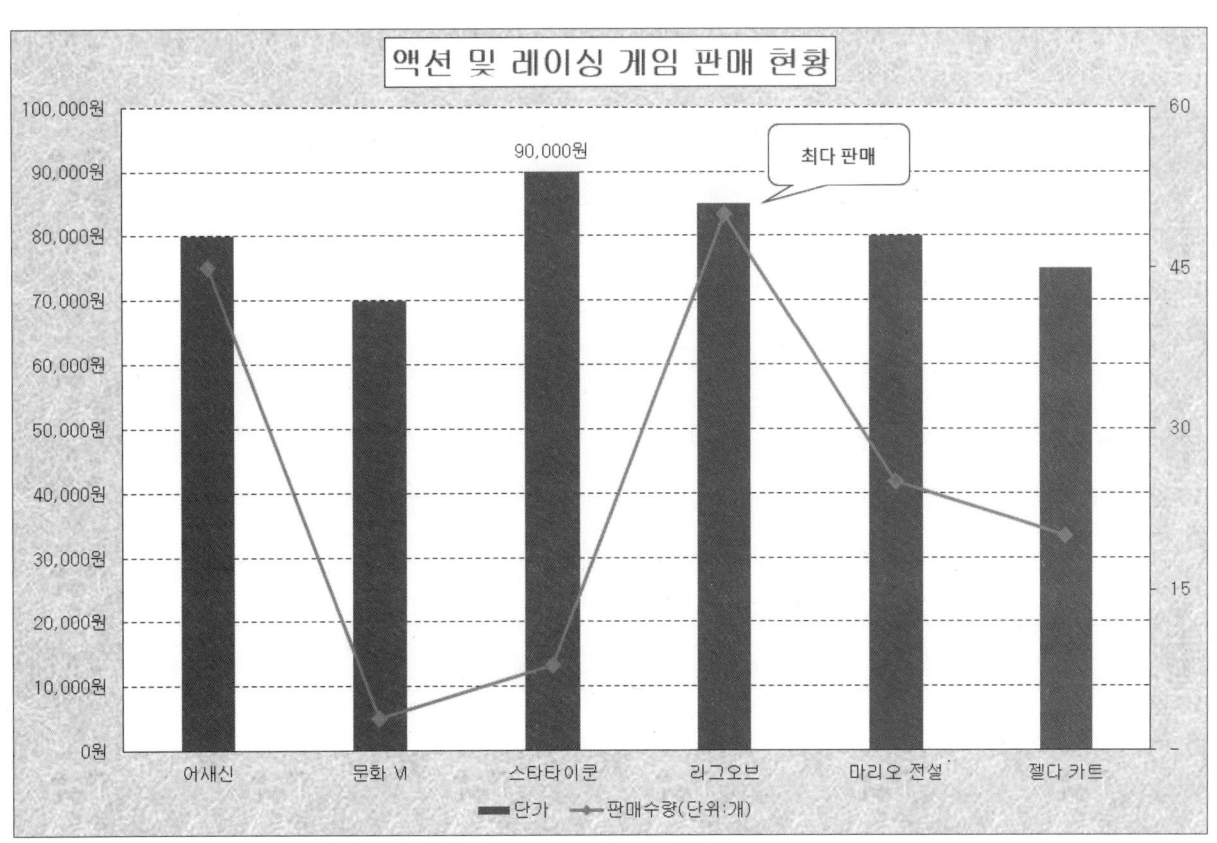

주의 → 시트명 순서가 차례대로 "제1작업", "제2작업", "제3작업", "제4작업"이 되도록 할 것.

	작성 시간 / 시험 시간	채점 결과
	분 / 60분	점 / 500점

과목	코드	문제유형	시험시간	수험번호	성명
한글엑셀	1122	C	60분		

MS오피스

· 수험자 유의사항 ·

● 수험자는 문제지를 받는 즉시 문제지와 **수험표상의 시험과목(프로그램)이 동일한지 반드시 확인**하여야 합니다.

● 파일명은 본인의 "수험번호−성명"으로 입력하여 답안 폴더(내 PC₩문서₩ITQ)에 하나의 파일로 저장해야 하며, 답안 문서 파일명이 "수험번호−성명"과 일치하지 않거나, 답안 파일을 전송하지 않아 미제출로 처리될 경우 실격 처리합니다 (예 : 12345678−홍길동.xlsx).

● 답안 작성을 마치면 파일을 저장하고, '답안 전송' 버튼을 선택하여 감독위원 PC로 답안을 전송하십시오. 수험생 정보와 저장 한 파일명이 다를 경우 전송되지 않으므로 주의하시기 바랍니다.

● 답안 작성 중에도 **주기적으로 저장하고, '답안 전송'**하여야 문제 발생을 줄일 수 있습니다. 작업한 내용을 저장하지 않고 전송할 경우 이전에 저장된 내용이 전송되오니 이점 유의하시기 바랍니다.

● 답안 문서는 지정된 경로 외의 다른 보조기억장치에 저장하는 경우, 지정된 시험 시간 외에 작성된 파일을 활용할 경우, 기타 통신수단(이메일, 메신저, 네트워크 등)을 이용하여 타인에게 전달 또는 외부 반출하는 경우는 부정 처리합니다.

● 시험 중 부주의 또는 고의로 시스템을 파손한 경우는 수험자가 변상해야 하며, 〈수험자 유의사항〉에 기재된 방법대로 이행하 지 않아 생기는 불이익은 수험생 당사자의 책임임을 알려 드립니다.

● 문제의 조건은 MS오피스 2021 버전으로 설정되어 있으니 유의하시기 바랍니다.

● 시험을 완료한 수험자는 답안 파일이 전송되었는지 확인한 후 감독위원의 지시에 따라 문제지를 제출하고 퇴실합니다.

· 답안 작성요령 ·

● 온라인 답안 작성 절차

수험자 등록 ⇒ 시험 시작 ⇒ 답안 파일 저장 ⇒ 답안 전송 ⇒ 시험 종료

● 문제는 총 4단계, 즉 제1작업부터 제4작업까지 구성되어 있으며 반드시 제1작업부터 순서대로 작성하고 조건대로 작업하시오.

● 모든 작업 시트의 A열은 열 너비 '1'로, 나머지 열은 적당하게 조절하시오.

● 모든 작업 시트의 테두리는 ≪출력형태≫와 같이 작업하시오.

● 해당 작업란에서는 각각 제시된 조건에 따라 ≪출력형태≫와 같이 작업하시오.

● 답안 시트 이름은 "제1작업", "제2작업", "제3작업", "제4작업"이어야 하며 답안 시트 이외의 것은 감점 처리됩니다.

● 각 시트를 파일로 나누어 작업해서 저장할 경우 실격 처리됩니다.

kpc 한국생산성본부

다음은 '**서준기업 연말정산 현황**'에 대한 자료이다. 자료를 입력하고 조건에 맞도록 작업하시오.

≪출력형태≫

	사원코드	사원명	부서	주민번호	소득금액	카드사용료 (단위:천원)	현금영수증 (단위:천원)	성별	소득세
							결재	사원	팀장	사장

≪출력형태≫ 서준기업 연말정산 현황

사원코드	사원명	부서	주민번호	소득금액	카드사용료 (단위:천원)	현금영수증 (단위:천원)	성별	소득세
AE-121	김가은	연구개발	691110-2	67,500	20,835	1,021	(1)	(2)
AC-201	신민영	연구개발	750811-2	68,500	12,500	4,500	(1)	(2)
SA-103	박성재	생산관리	770701-1	45,000	10,321	7,230	(1)	(2)
ME-103	손재석	생산관리	810910-1	38,500	10,000	5,800	(1)	(2)
AS-113	최지희	해외영업	810212-2	39,800	10,680	3,850	(1)	(2)
SA-232	유동원	연구개발	641210-1	72,500	20,320	1,500	(1)	(2)
SE-211	전영희	해외영업	780909-2	48,500	10,250	3,900	(1)	(2)
ME-102	정예원	해외영업	840512-2	35,000	7,855	5,500	(1)	(2)
해외영업부 사원 소득금액 평균			(3)			연구개발부 사원 수		(5)
최대 카드사용료(단위:천원)			(4)		사원명	김가은	부서	(6)

≪조건≫

○ 모든 데이터의 서식에는 글꼴(굴림, 11pt), 정렬은 숫자 및 회계 서식은 오른쪽 정렬, 나머지 서식은 가운데 정렬로 작성하며 예외적인 것은 ≪출력형태≫를 참조하시오.

○ 제 목 ⇒ 도형(사다리꼴)과 그림자(오프셋 오른쪽)를 이용하여 작성하고 "서준기업 연말정산 현황"을 입력한 후 다음 서식을 적용하시오(글꼴-굴림, 24pt, 검정, 굵게, 채우기-노랑).

○ 임의의 셀에 결재란을 작성하여 그림으로 복사 기능을 이용하여 붙이기 하시오(단, 원본 삭제).

○ 「B4:J4, G14, I14」 영역은 '주황'으로 채우기 하시오.

○ 유효성 검사를 이용하여 「H14」 셀에 사원명(「C5:C12」 영역)이 선택 표시되도록 하시오.

○ 셀 서식 ⇒ 「F5:F12」 영역에 셀 서식을 이용하여 숫자 뒤에 '천원'을 표시하시오(예 : 67,500천원).

○ 「F5:F12」 영역에 대해 '소득금액'으로 이름정의를 하시오.

(1)∼(6) 셀은 반드시 **주어진 함수를 이용**하여 값을 구하시오(결과값을 직접 입력하면 해당 셀은 0점 처리됨).

(1) 성별 ⇒ 주민번호의 마지막 글자가 1이면 '남자', 2이면 '여자'로 구하시오(CHOOSE, RIGHT 함수).

(2) 소득세 ⇒ 소득금액이 46,000 이상이면 소득금액의 24%, 그 외에는 소득금액의 15%로 구하시오(IF 함수).

(3) 해외영업부 사원 소득금액 평균 ⇒ 정의된 이름(소득금액)을 이용하여 구하시오(SUMIF, COUNTIF 함수).

(4) 최대 카드사용료(단위:천원) ⇒ (MAX 함수)

(5) 연구개발부 사원 수 ⇒ 결과값에 '명'을 붙이시오. 단, 조건은 입력데이터를 이용하시오
(DCOUNTA 함수, & 연산자)(예 : 1명).

(6) 부서 ⇒ 「H14」 셀에서 선택한 사원명에 대한 부서를 구하시오(VLOOKUP 함수).

(7) 조건부 서식의 수식을 이용하여 소득금액이 '40,000' 이하인 행 전체에 다음의 서식을 적용하시오
(글꼴 : 파랑, 굵게).

➡️ **"제1작업"** 시트의 「B4:H12」 영역을 복사하여 **"제2작업"** 시트의 「B2」 셀부터 모두 붙여넣기를 한 후 다음의 조건과 같이 작업하시오.

≪조건≫

(1) 목표값 찾기 – 「B11:G11」 셀을 병합하고, 가운데 맞춤한 후 "연구개발부 사원 소득금액 평균"을 입력하고, 「H11」 셀에 연구개발부 사원 소득금액 평균을 구하시오. 단, 조건은 입력데이터를 이용하시오 (DAVERAGE 함수, 테두리).

         – '연구개발부 사원 소득금액 평균'이 '70,000'이 되려면 김가은의 소득금액이 얼마가 되어야 하는지 목표값을 구하시오.

(2) 고급 필터 – 부서가 '연구개발'이 아니면서 현금영수증(단위:천원)이 '7,000' 이하인 자료의 사원코드, 사원명, 소득금액, 현금영수증(단위:천원) 데이터만 추출하시오.

         – 조건 범위 : 「B14」 셀부터 입력하시오.

         – 복사 위치 : 「B18」 셀부터 나타나도록 하시오.

➡️ **"제1작업"** 시트의 「B4:H12」 영역을 복사하여 **"제3작업"** 시트의 「B2」 셀부터 모두 붙여넣기를 한 후 다음의 조건과 같이 작업하시오.

≪조건≫

(1) 부분합 – ≪출력형태≫처럼 정렬하고, 사원명의 개수와 카드사용료(단위:천원)의 평균을 구하시오.
(2) 개요 – 지우시오.
(3) 나머지 사항은 ≪출력형태≫에 맞게 작성하시오.

≪출력형태≫

	사원코드	사원명	부서	주민번호	소득금액	카드사용료 (단위:천원)	현금영수증 (단위:천원)
AS-113	최지희	해외영업	810212-2	39,800천원	10,680	3,850
SE-211	전영희	해외영업	780909-2	48,500천원	10,250	3,900
ME-102	정예원	해외영업	840512-2	35,000천원	7,855	5,500
		해외영업 평균			9,595	
	3	해외영업 개수				
AE-121	김가은	연구개발	691110-2	67,500천원	20,835	1,021
AC-201	신민영	연구개발	750811-2	68,500천원	12,500	4,500
SA-232	유동원	연구개발	641210-1	72,500천원	20,320	1,500
		연구개발 평균			17,885	
	3	연구개발 개수				
SA-103	박성재	생산관리	770701-1	45,000천원	10,321	7,230
ME-103	손재석	생산관리	810910-1	38,500천원	10,000	5,800
		생산관리 평균			10,161	
	2	생산관리 개수				
		전체 평균			12,845	
	8	전체 개수				

➡ **"제1작업"** 시트를 이용하여 조건에 따라 ≪출력형태≫와 같이 작업하시오.

≪조건≫

(1) 차트 종류 ⇒ 〈묶은 세로 막대형〉으로 작업하시오.

(2) 데이터 범위 ⇒ "제1작업" 시트의 내용을 이용하여 작업하시오.

(3) 위치 ⇒ "새 시트"로 이동하고, "제4작업"으로 시트 이름을 바꾸시오.

(4) 차트 디자인 도구 ⇒ 레이아웃 3, 스타일 1을 선택하여 《출력형태》에 맞게 작업하시오.

(5) 영역 서식 ⇒ 차트 : 글꼴(굴림, 11pt), 채우기 효과(질감-분홍 박엽지)
　　　　　　　그림 : 채우기(흰색, 배경1)

(6) 제목 서식 ⇒ 차트 제목 : 글꼴(굴림, 굵게, 20pt), 채우기(흰색, 배경1), 테두리

(7) 서식 ⇒ 카드사용료(단위:천원) 계열의 차트 종류를 〈표식이 있는 꺾은선형〉으로 변경한 후 보조 축으로 지정하시오.
　　　　계열 : 《출력형태》를 참조하여 표식(세모, 크기 10)과 레이블 값을 표시하시오.
　　　　눈금선 : 선 스타일-파선
　　　　축 : 《출력형태》를 참조하시오.

(8) 범례 ⇒ 범례명을 변경하고 《출력형태》를 참조하시오.

(9) 도형 ⇒ '말풍선: 모서리가 둥근 사각형 설명선'을 삽입한 후 《출력형태》와 같이 내용을 입력하시오.

(10) 나머지 사항은 《출력형태》에 맞게 작성하시오.

≪출력형태≫

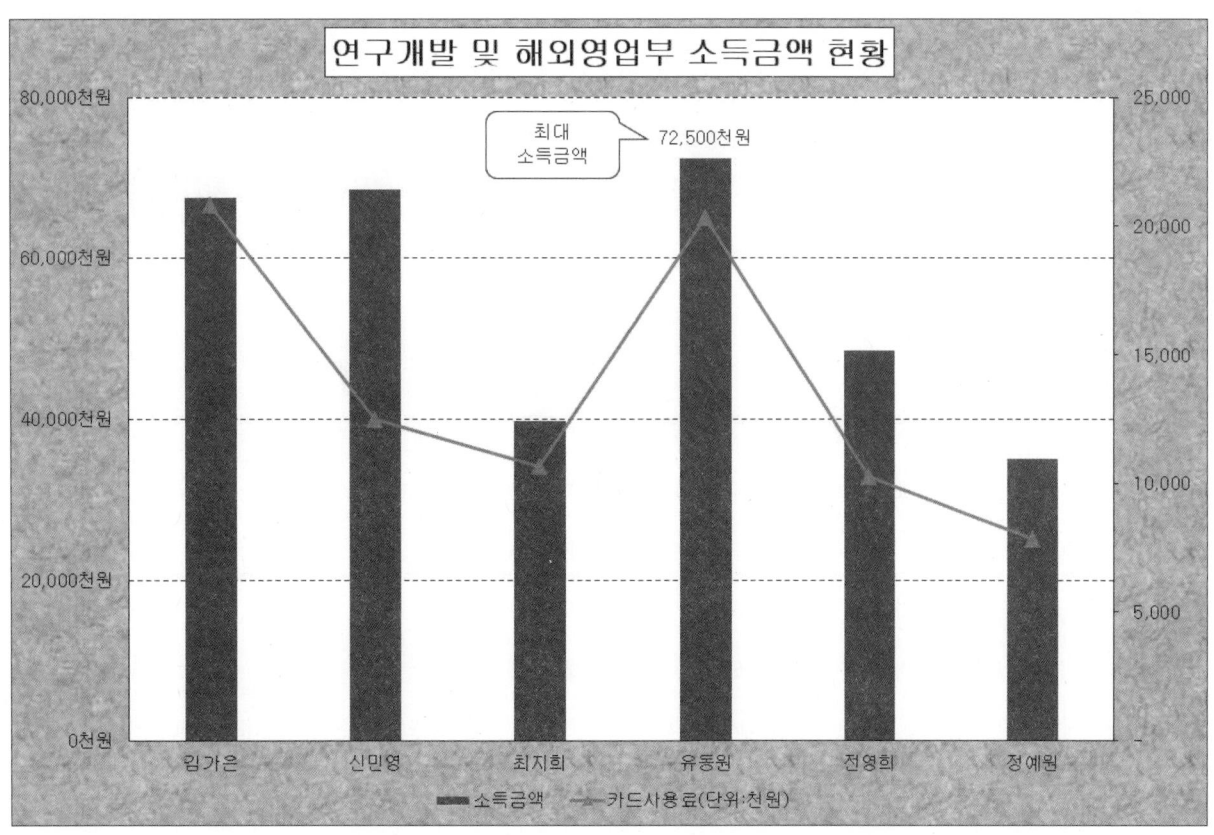

주의 ➡ **시트명 순서가 차례대로 "제1작업", "제2작업", "제3작업", "제4작업"이 되도록 할 것.**

제 04 회 정보기술자격(ITQ) 최신유형 기출문제

			작성 시간 / 시험 시간	채점 결과
			분 / 60분	점 / 500점

과목	코드	문제유형	시험시간	수험번호	성명
한글엑셀	1122	A	60분		

MS오피스

· 수험자 유의사항 ·

● 수험자는 문제지를 받는 즉시 문제지와 **수험표상의 시험과목(프로그램)이 동일한지 반드시 확인**하여야 합니다.

● 파일명은 본인의 "수험번호-성명"으로 입력하여 답안 폴더(내 PC₩문서₩ITQ)에 하나의 파일로 저장해야 하며, 답안 문서 파일명이 "수험번호-성명"과 일치하지 않거나, 답안 파일을 전송하지 않아 미제출로 처리될 경우 실격 처리합니다 (예 : 12345678-홍길동.xlsx).

● 답안 작성을 마치면 파일을 저장하고, '답안 전송' 버튼을 선택하여 감독위원 PC로 답안을 전송하십시오. 수험생 정보와 저장한 파일명이 다를 경우 전송되지 않으므로 주의하시기 바랍니다.

● 답안 작성 중에도 **주기적으로 저장하고, '답안 전송'**하여야 문제 발생을 줄일 수 있습니다. 작업한 내용을 저장하지 않고 전송할 경우 이전에 저장된 내용이 전송되오니 이점 유의하시기 바랍니다.

● 답안 문서는 지정된 경로 외의 다른 보조기억장치에 저장하는 경우, 지정된 시험 시간 외에 작성된 파일을 활용할 경우, 기타 통신수단(이메일, 메신저, 네트워크 등)을 이용하여 타인에게 전달 또는 외부 반출하는 경우는 부정 처리합니다.

● 시험 중 부주의 또는 고의로 시스템을 파손한 경우는 수험자가 변상해야 하며, 〈수험자 유의사항〉에 기재된 방법대로 이행하지 않아 생기는 불이익은 수험생 당사자의 책임임을 알려 드립니다.

● 문제의 조건은 MS오피스 2021 버전으로 설정되어 있으니 유의하시기 바랍니다.

● 시험을 완료한 수험자는 답안 파일이 전송되었는지 확인한 후 감독위원의 지시에 따라 문제지를 제출하고 퇴실합니다.

· 답안 작성요령 ·

● 온라인 답안 작성 절차

   수험자 등록 ⇒ 시험 시작 ⇒ 답안 파일 저장 ⇒ 답안 전송 ⇒ 시험 종료

● 문제는 총 4단계, 즉 제1작업부터 제4작업까지 구성되어 있으며 반드시 제1작업부터 순서대로 작성하고 조건대로 작업하시오.

● 모든 작업 시트의 A열은 열 너비 '1'로, 나머지 열은 적당하게 조절하시오.

● 모든 작업 시트의 테두리는 ≪출력형태≫와 같이 작업하시오.

● 해당 작업란에서는 각각 제시된 조건에 따라 ≪출력형태≫와 같이 작업하시오.

● 답안 시트 이름은 "제1작업", "제2작업", "제3작업", "제4작업"이어야 하며 답안 시트 이외의 것은 감점 처리됩니다.

● 각 시트를 파일로 나누어 작업해서 저장할 경우 실격 처리됩니다.

kpc 한국생산성본부

➡️ 다음은 '**사무실 비품 현황**'에 대한 자료이다. 자료를 입력하고 조건에 맞도록 작업하시오.

≪출력형태≫

비품코드	비품명	비품종류	최종점검일	취득가 (단위:원)	보유수량	잔존가 (단위:원)	순위	비고
CU-122	LCD모니터	컴퓨터	2025-07-21	2,957,000	26	630,000	(1)	(2)
CA-252	복합기	컴퓨터	2025-07-30	780,000	5	154,000	(1)	(2)
EA-633	소형냉장고	기타비품	2025-05-23	814,000	2	95,600	(1)	(2)
CP-162	프린터	컴퓨터	2025-07-22	1,056,000	6	200,000	(1)	(2)
BT-851	4단파일장	가구류	2025-06-24	893,000	7	72,900	(1)	(2)
BL-511	사무용의자	가구류	2025-06-09	874,000	22	49,700	(1)	(2)
BE-631	PC용책상	가구류	2025-06-18	896,000	20	230,000	(1)	(2)
EG-413	정수기	기타비품	2025-05-20	1,540,000	4	226,800	(1)	(2)
가구류 보유수량 합계			(3)			최저 취득가(단위:원)		(5)
컴퓨터의 잔존가(단위:원) 평균			(4)		비품코드	CU-122	최종점검일	(6)

결재 / 담당 / 팀장 / 센터장

사무실 비품 현황

≪조건≫

○ 모든 데이터의 서식에는 글꼴(굴림, 11pt), 정렬은 숫자 및 회계 서식은 오른쪽 정렬, 나머지 서식은 가운데 정렬로 작성하며 예외적인 것은 ≪출력형태≫를 참조하시오.

○ 제 목 ⇒ 도형(육각형)과 그림자(오프셋 오른쪽)를 이용하여 작성하고 "사무실 비품 현황"을 입력한 후 다음 서식을 적용하시오(글꼴-굴림, 24pt, 검정, 굵게, 채우기-노랑).

○ 임의의 셀에 결재란을 작성하여 그림으로 복사 기능을 이용하여 붙이기 하시오(단, 원본 삭제).

○ 「B4:J4, G14, I14」 영역은 '주황'으로 채우기 하시오.

○ 유효성 검사를 이용하여 「H14」 셀에 비품코드(「B5:B12」 영역)가 선택 표시되도록 하시오.

○ 셀 서식 ⇒ 「G5:G12」 영역에 셀 서식을 이용하여 숫자 뒤에 '개'를 표시하시오(예 : 26개).

○ 「F5:F12」 영역에 대해 '취득가'로 이름정의를 하시오.

➡️ (1)~(6) 셀은 반드시 **주어진 함수를 이용**하여 값을 구하시오(결과값을 직접 입력하면 해당 셀은 0점 처리됨).

(1) 순위 ⇒ 잔존가(단위:원)의 내림차순 순위를 1~3까지 구한 결과값에 '위'를 붙이고, 그 외에는 공백으로 구하시오 (IF, RANK.EQ 함수, & 연산자)(예 : 1위).

(2) 비고 ⇒ 비품코드의 마지막 글자가 1이면 '구매필요', 2이면 '재점검', 3이면 공백으로 구하시오 (CHOOSE, RIGHT 함수).

(3) 가구류 보유수량 합계 ⇒ (SUMIF 함수)

(4) 컴퓨터의 잔존가(단위:원) 평균 ⇒ 조건은 입력데이터를 이용하시오(DAVERAGE 함수).

(5) 최저 취득가(단위:원) ⇒ 정의된 이름(취득가)을 이용하여 구하시오(MIN 함수).

(6) 최종점검일 ⇒ 「H14」 셀에서 선택한 비품코드에 대한 최종점검일을 구하시오 (VLOOKUP 함수)(예 : 2025-01-01).

(7) 조건부 서식의 수식을 이용하여 보유수량이 '20' 이상인 행 전체에 다음의 서식을 적용하시오 (글꼴 : 파랑, 굵게).

➡ **"제1작업"** 시트의 「B4:H12」 영역을 복사하여 **"제2작업"** 시트의 「B2」 셀부터 모두 붙여넣기를 한 후 다음의 조건과 같이 작업하시오.

≪조건≫

(1) 고급 필터 – 비품종류가 '기타비품'이거나, 잔존가(단위:원)가 '100,000' 이하인 자료의 비품코드, 비품명, 최종점검일, 보유수량 데이터만 추출하시오.
     – 조건 범위 : 「B14」 셀부터 입력하시오.
     – 복사 위치 : 「B18」 셀부터 나타나도록 하시오.

(2) 표 서식 – 고급 필터의 결과셀을 채우기 없음으로 설정한 후 '표 스타일 보통 6'의 서식을 적용하시오.
     – 머리글 행, 줄무늬 행을 적용하시오.

➡ **"제1작업"** 시트를 이용하여 **"제3작업"** 시트에 조건에 따라 ≪출력형태≫와 같이 작업하시오.

≪조건≫

(1) 취득가(단위:원) 및 비품종류별 비품명의 개수와 잔존가(단위:원)의 평균을 구하시오.
(2) 취득가(단위:원)를 그룹화하고, 비품종류를 ≪출력형태≫와 같이 정렬하시오.
(3) 레이블이 있는 셀 병합 및 가운데 맞춤 적용 및 빈 셀은 '**'로 표시하시오.
(4) 행의 총합계는 지우고, 나머지 사항은 ≪출력형태≫에 맞게 작성하시오.

≪출력형태≫

	A	B	C	D	E	F	G	H
1								
2			비품종류 🔽					
3			컴퓨터		기타비품		가구류	
4		취득가(단위:원) 🔽	개수 : 비품명	평균 : 잔존가(단위:원)	개수 : 비품명	평균 : 잔존가(단위:원)	개수 : 비품명	평균 : 잔존가(단위:원)
5		1-1000000	1	154,000	1	95,600	3	117,533
6		1000001-2000000	1	200,000	1	226,800	**	**
7		2000001-3000000	1	630,000	**	**	**	**
8		총합계	3	328,000	2	161,200	3	117,533

➡ **"제1작업"** 시트를 이용하여 조건에 따라 ≪출력형태≫와 같이 작업하시오.

≪조건≫

(1) 차트 종류 ⇒ 〈묶은 세로 막대형〉으로 작업하시오.

(2) 데이터 범위 ⇒ "제1작업" 시트의 내용을 이용하여 작업하시오.

(3) 위치 ⇒ "새 시트"로 이동하고, "제4작업"으로 시트 이름을 바꾸시오.

(4) 차트 디자인 도구 ⇒ 레이아웃 3, 스타일 1을 선택하여 ≪출력형태≫에 맞게 작업하시오.

(5) 영역 서식 ⇒ 차트 : 글꼴(굴림, 11pt), 채우기 효과(질감-파랑 박엽지)
                 그림 : 채우기(흰색, 배경1)

(6) 제목 서식 ⇒ 차트 제목 : 글꼴(굴림, 굵게, 20pt), 채우기(흰색, 배경1), 테두리

(7) 서식 ⇒ 잔존가(단위:원) 계열의 차트 종류를 〈표식이 있는 꺾은선형〉으로 변경한 후 보조 축으로 지정하시오.
        계열 : ≪출력형태≫를 참조하여 표식(마름모, 크기 10)과 레이블 값을 표시하시오.
        눈금선 : 선 스타일-파선
        축 : ≪출력형태≫를 참조하시오.

(8) 범례 ⇒ 범례명을 변경하고 ≪출력형태≫를 참조하시오.

(9) 도형 ⇒ '말풍선: 모서리가 둥근 사각형 설명선'을 삽입한 후 ≪출력형태≫와 같이 내용을 입력하시오.

(10) 나머지 사항은 ≪출력형태≫에 맞게 작성하시오.

≪출력형태≫

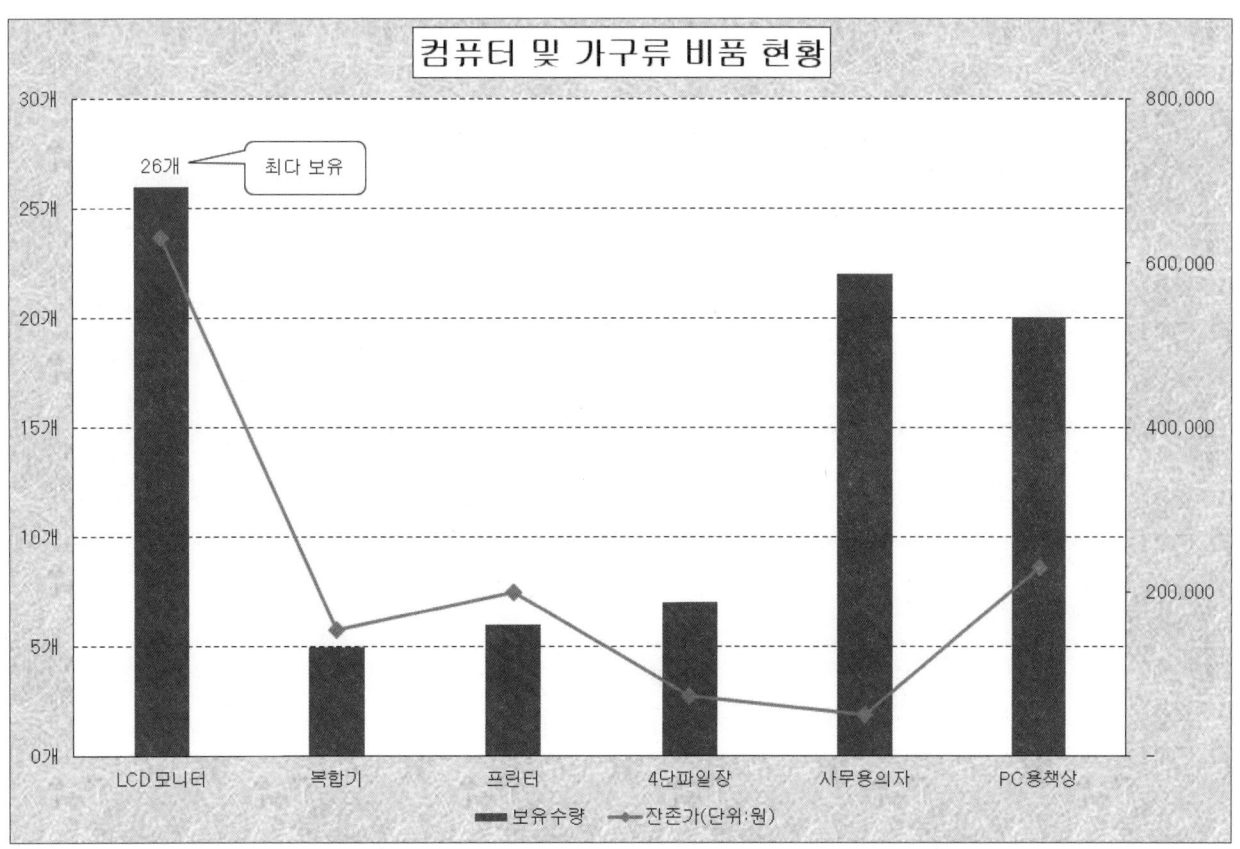

주의 ➡ 시트명 순서가 차례대로 "제1작업", "제2작업", "제3작업", "제4작업"이 되도록 할 것.

제 05 회 정보기술자격(ITQ) 최신유형 기출문제

작성 시간 / 시험 시간	채점 결과
분 / 60분	점 / 500점

과목	코드	문제유형	시험시간	수험번호	성명
한글엑셀	1122	B	60분		

MS오피스

· 수험자 유의사항 ·

● 수험자는 문제지를 받는 즉시 문제지와 **수험표상의 시험과목(프로그램)이 동일한지 반드시 확인**하여야 합니다.

● 파일명은 본인의 "수험번호-성명"으로 입력하여 답안 폴더(내 PC₩문서₩ITQ)에 하나의 파일로 저장해야 하며, 답안 문서 파일명이 "수험번호-성명"과 일치하지 않거나, 답안 파일을 전송하지 않아 미제출로 처리될 경우 실격 처리합니다 (예 : 12345678-홍길동.xlsx).

● 답안 작성을 마치면 파일을 저장하고, '답안 전송' 버튼을 선택하여 감독위원 PC로 답안을 전송하십시오. 수험생 정보와 저장한 파일명이 다를 경우 전송되지 않으므로 주의하시기 바랍니다.

● 답안 작성 중에도 **주기적으로 저장하고, '답안 전송'**하여야 문제 발생을 줄일 수 있습니다. 작업한 내용을 저장하지 않고 전송할 경우 이전에 저장된 내용이 전송되오니 이점 유의하시기 바랍니다.

● 답안 문서는 지정된 경로 외의 다른 보조기억장치에 저장하는 경우, 지정된 시험 시간 외에 작성된 파일을 활용할 경우, 기타 통신수단(이메일, 메신저, 네트워크 등)을 이용하여 타인에게 전달 또는 외부 반출하는 경우는 부정 처리합니다.

● 시험 중 부주의 또는 고의로 시스템을 파손한 경우는 수험자가 변상해야 하며, 〈수험자 유의사항〉에 기재된 방법대로 이행하지 않아 생기는 불이익은 수험생 당사자의 책임임을 알려 드립니다.

● 문제의 조건은 MS오피스 2021 버전으로 설정되어 있으니 유의하시기 바랍니다.

● 시험을 완료한 수험자는 답안 파일이 전송되었는지 확인한 후 감독위원의 지시에 따라 문제지를 제출하고 퇴실합니다.

· 답안 작성요령 ·

● 온라인 답안 작성 절차

    수험자 등록 ⇒ 시험 시작 ⇒ 답안 파일 저장 ⇒ 답안 전송 ⇒ 시험 종료

● 문제는 총 4단계, 즉 제1작업부터 제4작업까지 구성되어 있으며 반드시 제1작업부터 순서대로 작성하고 조건대로 작업하시오.

● 모든 작업 시트의 A열은 열 너비 '1'로, 나머지 열은 적당하게 조절하시오.

● 모든 작업 시트의 테두리는 ≪출력형태≫와 같이 작업하시오.

● 해당 작업란에서는 각각 제시된 조건에 따라 ≪출력형태≫와 같이 작업하시오.

● 답안 시트 이름은 "제1작업", "제2작업", "제3작업", "제4작업"이어야 하며 답안 시트 이외의 것은 감점 처리됩니다.

● 각 시트를 파일로 나누어 작업해서 저장할 경우 실격 처리됩니다.

kpc 한국생산성본부

➡️ 다음은 '2025년 급여 현황'에 대한 자료이다. 자료를 입력하고 조건에 맞도록 작업하시오.

≪출력형태≫

사원코드	사원명	부서	생년월일	기본급	상여금 (단위:만원)	직무수당 (단위:만원)	지역	나이
						결 재	담당	팀장	본부장

2025년 급여 현황

사원코드	사원명	부서	생년월일	기본급	상여금 (단위:만원)	직무수당 (단위:만원)	지역	나이
BG-193	강태영	관리	1978-05-24	3,965	1,981	140	(1)	(2)
SR-282	전수혁	개발	1981-11-12	3,980	750	90	(1)	(2)
SA-201	차은상	생산	1985-05-16	2,566	946	140	(1)	(2)
BN-989	지은희	개발	1972-10-23	2,534	1,599	200	(1)	(2)
BC-253	한기자	생산	1995-05-07	1,990	590	90	(1)	(2)
SR-223	김탄희	관리	1990-10-28	2,563	737	140	(1)	(2)
ST-206	유한양	개발	1992-01-03	1,860	558	120	(1)	(2)
BA-156	예선우	관리	1975-09-19	3,565	1,870	200	(1)	(2)
상여금(단위:만원) 평균			(3)		개발부 상여금(단위:만원) 합계			(5)
최대 직무수당(단위:만원)			(4)		사원명	강태영	기본급	(6)

≪조건≫

○ 모든 데이터의 서식에는 글꼴(굴림, 11pt), 정렬은 숫자 및 회계 서식은 오른쪽 정렬, 나머지 서식은 가운데 정렬로 작성하며 예외적인 것은 ≪출력형태≫를 참조하시오.

○ 제 목 ⇒ 도형(사다리꼴)과 그림자(오프셋 오른쪽)를 이용하여 작성하고 "2025년 급여 현황"을 입력한 후 다음 서식을 적용하시오(글꼴-굴림, 24pt, 검정, 굵게, 채우기-노랑).

○ 임의의 셀에 결재란을 작성하여 그림으로 복사 기능을 이용하여 붙이기 하시오(단, 원본 삭제).

○ 「B4:J4, G14, I14」 영역은 '주황'으로 채우기 하시오.

○ 유효성 검사를 이용하여 「H14」 셀에 사원명(「C5:C12」 영역)이 선택 표시되도록 하시오.

○ 셀 서식 ⇒ 「F5:F12」 영역에 셀 서식을 이용하여 숫자 뒤에 '만원'을 표시하시오(예 : 3,965만원).

○ 「H5:H12」 영역에 대해 '직무수당'으로 이름정의를 하시오.

➡️ (1)∼(6) 셀은 반드시 **주어진 함수를 이용**하여 값을 구하시오(결과값을 직접 입력하면 해당 셀은 0점 처리됨).

(1) 지역 ⇒ 사원코드의 첫 글자가 S이면 '서울', 그 외에는 '부산'으로 구하시오(IF, LEFT 함수).

(2) 나이 ⇒ 「2025-생년월일의 연도」로 구한 결과값에 '세'를 붙이시오(YEAR 함수, & 연산자)(예 : 21세).

(3) 상여금(단위:만원) 평균 ⇒ 올림하여 예와 같이 구하시오
　　　　　　　　　　(ROUNDUP, AVERAGE 함수)(예 : 1,234.5 → 1,300).

(4) 최대 직무수당(단위:만원) ⇒ 정의된 이름(직무수당)을 이용하여 구하시오(MAX 함수).

(5) 개발부 상여금(단위:만원) 합계 ⇒ (SUMIF 함수)

(6) 기본급 ⇒ 「H14」 셀에서 선택한 사원명에 대한 기본급을 구하시오(VLOOKUP 함수).

(7) 조건부 서식의 수식을 이용하여 기본급이 '3,000' 이상인 행 전체에 다음의 서식을 적용하시오.
　　(글꼴 : 파랑, 굵게).

➡ **"제1작업"** 시트의 「B4:H12」 영역을 복사하여 **"제2작업"** 시트의 「B2」 셀부터 모두 붙여넣기를 한 후 다음의 조건과 같이 작업하시오.

≪조건≫

(1) 목표값 찾기 – 「B11:G11」 셀을 병합하고, 가운데 맞춤한 후 "관리부 사원 기본급 평균"을 입력하고, 「H11」 셀에 관리부 사원 기본급 평균을 구하시오. 단, 조건은 입력데이터를 이용하시오 (DAVERAGE 함수, 테두리).
　　　– '관리부 사원 기본급 평균'이 '3,400'이 되려면 강태영의 기본급이 얼마가 되어야 하는지 목표값을 구하시오.

(2) 고급 필터 – 부서가 '관리'가 아니면서 상여금(단위:만원)이 '700' 이상인 자료의 사원코드, 사원명, 기본급, 직무수당(단위:만원) 데이터만 추출하시오.
　　　– 조건 범위 : 「B14」 셀부터 입력하시오.
　　　– 복사 위치 : 「B18」 셀부터 나타나도록 하시오.

➡ **"제1작업"** 시트의 「B4:H12」 영역을 복사하여 **"제3작업"** 시트의 「B2」 셀부터 모두 붙여넣기를 한 후 다음의 조건과 같이 작업하시오.

≪조건≫

(1) 부분합 – ≪출력형태≫처럼 정렬하고, 사원명의 개수와 기본급의 평균을 구하시오.
(2) 개요 – 지우시오.
(3) 나머지 사항은 ≪출력형태≫에 맞게 작성하시오.

≪출력형태≫

A	B	C	D	E	F	G	H
1							
2	사원코드	사원명	부서	생년월일	기본급	상여금 (단위:만원)	직무수당 (단위:만원)
3	SA-201	차은상	생산	1985-05-16	2,566만원	946	140
4	BC-253	한기자	생산	1995-05-07	1,990만원	590	90
5			생산 평균		2,278만원		
6		2	생산 개수				
7	BG-193	강태영	관리	1978-05-24	3,965만원	1,981	140
8	SR-223	김탄희	관리	1990-10-28	2,563만원	737	140
9	BA-156	예선우	관리	1975-09-19	3,565만원	1,870	200
10			관리 평균		3,364만원		
11		3	관리 개수				
12	SR-282	전수혁	개발	1981-11-12	3,980만원	750	90
13	BN-989	지은희	개발	1972-10-23	2,534만원	1,599	200
14	ST-206	유한양	개발	1992-01-03	1,860만원	558	120
15			개발 평균		2,791만원		
16		3	개발 개수				
17			전체 평균		2,878만원		
18		8	전체 개수				

➡ **"제1작업"** 시트를 이용하여 조건에 따라 ≪출력형태≫와 같이 작업하시오.

≪조건≫

(1) 차트 종류 ⇒ 〈묶은 세로 막대형〉으로 작업하시오.

(2) 데이터 범위 ⇒ "제1작업" 시트의 내용을 이용하여 작업하시오.

(3) 위치 ⇒ "새 시트"로 이동하고, "제4작업"으로 시트 이름을 바꾸시오.

(4) 차트 디자인 도구 ⇒ 레이아웃 3, 스타일 1을 선택하여 ≪출력형태≫에 맞게 작업하시오.

(5) 영역 서식 ⇒ 차트 : 글꼴(굴림, 11pt), 채우기 효과(질감-분홍 박엽지)
　　　　　　　　그림 : 채우기(흰색, 배경1)

(6) 제목 서식 ⇒ 차트 제목 : 글꼴(굴림, 굵게, 20pt), 채우기(흰색, 배경1), 테두리

(7) 서식 ⇒ 상여금(단위:만원) 계열의 차트 종류를 〈표식이 있는 꺾은선형〉으로 변경한 후 보조 축으로 지정하시오.
　　　　　계열 : ≪출력형태≫를 참조하여 표식(세모, 크기 10)과 레이블 값을 표시하시오.
　　　　　눈금선 : 선 스타일-파선
　　　　　축 : ≪출력형태≫를 참조하시오.

(8) 범례 ⇒ 범례명을 변경하고 ≪출력형태≫를 참조하시오.

(9) 도형 ⇒ '말풍선: 모서리가 둥근 사각형 설명선'을 삽입한 후 ≪출력형태≫와 같이 내용을 입력하시오.

(10) 나머지 사항은 ≪출력형태≫에 맞게 작성하시오.

≪출력형태≫

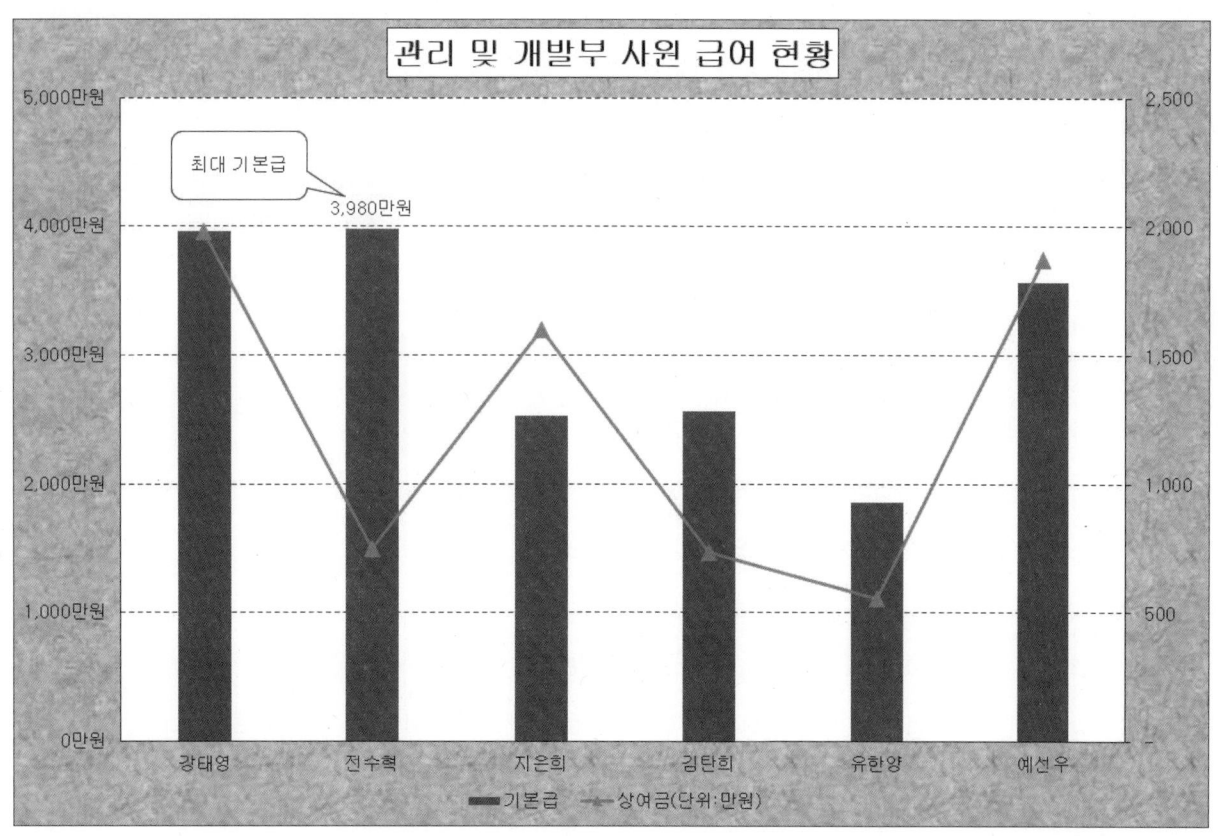

주의 ➡ 시트명 순서가 차례대로 "제1작업", "제2작업", "제3작업", "제4작업"이 되도록 할 것.

제 06 회 정보기술자격(ITQ) 최신유형 기출문제

작성 시간 / 시험 시간	채점 결과
분 / 60분	점 / 500점

과목	코드	문제유형	시험시간	수험번호	성명
한글엑셀	1122	C	60분		

MS오피스

· 수험자 유의사항 ·

● 수험자는 문제지를 받는 즉시 문제지와 **수험표상의 시험과목(프로그램)이 동일한지 반드시 확인**하여야 합니다.

● 파일명은 본인의 "수험번호–성명"으로 입력하여 답안 폴더(내 PC₩문서₩ITQ)에 하나의 파일로 저장해야 하며, 답안 문서 파일명이 "수험번호–성명"과 일치하지 않거나, 답안 파일을 전송하지 않아 미제출로 처리될 경우 실격 처리합니다 (예 : 12345678–홍길동.xlsx).

● 답안 작성을 마치면 파일을 저장하고, '답안 전송' 버튼을 선택하여 감독위원 PC로 답안을 전송하십시오. 수험생 정보와 저장한 파일명이 다를 경우 전송되지 않으므로 주의하시기 바랍니다.

● 답안 작성 중에도 **주기적으로 저장하고, '답안 전송'**하여야 문제 발생을 줄일 수 있습니다. 작업한 내용을 저장하지 않고 전송할 경우 이전에 저장된 내용이 전송되오니 이점 유의하시기 바랍니다.

● 답안 문서는 지정된 경로 외의 다른 보조기억장치에 저장하는 경우, 지정된 시험 시간 외에 작성된 파일을 활용할 경우, 기타 통신수단(이메일, 메신저, 네트워크 등)을 이용하여 타인에게 전달 또는 외부 반출하는 경우는 부정 처리합니다.

● 시험 중 부주의 또는 고의로 시스템을 파손한 경우는 수험자가 변상해야 하며, 〈수험자 유의사항〉에 기재된 방법대로 이행하지 않아 생기는 불이익은 수험생 당사자의 책임임을 알려 드립니다.

● 문제의 조건은 MS오피스 2021 버전으로 설정되어 있으니 유의하시기 바랍니다.

● 시험을 완료한 수험자는 답안 파일이 전송되었는지 확인한 후 감독위원의 지시에 따라 문제지를 제출하고 퇴실합니다.

· 답안 작성요령 ·

● 온라인 답안 작성 절차

　수험자 등록 ⇒ 시험 시작 ⇒ 답안 파일 저장 ⇒ 답안 전송 ⇒ 시험 종료

● 문제는 총 4단계, 즉 제1작업부터 제4작업까지 구성되어 있으며 반드시 제1작업부터 순서대로 작성하고 조건대로 작업하시오.

● 모든 작업 시트의 A열은 열 너비 '1'로, 나머지 열은 적당하게 조절하시오.

● 모든 작업 시트의 테두리는 ≪출력형태≫와 같이 작업하시오.

● 해당 작업란에서는 각각 제시된 조건에 따라 ≪출력형태≫와 같이 작업하시오.

● 답안 시트 이름은 "제1작업", "제2작업", "제3작업", "제4작업"이어야 하며 답안 시트 이외의 것은 감점 처리됩니다.

● 각 시트를 파일로 나누어 작업해서 저장할 경우 실격 처리됩니다.

kpc 한국생산성본부

→ 다음은 '2025년 헬스 등록회원 현황'에 대한 자료이다. 자료를 입력하고 조건에 맞도록 작업하시오.

≪출력형태≫

	회원코드	회원명	등록경로	등록일	나이	등록비 (단위:원)	등록횟수	운동 종류	등록월
						결재	담당	대리	팀장
	HP-832	유미행	전단지	2025-06-03	51	80,000	22	(1)	(2)
	PH-517	강지우	지인소개	2025-05-14	48	140,000	19	(1)	(2)
	HK-296	김현성	인터넷검색	2025-03-05	33	50,000	7	(1)	(2)
	YF-626	주민재	전단지	2025-03-07	37	230,000	16	(1)	(2)
	YK-725	나경훈	전단지	2025-04-25	21	160,000	5	(1)	(2)
	HM-519	박정우	지인소개	2025-05-16	53	218,000	12	(1)	(2)
	PA-248	박지산	인터넷검색	2025-05-26	26	308,000	3	(1)	(2)
	PD-227	채수영	지인소개	2025-07-16	29	77,000	12	(1)	(2)
	40세 이상 회원 수			(3)		전단지를 통해 등록한 회원의 등록횟수 평균			(5)
	최대 등록비(단위:원)			(4)		회원코드	HP-832	등록일	(6)

제목: 2025년 헬스 등록회원 현황

≪조건≫

○ 모든 데이터의 서식에는 글꼴(굴림, 11pt), 정렬은 숫자 및 회계 서식은 오른쪽 정렬, 나머지 서식은 가운데 정렬로 작성하며 예외적인 것은 ≪출력형태≫를 참조하시오.

○ 제 목 ⇒ 도형(육각형)과 그림자(오프셋 오른쪽)를 이용하여 작성하고 "2025년 헬스 등록회원 현황"을 입력한 후 다음 서식을 적용하시오(글꼴-굴림, 24pt, 검정, 굵게, 채우기-노랑).

○ 임의의 셀에 결재란을 작성하여 그림으로 복사 기능을 이용하여 붙이기 하시오(단, 원본 삭제).

○ 「B4:J4, G14, I14」 영역은 '주황'으로 채우기 하시오.

○ 유효성 검사를 이용하여 「H14」 셀에 회원코드(「B5:B12」 영역)가 선택 표시되도록 하시오.

○ 셀 서식 ⇒ 「H5:H12」 영역에 셀 서식을 이용하여 숫자 뒤에 '회'를 표시하시오(예 : 22회).

○ 「F5:F12」 영역에 대해 '나이'로 이름정의를 하시오.

→ (1)～(6) 셀은 반드시 **주어진 함수를 이용**하여 값을 구하시오(결과값을 직접 입력하면 해당 셀은 0점 처리됨).

⑴ 운동 종류 ⇒ 회원코드의 첫 번째 값이 H이면 '헬스', P이면 '필라테스', 그 외에는 '요가'로 표시하시오 (IF, LEFT 함수).

⑵ 등록월 ⇒ 등록일의 월을 추출한 결과값에 '월'을 붙이시오(MONTH 함수, & 연산자)(예 : 1월).

⑶ 40세 이상 회원 수 ⇒ 정의된 이름(나이)을 이용하여 구하시오(COUNTIF 함수).

⑷ 최대 등록비(단위:원) ⇒ (MAX 함수)

⑸ 전단지를 통해 등록한 회원의 등록횟수 평균 ⇒ 올림하여 정수로 구하시오. 단, 조건은 입력데이터를 이용하시오 (ROUNDUP, DAVERAGE 함수)(예 : 12.36 → 13).

⑹ 등록일 ⇒ 「H14」 셀에서 선택한 회원코드에 대한 등록일을 구하시오(VLOOKUP 함수)(예 : 2025-01-01).

⑺ 조건부 서식의 수식을 이용하여 등록횟수가 '15' 이상인 행 전체에 다음의 서식을 적용하시오 (글꼴 : 파랑, 굵게).

→ **"제1작업"** 시트의 「B4:H12」 영역을 복사하여 **"제2작업"** 시트의 「B2」 셀부터 모두 붙여넣기를 한 후 다음의 조건과 같이 작업하시오.

≪조건≫

(1) 고급 필터 – 등록경로가 '인터넷검색'이거나, 등록비(단위:원)가 '200,000' 이상인 자료의 회원코드, 회원명, 등록일, 등록횟수 데이터만 추출하시오.
　　　　　　 – 조건 범위 : 「B14」 셀부터 입력하시오.
　　　　　　 – 복사 위치 : 「B18」 셀부터 나타나도록 하시오.

(2) 표 서식 – 고급 필터의 결과셀을 채우기 없음으로 설정한 후 '표 스타일 보통 6'의 서식을 적용하시오.
　　　　　　 – 머리글 행, 줄무늬 행을 적용하시오.

[제3작업] > 피벗 테이블 80점

→ **"제1작업"** 시트를 이용하여 **"제3작업"** 시트에 조건에 따라 ≪출력형태≫와 같이 작업하시오.

≪조건≫

(1) 등록횟수 및 등록경로별 회원명의 개수와 등록비(단위:원)의 평균을 구하시오.
(2) 등록횟수를 그룹화하고, 등록경로를 ≪출력형태≫와 같이 정렬하시오.
(3) 레이블이 있는 셀 병합 및 가운데 맞춤 적용 및 빈 셀은 '**'로 표시하시오.
(4) 행의 총합계는 지우고, 나머지 사항은 ≪출력형태≫에 맞게 작성하시오.

≪출력형태≫

A	B	C	D	E	F	G	H
1							
2		등록경로 ↴					
3		지인소개		전단지		인터넷검색	
4	등록횟수 ▼	개수 : 회원명	평균 : 등록비(단위:원)	개수 : 회원명	평균 : 등록비(단위:원)	개수 : 회원명	평균 : 등록비(단위:원)
5	1-10	**	**	1	160,000	2	179,000
6	11-20	3	145,000	1	230,000	**	**
7	21-30	**	**	1	80,000	**	**
8	총합계	3	145,000	3	156,667	2	179,000

"**제1작업**" 시트를 이용하여 조건에 따라 ≪출력형태≫와 같이 작업하시오.

≪조건≫

(1) 차트 종류 ⇒ 〈묶은 세로 막대형〉으로 작업하시오.

(2) 데이터 범위 ⇒ "제1작업" 시트의 내용을 이용하여 작업하시오.

(3) 위치 ⇒ "새 시트"로 이동하고, "제4작업"으로 시트 이름을 바꾸시오.

(4) 차트 디자인 도구 ⇒ 레이아웃 3, 스타일 1을 선택하여 ≪출력형태≫에 맞게 작업하시오.

(5) 영역 서식 ⇒ 차트 : 글꼴(굴림, 11pt), 채우기 효과(질감-파랑 박엽지)
　　　　　　　그림 : 채우기(흰색, 배경1)

(6) 제목 서식 ⇒ 차트 제목 : 글꼴(굴림, 굵게, 20pt), 채우기(흰색, 배경1), 테두리

(7) 서식 ⇒ 등록횟수 계열의 차트 종류를 〈표식이 있는 꺾은선형〉으로 변경한 후 보조 축으로 지정하시오.
　　　계열 : ≪출력형태≫를 참조하여 표식(마름모, 크기 10)과 레이블 값을 표시하시오.
　　　눈금선 : 선 스타일-파선
　　　축 : ≪출력형태≫를 참조하시오.

(8) 범례 ⇒ 범례명을 변경하고 ≪출력형태≫를 참조하시오.

(9) 도형 ⇒ '말풍선: 모서리가 둥근 사각형 설명선'을 삽입한 후 ≪출력형태≫와 같이 내용을 입력하시오.

(10) 나머지 사항은 ≪출력형태≫에 맞게 작성하시오.

≪출력형태≫

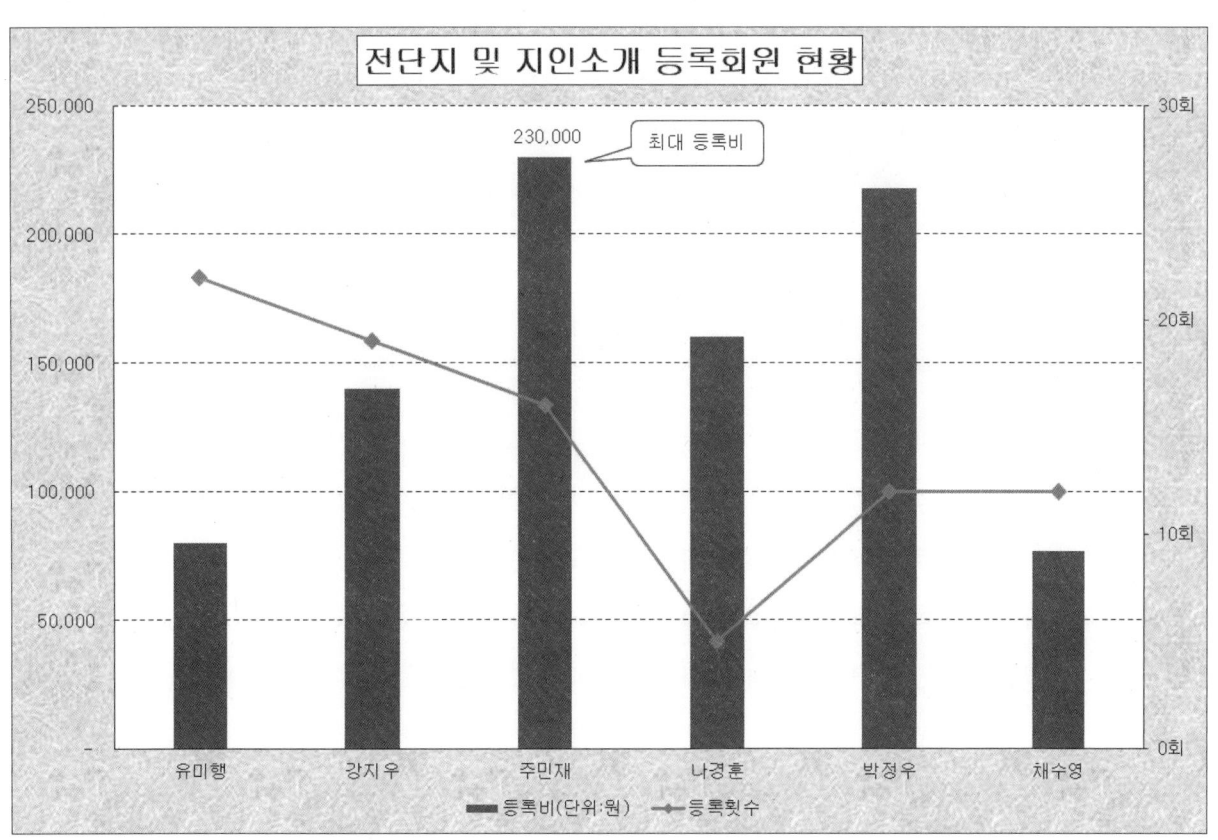

주의 ➡ 시트명 순서가 차례대로 "제1작업", "제2작업", "제3작업", "제4작업"이 되도록 할 것.

정보기술자격(ITQ) 최신유형 기출문제

작성 시간 / 시험 시간	채점 결과
분 / 60분	점 / 500점

과목	코드	문제유형	시험시간	수험번호	성명
한글엑셀	1122	A	60분		

MS오피스

· 수험자 유의사항 ·

● 수험자는 문제지를 받는 즉시 문제지와 **수험표상의 시험과목(프로그램)이 동일한지 반드시 확인**하여야 합니다.

● 파일명은 본인의 "수험번호–성명"으로 입력하여 답안 폴더(내 PC₩문서₩ITQ)에 하나의 파일로 저장해야 하며, 답안 문서 파일명이 "수험번호–성명"과 일치하지 않거나, 답안 파일을 전송하지 않아 미제출로 처리될 경우 실격 처리합니다 (예 : 12345678–홍길동.xlsx).

● 답안 작성을 마치면 파일을 저장하고, '답안 전송' 버튼을 선택하여 감독위원 PC로 답안을 전송하십시오. 수험생 정보와 저장한 파일명이 다를 경우 전송되지 않으므로 주의하시기 바랍니다.

● 답안 작성 중에도 **주기적으로 저장하고, '답안 전송'**하여야 문제 발생을 줄일 수 있습니다. 작업한 내용을 저장하지 않고 전송할 경우 이전에 저장된 내용이 전송되오니 이점 유의하시기 바랍니다.

● 답안 문서는 지정된 경로 외의 다른 보조기억장치에 저장하는 경우, 지정된 시험 시간 외에 작성된 파일을 활용할 경우, 기타 통신수단(이메일, 메신저, 네트워크 등)을 이용하여 타인에게 전달 또는 외부 반출하는 경우는 부정 처리합니다.

● 시험 중 부주의 또는 고의로 시스템을 파손한 경우는 수험자가 변상해야 하며, 〈수험자 유의사항〉에 기재된 방법대로 이행하지 않아 생기는 불이익은 수험생 당사자의 책임임을 알려 드립니다.

● 문제의 조건은 MS오피스 2021 버전으로 설정되어 있으니 유의하시기 바랍니다.

● 시험을 완료한 수험자는 답안 파일이 전송되었는지 확인한 후 감독위원의 지시에 따라 문제지를 제출하고 퇴실합니다.

· 답안 작성요령 ·

● 온라인 답안 작성 절차

　　수험자 등록 ⇒ 시험 시작 ⇒ 답안 파일 저장 ⇒ 답안 전송 ⇒ 시험 종료

● 문제는 총 4단계, 즉 제1작업부터 제4작업까지 구성되어 있으며 반드시 제1작업부터 순서대로 작성하고 조건대로 작업하시오.

● 모든 작업 시트의 A열은 열 너비 '1'로, 나머지 열은 적당하게 조절하시오.

● 모든 작업 시트의 테두리는 ≪출력형태≫와 같이 작업하시오.

● 해당 작업란에서는 각각 제시된 조건에 따라 ≪출력형태≫와 같이 작업하시오.

● 답안 시트 이름은 "제1작업", "제2작업", "제3작업", "제4작업"이어야 하며 답안 시트 이외의 것은 감점 처리됩니다.

● 각 시트를 파일로 나누어 작업해서 저장할 경우 실격 처리됩니다.

kpc 한국생산성본부

➡ 다음은 '**한라오피스텔 임대관리 현황**'에 대한 자료이다. 자료를 입력하고 조건에 맞도록 작업하시오.

≪출력형태≫

관리번호	동호수	크기	거래부동산	계약일	보증금(원)	월세(원)	순위	용도
							담당	실장	대표
SE01-2	B407	27	시그마	2025-09-10	10,000,000	750,000	(1)	(2)
WS01-1	A502	35	월드	2025-09-30	10,000,000	850,000	(1)	(2)
SS02-3	C730	55	시그마	2025-08-30	20,000,000	1,350,000	(1)	(2)
NE01-2	C415	20	나래	2025-09-20	5,000,000	730,000	(1)	(2)
SE03-1	A213	27	시그마	2025-10-01	5,000,000	800,000	(1)	(2)
WE02-3	B610	43	월드	2025-08-20	15,000,000	930,000	(1)	(2)
WS03-2	B308	35	월드	2025-10-10	5,000,000	900,000	(1)	(2)
NS02-2	C512	20	나래	2025-09-01	10,000,000	650,000	(1)	(2)
크기 35 이상 개수			(3)		최대 월세(원)			(5)
시그마 부동산 월세(원) 평균			(4)		동호수	B407	월세(원)	(6)

(결재란: 담당 / 실장 / 대표)

≪조건≫

○ 모든 데이터의 서식에는 글꼴(굴림, 11pt), 정렬은 숫자 및 회계 서식은 오른쪽 정렬, 나머지 서식은 가운데 정렬로 작성하며 예외적인 것은 ≪출력형태≫를 참조하시오.

○ 제 목 ⇒ 도형(사다리꼴)과 그림자(오프셋 오른쪽)를 이용하여 작성하고 "한라오피스텔 임대관리 현황"을 입력한 후 다음 서식을 적용하시오 (글꼴-굴림, 24pt, 검정, 굵게, 채우기-노랑).

○ 임의의 셀에 결재란을 작성하여 그림으로 복사 기능을 이용하여 붙이기 하시오(단, 원본 삭제).

○ 「B4:J4, G14, I14」 영역은 '주황'으로 채우기 하시오.

○ 유효성 검사를 이용하여 「H14」 셀에 동호수(「C5:C12」 영역)가 선택 표시되도록 하시오.

○ 셀 서식 ⇒ 「D5:D12」 영역에 셀 서식을 이용하여 숫자 뒤에 '평'을 표시하시오(예 : 27평).

○ 「D5:D12」 영역에 대해 '크기'로 이름정의를 하시오.

➡ (1)~(6) 셀은 반드시 **주어진 함수를 이용**하여 값을 구하시오(결과값을 직접 입력하면 해당 셀은 0점 처리됨).

(1) 순위 ⇒ 월세(원)의 내림차순 순위를 구하시오(RANK.EQ 함수).

(2) 용도 ⇒ 관리번호의 마지막 글자가 1이면 '주거', 2이면 '사무실', 3이면 '상가'로 구하시오(CHOOSE, RIGHT 함수).

(3) 크기 35 이상 개수 ⇒ 정의된 이름(크기)을 이용하여 구한 결과값에 '개'를 붙이시오 (COUNTIF 함수, & 연산자)(예 : 3개).

(4) 시그마 부동산 월세(원) 평균 ⇒ 반올림하여 예와 같이 구하시오. 단, 조건은 입력데이터를 이용하시오 (ROUND, DAVERAGE 함수)(예 : 855,975.6 → 856,000).

(5) 최대 월세(원) ⇒ (MAX 함수)

(6) 월세(원) ⇒ 「H14」 셀에서 선택한 동호수에 대한 월세(원)를 구하시오(VLOOKUP 함수).

(7) 조건부 서식의 수식을 이용하여 보증금(원)이 '15,000,000' 이상인 행 전체에 다음의 서식을 적용하시오 (글꼴 : 파랑, 굵게).

➡ **"제1작업"** 시트의 「B4:H12」 영역을 복사하여 **"제2작업"** 시트의 「B2」 셀부터 모두 붙여넣기를 한 후
다음의 조건과 같이 작업하시오.

≪조건≫

  (1) 목표값 찾기 – 「B11:G11」 셀을 병합하고, 가운데 맞춤한 후 "월세(원) 전체 평균"을 입력하고, 「H11」 셀에
              월세(원)의 전체 평균을 구하시오(AVERAGE 함수, 테두리).
          – '월세(원) 전체 평균'이 '880,000'이 되려면 B407의 월세(원)가 얼마가 되어야 하는지 목표값을
              구하시오.

  (2) 고급 필터 – 거래부동산이 '나래'가 아니면서 계약일이 '2025-09-20' 이후(해당일 포함)인 자료의 동호수, 크기,
             거래부동산, 월세(원) 데이터만 추출하시오.
          – 조건 범위 : 「B14」 셀부터 입력하시오.
          – 복사 위치 : 「B18」 셀부터 나타나도록 하시오.

➡ **"제1작업"** 시트의 「B4:H12」 영역을 복사하여 **"제3작업"** 시트의 「B2」 셀부터 모두 붙여넣기를 한 후
다음의 조건과 같이 작업하시오.

≪조건≫

  (1) 부분합 – ≪출력형태≫처럼 정렬하고, 동호수의 개수와 월세(원)의 평균을 구하시오.
  (2) 개요 – 지우시오.
  (3) 나머지 사항은 ≪출력형태≫에 맞게 작성하시오.

≪출력형태≫

	A	B	C	D	E	F	G	H
1								
2		관리번호	동호수	크기	거래부동산	계약일	보증금 (원)	월세 (원)
3		WS01-1	A502	35평	월드	2025-09-30	10,000,000	850,000
4		WE02-3	B610	43평	월드	2025-08-20	15,000,000	930,000
5		WS03-2	B308	35평	월드	2025-10-10	5,000,000	900,000
6					월드 평균			893,333
7			3		월드 개수			
8		SE01-2	B407	27평	시그마	2025-09-10	10,000,000	750,000
9		SS02-3	C730	55평	시그마	2025-08-30	20,000,000	1,350,000
10		SE03-1	A213	27평	시그마	2025-10-01	5,000,000	800,000
11					시그마 평균			966,667
12			3		시그마 개수			
13		NE01-2	C415	20평	나래	2025-09-20	5,000,000	730,000
14		NS02-2	C512	20평	나래	2025-09-01	10,000,000	650,000
15					나래 평균			690,000
16			2		나래 개수			
17					전체 평균			870,000
18			8		전체 개수			

➜ **"제1작업"** 시트를 이용하여 조건에 따라 ≪출력형태≫와 같이 작업하시오.

≪조건≫

  (1) 차트 종류 ⇒ 〈묶은 세로 막대형〉으로 작업하시오.

  (2) 데이터 범위 ⇒ "제1작업" 시트의 내용을 이용하여 작업하시오.

  (3) 위치 ⇒ "새 시트"로 이동하고, "제4작업"으로 시트 이름을 바꾸시오.

  (4) 차트 디자인 ⇒ 레이아웃 3, 스타일 1을 선택하여 ≪출력형태≫에 맞게 작업하시오.

  (5) 영역 서식 ⇒ 차트 : 글꼴(굴림, 11pt), 채우기 효과(질감-파랑 박엽지)
               그림 : 채우기(흰색, 배경1)

  (6) 제목 서식 ⇒ 차트 제목 : 글꼴(굴림, 굵게, 20pt), 채우기(흰색, 배경1), 테두리

  (7) 서식 ⇒ 월세(원) 계열의 차트 종류를 〈표식이 있는 꺾은선형〉으로 변경한 후 보조 축으로 지정하시오.
           계열 : ≪출력형태≫를 참조하여 표식(마름모, 크기 10)과 레이블 값을 표시하시오.
           눈금선 : 선 스타일-파선
           축 : ≪출력형태≫를 참조하시오.

  (8) 범례 ⇒ 범례명을 변경하고 ≪출력형태≫를 참조하시오.

  (9) 도형 ⇒ '말풍선: 모서리가 둥근 사각형 설명선'을 삽입한 후 ≪출력형태≫와 같이 내용을 입력하시오.

  (10) 나머지 사항은 ≪출력형태≫에 맞게 작성하시오.

≪출력형태≫

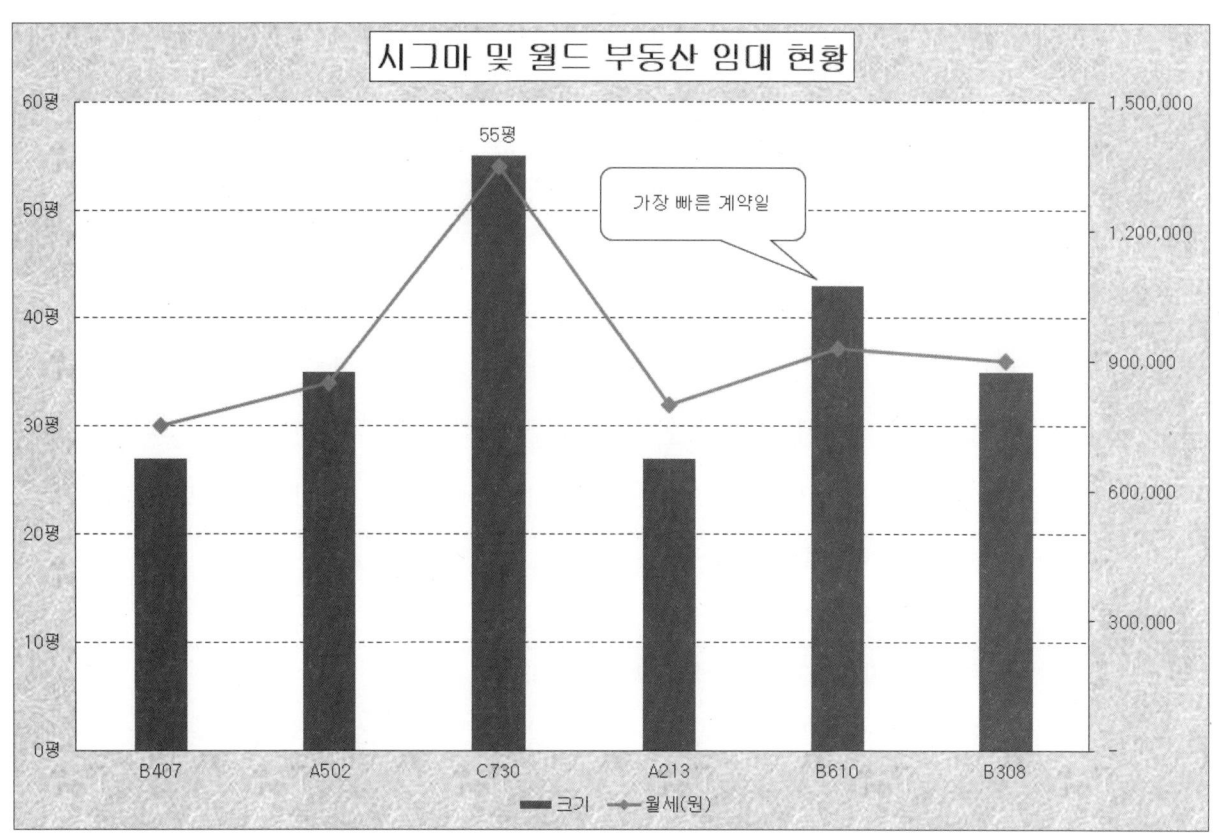

주의 ➜ 시트명 순서가 차례대로 **"제1작업"**, **"제2작업"**, **"제3작업"**, **"제4작업"**이 되도록 할 것.

정보기술자격(ITQ) 최신유형 기출문제

제 **08** 회

작성 시간 / 시험 시간	채점 결과
분 / 60분	점 / 500점

과목	코드	문제유형	시험시간	수험번호	성명
한글엑셀	1122	B	60분		

MS오피스

· 수험자 유의사항 ·

● 수험자는 문제지를 받는 즉시 문제지와 **수험표상의 시험과목(프로그램)이 동일한지 반드시 확인**하여야 합니다.

● 파일명은 본인의 "수험번호-성명"으로 입력하여 답안 폴더(내 PC₩문서₩ITQ)에 하나의 파일로 저장해야 하며, 답안 문서 파일명이 "수험번호-성명"과 일치하지 않거나, 답안 파일을 전송하지 않아 미제출로 처리될 경우 실격 처리합니다 (예 : 12345678-홍길동.xlsx).

● 답안 작성을 마치면 파일을 저장하고, '답안 전송' 버튼을 선택하여 감독위원 PC로 답안을 전송하십시오. 수험생 정보와 저장한 파일명이 다를 경우 전송되지 않으므로 주의하시기 바랍니다.

● 답안 작성 중에도 **주기적으로 저장하고, '답안 전송'**하여야 문제 발생을 줄일 수 있습니다. 작업한 내용을 저장하지 않고 전송할 경우 이전에 저장된 내용이 전송되오니 이점 유의하시기 바랍니다.

● 답안 문서는 지정된 경로 외의 다른 보조기억장치에 저장하는 경우, 지정된 시험 시간 외에 작성된 파일을 활용할 경우, 기타 통신수단(이메일, 메신저, 네트워크 등)을 이용하여 타인에게 전달 또는 외부 반출하는 경우는 부정 처리합니다.

● 시험 중 부주의 또는 고의로 시스템을 파손한 경우는 수험자가 변상해야 하며, 〈수험자 유의사항〉에 기재된 방법대로 이행하지 않아 생기는 불이익은 수험생 당사자의 책임임을 알려 드립니다.

● 문제의 조건은 MS오피스 2021 버전으로 설정되어 있으니 유의하시기 바랍니다.

● 시험을 완료한 수험자는 답안 파일이 전송되었는지 확인한 후 감독위원의 지시에 따라 문제지를 제출하고 퇴실합니다.

· 답안 작성요령 ·

● 온라인 답안 작성 절차

　　수험자 등록 ⇒ 시험 시작 ⇒ 답안 파일 저장 ⇒ 답안 전송 ⇒ 시험 종료

● 문제는 총 4단계, 즉 제1작업부터 제4작업까지 구성되어 있으며 반드시 제1작업부터 순서대로 작성하고 조건대로 작업하시오.

● 모든 작업 시트의 A열은 열 너비 '1'로, 나머지 열은 적당하게 조절하시오.

● 모든 작업 시트의 테두리는 ≪출력형태≫와 같이 작업하시오.

● 해당 작업란에서는 각각 제시된 조건에 따라 ≪출력형태≫와 같이 작업하시오.

● 답안 시트 이름은 "제1작업", "제2작업", "제3작업", "제4작업"이어야 하며 답안 시트 이외의 것은 감점 처리됩니다.

● 각 시트를 파일로 나누어 작업해서 저장할 경우 실격 처리됩니다.

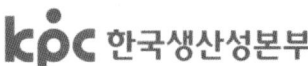

➡ 다음은 '**전기자동차 연비 현황**'에 대한 자료이다. 자료를 입력하고 조건에 맞도록 작업하시오.

≪출력형태≫

관리코드	모델명	제조국가	배터리 용량 (kWh)	주행거리(km)	연비 (km/kWh)	가격	가격 순위	비고
						확인	담당 팀장 부장	
VW-1423	ID.7	독일	86.0	620	7.2	6,500	(1)	(2)
GD-5424	아이오닉 6	한국	77.4	614	7.9	5,300	(1)	(2)
DB-1223	iX1	독일	76.6	435	5.7	6,800	(1)	(2)
EF-6524	모델 X	미국	100.0	580	5.8	13,500	(1)	(2)
KA-2723	EV9	한국	99.8	541	5.4	7,800	(1)	(2)
LW-6524	볼트 EUV	미국	65.0	450	6.9	4,200	(1)	(2)
KJ-8623	Q8 e-트론	독일	114.0	480	4.2	12,000	(1)	(2)
GK-3824	EQE SUV	독일	90.0	560	6.2	8,900	(1)	(2)
독일 자동차 수			(3)		최대 배터리 용량(kWh)			(5)
미국 자동차 가격 평균			(4)		모델명	ID.7	가격	(6)

≪조건≫

○ 모든 데이터의 서식에는 글꼴(굴림, 11pt), 정렬은 숫자 및 회계 서식은 오른쪽 정렬, 나머지 서식은 가운데 정렬로 작성하며 예외적인 것은 ≪출력형태≫를 참조하시오.

○ 제 목 ⇒ 도형(사다리꼴)과 그림자(오프셋 오른쪽)를 이용하여 작성하고 "전기자동차 연비 현황"을 입력한 후 다음 서식을 적용하시오(글꼴-굴림, 24pt, 검정, 굵게, 채우기-노랑).

○ 임의의 셀에 결재란을 작성하여 그림으로 복사 기능을 이용하여 붙이기 하시오(단, 원본 삭제).

○ 「B4:J4, G14, I14」 영역은 '주황'으로 채우기 하시오.

○ 유효성 검사를 이용하여 「H14」 셀에 모델명(「C5:C12」 영역)이 선택 표시되도록 하시오.

○ 셀 서식 ⇒ 「H5:H12」 영역에 셀 서식을 이용하여 숫자 뒤에 '만원'을 표시하시오(예 : 6,500만원).

○ 「E5:E12」 영역에 대해 '배터리용량'으로 이름정의를 하시오.

➡ (1)~(6) 셀은 반드시 **주어진 함수를 이용**하여 값을 구하시오(결과값을 직접 입력하면 해당 셀은 0점 처리됨).

  (1) 가격 순위 ⇒ 가격의 내림차순 순위를 구한 후 결과값에 '위'를 붙이시오.
              (RANK.EQ 함수, & 연산자)(예 : 1위)

  (2) 비고 ⇒ 관리코드의 마지막 두 글자가 24이면 '2024년형', 그 외에는 공백으로 표시하시오(IF, RIGHT 함수).

  (3) 독일 자동차 수 ⇒ 조건은 입력데이터를 이용하시오(DCOUNTA 함수).

  (4) 미국 자동차 가격 평균 ⇒ (SUMIF, COUNTIF 함수)

  (5) 최대 배터리 용량(kWh) ⇒ 정의된 이름(배터리용량)을 이용하여 구하시오(MAX 함수).

  (6) 가격 ⇒ 「H14」 셀에서 선택한 모델명에 대한 가격을 구하시오(VLOOKUP 함수).

  (7) 조건부 서식의 수식을 이용하여 연비가 '6.0' 이상인 행 전체에 다음의 서식을 적용하시오
     (글꼴 : 파랑, 굵게).

[제2작업] > 필터 및 서식   80점

➡ **"제1작업"** 시트의 「B4:H12」 영역을 복사하여 **"제2작업"** 시트의 「B2」 셀부터 모두 붙여넣기를 한 후 다음의 조건과 같이 작업하시오.

≪조건≫

(1) 고급 필터 – 제조국가가 '한국'이거나, 가격이 '10,000' 이상인 자료의 모델명, 배터리 용량(kWh), 주행거리(km),
　　　　　　　 연비(km/kWh) 데이터만 추출하시오.
　　　　　– 조건 범위 : 「B14」 셀부터 입력하시오.
　　　　　– 복사 위치 : 「B18」 셀부터 나타나도록 하시오.

(2) 표 서식 – 고급 필터의 결과셀을 채우기 없음으로 설정한 후 '표 스타일 보통 6'의 서식을 적용하시오.
　　　　　– 머리글 행, 줄무늬 행을 적용하시오.

[제3작업] > 피벗 테이블   80점

➡ **"제1작업"** 시트를 이용하여 **"제3작업"** 시트에 조건에 따라 ≪출력형태≫와 같이 작업하시오.

≪조건≫

(1) 주행거리(km) 및 제조국가의 모델명의 개수와 가격의 평균을 구하시오.
(2) 주행거리(km)를 그룹화하고, 제조국가를 ≪출력형태≫와 같이 정렬하시오.
(3) 레이블이 있는 셀 병합 및 가운데 맞춤 적용 및 빈 셀은 '**'로 표시하시오.
(4) 행의 총합계는 지우고, 나머지 사항은 ≪출력형태≫에 맞게 작성하시오.

≪출력형태≫

A	B	C	D	E	F	G	H
1							
2		제조국가 ⬇					
3		한국		미국		독일	
4	주행거리(km) ⬇	개수 : 모델명	평균 : 가격	개수 : 모델명	평균 : 가격	개수 : 모델명	평균 : 가격
5	401-500	**	**	1	4,200	2	9,400
6	501-600	1	7,800	1	13,500	1	8,900
7	601-700	1	5,300	**	**	1	6,500
8	총합계	2	6,550	2	8,850	4	8,550

➡️ **"제1작업"** 시트를 이용하여 조건에 따라 ≪출력형태≫와 같이 작업하시오.

≪조건≫

(1) 차트 종류 ⇒ 〈묶은 세로 막대형〉으로 작업하시오.

(2) 데이터 범위 ⇒ "제1작업" 시트의 내용을 이용하여 작업하시오.

(3) 위치 ⇒ "새 시트"로 이동하고, "제4작업"으로 시트 이름을 바꾸시오.

(4) 차트 디자인 도구 ⇒ 레이아웃 3, 스타일 1을 선택하여 《출력형태》에 맞게 작업하시오.

(5) 영역 서식 ⇒ 차트 : 글꼴(굴림, 11pt), 채우기 효과(질감–파랑 박엽지)
　　　　　　　그림 : 채우기(흰색, 배경1)

(6) 제목 서식 ⇒ 차트 제목 : 글꼴(굴림, 굵게, 20pt), 채우기(흰색, 배경1), 테두리

(7) 서식 ⇒ 연비(km/kWh) 계열의 차트 종류를 〈표식이 있는 꺾은선형〉으로 변경한 후 보조 축으로 지정하시오.
　　　　계열 : 《출력형태》를 참조하여 표식(세모, 크기 10)과 레이블 값을 표시하시오.
　　　　눈금선 : 선 스타일–파선
　　　　축 : 《출력형태》를 참조하시오.

(8) 범례 ⇒ 범례명을 변경하고 《출력형태》를 참조하시오.

(9) 도형 ⇒ '말풍선: 모서리가 둥근 사각형 설명선'을 삽입한 후 《출력형태》와 같이 내용을 입력하시오.

(10) 나머지 사항은 《출력형태》에 맞게 작성하시오.

≪출력형태≫

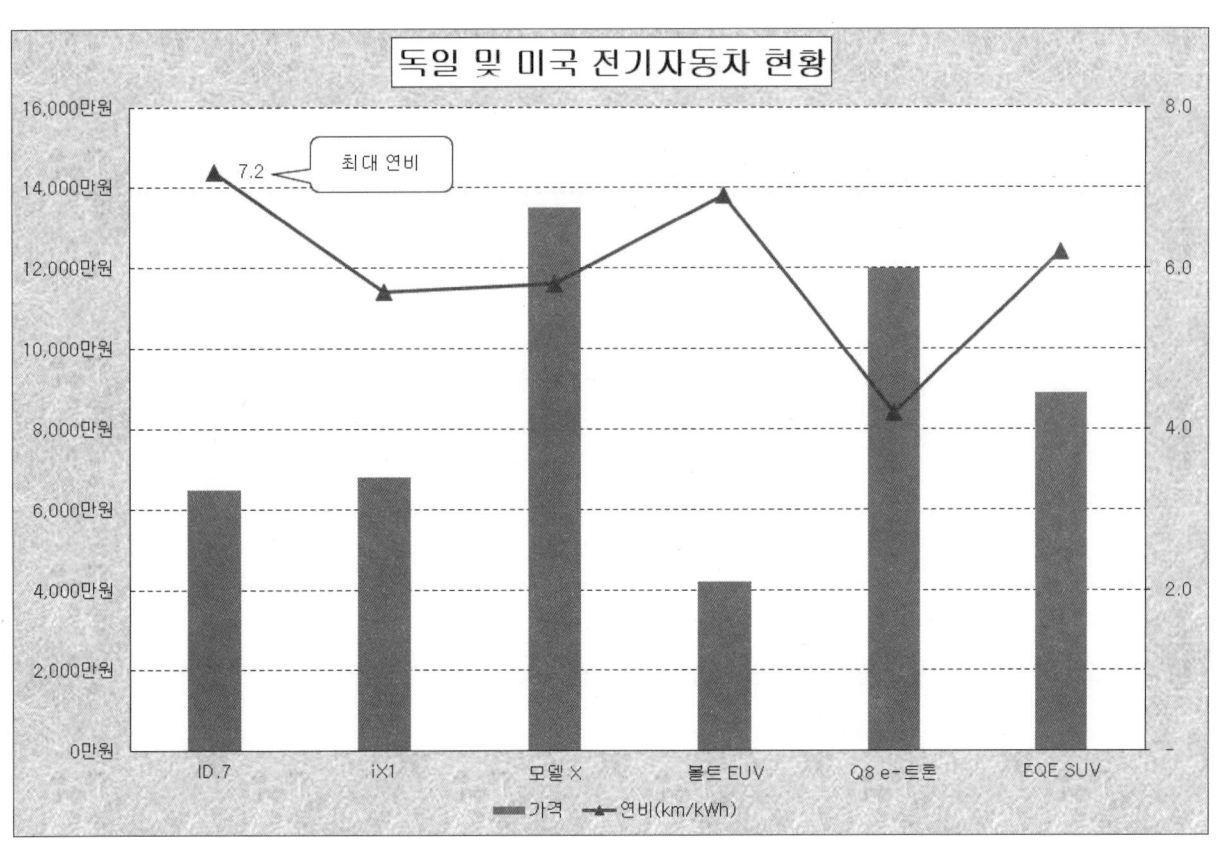

주의 ➡️ **시트명 순서가 차례대로 "제1작업", "제2작업", "제3작업", "제4작업"이 되도록 할 것.**

정보기술자격(ITQ) 최신유형 기출문제

작성 시간 / 시험 시간	채점 결과
분 / 60분	점 / 500점

과목	코드	문제유형	시험시간	수험번호	성명
한글엑셀	1122	C	60분		

MS오피스

·수험자 유의사항·

● 수험자는 문제지를 받는 즉시 문제지와 **수험표상의 시험과목(프로그램)이 동일한지 반드시 확인**하여야 합니다.

● 파일명은 본인의 "수험번호-성명"으로 입력하여 답안 폴더(내 PC₩문서₩ITQ)에 하나의 파일로 저장해야 하며, 답안 문서 파일명이 "수험번호-성명"과 일치하지 않거나, 답안 파일을 전송하지 않아 미제출로 처리될 경우 실격 처리합니다 (예 : 12345678-홍길동.xlsx).

● 답안 작성을 마치면 파일을 저장하고, '답안 전송' 버튼을 선택하여 감독위원 PC로 답안을 전송하십시오. 수험생 정보와 저장한 파일명이 다를 경우 전송되지 않으므로 주의하시기 바랍니다.

● 답안 작성 중에도 **주기적으로 저장하고, '답안 전송'**하여야 문제 발생을 줄일 수 있습니다. 작업한 내용을 저장하지 않고 전송할 경우 이전에 저장된 내용이 전송되오니 이점 유의하시기 바랍니다.

● 답안 문서는 지정된 경로 외의 다른 보조기억장치에 저장하는 경우, 지정된 시험 시간 외에 작성된 파일을 활용할 경우, 기타 통신수단(이메일, 메신저, 네트워크 등)을 이용하여 타인에게 전달 또는 외부 반출하는 경우는 부정 처리합니다.

● 시험 중 부주의 또는 고의로 시스템을 파손한 경우는 수험자가 변상해야 하며, 〈수험자 유의사항〉에 기재된 방법대로 이행하지 않아 생기는 불이익은 수험생 당사자의 책임임을 알려 드립니다.

● 문제의 조건은 MS오피스 2021 버전으로 설정되어 있으니 유의하시기 바랍니다.

● 시험을 완료한 수험자는 답안 파일이 전송되었는지 확인한 후 감독위원의 지시에 따라 문제지를 제출하고 퇴실합니다.

·답안 작성요령·

● 온라인 답안 작성 절차

   수험자 등록 ⇒ 시험 시작 ⇒ 답안 파일 저장 ⇒ 답안 전송 ⇒ 시험 종료

● 문제는 총 4단계, 즉 제1작업부터 제4작업까지 구성되어 있으며 반드시 제1작업부터 순서대로 작성하고 조건대로 작업하시오.

● 모든 작업 시트의 A열은 열 너비 '1'로, 나머지 열은 적당하게 조절하시오.

● 모든 작업 시트의 테두리는 ≪출력형태≫와 같이 작업하시오.

● 해당 작업란에서는 각각 제시된 조건에 따라 ≪출력형태≫와 같이 작업하시오.

● 답안 시트 이름은 "제1작업", "제2작업", "제3작업", "제4작업"이어야 하며 답안 시트 이외의 것은 감점 처리됩니다.

● 각 시트를 파일로 나누어 작업해서 저장할 경우 실격 처리됩니다.

kpc 한국생산성본부

다음은 '**파견업무 관리 현황**'에 대한 자료이다. 자료를 입력하고 조건에 맞도록 작업하시오.

≪출력형태≫

관리번호	사원명	업무	급여 (시간당)	근무시간 (일)	총급여	계약일	계약만료일	순위
S03-2	이하늘	텔레마케팅	12,800	5	1,280,000	2024-02-27	(1)	(2)
G02-3	주지후	조리	11,500	6	1,518,000	2023-11-22	(1)	(2)
K01-2	김재훈	텔레마케팅	10,500	6	924,000	2024-07-25	(1)	(2)
A01-3	강민경	IT컨설팅	15,200	6	1,824,000	2022-12-20	(1)	(2)
G01-2	정승준	조리	10,250	4	1,025,000	2024-05-20	(1)	(2)
D03-2	여정은	IT컨설팅	10,400	4	915,200	2023-11-20	(1)	(2)
T02-3	양시현	텔레마케팅	10,900	7	1,678,600	2022-09-15	(1)	(2)
A02-2	전지현	IT컨설팅	18,000	5	1,980,000	2024-03-01	(1)	(2)
텔레마케팅 급여(시간당) 평균			(3)		최대 급여(시간당)			(5)
조리 업무 평균 근무시간(일)			(4)		사원명	이하늘	근무시간 (일)	(6)

제목(결재): 담당 / 대리 / 팀장

≪조건≫

○ 모든 데이터의 서식에는 글꼴(굴림, 11pt), 정렬은 숫자 및 회계 서식은 오른쪽 정렬, 나머지 서식은 가운데 정렬로 작성하며 예외적인 것은 ≪출력형태≫를 참조하시오.

○ 제　목 ⇒ 도형(사다리꼴)과 그림자(오프셋 오른쪽)를 이용하여 작성하고 "파견업무 관리 현황"을 입력한 후 다음 서식을 적용하시오(글꼴-굴림, 24pt, 검정, 굵게, 채우기-노랑).

○ 임의의 셀에 결재란을 작성하여 그림으로 복사 기능을 이용하여 붙이기 하시오(단, 원본 삭제).

○ 「B4:J4, G14, I14」 영역은 '주황'으로 채우기 하시오.

○ 유효성 검사를 이용하여 「H14」 셀에 사원명(「C5:C12」 영역)이 선택 표시되도록 하시오.

○ 셀 서식 ⇒ 「F5:F12」 영역에 셀 서식을 이용하여 숫자 뒤에 'H'를 표시하시오(예 : 5H).

○ 「D5:D12」 영역에 대해 '업무'로 이름정의를 하시오.

▶ (1)~(6) 셀은 반드시 **주어진 함수를 이용**하여 값을 구하시오(결과값을 직접 입력하면 해당 셀은 0점 처리됨).

(1) 계약만료일 ⇒ 「계약일+관리번호의 마지막 글자×365」로 구하시오(RIGHT 함수)(예 : 2024-02-27).

(2) 순위 ⇒ 총급여의 내림차순 순위를 1~3까지 구한 값에 '위'를 붙이고, 그 외에는 공백으로 표시하시오 (IF, RANK.EQ 함수, & 연산자)(예 : 1위).

(3) 텔레마케팅 급여(시간당) 평균 ⇒ 조건은 입력데이터를 이용하시오(DAVERAGE 함수).

(4) 조리 업무 평균 근무시간(일) ⇒ 정의된 이름(업무)을 이용하여 구하시오(SUMIF, COUNTIF 함수).

(5) 최대 급여(시간당) ⇒ (MAX 함수)

(6) 근무시간(일) ⇒ 「H14」 셀에서 선택한 사원명에 대한 근무시간(일)을 구하시오(VLOOKUP 함수).

(7) 조건부 서식의 수식을 이용하여 총급여가 '1,000,000' 이하인 행 전체에 다음의 서식을 적용하시오 (글꼴 : 파랑, 굵게).

➡️ **"제1작업"** 시트의 「B4:H12」 영역을 복사하여 **"제2작업"** 시트의 「B2」 셀부터 모두 붙여넣기를 한 후 다음의 조건과 같이 작업하시오.

≪조건≫

   (1) 목표값 찾기 – 「B11:G11」 셀을 병합하고, 가운데 맞춤한 후 "총급여 전체 평균"을 입력하고, 「H11」 셀에 총급여의 전체 평균을 구하시오(AVERAGE 함수, 테두리).
            – '총급여 전체 평균'이 '1,400,000'이 되려면 이하늘의 총급여가 얼마가 되어야 하는지 목표값을 구하시오.

   (2) 고급 필터– 업무가 '조리'가 아니면서 계약일이 '2023-12-31' 이전(해당일 포함)인 자료의 사원명, 업무, 총급여, 계약일 데이터만 추출하시오.
            – 조건 범위 : 「B14」 셀부터 입력하시오.
            – 복사 위치 : 「B18」 셀부터 나타나도록 하시오.

➡️ **"제1작업"** 시트의 「B4:H12」 영역을 복사하여 **"제3작업"** 시트의 「B2」 셀부터 모두 붙여넣기를 한 후 다음의 조건과 같이 작업하시오.

≪조건≫

   (1) 부분합 –≪출력형태≫처럼 정렬하고, 사원명의 개수와 총급여의 평균을 구하시오.
   (2) 개요 – 지우시오.
   (3) 나머지 사항은≪출력형태≫에 맞게 작성하시오.

≪출력형태≫

	A	B	C	D	E	F	G	H
1								
2		관리번호	사원명	업무	급여 (시간당)	근무시간 (일)	총급여	계약일
3		S03-2	이하늘	텔레마케팅	12,800	5H	1,280,000	2024-02-27
4		K01-2	김재훈	텔레마케팅	10,500	6H	924,000	2024-07-25
5		T02-3	양시현	텔레마케팅	10,900	7H	1,678,600	2022-09-15
6				텔레마케팅 평균			1,294,200	
7			3	텔레마케팅 개수				
8		G02-3	주지후	조리	11,500	6H	1,518,000	2023-11-22
9		G01-2	정승준	조리	10,250	4H	1,025,000	2024-05-20
10				조리 평균			1,271,500	
11			2	조리 개수				
12		A01-3	강민경	IT컨설팅	15,200	6H	1,824,000	2022-12-20
13		D03-2	여정은	IT컨설팅	10,400	4H	915,200	2023-11-20
14		A02-2	전지현	IT컨설팅	18,000	5H	1,980,000	2024-03-01
15				IT컨설팅 평균			1,573,067	
16			3	IT컨설팅 개수				
17				전체 평균			1,393,100	
18			8	전체 개수				

➡️ **"제1작업"** 시트를 이용하여 조건에 따라 ≪출력형태≫와 같이 작업하시오.

≪조건≫

(1) 차트 종류 ⇒ 〈묶은 세로 막대형〉으로 작업하시오.

(2) 데이터 범위 ⇒ "제1작업" 시트의 내용을 이용하여 작업하시오.

(3) 위치 ⇒ "새 시트"로 이동하고, "제4작업"으로 시트 이름을 바꾸시오.

(4) 차트 디자인 ⇒ 레이아웃 3, 스타일 1을 선택하여 ≪출력형태≫에 맞게 작업하시오.

(5) 영역 서식 ⇒ 차트 : 글꼴(굴림, 11pt), 채우기 효과(질감–파랑 박엽지)
　　　　　　　　　그림 : 채우기(흰색, 배경1)

(6) 제목 서식 ⇒ 차트 제목 : 글꼴(굴림, 굵게, 20pt), 채우기(흰색, 배경1), 테두리

(7) 서식 ⇒ 총급여 계열의 차트 종류를 〈표식이 있는 꺾은선형〉으로 변경한 후 보조 축으로 지정하시오.
　　　　　계열 : ≪출력형태≫를 참조하여 표식(마름모, 크기 10)과 레이블 값을 표시하시오.
　　　　　눈금선 : 선 스타일–파선
　　　　　축 : ≪출력형태≫를 참조하시오.

(8) 범례 ⇒ 범례명을 변경하고 ≪출력형태≫를 참조하시오.

(9) 도형 ⇒ '말풍선: 모서리가 둥근 사각형 설명선'을 삽입한 후 ≪출력형태≫와 같이 내용을 입력하시오.

(10) 나머지 사항은 ≪출력형태≫에 맞게 작성하시오.

≪출력형태≫

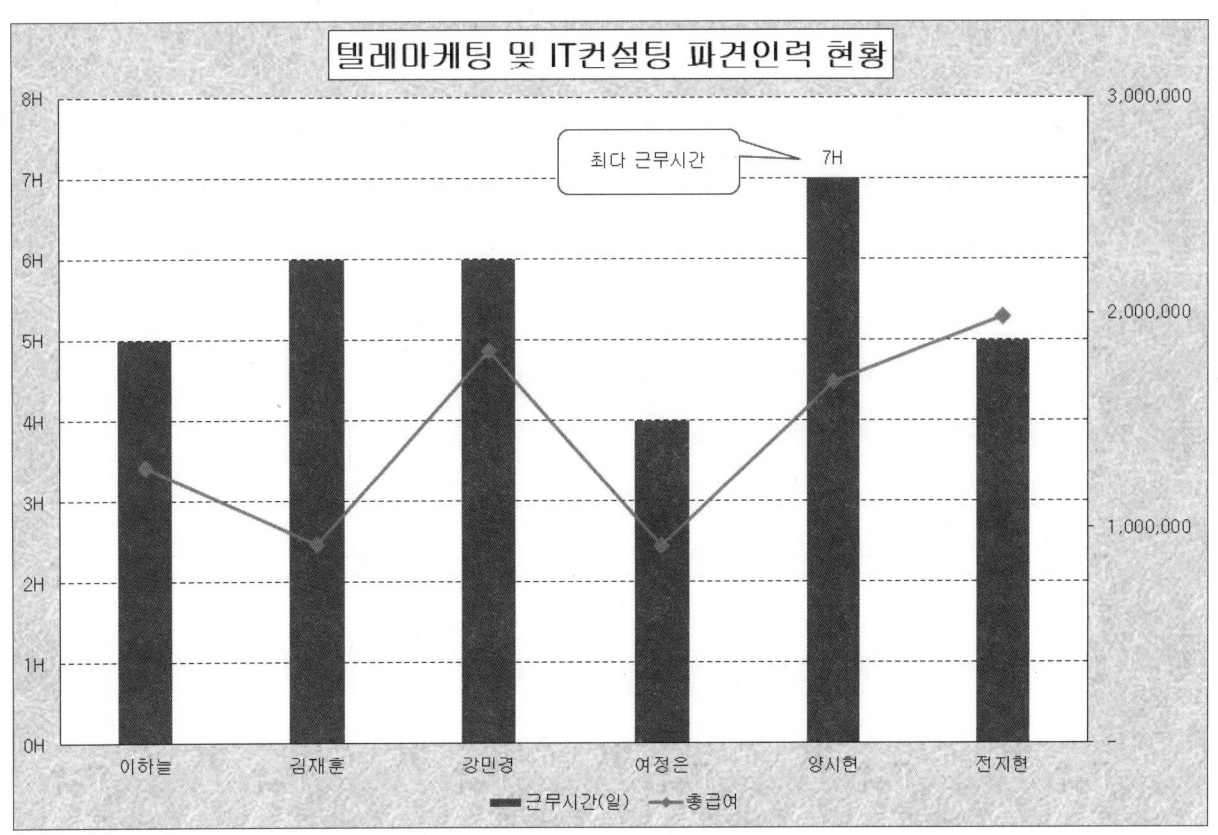

주의 ➡️ **시트명 순서가 차례대로 "제1작업", "제2작업", "제3작업", "제4작업"이 되도록 할 것.**

제10회 정보기술자격(ITQ) 최신유형 기출문제

			작성 시간 / 시험 시간	채점 결과
			분 / 60분	점 / 500점

과목	코드	문제유형	시험시간	수험번호	성명
한글엑셀	1122	A	60분		

MS오피스

· 수험자 유의사항 ·

● 수험자는 문제지를 받는 즉시 문제지와 **수험표상의 시험과목(프로그램)이 동일한지 반드시 확인**하여야 합니다.

● 파일명은 본인의 "수험번호-성명"으로 입력하여 답안 폴더(내 PC\문서\ITQ)에 하나의 파일로 저장해야 하며, 답안 문서 파일명이 "수험번호-성명"과 일치하지 않거나, 답안 파일을 전송하지 않아 미제출로 처리될 경우 실격 처리합니다 (예 : 12345678-홍길동.xlsx).

● 답안 작성을 마치면 파일을 저장하고, '답안 전송' 버튼을 선택하여 감독위원 PC로 답안을 전송하십시오. 수험생 정보와 저장한 파일명이 다를 경우 전송되지 않으므로 주의하시기 바랍니다.

● 답안 작성 중에도 **주기적으로 저장하고, '답안 전송'**하여야 문제 발생을 줄일 수 있습니다. 작업한 내용을 저장하지 않고 전송할 경우 이전에 저장된 내용이 전송되오니 이점 유의하시기 바랍니다.

● 답안 문서는 지정된 경로 외의 다른 보조기억장치에 저장하는 경우, 지정된 시험 시간 외에 작성된 파일을 활용할 경우, 기타 통신수단(이메일, 메신저, 네트워크 등)을 이용하여 타인에게 전달 또는 외부 반출하는 경우는 부정 처리합니다.

● 시험 중 부주의 또는 고의로 시스템을 파손한 경우는 수험자가 변상해야 하며, 〈수험자 유의사항〉에 기재된 방법대로 이행하지 않아 생기는 불이익은 수험생 당사자의 책임임을 알려 드립니다.

● 문제의 조건은 MS오피스 2021 버전으로 설정되어 있으니 유의하시기 바랍니다.

● 시험을 완료한 수험자는 답안 파일이 전송되었는지 확인한 후 감독위원의 지시에 따라 문제지를 제출하고 퇴실합니다.

· 답안 작성요령 ·

● 온라인 답안 작성 절차

　수험자 등록 ⇒ 시험 시작 ⇒ 답안 파일 저장 ⇒ 답안 전송 ⇒ 시험 종료

● 문제는 총 4단계, 즉 제1작업부터 제4작업까지 구성되어 있으며 반드시 제1작업부터 순서대로 작성하고 조건대로 작업하시오.

● 모든 작업 시트의 A열은 열 너비 '1'로, 나머지 열은 적당하게 조절하시오.

● 모든 작업 시트의 테두리는 ≪출력형태≫와 같이 작업하시오.

● 해당 작업란에서는 각각 제시된 조건에 따라 ≪출력형태≫와 같이 작업하시오.

● 답안 시트 이름은 "제1작업", "제2작업", "제3작업", "제4작업"이어야 하며 답안 시트 이외의 것은 감점 처리됩니다.

● 각 시트를 파일로 나누어 작업해서 저장할 경우 실격 처리됩니다.

다음은 '야생화 씨앗 판매 현황'에 대한 자료이다. 자료를 입력하고 조건에 맞도록 작업하시오.

≪출력형태≫

관리코드	꽃 명	꽃 색	개화기 (시작월)	주문수량(개)	씨앗/구근 가격	높이(cm)	계절	파종적기
							사원	대리	과장
NA23-23	꽃무릇	빨강	9	58	65,900	50	(1)	(2)
NR14-21	별꽃	흰색	3	47	50,000	10	(1)	(2)
BE23-14	수선화	흰색	12	16	20,000	30	(1)	(2)
LN31-41	상사화	빨강	4	27	25,000	50	(1)	(2)
RE52-31	산딸기꽃	흰색	5	33	43,000	90	(1)	(2)
NA31-11	양지꽃	노랑	4	24	35,000	20	(1)	(2)
SE12-22	금계국	노랑	6	85	15,000	50	(1)	(2)
MA13-22	제비꽃	빨강	6	65	40,000	10	(1)	(2)
최저 높이(cm)			(3)		빨강 꽃들의 평균 높이(cm)			(5)
흰색 꽃의 주문수량(개) 합계			(4)		관리코드	NA23-23	주문수량(개)	(6)

※ 제목 영역의 확인란: 확인 / 사원 / 대리 / 과장

야생화 씨앗 판매 현황

≪조건≫

○ 모든 데이터의 서식에는 글꼴(굴림, 11pt), 정렬은 숫자 및 회계 서식은 오른쪽 정렬, 나머지 서식은 가운데 정렬로 작성하며 예외적인 것은 ≪출력형태≫를 참조하시오.

○ 제 목 ⇒ 도형(사다리꼴)과 그림자(오프셋 오른쪽)를 이용하여 작성하고 "야생화 씨앗 판매 현황"을 입력한 후 다음 서식을 적용하시오(글꼴-굴림, 24pt, 검정, 굵게, 채우기-노랑).

○ 임의의 셀에 결재란을 작성하여 그림으로 복사 기능을 이용하여 붙이기 하시오(단, 원본 삭제).

○ 「B4:J4, G14, I14」 영역은 '주황'으로 채우기 하시오.

○ 유효성 검사를 이용하여 「H14」 셀에 관리코드(「B5:B12」 영역)가 선택 표시되도록 하시오.

○ 셀 서식 ⇒ 「G5:G12」 영역에 셀 서식을 이용하여 숫자 뒤에 '원'을 표시하시오(예 : 65,900원).

○ 「H5:H12」 영역에 대해 '높이'로 이름정의를 하시오.

(1)~(6) 셀은 반드시 **주어진 함수를 이용**하여 값을 구하시오(결과값을 직접 입력하면 해당 셀은 0점 처리됨).

(1) 계절 ⇒ 관리코드의 마지막 글자가 1이면 '봄', 2이면 '여름', 3이면 '가을', 4이면 '겨울'을 표시하시오 (CHOOSE, RIGHT 함수).

(2) 파종적기 ⇒ 개화기(시작월) 값이 4 이하이면 「12+개화기(시작월)-4」로 계산하고, 그 외에는 「개화기(시작월)-4」로 구한 결과값 뒤에 '월'을 붙이시오(IF 함수, & 연산자)(예 : 1월).

(3) 최저 높이(cm) ⇒ 정의된 이름(높이)을 이용하여 구하시오(MIN 함수).

(4) 흰색 꽃의 주문수량(개) 합계 ⇒ (SUMIF 함수)

(5) 빨강 꽃들의 평균 높이(cm) ⇒ 반올림하여 정수로 구하시오. 단, 조건은 입력데이터를 이용하시오 (ROUND, DAVERAGE 함수)(예 : 34.6 → 35).

(6) 주문수량(개) ⇒ 「H14」 셀에서 선택한 관리코드에 대한 주문수량(개)을 구하시오(VLOOKUP 함수).

(7) 조건부 서식의 수식을 이용하여 주문수량(개)이 '50' 이상인 행 전체에 다음의 서식을 적용하시오 (글꼴 : 파랑, 굵게).

➡️ **"제1작업"** 시트의 「B4:H12」 영역을 복사하여 **"제2작업"** 시트의 「B2」 셀부터 모두 붙여넣기를 한 후 다음의 조건과 같이 작업하시오.

≪조건≫

(1) 고급 필터 – 꽃 색이 '노랑'이거나, 씨앗/구근 가격이 '50,000' 이상인 자료의 꽃 명, 꽃 색, 주문수량(개), 씨앗/구근 가격 데이터만 추출하시오.
　　　　　　　 – 조건 범위 : 「B14」 셀부터 입력하시오.
　　　　　　　 – 복사 위치 : 「B18」 셀부터 나타나도록 하시오.

(2) 표 서식 – 고급 필터의 결과셀을 채우기 없음으로 설정한 후 '표 스타일 보통 6'의 서식을 적용하시오.
　　　　　　 – 머리글 행, 줄무늬 행을 적용하시오.

➡️ **"제1작업"** 시트를 이용하여 **"제3작업"** 시트에 조건에 따라 ≪출력형태≫와 같이 작업하시오.

≪조건≫

(1) 씨앗/구근 가격 및 꽃 색별 꽃 명의 개수와 주문수량(개)의 평균을 구하시오.
(2) 씨앗/구근 가격을 그룹화하고, 꽃 색을 ≪출력형태≫와 같이 정렬하시오.
(3) 레이블이 있는 셀 병합 및 가운데 맞춤 적용 및 빈 셀은 '**'로 표시하시오.
(4) 행의 총합계는 지우고, 나머지 사항은 ≪출력형태≫에 맞게 작성하시오.

≪출력형태≫

씨앗/구근 가격	흰색		빨강		노랑	
	개수 : 꽃 명	평균 : 주문수량(개)	개수 : 꽃 명	평균 : 주문수량(개)	개수 : 꽃 명	평균 : 주문수량(개)
1-30000	1	16	1	27	1	85
30001-60000	2	40	1	65	1	24
60001-90000	**	**	1	58	**	**
총합계	3	32	3	50	2	55

➡ **"제1작업"** 시트를 이용하여 조건에 따라 ≪출력형태≫와 같이 작업하시오.

≪조건≫

(1) 차트 종류 ⇒ 〈묶은 세로 막대형〉으로 작업하시오.

(2) 데이터 범위 ⇒ "제1작업" 시트의 내용을 이용하여 작업하시오.

(3) 위치 ⇒ "새 시트"로 이동하고, "제4작업"으로 시트 이름을 바꾸시오.

(4) 차트 디자인 도구 ⇒ 레이아웃 3, 스타일 1을 선택하여 ≪출력형태≫에 맞게 작업하시오.

(5) 영역 서식 ⇒ 차트 : 글꼴(굴림, 11pt), 채우기 효과(질감–파랑 박엽지)
    그림 : 채우기(흰색, 배경1)

(6) 제목 서식 ⇒ 차트 제목 : 글꼴(굴림, 굵게, 20pt), 채우기(흰색, 배경1), 테두리

(7) 서식 ⇒ 주문수량(개) 계열의 차트 종류를 〈표식이 있는 꺾은선형〉으로 변경한 후 보조 축으로 지정하시오.
    계열 : ≪출력형태≫를 참조하여 표식(세모, 크기 10)과 레이블 값을 표시하시오.
    눈금선 : 선 스타일–파선
    축 : ≪출력형태≫를 참조하시오.

(8) 범례 ⇒ 범례명을 변경하고 ≪출력형태≫를 참조하시오.

(9) 도형 ⇒ '말풍선: 모서리가 둥근 사각형 설명선'을 삽입한 후 ≪출력형태≫와 같이 내용을 입력하시오.

(10) 나머지 사항은 ≪출력형태≫에 맞게 작성하시오.

≪출력형태≫

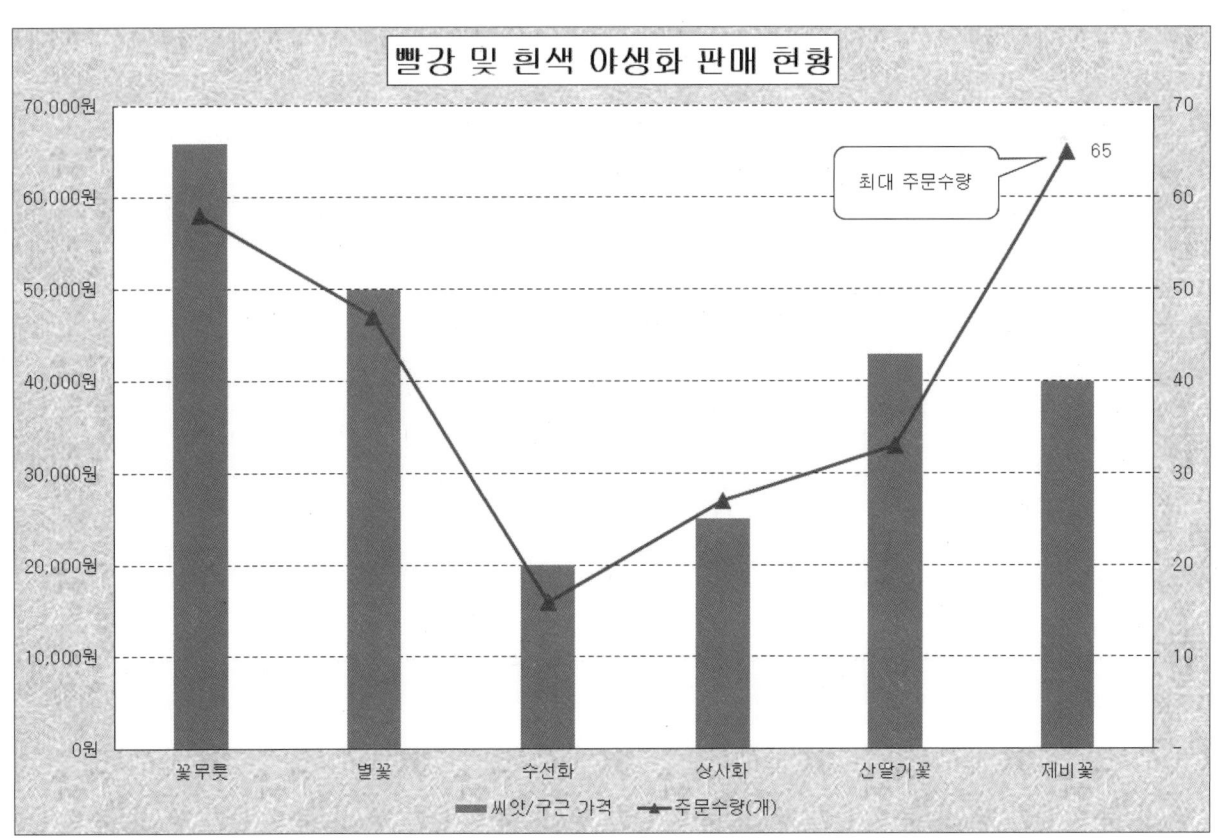

주의 ➡ **시트명 순서가 차례대로 "제1작업", "제2작업", "제3작업", "제4작업"이 되도록 할 것.**

MEMO

정보기술자격(ITQ) 시험

과 목	코 드	문제유형	시험시간	수험번호	성 명
한글엑셀	1122	A	60분		

수험자 유의사항

● 수험자는 문제지를 받는 즉시 문제지와 **수험표상의 시험과목(프로그램)이 동일한지 반드시 확인**하여야 합니다.

● 파일명은 본인의 "수험번호-성명"으로 입력하여 답안폴더(내 PC₩문서₩ITQ)에 하나의 파일로 저장해야 하며, 답안 문서 파일명이 "수험번호-성명"과 일치하지 않거나, 답안 파일을 전송하지 않아 미제출로 처리될 경우 실격 처리합니다 (예 : 12345678-홍길동.xlsx).

● 답안 작성을 마치면 파일을 저장하고, '답안 전송' 버튼을 선택하여 감독위원 PC로 답안을 전송하십시오. 수험생 정보와 저장한 파일명이 다를 경우 전송되지 않으므로 주의하시기 바랍니다.

● 답안 작성 중에도 **주기적으로 저장하고, '답안 전송'**하여야 문제 발생을 줄일 수 있습니다. 작업한 내용을 저장하지 않고 전송할 경우 이전에 저장된 내용이 전송되오니 이점 유의하시기 바랍니다.

● 답안 문서는 지정된 경로 외의 다른 보조기억장치에 저장하는 경우, 지정된 시험 시간 외에 작성된 파일을 활용할 경우, 기타 통신수단(이메일, 메신저, 네트워크 등)을 이용하여 타인에게 전달 또는 외부 반출하는 경우는 부정 처리합니다.

● 시험 중 부주의 또는 고의로 시스템을 파손한 경우는 수험자가 변상해야 하며, <수험자 유의사항>에 기재된 방법대로 이행하지 않아 생기는 불이익은 수험생 당사자의 책임임을 알려 드립니다.

● 문제의 조건은 MS오피스 2021 버전으로 설정되어 있으니 유의하시기 바랍니다.

● 시험을 완료한 수험자는 답안 파일이 전송되었는지 확인한 후 감독위원의 지시에 따라 문제지를 제출하고 퇴실합니다.

답안 작성요령

● 온라인 답안 작성 절차
  수험자 등록 ⇒ 시험 시작 ⇒ 답안 파일 저장 ⇒ 답안 전송 ⇒ 시험 종료

● 문제는 총 4단계, 즉 제1작업부터 제4작업까지 구성되어 있으며 반드시 제1작업부터 순서대로 작성하고 조건대로 작업하시오.

● 모든 작업 시트의 A열은 열 너비 '1'로, 나머지 열은 적당하게 조절하시오.

● 모든 작업 시트의 테두리는 ≪출력형태≫와 같이 작업하시오.

● 해당 작업란에서는 각각 제시된 조건에 따라 ≪출력형태≫와 같이 작업하시오.

● 답안 시트 이름은 "제1작업", "제2작업", "제3작업", "제4작업"이어야 하며 답안 시트 이외의 것은 감점 처리됩니다.

● 각 시트를 파일로 나누어 작업해서 저장할 경우 실격 처리됩니다.

kpc 한국생산성본부

☞ **"제1작업"** 시트를 이용하여 조건에 따라 《출력형태》와 같이 작업하시오.

《조건》

(1) 차트 종류 ⇒ 〈묶은 세로 막대형〉으로 작업하시오.

(2) 데이터 범위 ⇒ "제1작업" 시트의 내용을 이용하여 작업하시오.

(3) 위치 ⇒ "새 시트"로 이동하고, "제4작업"으로 시트 이름을 바꾸시오.

(4) 차트 디자인 도구 ⇒ 레이아웃 3, 스타일 1을 선택하여 《출력형태》에 맞게 작업하시오.

(5) 영역 서식 ⇒ 차트 : 글꼴(굴림, 11pt), 채우기 효과(질감–분홍 박엽지)
　　　　　　　　그림 : 채우기(흰색, 배경1)

(6) 제목 서식 ⇒ 차트 제목 : 글꼴(굴림, 굵게, 20pt), 채우기(흰색, 배경1), 테두리

(7) 서식 ⇒ 연간 누적 사용자 수 계열의 차트 종류를 〈표식이 있는 꺾은선형〉으로 변경한 후 보조 축으로 지정하시오.
　　　　계열 : 《출력형태》를 참조하여 표식(세모, 크기 10)과 레이블 값을 표시하시오.
　　　　눈금선 : 선 스타일–파선
　　　　축 : 《출력형태》를 참조하시오.

(8) 범례 ⇒ 범례명을 변경하고 《출력형태》를 참조하시오.

(9) 도형 ⇒ '말풍선: 모서리가 둥근 사각형 설명선'을 삽입한 후 《출력형태》와 같이 내용을 입력하시오.

(10) 나머지 사항은 《출력형태》에 맞게 작성하시오.

《출력형태》

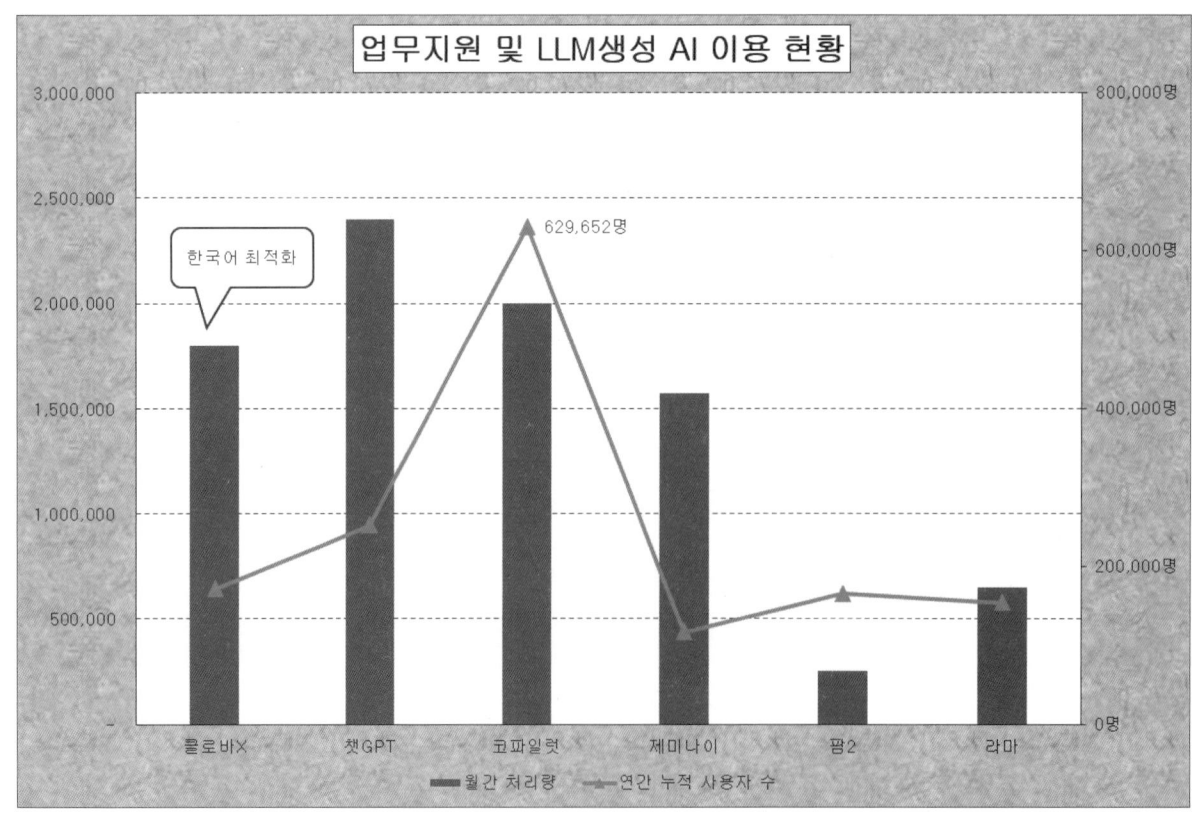

주의 ☞ 시트명 순서가 차례대로 "제1작업", "제2작업", "제3작업", "제4작업"이 되도록 할 것.

[제2작업] 필터 및 서식 (80점)

☞ **"제1작업"** 시트의 「B4:H12」 영역을 복사하여 **"제2작업"** 시트의 「B2」 셀부터 모두 붙여넣기를 한 후 다음의 조건과 같이 작업하시오.

≪조건≫

(1) 고급 필터 – 서비스코드가 'M'으로 시작하거나, 만족도가 '85%' 이상인 자료의 서비스명, 서비스유형, 월간 처리량, 연간 누적 사용자 수 데이터만 추출하시오.
  – 조건 범위 : 「B14」 셀부터 입력하시오.
  – 복사 위치 : 「B18」 셀부터 나타나도록 하시오.

(2) 표 서식 – 고급 필터의 결과셀을 채우기 없음으로 설정한 후 '표 스타일 보통 6'의 서식을 적용하시오.
  – 머리글 행, 줄무늬 행을 적용하시오.

[제3작업] 피벗 테이블 (80점)

☞ **"제1작업"** 시트를 이용하여 **"제3작업"** 시트에 조건에 따라 ≪출력형태≫와 같이 작업하시오.

≪조건≫

(1) 만족도 및 서비스유형별 서비스명의 개수와 월간 처리량의 평균을 구하시오.
(2) 만족도를 그룹화하고, 서비스유형을 ≪출력형태≫와 같이 정렬하시오.
(3) 레이블이 있는 셀 병합 및 가운데 맞춤 적용 및 빈 셀은 '**'로 표시하시오.
(4) 행의 총합계는 지우고, 나머지 사항은 ≪출력형태≫에 맞게 작성하시오.

≪출력형태≫

	서비스유형 ↓							
		업무지원		기타		LLM생성		
만족도 ▼	개수 : 서비스명	평균 : 월간 처리량	개수 : 서비스명	평균 : 월간 처리량	개수 : 서비스명	평균 : 월간 처리량		
0.7-0.8	1	250,000	1	500,000	**	**		
0.8-0.9	2	1,900,000	1	1,204,000	2	1,525,000		
0.9-1	**	**	**	**	1	1,570,000		
총합계	3	1,350,000	2	852,000	3	1,540,000		

[제1작업] 표 서식 작성 및 값 계산 (240점)

☞ 다음은 **'AI 서비스 자사 이용 현황'**에 대한 자료이다. 자료를 입력하고 조건에 맞도록 작업하시오.

《출력형태》

서비스코드	서비스명	출시일	서비스유형	월간 처리량	연간 누적 사용자 수	만족도	이용방법	출시순위
NV-134	클로바X	2023-04-02	업무지원	1,800,000	170,848	85.2%	(1)	(2)
OA-274	챗GPT	2022-11-30	LLM생성	2,400,000	251,571	88.7%	(1)	(2)
DB-193	딥브레인AI	2023-02-28	기타	500,000	73,362	78.9%	(1)	(2)
AP-288	클로드	2023-03-14	기타	1,204,000	89,461	82.5%	(1)	(2)
MS-224	코파일럿	2023-02-07	업무지원	2,000,000	629,652	85.1%	(1)	(2)
GG-382	제미나이	2023-12-06	LLM생성	1,570,000	116,089	90.0%	(1)	(2)
GG-127	팜2	2023-05-10	업무지원	250,000	164,955	77.6%	(1)	(2)
MT-312	라마	2023-02-24	LLM생성	650,000	153,678	81.0%	(1)	(2)
업무지원 서비스 개수			(3)			최고 만족도		(5)
LLM생성 서비스 월간 처리량 평균			(4)		서비스코드	NV-134	연간 누적 사용자 수	(6)

확인 담당 / 책임 / 팀장

《조건》

○ 모든 데이터의 서식에는 글꼴(굴림, 11pt), 정렬은 숫자 및 회계 서식은 오른쪽 정렬, 나머지 서식은 가운데 정렬로 작성하며 예외적인 것은 《출력형태》를 참조하시오.

○ 제 목 ⇒ 도형(배지)과 그림자(오프셋 오른쪽)를 이용하여 작성하고 "AI 서비스 자사 이용 현황"을 입력한 후 다음 서식을 적용하시오
  (글꼴-굴림, 24pt, 검정, 굵게, 채우기-노랑).

○ 임의의 셀에 결재란을 작성하여 그림으로 복사 기능을 이용하여 붙이기 하시오(단, 원본 삭제).

○ 「B4:J4, G14, I14」 영역은 '주황'으로 채우기 하시오.

○ 유효성 검사를 이용하여 「H14」 셀에 서비스코드(「B5:B12」 영역)가 선택 표시되도록 하시오.

○ 셀 서식 ⇒ 「G5:G12」 영역에 셀 서식을 이용하여 숫자 뒤에 '명'을 표시하시오(예 : 170,848명).

○ 「H5:H12」 영역에 대해 '만족도'로 이름정의를 하시오.

☞ (1)~(6) 셀은 반드시 **주어진 함수를 이용**하여 값을 구하시오(결과값을 직접 입력하면 해당 셀은 0점 처리됨).

(1) 이용방법 ⇒ 서비스코드의 네 번째 값이 1이면 '맞춤형', 2이면 '구독형', 3이면 '기타'로 표시하시오
   (CHOOSE, MID 함수).

(2) 출시순위 ⇒ 출시일의 오름차순 순위를 구하시오(RANK.EQ 함수).

(3) 업무지원 서비스 개수 ⇒ 결과값에 '개'를 붙이시오. 단, 조건은 입력데이터를 이용하시오
   (DCOUNTA 함수, & 연산자)(예 : 1개).

(4) LLM생성 서비스 월간 처리량 평균 ⇒ (SUMIF, COUNTIF 함수)

(5) 최고 만족도 ⇒ 정의된 이름(만족도)을 이용하여 구하시오(MAX 함수)(예 : 85.2%).

(6) 연간 누적 사용자 수 ⇒ 「H14」 셀에서 선택한 서비스코드에 대한 연간 누적 사용자 수를 구하시오
   (VLOOKUP 함수).

(7) 조건부 서식의 수식을 이용하여 월간 처리량이 '1,500,000' 이상인 행 전체에 다음의 서식을 적용하시오
   (글꼴 : 파랑, 굵게).

[제1작업] 표 서식 작성 및 값 계산 (240점)

☞ 다음은 **'상용 드론 판매 현황'**에 대한 자료이다. 자료를 입력하고 조건에 맞도록 작업하시오.

≪출력형태≫

관리번호	모델명	구매자	종류	판매일자	판매가격 (단위:원)	판매수량	판매경로	판매순위
							담당	팀장	이사
					상용 드론 판매 현황			
D32-1	매빅에어	김지훈	촬영용	2025-09-13	1,200,000	210	(1)	(2)
D12-2	팬텀4	박정훈	산업용	2025-10-15	2,500,000	80	(1)	(2)
D23-3	패럿	이경진	취미용	2025-10-04	900,000	120	(1)	(2)
D34-2	에어2S	장명수	촬영용	2025-09-27	1,500,000	185	(1)	(2)
D21-3	RCN3	이기철	취미용	2025-10-08	1,100,000	115	(1)	(2)
D37-2	아그라스T30	손정빈	촬영용	2025-08-20	3,500,000	65	(1)	(2)
D35-1	미니3	홍기동	촬영용	2025-11-04	800,000	240	(1)	(2)
D14-2	타이푼H	정성진	산업용	2025-08-30	2,200,000	50	(1)	(2)
촬영용 드론 개수			(3)		최대 판매수량			(5)
취미용 드론 판매가격(단위:원) 평균			(4)		모델명	매빅에어	판매가격 (단위:원)	(6)

≪조건≫

○ 모든 데이터의 서식에는 글꼴(굴림, 11pt), 정렬은 숫자 및 회계 서식은 오른쪽 정렬, 나머지 서식은 가운데 정렬로 작성하며 예외적인 것은 ≪출력형태≫를 참조하시오.

○ 제 목 ⇒ 도형(배지)과 그림자(오프셋 오른쪽)를 이용하여 작성하고 "상용 드론 판매 현황"을 입력한 후 다음 서식을 적용하시오 (글꼴-굴림, 24pt, 검정, 굵게, 채우기-노랑).

○ 임의의 셀에 결재란을 작성하여 그림으로 복사 기능을 이용하여 붙이기 하시오(단, 원본 삭제).

○ 「B4:J4, G14, I14」 영역은 '주황'으로 채우기 하시오.

○ 유효성 검사를 이용하여 「H14」 셀에 모델명(「C5:C12」 영역)이 선택 표시되도록 하시오.

○ 셀 서식 ⇒ 「H5:H12」 영역에 셀 서식을 이용하여 숫자 뒤에 '대'를 표시하시오(예 : 200대).

○ 「H5:H12」 영역에 대해 '판매량'으로 이름정의를 하시오.

☞ (1)~(6) 셀은 반드시 **주어진 함수를 이용**하여 값을 구하시오(결과값을 직접 입력하면 해당 셀은 0점 처리됨).

(1) 판매경로 ⇒ 관리번호 마지막 글자가 1이면 '온라인', 2이면 '오프라인', 3이면 '도매'로 구하시오 (IF, RIGHT 함수).

(2) 판매순위 ⇒ 판매수량의 내림차순 순위를 구하시오(RANK.EQ 함수).

(3) 촬영용 드론 개수 ⇒ 조건은 입력데이터를 이용하여 구한 후 결과값에 '대'를 붙이시오 (DCOUNTA 함수, & 연산자)(예 : 5대).

(4) 취미용 드론 판매가격(단위:원) 평균 ⇒ (SUMIF 함수, COUNTIF 함수)

(5) 최대 판매수량 ⇒ 정의된 이름(판매량)을 이용하여 구하시오(LARGE 함수).

(6) 판매가격(단위:원) ⇒ 「H14」 셀에서 선택한 모델명에 대한 판매가격(단위:원)을 구하시오(VLOOKUP 함수).

(7) 조건부 서식의 수식을 이용하여 판매가격(단위:원)이 '2,000,000' 이상인 행 전체에 다음의 서식을 적용하시오(글꼴 : 파랑, 굵게).

[제2작업] 목표값 찾기 및 필터 (80점)

☞ **"제1작업"** 시트의 「B4:H12」 영역을 복사하여 **"제2작업"** 시트의 「B2」 셀부터 모두 붙여넣기를 한 후 다음의 조건과 같이 작업하시오.

≪조건≫

 (1) 목표값 찾기 – 「B11:G11」 셀을 병합하고, 가운데 맞춤한 후 "촬영용 드론 판매수량의 평균"을 입력하고, 「H11」 셀에 촬영용 드론 판매수량의 평균을 구하시오. 단, 조건은 입력데이터를 이용하시오 (DAVERAGE 함수, 테두리).

  – '촬영용 드론 판매수량의 평균'이 '180'이 되려면 매빅에어의 판매수량이 얼마가 되어야 하는지 목표값을 구하시오.

 (2) 고급 필터 – 종류가 '촬영용'이 아니면서 판매가격(단위:원)이 '1,000,000' 이상인 자료의 모델명, 구매자, 판매가격(단위:원), 판매수량 데이터만 추출하시오.

  – 조건 범위 : 「B14」 셀부터 입력하시오.

  – 복사 위치 : 「B18」 셀부터 나타나도록 하시오.

[제3작업] 정렬 및 부분합 (80점)

☞ **"제1작업"** 시트의 「B4:H12」 영역을 복사하여 **"제3작업"** 시트의 「B2」 셀부터 모두 붙여넣기를 한 후 다음의 조건과 같이 작업하시오.

≪조건≫

 (1) 부분합 – ≪출력형태≫처럼 정렬하고, 모델명의 개수와 판매수량의 평균을 구하시오.

 (2) 개요 – 지우시오.

 (3) 나머지 사항은 ≪출력형태≫에 맞게 작성하시오.

≪출력형태≫

관리번호	모델명	구매자	종류	판매일자	판매가격 (단위:원)	판매수량	
D23-3	패럿	이경진	취미용	2025-10-04	900,000	120대	
D21-3	RCN3	이기철	취미용	2025-10-08	1,100,000	115대	
			취미용 평균			118대	
	2		취미용 개수				
D32-1	매빅에어	김지훈	촬영용	2025-09-13	1,200,000	210대	
D34-2	에어2S	장명수	촬영용	2025-09-27	1,500,000	185대	
D37-2	아그라스T30	손정빈	촬영용	2025-08-20	3,500,000	65대	
D35-1	미니3	홍기동	촬영용	2025-11-04	800,000	240대	
			촬영용 평균			175대	
	4		촬영용 개수				
D12-2	팬텀4	박정훈	산업용	2025-10-15	2,500,000	80대	
D14-2	타이푼H	정성진	산업용	2025-08-30	2,200,000	50대	
			산업용 평균			65대	
	2		산업용 개수				
			전체 평균			133대	
	8		전체 개수				

[제4작업] 그래프 (100점)

☞ **"제1작업"** 시트를 이용하여 조건에 따라 ≪출력형태≫와 같이 작업하시오.

≪조건≫

(1) 차트 종류 ⇒ 〈묶은 세로 막대형〉으로 작업하시오.

(2) 데이터 범위 ⇒ "제1작업" 시트의 내용을 이용하여 작업하시오.

(3) 위치 ⇒ "새 시트"로 이동하고, "제4작업"으로 시트 이름을 바꾸시오.

(4) 차트 디자인 도구 ⇒ 레이아웃 3, 스타일 1을 선택하여 ≪출력형태≫에 맞게 작업하시오.

(5) 영역 서식 ⇒ 차트 : 글꼴(굴림, 11pt), 채우기 효과(질감-파랑 박엽지)
　　　　　　　　 그림 : 채우기(흰색, 배경1)

(6) 제목 서식 ⇒ 차트 제목 : 글꼴(굴림, 굵게, 20pt), 채우기(흰색, 배경1), 테두리

(7) 서식 ⇒ 판매수량 계열의 차트 종류를 〈표식이 있는 꺾은선형〉으로 변경한 후 보조 축으로 지정하시오.
　　　　 계열 : ≪출력형태≫를 참조하여 표식(마름모, 크기 10)과 레이블 값을 표시하시오.
　　　　 눈금선 : 선 스타일-파선
　　　　 축 : ≪출력형태≫를 참조하시오.

(8) 범례 ⇒ 범례명을 변경하고 ≪출력형태≫를 참조하시오.

(9) 도형 ⇒ '말풍선: 모서리가 둥근 사각형 설명선'을 삽입한 후 ≪출력형태≫와 같이 내용을 입력하시오.

(10) 나머지 사항은 ≪출력형태≫에 맞게 작성하시오.

≪출력형태≫

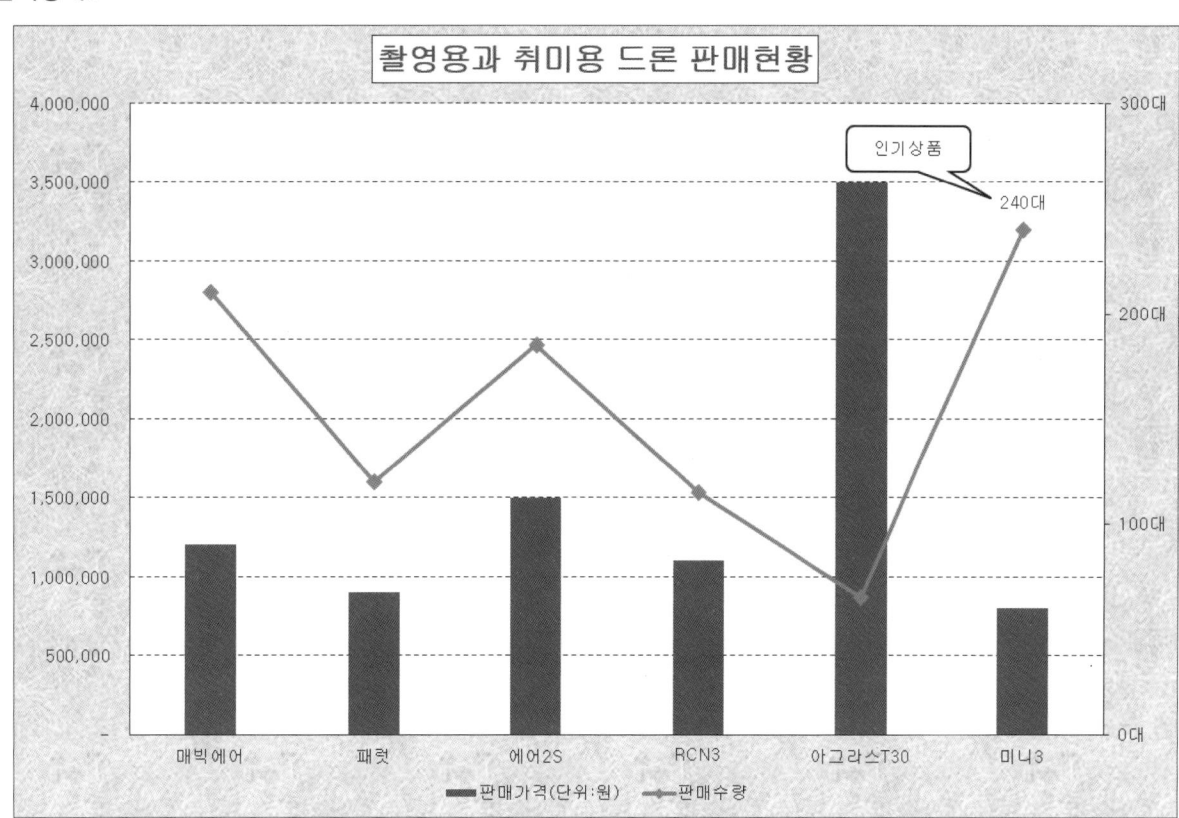

주의 ☞ 시트명 순서가 차례대로 "제1작업", "제2작업", "제3작업", "제4작업"이 되도록 할 것.

정보기술자격(ITQ) 시험 　MS오피스

과목	코드	문제유형	시험시간	수험번호	성 명
한글엑셀	1122	B	60분		

수험자 유의사항

● 수험자는 문제지를 받는 즉시 문제지와 **수험표상의 시험과목(프로그램)이 동일한지 반드시 확인**하여야 합니다.

● 파일명은 본인의 "수험번호-성명"으로 입력하여 답안폴더(내 PC₩문서₩ITQ)에 하나의 파일로 저장해야 하며, 답안 문서 파일명이 "수험번호-성명"과 일치하지 않거나, 답안 파일을 전송하지 않아 미제출로 처리될 경우 실격 처리합니다 (예 : 12345678-홍길동.xlsx).

● 답안 작성을 마치면 파일을 저장하고, '답안 전송' 버튼을 선택하여 감독위원 PC로 답안을 전송하십시오. 수험생 정보와 저장한 파일명이 다를 경우 전송되지 않으므로 주의하시기 바랍니다.

● 답안 작성 중에도 **주기적으로 저장하고, '답안 전송'**하여야 문제 발생을 줄일 수 있습니다. 작업한 내용을 저장하지 않고 전송할 경우 이전에 저장된 내용이 전송되오니 이점 유의하시기 바랍니다.

● 답안 문서는 지정된 경로 외의 다른 보조기억장치에 저장하는 경우, 지정된 시험 시간 외에 작성된 파일을 활용할 경우, 기타 통신수단(이메일, 메신저, 네트워크 등)을 이용하여 타인에게 전달 또는 외부 반출하는 경우는 부정 처리합니다.

● 시험 중 부주의 또는 고의로 시스템을 파손한 경우는 수험자가 변상해야 하며, <수험자 유의사항>에 기재된 방법대로 이행하지 않아 생기는 불이익은 수험생 당사자의 책임임을 알려 드립니다.

● 문제의 조건은 MS오피스 2021 버전으로 설정되어 있으니 유의하시기 바랍니다.

● 시험을 완료한 수험자는 답안 파일이 전송되었는지 확인한 후 감독위원의 지시에 따라 문제지를 제출하고 퇴실합니다.

답안 작성요령

● 온라인 답안 작성 절차
　수험자 등록 ⇒ 시험 시작 ⇒ 답안 파일 저장 ⇒ 답안 전송 ⇒ 시험 종료

● 문제는 총 4단계, 즉 제1작업부터 제4작업까지 구성되어 있으며 반드시 제1작업부터 순서대로 작성하고 조건대로 작업하시오.

● 모든 작업 시트의 A열은 열 너비 '1'로, 나머지 열은 적당하게 조절하시오.

● 모든 작업 시트의 테두리는 ≪출력형태≫와 같이 작업하시오.

● 해당 작업란에서는 각각 제시된 조건에 따라 ≪출력형태≫와 같이 작업하시오.

● 답안 시트 이름은 "제1작업", "제2작업", "제3작업", "제4작업"이어야 하며 답안 시트 이외의 것은 감점 처리됩니다.

● 각 시트를 파일로 나누어 작업해서 저장할 경우 실격 처리됩니다.

kpc 한국생산성본부

☞ 다음은 '세은상가 신규 임대 관리 현황'에 대한 자료이다. 자료를 입력하고 조건에 맞도록 작업하시오.

≪출력형태≫

임대코드	입주상가	구분	실평수	월임대료 (단위:원)	입주일	계약기간	보증금 (단위:만원)	입주월
						확인	담당	대리	과장

세은상가 신규 임대 관리 현황

임대코드	입주상가	구분	실평수	월임대료 (단위:원)	입주일	계약기간	보증금 (단위:만원)	입주월
BR13-1	맛있는 월요일	음식점	19	1,450,000	2025-07-16	5	(1)	(2)
BR22-2	디너쏘	음식점	15	850,000	2025-07-21	4	(1)	(2)
AC33-1	크린세탁	편의시설	11	960,000	2025-06-26	3	(1)	(2)
RC12-2	마린헤어	편의시설	17	900,000	2025-06-22	2	(1)	(2)
AA11-3	동래국악	학원	33	1,340,000	2025-06-08	3	(1)	(2)
EC22-1	미식가	음식점	13	1,200,000	2025-07-01	5	(1)	(2)
LE23-2	엠이아이	학원	19	950,000	2025-08-04	2	(1)	(2)
EA31-3	윔플하이	학원	25	1,050,000	2025-08-17	3	(1)	(2)
음식점 월임대료(단위:원) 평균			(3)		최대 계약기간			(5)
학원 월임대료(단위:원) 합계			(4)		임대코드	BR13-1	계약기간	(6)

≪조건≫

○ 모든 데이터의 서식에는 글꼴(굴림, 11pt), 정렬은 숫자 및 회계 서식은 오른쪽 정렬, 나머지 서식은 가운데 정렬로 작성하며 예외적인 것은 ≪출력형태≫를 참조하시오.

○ 제 목 ⇒ 도형(배지)과 그림자(오프셋 오른쪽)를 이용하여 작성하고
"세은상가 신규 임대 관리 현황"을 입력한 후 다음 서식을 적용하시오
(글꼴-굴림, 24pt, 검정, 굵게, 채우기-노랑).

○ 임의의 셀에 결재란을 작성하여 그림으로 복사 기능을 이용하여 붙이기 하시오(단, 원본 삭제).

○ 「B4:J4, G14, I14」 영역은 '주황'으로 채우기 하시오.

○ 유효성 검사를 이용하여 「H14」 셀에 임대코드(「B5:B12」 영역)가 선택 표시되도록 하시오.

○ 셀 서식 ⇒ 「H5:H12」 영역에 셀 서식을 이용하여 숫자 뒤에 '년'을 표시하시오(예 : 5년).

○ 「H5:H12」 영역에 대해 '계약기간'으로 이름정의를 하시오.

☞ (1)~(6) 셀은 반드시 **주어진 함수를 이용**하여 값을 구하시오(결과값을 직접 입력하면 해당 셀은 0점 처리됨).

(1) 보증금(단위:만원) ⇒ 임대코드 4번째 글자가 1이면 '5000', 2이면 '3000', 3이면 '2000'으로 구하시오
(CHOOSE, MID 함수)(예 : 5000 -> 5,000).

(2) 입주월 ⇒ 입주일에서 월을 구한 결과값에 '월'을 붙이시오(MONTH 함수, & 연산자)(예 : 1월).

(3) 음식점 월임대료(단위:원) 평균 ⇒ 조건은 입력 데이터를 이용하고, 반올림하여 천원 단위까지 구하시오
(ROUND, DAVERAGE 함수)(예 : 1,234,567 → 1,235,000).

(4) 학원 월임대료(단위:원) 합계 ⇒ (SUMIF 함수)

(5) 최대 계약기간 ⇒ 정의된 이름(계약기간)을 이용하여 구하시오(MAX 함수).

(6) 계약기간 ⇒ 「H14」 셀에서 선택한 임대코드에 대한 계약기간을 구하시오(VLOOKUP 함수).

(7) 조건부 서식의 수식을 이용하여 계약기간이 '4' 이상인 행 전체에 다음의 서식을 적용하시오
(글꼴 : 파랑, 굵게).

[제2작업] 필터 및 서식 (80점)

☞ **"제1작업"** 시트의 「B4:H12」 영역을 복사하여 **"제2작업"** 시트의 「B2」 셀부터 모두 붙여넣기를 한 후 다음의 조건과 같이 작업하시오.

≪조건≫

(1) 고급 필터 – 임대코드가 'A'로 시작하거나, 월임대료(단위:원)가 '1,300,000' 이상인 자료의 임대코드, 실평수, 월임대료(단위:원), 계약기간 데이터만 추출하시오.
  - 조건 범위 : 「B14」 셀부터 입력하시오.
  - 복사 위치 : 「B18」 셀부터 나타나도록 하시오.

(2) 표 서식 – 고급 필터의 결과셀을 채우기 없음으로 설정한 후 '표 스타일 보통 6'의 서식을 적용하시오.
  - 머리글 행, 줄무늬 행을 적용하시오.

[제3작업] 피벗 테이블 (80점)

☞ **"제1작업"** 시트를 이용하여 **"제3작업"** 시트에 조건에 따라 ≪출력형태≫와 같이 작업하시오.

≪조건≫

(1) 실평수 및 구분별 입주상가의 개수와 월임대료(단위:원)의 평균을 구하시오.
(2) 실평수를 그룹화하고, 구분을 ≪출력형태≫와 같이 정렬하시오.
(3) 레이블이 있는 셀 병합 및 가운데 맞춤 적용 및 빈 셀은 '**'로 표시하시오.
(4) 행의 총합계는 지우고, 나머지 사항은 ≪출력형태≫에 맞게 작성하시오.

≪출력형태≫

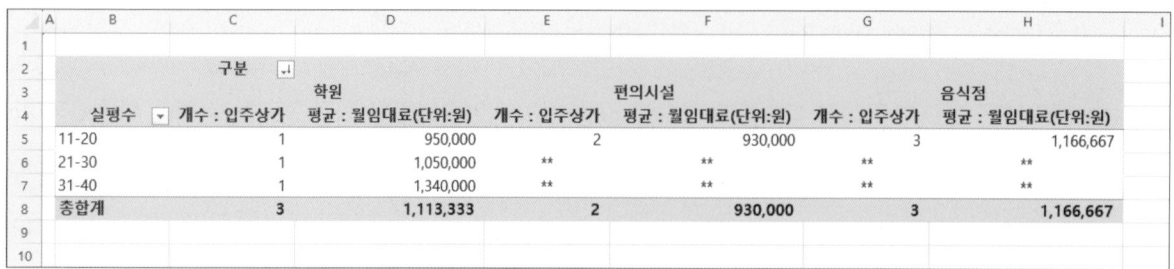

[제4작업] 그래프 (100점)

☞ **"제1작업"** 시트를 이용하여 조건에 따라 ≪출력형태≫와 같이 작업하시오.

≪조건≫

(1) 차트 종류 ⇒ 〈묶은 세로 막대형〉으로 작업하시오.

(2) 데이터 범위 ⇒ "제1작업" 시트의 내용을 이용하여 작업하시오.

(3) 위치 ⇒ "새 시트"로 이동하고, "제4작업"으로 시트 이름을 바꾸시오.

(4) 차트 디자인 도구 ⇒ 레이아웃 3, 스타일 1을 선택하여 ≪출력형태≫에 맞게 작업하시오.

(5) 영역 서식 ⇒ 차트 : 글꼴(굴림, 11pt), 채우기 효과(질감-분홍 박엽지)
　　　　　　　　그림 : 채우기(흰색, 배경1)

(6) 제목 서식 ⇒ 차트 제목 : 글꼴(굴림, 굵게, 20pt), 채우기(흰색, 배경1), 테두리

(7) 서식 ⇒ 계약기간 계열의 차트 종류를 〈표식이 있는 꺾은선형〉으로 변경한 후 보조 축으로 지정하시오.
　　　　　계열 : ≪출력형태≫를 참조하여 표식(세모, 크기 10)과 레이블 값을 표시하시오.
　　　　　눈금선 : 선 스타일-파선
　　　　　축 : ≪출력형태≫를 참조하시오.

(8) 범례 ⇒ 범례명을 변경하고 ≪출력형태≫를 참조하시오.

(9) 도형 ⇒ '말풍선 : 모서리가 둥근 사각형 설명선'을 삽입한 후 ≪출력형태≫와 같이 내용을 입력하시오.

(10) 나머지 사항은 ≪출력형태≫에 맞게 작성하시오.

≪출력형태≫

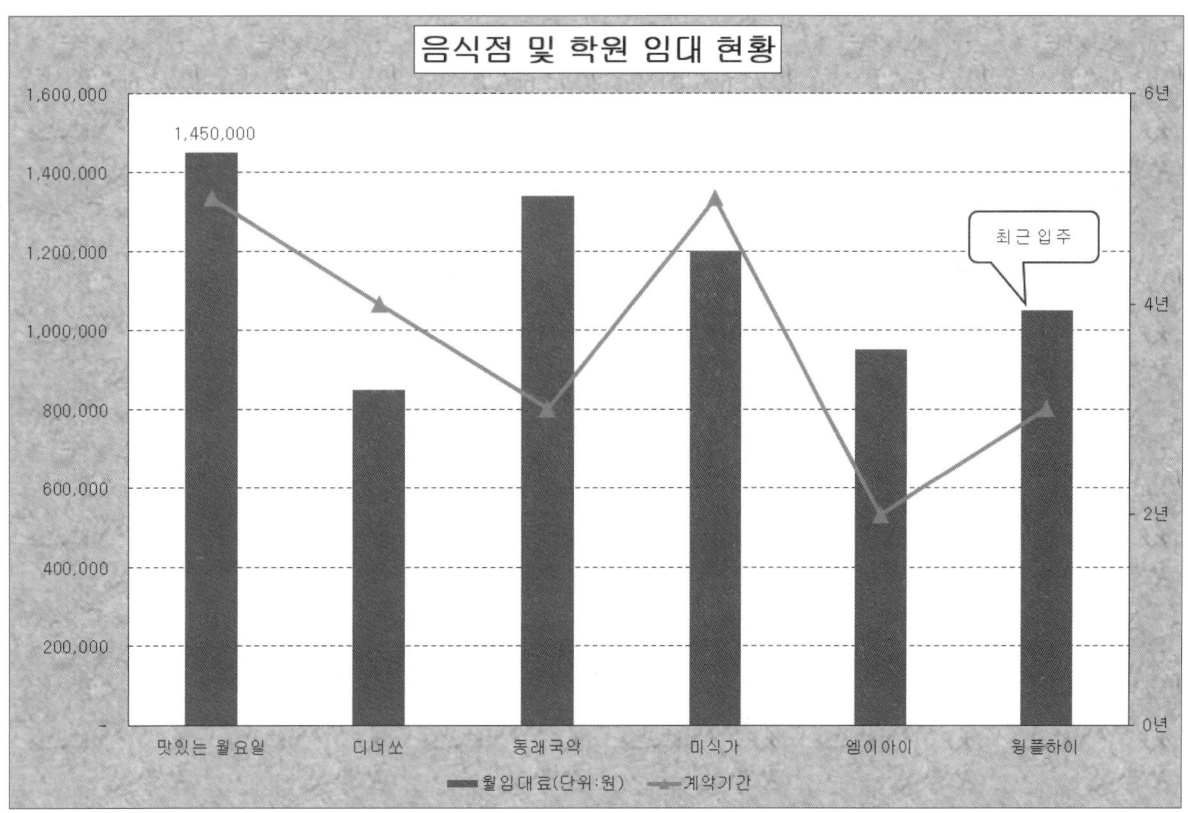

주의 ☞ 시트명 순서가 차례대로 "제1작업", "제2작업", "제3작업", "제4작업"이 되도록 할 것.

정보기술자격(ITQ) 시험 　MS오피스

과 목	코 드	문제유형	시험시간	수험번호	성 명
한글엑셀	1122	C	60분		

수험자 유의사항

● 수험자는 문제지를 받는 즉시 문제지와 **수험표상의 시험과목(프로그램)이 동일한지 반드시 확인**하여야 합니다.

● 파일명은 본인의 "수험번호-성명"으로 입력하여 답안폴더(내 PC₩문서₩ITQ)에 하나의 파일로 저장해야 하며, 답안 문서 파일명이 "수험번호-성명"과 일치하지 않거나, 답안 파일을 전송하지 않아 미제출로 처리될 경우 실격 처리합니다 (예 : 12345678-홍길동.xlsx).

● 답안 작성을 마치면 파일을 저장하고, '답안 전송' 버튼을 선택하여 감독위원 PC로 답안을 전송하십시오. 수험생 정보와 저장한 파일명이 다를 경우 전송되지 않으므로 주의하시기 바랍니다.

● 답안 작성 중에도 **주기적으로 저장하고, '답안 전송'**하여야 문제 발생을 줄일 수 있습니다. 작업한 내용을 저장하지 않고 전송할 경우 이전에 저장된 내용이 전송되오니 이점 유의하시기 바랍니다.

● 답안 문서는 지정된 경로 외의 다른 보조기억장치에 저장하는 경우, 지정된 시험 시간 외에 작성된 파일을 활용할 경우, 기타 통신수단(이메일, 메신저, 네트워크 등)을 이용하여 타인에게 전달 또는 외부 반출하는 경우는 부정 처리합니다.

● 시험 중 부주의 또는 고의로 시스템을 파손한 경우는 수험자가 변상해야 하며, <수험자 유의사항>에 기재된 방법대로 이행하지 않아 생기는 불이익은 수험생 당사자의 책임임을 알려 드립니다.

● 문제의 조건은 MS오피스 2021 버전으로 설정되어 있으니 유의하시기 바랍니다.

● 시험을 완료한 수험자는 답안 파일이 전송되었는지 확인한 후 감독위원의 지시에 따라 문제지를 제출하고 퇴실합니다.

답안 작성요령

● 온라인 답안 작성 절차
　수험자 등록 ⇒ 시험 시작 ⇒ 답안 파일 저장 ⇒ 답안 전송 ⇒ 시험 종료

● 문제는 총 4단계, 즉 제1작업부터 제4작업까지 구성되어 있으며 반드시 제1작업부터 순서대로 작성하고 조건대로 작업하시오.

● 모든 작업 시트의 A열은 열 너비 '1'로, 나머지 열은 적당하게 조절하시오.

● 모든 작업 시트의 테두리는 ≪출력형태≫와 같이 작업하시오.

● 해당 작업란에서는 각각 제시된 조건에 따라 ≪출력형태≫와 같이 작업하시오.

● 답안 시트 이름은 "제1작업", "제2작업", "제3작업", "제4작업"이어야 하며 답안 시트 이외의 것은 감점 처리됩니다.

● 각 시트를 파일로 나누어 작업해서 저장할 경우 실격 처리됩니다.

kpc 한국생산성본부